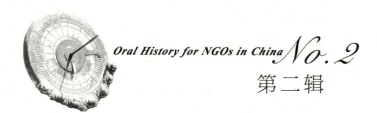

Oral History for NGOs in China *No.2*
第二辑

中国NGO口述史

王 名/主编

社会科学文献出版社
SOCIAL SCIENCES ACADEMIC PRESS(CHINA)

序　言

　　中国 NGO 口述史，是记录中国 NGO 与公民社会创业者们口述历史的著作。本书是继 2012 年出版第一辑后的第二辑，收录了我们近期完成的对八位被访者的口述访谈。

　　中国 NGO 的创业者们，是一群用梦想改变社会、用行动书写历史的公民。如今他们中的许多人已届高龄，有的甚至已不幸仙逝。他们曾拥有的梦想、曾采取的行动，是中国公民社会中最富有生命力和先驱性的历史记录，是以公民个人为主体展现的中国 NGO 的创业史。如何记下和展示这一段留在当事人记忆中的历史？这是口述史研究的真正价值和使命之所在。在一定意义上，我称之为中国 NGO 研究的"抢救工程"，这一研究有着强烈的时代感和紧迫性。

　　清华大学 NGO 研究所从 2005 年开始组建口述史研究团队，采用欧美流行的口述史研究方法，探索对中国 NGO 创业者们进行口述历史的调研、访谈和笔录整理。2012 年，我们在多年探索研究的基础上出版了《中国 NGO 口述史》第一辑，收录了 20 位被访者的口述访谈。尽管水平有限，篇幅也不大，但我们耗时多年，耗力巨大，可谓滴水穿石，终成正果。出版后社会反响很大，常有读者来信来电询问，网评也颇好。这不仅肯定了我们既往多年的工作，更给了我们很大的激励。我于是下定决心，将这项意义深远的工作坚持下去，且不断改进提高。

　　本书的被访者包括郑卫宁、任旭平、谢玲丽、吴青、吴登明、李宝珍、张开宁和陈金罗。这本书，是八位被访者的人生史，也是他们所代表的 NGO 的创业史。我和我的团队，只是用口述史的方法，力求忠实地再现每一位被访者的人生故事及其 NGO 的创业历史。

　　本书在方法上突出口述史的人生史价值。作为 NGO 研究者，我们在对象选择上，当然首先关注的是被访者所代表的 NGO 及其成长史。但在研究中我们益发注意到：作为 NGO 的创业者，他们把自己的人生几乎完全融入其所开创的事业中，用全部生命在书写 NGO 的创业史。这一代 NGO 创业者的人生史，无疑就是活着的 NGO 创业史。人生史中有个人的成长与挫折，有内心的坚韧与彷徨，有得有失，有乐有忧，有面对大潮的迎接，有出淤泥而不染，还有精神的回归，灵性的涌现，等等。这无疑将放大我们口述史研究的范围和难度。我们本着学习的态度，边学边做，翻阅了大量有关人生史的著作，努力调整访谈的计划，努力和被访者沟通交流，也尝试着形成我们自己的风格。我还将 2013 年参加 IDEAS 培训学到的"U 型理论"用到我们的口述史研究中，尽量放下，学会聆听，回归内心，体验当下的自然流现。这是我们透过人生史的视角和新的方法探索 NGO 口述史研究的第一步，尽管肤浅粗糙，但不失为一个有益的原型（prototype）。坚持下去，我们相信，终有完善的那一天。

　　本书的统稿因与作者联系反馈等事宜，从上一年暑期延至寒假，又至第二个暑假。其间我在给博士生开设的一门课上尝试用口述史方法做了一个实习，同学们建议选择新生代的公益领袖作为访谈对象，竟有了意想不到的惊人收获。大家一致同意，在访谈基础上进行整理，争取在今年出版一个新的口述史特辑，相信会更加精彩。

　　新的一年已过半。原计划在去年出版的这本书，无奈之间拖到了今年。2014 年是全面深化改革的关键一年，以社会治理创新为主题的社会领域的改革正在全面展开。我们中国 NGO 口述史的研究也进入收获的一年，除本书外，还有两本也将陆续出版。我再三思量，还是没能为新的专辑找到一个合适的名称，只好沿用首辑的名称。我知道这样会增加读者选择和阅读的困难，但面对被访者，面对中国 NGO 创业者的创业史和人生史，我深感所负的担子很重很重。除了对读者诸君说一声抱歉，我还只能说：这是中国 NGO 口述史的第二部分，故名第二辑。我会继续努力，直至将来。

王　名

2014 年 7 月 13 日

于四川飞往北京的航班

目 录
CONTENTS

一 郑卫宁 谈残友集团

郑卫宁先生

访谈郑卫宁先生

访谈题记

郑卫宁先生，1955 年出生于辽宁大连，1971 年移居湖北武汉，1997 年于深圳创立"残友"。他虽出身高干家庭，但命运多舛。因患先天重症血友病，他生下来就不能走路，童年时期只能依靠双手爬行；青年时期遭遇"文化大革命"，父母受迫害入狱，他跟随外祖母四处流浪，十年未获输血却奇迹般地活了下来。他从未进过学校，却在27岁考入湖北电大，用九年时间连续拿下了中文、法律、企业管理三个电大文凭。母亲病逝后，三次自杀未遂的他开始重新感悟生命，42岁那年用母亲留给他的30万元现金、一栋房子、一辆面包车带着其他四位残疾人踏上了互联网创业之路；在他的公司步入正轨后，他却通过律师公证将全部股份捐赠给社会，并且将他一手打造的"残友"和"郑卫宁"等驰名商标品牌一同捐赠。他先后荣获"中华慈善楷模""全国自强模范""全国劳动模范"等光荣称号，并五次受到胡锦涛同志的接见。在"残友"内部，"郑大哥"已经成为支持每一个残疾人奋进拼搏的精神支柱……

残友集团，登记注册名为"深圳市残友集团控股股份有限公司"，英文为"Can you"，意思是"你能，你可以"，是为残疾人打造的高科技就业平台。在郑卫宁先生的领导下，经过十余年的发展，残友集团已经发展为拥有1家基金会、11家社会组织、33家高科技福利企业、近5000名员工的世界级规模集团公司。残友集团以"越是残疾，越要美丽"为奋斗口号，以"残疾只是特征，知识就是力量，就业构建和谐，科技创造效益"为发展理念，以实现"弱势群体依靠高科技强势集中就业"为伟大构想，以"推广残疾人实现自我价值有尊严的快乐生活方式"为核心使命，号召"全世界残疾人团结起来，用行动改变自己的命运"，为当代社会发展探索出一条成功的公益与科技发展有机结合的高效之路，亦构筑起中国公益慈善事业一道独特亮丽的风景线。

我们对郑先生曾进行过多次访谈，第一次是在深圳残友的总部，我与他进行了两个小时的交流；第二次是在他来北京出差期间，我与他有过短暂的会晤；第三次是我的一位博士后杨丽到深圳调研时对他进行的访谈；最近一次是我与研究团队专程到深圳残友总部拜访他，这次访谈时间最长。在两天的口述史访谈过程中，我们团队的每一个人都深深地为郑先生的高尚品格和执着的精神所感染，我们非常急切地希望将他的思想、故事和经验立刻呈现给每一位读者。这也愈发使我们感觉到口述史研究所肩负的使命。在此，我们对郑先生深表敬意，更感谢他对我们工作的理解和大力支持。

1. 两个"郑卫宁"

问：我一直把您看作两个不同的人，一个是我面前的、真实的郑卫宁，一个是灵性的、作为精神的郑卫宁，您自己怎么看？

答：我觉得你说得特别深刻。我常常回忆，自己小时候正逢"文化大革命"，书籍很有限，我又没上过学，所以抓着什么读什么。当时法国雕塑家罗丹雕的巴尔扎克给我内心的震撼很大，那是对巴尔扎克破烂不堪的肉体和隐藏在那个躯壳里面的精神的一种颤动，所以说，你说到我心里去了。

问：您是在什么时候觉得有两个不同的"郑卫宁"？

答：我从小患先天血友病，生下来就不能走路，13 岁之前，又接触不到辅具，就那么在地上爬，一生也没进过校门，这是很让人自卑的。再加上自己的身体，每天就是出血、输血、抢救，这样的一个身体，肯定是不会被自己的精神认可的，所以说就我这样的特殊情况来讲，可能很早就有这样的感觉。

问：您十几岁的时候就有？

答：对。

问：您实际上意识到了有一种分裂？

答：对。我跟所有的媒体都没有谈到自己的童年。而实际上，我自己的成长过程、我的童年对我这一生的影响非常大。但我们这个群体有很多是比较弱的，比如残障社工是提供社会服务的，他需要有非常强大的思想和心灵才能做好心理咨询，才能做好社工的工作。但我们在培养残障社工的时候，最开始是感性的发现，发现残疾人特别弱，不像在设计软件和动漫方面，他比健全人强，通过电脑屏幕，他只要有耐心很快就会超过健全人。残疾人做社会服务工作就是不行，即便在我们这么着力培养的情况下，即便背后有几千个大学生残疾人团队的支撑，我们 11 个社会组织的残障社工也占不了整个社工比例的 20%。溯根求源，因为从小残疾以后，家庭不论贫富，一定对他呵护有加，这个是很大的问题。

在中国过去的老式家庭里，一般的男孩女孩其童年的成长很被忽视，要不就给挂个钥匙，要不就让隔代的老人带，然后有啥就吃点啥，都是跟着老人过日子，都是自己管自己。所以他们到大学毕业以后的家庭生活、宿舍生活、组织生活、形成的人格和残疾人是完全不同的。残疾人的心灵从小就被呵护，他跟主流社会那些心灵强大的人缺少交流，也没参与过广泛的社会竞争，他有很大的自我。像我们说的心中有个大大的我，做什么事都要关注外界怎么看自己，自己会怎么样，不像一般的主流社会的青年们，到哪儿求职到哪儿打拼，进去就是拼，没有想到自我的那套东西。

问：在精神上，您跟他们不同？

答：是的。我自己有这样一个体会，我在精神上不认同我是血友病群体的一员。比如我到各地去，都不参加血友病患者的聚会。血友病患者有五十多岁、六十多岁的，也有十几岁的，他们的聚会我不参加。我根本就不认同我是他们当中的一员。血友病患者是残疾人这个人群当中最孱弱的群体。举个例子，你去参加他的聚会，如果是个长沙发，你坐下来的话，他就说，慢一点别碰到他，因为他一碰就出血，旁边坐一个人，他都害怕无意当中会碰到他的胳膊和腿。他们的精神状况也非常的弱，觉得能维持着不出血就行，走到哪儿都不敢动，哪像我拄一跟拐棍全国各地到处跑，这种精神状态完全不同。所以血友病患者的聚会我不去，但我可以赞助。七年前在深圳开血友病大会的时候，我从国外的血友病组织那里要了三大箱药，通过海关进来。大会上有几百个人，我给每个人发了六瓶，一千多块钱一瓶。即便我全自费，我也愿意去帮助他们，但是我不去开这个会，我不愿意跟他们坐在一起。从他们的家属到他们本人，弥漫的那种悲观，那种保护的气氛是不行的。

2. 少年回忆

问：您童年正逢"文化大革命"，"文化大革命"对您人生的影响大吗？它与您的这种分裂是否有联系？

答：别人看起来"文化大革命"给我带来的影响是灾难性的，让我一天学都没有上过，但我特别感恩"文化大革命"。仔细回忆，可能造就我这一生这样的性格，主要是因为"文化大革命"。"文化大革命"开始的时候，我也就七八岁，但是"文化大革命"对我来说记忆犹新，我觉得主要原因是我们家发生了翻天覆地的变化。当时我的父母都是共产党的高级干部，我母亲是地方的局级，而我的父亲是军级，他是部队里的将军，但他是在一个院校里，就是现在的武汉海军工程大学，在"文化大革命"期间，这个院校属于"四大"（大鸣，大放，大字报，大批判）单位。父亲被打成叛徒关了十年，母亲也被关了将近四年，也就是说有三到四年，家里面什么都没有。当时组织上每个月给未成年的孩子22块钱，但是我们那个地方政策执行得不好，我父亲被关的十年当中，这22块钱从来就没发给过我。

问：发生了翻天覆地的变化？

答：是的。家里翻天覆地的变化总让我想到鲁迅。鲁迅的爷爷本来是江浙一带主管科举的官员，很显赫，他的父亲也是个公子。但到了鲁迅六七岁的时候，爷爷在考场帮同乡作弊，被光绪帝发现，下了御旨，家被抄了。在鲁迅的杂文中有讲他家被抄了以后，父亲就得了肝硬化死了，母亲含辛茹苦地带着他们一家，他的童年完全就是在一个从显赫的位置突然败落下来的家庭里度过的。所以鲁迅曾说，哪一个人要是在童年到青年的成长过程中，正好碰到了家道衰败，那他就可以非常清醒地认识社会，鲁迅说这样的人就有福了，我觉得套用到我的身上也是一样。

我父亲当年的部队在大连，我们家当时在大连有一栋西式别墅，在中山区77街73号，是77街所有别墅中最漂亮的一栋，前院后院一应俱全。当年父亲被抓之后，第一步，家里的每一件家具都被没收了，只剩下草垫，于是我就把草垫铺在地上睡觉；第二步，那些造反派结婚没房子，那个时候流行给造反派奖励房子，于是我们家的房子就被疯抢。我印象特别深，来一堆戴红袖标的造反派，他们找了一间朝阳、面积最大的房间，告诉我明天要从那个房间搬出去。然后我们就搬出来了，造反派就住了进去，在那举行婚礼。就这样慢慢抢，一个楼最后抢的只剩下一间房留给了我们。父母都被抓，两个哥哥一个姐姐作为知识青年全部下放，就只剩下我和姥姥住一间房。我跟我姥姥在那个地方也没办法生存，我母亲和父亲的老家都在山东农村，后来我们就回山东了。

问：一直没上学？

答：是的。实际上深究起来，这"文化大革命"十年没进校园乃至后来也不能上学，不是因为我的身体状况，而是因为政治动乱。政治动乱当中我又面临另一个生死考验，就是血友病患者容易出血，那就必须用输血止住，如果不止住，血就会无限地出，你能看到这种花纹吗？

问：花纹？

答：这种花纹叫妊娠纹，妇女怀孕的时候把皮肤的纤维撑断裂了就形成这种花纹。因为我是"狗崽子"，"文化大革命"期间没有去医院的权利，我出血的时候就没有血输，所以每次出血的地方肿得比头都大。现在的血友病患者没有这种花纹。我所有的皮肤、所有的关节全都是妊娠纹，因为我每一次出血就经历生死，活下来完全靠运气。就像这个腿一样，出血，它使劲地出、使劲地出，最后怎么止血？物理上皮肤再也撑不动了，就像杀猪以后吹那个猪膀胱一样，吹到最大，吹不动了，有物理的压力，这个血就止住了，这个过程非常痛苦。肿起来以后除了把皮肤撑出妊娠纹，还会把关节撑脱臼，我只能躺着不能动，一动就痛，要15天才能够消肿。消肿的时候有一种生理现象叫吸收热，也就是发烧，那时候是真的生不如死。每个关节，一年365天，可能有一半时间是不痛的，不说能不能走，就是坐在那儿不痛都已经算奢望，另外的一半时间就是往里面出血。结果我还特别幸运，我这十年全是关节和肌肉出血，没有出现过肾出血和脑出血，这类情况血友病患者是常有的，当时有那么一场出血，我就没命了。我母亲姐妹三个，每个人都生了一个血友病的儿子，他们两个一个脑出血，一个肺出血，咯血就死了。所以也是机缘巧合，上帝这么眷顾我，只是让我的关节不停地出血，尽管受罪。现在我都带着癌症病人用的吗啡，随时出血随时用。

问：现在用吗啡止痛？

答：对，靠吗啡止痛。深圳有300多个癌症病人，我是唯一非癌症享用者。医生诊断我的全身关节腔都因为出血被破坏了，我一活动的时候就会痛，他说我活得要有尊严，不能每天活在疼痛当中，就给我破例，每个星期发给我规定数量的吗啡。

问："文化大革命"让您经历了痛苦与生死，但您也收获很多？

答：对。我自己总结过，正好是八岁到十八岁，这十年的痛苦磨难，给了我几样东西。第一个就是无比坚强的意志，你上次来我没挂拐杖，最近走不动路了就挂上了。我到北京、上海出差，走不动路用拐杖也能走。在这个地方上班，每天跟着员工吃大食堂，我吃得最香，大家都说大哥怎么会这样，实际上我觉得从生死线上挣扎过来以后，这个人的意志是特别重要的。还有就是好多人问，我做"残友"的15年里，没在银行贷过款，也没找人借过款，也没领过政府补助，一定走得非常不易。我没觉得，因为我觉得童年都是那么走过来的，接下来，只要每天活着，每天哪里都不痛，我觉得就是最好的状态了。其他的那些压力什么的，对我来讲，不值一提。所以我觉得这是童年给我的第一个影响，我具备了特别强大的内心。

第二个就是家庭环境。我有两个哥哥，一个姐姐，比我大好多，"文化大革命"当中，我才十来岁，他们全下放了。家里本来在部队上，没多少书，"文化大革命"之前，哥哥姐姐借了无数的书回来。"文化大革命"时，造反派抢家里的东西，但他们不抢书，书堆得到处都是。正好我这十年每天躺在床上，就靠书来解闷，那个时候觉得要有个电子管的收音机就好了，可以每天听一听。那实际上就是禁锢在这个房间里面生活，但在这种生活当中，我全部用来看书，解决了我不能上学的缺憾。这种学习过程是很有意思的，最开始十个字里面只认识两个，有八个不认识，然后就把它当符号记，也不会发音，慢慢地，我就通过看书看懂了。最后发生了件挺有意思的事，我在1982年上第一个电大的时候，我的第一篇论文是优秀，写的是湖北新军武昌起义跟知识传播的关系，算是一个比较复杂的历史论文。虽然我在病床上练出一手好字，但是那个"春天"的"春"字下面是一横还是两横，只是大概有个印象，一到写论文的时候，要写正楷，就难免写错。老师们虽然给了我论文优秀，但也帮我指出了论文中的400多个错别字，他们也很奇怪怎么会有这么多错别字，我告诉他们我没有受过小学、中学和高中的基础训练。这个是"文化大革命"的第二个影响。

　　第三个就是对社会和人生的清醒认识。小时候我不能行走，当时又没有轮椅，就买了那种小孩的三轮车，遇到部队院校里演电影或者是演出，家人就把我抱到三轮车上，拉我出去玩玩。随着年龄的增长，三轮车不能用了，家里人都被抓了，只剩下一个年迈的外祖母，她根本抱不动我，所以就干脆不出门了。"文化大革命"还没开始的时候，我父亲是院校里的领导，我坐在小三轮车上去看电影，大家谁碰到了都夸我，"哎呀，这孩子真聪明，这孩子真可爱"。父亲被抓了之后，一夜之间众叛亲离。我记得姥姥最后一次带我到部队的澡堂洗澡，因为在北方没有在家洗澡的习惯，都是在澡堂洗，她抱不动我，只能拖着我，当时就那么艰难地拖着我在父亲的大院里走，没有一个人过来帮忙，老人家拖不动了就歇一会儿，谁都不敢帮把手，包括碰到过去熟悉的，大家全都是扭过脸去。这次以后，我再也不去洗澡了。还有，我父亲的警卫员是一个湖南人，他之前跟我们家就像一家人似的，结果"文化大革命"的时候反戈一击。我在后期已经完全体弱得要死掉，送到医院去后，正好跟他住一个房间，结果那个房间出现了"反标"。"文化大革命"的时候，草木皆兵，在哪里有人用毛笔或者粉笔写点什么字，就有人研究说这个东西是"反标"，那就是"反标"。

问："反标"的意思是？

答：反动标语。"文化大革命"的"反标"很可怕，有人说这是个反动标语就立刻报案，报案以后过来拍照，接着就开始审讯。我们那个病房里有十二个病号，有的已经出院了，当时可能有点墨水，有人就在病床上写了个打倒刘少奇，然后画了个小人。那个时候到处是这样的标语。再有病号住进来就再往上加字，可能这个同房间还有一个姓王的和一个姓李的，他就加个李王，意思是打倒刘少奇也打倒你们两个，就是开玩笑的意思。后来我父亲的警卫员在病房里发现了这个"反标"，研究研究就去报案了，他说当时海军的首长叫李作鹏、王红昆、张秀川，号称"李王张"，代表毛主席路线。他说那个"反标"写着打倒刘少奇，旁边带个李王，是代表李作鹏首长。报案以后，旁边的保卫科还有工宣队都来了，尤其这个工宣队是最让人害怕的。

问：工宣队是工人宣传队的简称？

答：对，就是工厂里的师傅组成的队伍叫工人宣传队，也就是毛泽东思想宣传队。"文化大革命"有两派互相打，清华北大都有工宣队，打打打，最后把学校的领导都打倒了，然后工宣队进入学校进行管理。当时就是工人阶级革命最好，但他们真的是大老粗管理，简直好笑得不得了。

当时就是工宣队来接手这个案子，我父亲的警卫员第一个就揭发。这里面唯一对"文化大革命"有仇恨的，就是我。我当时才13岁，还不会写字，工宣队就审问我，通宵不让我睡，但他们不敢打我，因为一打我就要出血。虽然免了这个皮肉之苦，但其他所有的折磨全上了，十几个人轮番轰炸，我被吓得直哭。他们就说小孩别哭，承认了就没事，就可以走了，但那确实不是我写的。这就是父亲的警卫员。

再说保健医生，保健医生跟我们家关系特别好。当时我完全不能走路，有时候站一站，脚也出血。我的姥姥在路上碰到保健医生的夫人，就悄悄跟她讲，我已经站不起来了，能不能帮我搞两块海绵，给我垫到鞋里，站起来的时候，脚就不那么挨着地了。保健医生的夫人就给我弄了两块海绵，装到一个信封里，来给我们的时候是怎么给呢？那个时候我们已经被赶到了筒子楼里，当时大家都在做饭，她不敢进去，进去怕别人说没和我们划清界限，搞阴谋诡计。于是她就"哐当"一下把门推开，大声训斥说："你姥姥在家吗？"我说不在，她去街道参加劳动去了。她看看没人，把信封扔地上，就走了，就到那个程度。我觉得"文化大革命"让我对这个社会，对人有一个非常清醒的认识。另外让我增加了很多危机感和警惕感，觉得这个人际关系非常的复杂，所以从小就非常注意周围人是怎么想的，环境是怎么样的。这些能力对日后做企业也好，带领团队也好，起了关键的作用。

问：所以您很感恩"文化大革命"？

答：是的。总之，我的经历当中，"文化大革命"是意志的锻炼。如果高尔基说社会是他的大学的话，那对我来讲，"文化大革命"不只是大学了，而是我一生的学校，从意志力到所有的东西。还有就是，"文化大革命"锻炼了我的胆量，因为从小看到了太多不应该看到的事。第一类事就是我父亲被抓。造反派们都把"造反"进行得很"革命"，我们家当时就是一个小楼，其实敲门就可以进去，结果他非得半夜从墙上翻过来，打破了窗户冲进去抓。我身体不好，我姥姥在一个大床上陪着我睡，他们打破的窗户就在我和我姥姥睡的房间。一帮人进来后把我父亲五花大绑，扔到卡车上，然后再反复地抄家。我还记得我父母被关后，姥姥给我们家带来过一个灾难。一个毛主席石膏像被打破了，她不知道怎么处理。她不敢拿出去倒，怕被人揪住了不得了，就包了一个纸包，放到一个纸箱子里收起来，结果造反派抄家的时候，把这个翻了出来。一看这个毛主席像被打破了，还放在个纸袋里，就认为这是罪证，说我们仇恨毛主席，在做诅咒仪式。于是现场就审问姥姥和我，折腾了七个小时。

第二类事是，我住的医院是大连海军医院，由于我是"狗崽子"，所以给我的病房是个最大的。这个病房平均每周都会有自杀的人进来，就是我父亲那个院校里自杀的。当年国民党有个"重庆号"起义①，中央军委问哪一支部队离那里最近，我父亲是四野的一个团政委，带着那个团正好走到那儿，上边命令他赶快接收"重庆号"，就这么把"重庆号"给接收过来。接收下来后就地转为海军，没再随四野继续打，就变成了海军学校，所以他是海军的创始人之一。那些"重庆号"起义过的人，都在我父亲的院校里面当教官。因为他们是英国皇家海军学院毕业的，"文化大革命"时，他们首当其冲被批斗。"重庆号"的很多人都是在我在的那个病房里自杀的，我都记得他们每个人死前的惨状。

有两个事特别刺激我。有一个广东人，我记得那个时候他讲一口广东话，他跳楼没自杀成。因为不自觉地手先着地，接着头着地，手和脑盖全

---

① 1949年2月25日凌晨，国民党政府"重庆号"官兵在舰长邓兆祥的带领下，于上海吴淞口外举行了起义，将军舰开往解放区烟台。

部骨折，骨折以后，就被送到病房里。造反派每天还来训斥他，抢救期间也是如此。结果他找邻病房的一个病人家属借了把剪刀，正好脑盖都没了，他就把自己的脑子搅乱然后死掉了。还有一个是我父亲院校里的一个电工，八级，是最高级别的电工，"文化大革命"时被人叫作反动"把头"①，被关起来打，他受不了打，想要自杀；但看管得太紧，连裤腰带都被收走了，他就在吃饭的时候，把两根筷子放在鼻孔上，然后使劲地压下去，两根筷子直插到脑子里。但他当时没死，落了个脑炎，在我那个病房里，熬了一个多月才死。他老婆带着才七岁的孩子过来照顾他的时候，因为是"反动"家属，还要打扫整个医院的卫生，护士进来的时候，对他的换药和对他老婆的非人道，我到现在还记得。

所以在我小的时候，对于"文化大革命"当中非理性、暴力的这些东西，我见的特别多，这也锻炼了我的抗打击力。那个时候，透过医院的窗户，我只要看到用担架抬着跑过来的，就知道上面躺着的是自杀的，然后送进了抢救室，过一会儿就扔到我的病房了。所以说"文化大革命"给了我很多东西，当然它也彻底破坏了我的身体。医生对我说，一个血友病人，怎么会破坏得这么严重？我就告诉他，我十年没输过血。医生说，不可能吧，血友病人如果十年没输血早就死了。我说我就这么凑巧，活下来了。所以从八岁到十八岁的这十年，对我来说是一个非人的环境，尤其是后期去了武汉，我都差点死掉。

问：什么时候去的武汉？

答：我们是1971年去的武汉。因为去了武汉之后，我能见到父亲。他跟他们的政委、院长等十来个人都被关了起来，他偶尔回家拿衣服，都要有两个专案组的人跟着。他们要参加劳动，我就会经常看到他在院子里扫院子。还有那个时候，部队到哪儿都种麦子，他去晒麦子，我也可以看到他。那段时间，我经历过一次大出血，记不清楚是十六岁还是十七岁的时候。当时姥姥因为癌症，去了北京我姨那里，就我自己在家，腹股沟出血，这是血友病非常危险的情况。我自己也没办法照顾自己，就找来一个部队发的小床，就是当中一个板、两边两个床架子那种床。我把床上挂蚊帐用的四个竹竿给拆下来，拿毛巾把它们扎起来，扎起来之后，就放在两个床头那儿弄住，因为这个腹股沟出血是不能躺的，我就趴在竹竿上。

问：持续了多长时间？

① 把头是广东一带对旧社会中把持某种行业从中剥削的人的称呼。

答：七天。筒子楼的人要去打水，我就喊邻居打一桶自来水放在床这儿，买了一盆皮蛋，就是松花蛋，饿了就吃松花蛋，渴了就喝自来水。我父亲在牛棚里也不知道。后来邻居们觉得都这么久了，怎么无声无息的也不做饭？这人是死了还是没死？进来一看，我当时肯定脸色什么的都不行，他们就跑到我们部队的军务处去了，说有个人快死了。军务处就带着人过来，把我送到了那个军区总医院。送去以后，医生问我多长时间没躺下来了，我说七天，就给我打了一针吗啡让我躺下睡了一觉，那是第一次打吗啡。醒了以后，医院里开始给我输血，当时军区总医院不知道我是"狗崽子"，所以没有歧视，但是他们对血友病输血没有经验。血友病只能输新鲜血，新鲜血里才有止我血的八因子，如果这个血过了12个小时就没用了，虽然还有九因子、七因子，对乙型、丙型血友病还有用，但对甲型血友病就没用了。医院当时不知道，就从血库里给我拿陈旧的血输，陈旧的血一方面救了命，因为只要有血进来，我就能活下来；但是另一方面它止不住血，止不住血就报病危。

问：报病危？

答：是的。报病危我记得有一个细节，到现在印象还特别清楚。报病危以后，在我父亲被关押的地方，有人就请示造反派，我父亲叫郑石，说郑石的儿子在医院报病危了，让不让他去医院？最后说那去吧，就派了两个专案组的人跟着我父亲来了。我父亲听说我报病危了非常害怕，我是腹股沟出血，躺在床上一动都不能动。他来了就坐在床边上，问我怎么了。我当时意识都不是很清醒，但知道他的处境更难，就骗他说没事，悄悄地跟他讲，我是假装病重来住院的。我要不住院，在家里我也不能活动，也没人给我做饭，到医院有吃有喝多好啊。我父亲就问我是不是病重，我当时全身都不能动，我就用最后的一点劲，用膝盖顶他。我说："你看，我还有劲顶你呢。"他这才放了心。我说："你快回去吧。"我顶他那一下，全身剧痛得都流汗。

问："文化大革命"当中只发生过一次？

答：不是，在"文化大革命"当中，类似这样的情况特别多。经历过了这些，还有什么困难会击倒我呢？这些我以前没聊过，我只说13岁以前在地上爬，13岁以后因为住院有了双拐，可以挂双拐走路了。到后来在这边病也治不好，我就被送去了北京。去北京的时候是我姐姐从农村来送我的。我姐姐当时还没我高，都不知道怎么背我，没轮椅，连拉带拽把我弄到北京，一路走得很艰难。在北京总医院的那个走廊里，所有人都要停下来看。因为我比她高，他们觉得一个瘦弱的女孩怎么能背动我？然后好多人就过来帮忙，把我抬到医生那儿去。刚住进医院的时候，中苏关系紧张，在那家医院里面的病人都要转移。我在北京本来有个姨，我就跟我姨讲让她别去看我。我就说我在北京没亲戚，要是他们到武汉去调查，也知道我父母都被关了，家里也没人，所以我就赖在医院。结果她就没去看我。到了转移的时候，医生天天催我出院，然后往武汉打电话，一听我父母还都被关着，这样就把我随着一个重病号转移到了一个山沟里的海军医院。

后来，我母亲从"牛棚"里放出来以后来看我，我们已经有三年没见了。我当时是拄着拐杖，这样冬天就不能穿棉大衣，只能穿单衣。为了能活动，穿单衣也习惯了。三九是那里最冷的时候，我记得那天黄昏的时候，我跟两个战士病号吃完饭出去散步，我拄着拐杖，那时我已经长得跟他们一样高了。我母亲三年前看到我的时候，我就是一个小孩子。结果当时我在院子里突然看到了我母亲，我能认出她来，她老了很多，但是她认不出我来。我就叫她，她站那儿都不敢往前走，因为我变化太大了。那个印象我特别深。然后她看我在北方三九严寒中穿着单衣很心痛，我就告诉她，我不冷，但是她不那么想。于是我意识到我需要去工作，要去靠自己的双手找一种新的活法。

问：什么时候开始工作的？

答："文化大革命"结束的那年。1978年父亲恢复名誉了，我就跟家里说，我一定要工作。于是我就到了一个街道的福利厂，去学开磨床，然后自己就学会了骑自行车。这在血友病患者当中是不可能的，学自行车的时候，只要摔一跤就会毙命。

问：当时家庭条件基本恢复到以前，您却坚持选择去工作，做决定的时候没有犹豫吗？

答：没有犹豫。我觉得就是个危机意识，觉得眼前的一切，好的生活场景，是不会持久的。这十年给我的创伤太深，我根本就不信任这些，我自己要挣钱要工作。

问：您还学会了骑自行车？怎么学的？

答：是的。当时就找别人借了一辆小的自行车，我坐在后座上学了好多天。慢慢地感觉这个舵的原理，以及跟身体平衡的关系。好多天以后，就彻底了解了舵把的特性，上去就能骑了。就这样每天骑着上下班。其实挺感恩上班的那几年。当时也是不停地出血，但是那个时候父亲恢复了名誉，就有血输了，输了血就基本能保证上班。上班那几年里，找到了对象，真正是自由恋爱找的对象。当时"文化大革命"还在尾声，都引用列宁的语录，我记得列宁说在工厂第一线工作八年以上的人才是一个真正的工人阶级。那个时候工人阶级是最伟大的，所以自己就想咬着牙也得工作八年以上。但其实最后也没工作满八年，1978年进厂，工作到1982年就辞职了。

问：为什么辞职？

答：1982年是第一批电大。自己什么基础都没有，数理化根本没法儿考。但是电大的第一期是中文，我父亲的院校有个政治教研室带了一个班，并且可以复读。但复读要求特别严格，每门考试都要及格，有一门不及格都不行，没有补考，跟正式生也是不一样的待遇。我就觉得是个难得的机会，就在父亲那个院校里开始复读，这一读，就没停下来。因为自己家在院校里，复读比较方便，就从1982年到1985年读了一个中文。读完中文以后，再进电大就不用考了。自己又没事干，所以从1985到1988年又读了一个法律，然后1988年到1991年又读了一个经济，电大开什么课我就上什么课，就这样学了九年。

那个时候电大刚开始。我说句实在话，电大只是一种知识系统化地指引，课程太烂。好在那个时候中国的翻译力量开始强了，"文化大革命"后期中国学术像文艺复兴一样，我们就能很及时地看到国外好的东西。

问：您很喜欢阅读？

答：是的。我一直认为我比别人有几个强的地方，高干家庭是其中之一。父亲是军队的干部，每天秘书都送来大参考。读那个大参考，我觉得是比上大学、比读研究生都重要的学习。因此，我跟秘书讲要送到我家里来。父亲知道我在家里没事，就让秘书一天送过来两本厚厚的大参考。我就这样每天看着大参考，看完大参考又看其他的报纸，就对政治的演变有非常深刻的了解。那时候我们的新闻封锁得很厉害，大参考上说的都是真实的事，报纸上会有另一套说法。我那么小就看这两种，然后再观察社会，我觉得是一种特殊的感觉，一直到现在都在帮助我。

问：现在喜欢读什么书？

答：年轻的时候喜欢读传记，现在愿意看历史，而且看历史就看那种小段的。因为我记忆力好，对整个历史全都熟悉，尤其是现代史和近代史，看那些小的材料，一读就能联系起来，政治、经济也熟悉，都来源于之前太喜欢看书。那个时候政治方面的《拂晓》《核危机的谈判》，我基本是拿过来就看；经济方面的从布雷顿森林体系一直到下面所有的演变，我都有体系；历史方面，我完全按照台湾学者开出来的单子去读，我就是这样看过来的，所以也非常熟悉；文艺方面我能从西方文艺复兴一直数过来，所有的大作家，英国的、法国的所有的作品，比如巴尔扎克的《人间喜剧》、狄更斯的《双城记》等，就没有我没看过的。看完了再看文艺评论。我特别地泛，能泛到什么程度？现在来的不论是学中文的，还是学生会主席，或者别人，都没用，他看的书跟我相比太少了。

3. 常念感恩

问：刚提到您感恩"文化大革命"，对于苦难您持有感恩的心态？

答：是的，我感谢"文化大革命"。我从来没有跟媒体和其他人说过"文化大革命"，只有同事们知道，我经常跟他们讲，他们听完都流泪，说我这个经历太惨了，他们没见过这么惨的。中央好多首长的老伴是家庭妇女，所以在"文化大革命"的时候总有一个能留在家里，但我父母都是高干，一起被抓走，两个人都不在的时间有近四年。他们就觉得这个太不幸了。加上我又是这么一个身体，结果还都没事，都熬过来了。我就是感觉自身的那些出身、文化背景、整个的经历在我身上形成了深深的烙印，一直发展到现在形成我自己的一些特色。所以"文化大革命"这一段我觉得对我的人生非常之重要。对于所有这些苦难，包括家庭遭遇的那些不幸，我现在想来还是感恩的。

问：您什么时候开始有这样一种感恩之心，然后把它真正变成您的一种力量？

答：我觉得是有个过程，通过那十年，我内心变强大了。小时候真是怨天尤人，"怎么就我这么倒霉，别人不得的病我得，别人的家庭好好的，我的父母都被抓"，也有这些情绪。但是18岁以后，也就是"文化大革命"结束以后，就没有那些情绪了。

我记得，"文化大革命"一结束的时候，父亲有一次从大连回到武汉，周围邻居、院校的人知道父亲原职复出了，当时我还不知道。我们家那个时候还住在那个筒子楼里，前面乌压压的几百人站在那个地方，男的女的都有，我也跟着出去看热闹，发现他们都是在等我父亲的车。我父亲当时级别特别低，因为待遇还没恢复，派的不是硬壳的铁壳车，是辆吉普车。

我父亲领着他的小孙女——我大哥的女儿，下车的时候几百人上去迎接。这个社会就这么现实，那真是叫"穷在闹市无人问、富在深山有远亲"。所以在那一刻，之前的世态炎凉和人生的反复给我的印象特别深。

问：您当时怎么看待这种人生反复？

答：这样一种反复在有的人身上表现成疯狂地敛财、疯狂地报复，比如一些官二代。我觉得我没有那样，这可能跟自己生病有关系。特殊的身体状况造成了自己不能一直在外面到处跑，只能跟自己的家人在一起，社会上那些坏的东西就没学到。我觉得有些官二代虽然身体比我好，但其父亲有权以后社会上的一些乌七八糟的关系去找他们博取更高的资源，就这样把他们影响坏了。我可能就是因为自己一直有一个非常重大的缺陷和压力而避免了这些。

但后来我上学的时候也有好多人找我谋取利益。我父亲那种位置，我要愿意喝酒吃饭每天都会有人请。其实做的事也都简单，谁家的孩子要调到我们这来，谁家的志愿兵想转正。部队里跟地方不一样，体系里打招呼说啥就是啥。但我特别反感，从来不办这些。外面的应酬我也不去，自己就这么学了三个电大。

问：所以从这个角度来说，您认为"文化大革命"给您带来的影响是正面的？

答：嗯，它使我获得一种人生的平衡。身体上寸步难行，学历上什么都没有，理论上我是不能干高科技产业的，但是这又让我拥有特别强大的心理、意志力，什么都可以再来学。这样，"残友"才可以走这一步。

公益慈善其实是一个边缘性的东西，我应该把什么做好、把未来预期的哪些项目发展好、不应该做什么，这种政治上的感觉，对我来说就是找到平衡感。为了企业、为了自己这几个弟兄要过得更好，去找这个平衡感的时候，"文化大革命"以来形成的那种——只有像我们这一代人和在旋涡里走出来的人才会有的一些——非常好的那种先知先觉的东西，就起作用了。

问：残疾人因为身体上的缺陷大多都自卑，但在您身上却让我们感觉到一种强烈的自信。这种自信也与"文化大革命"有关？

答：是。"文化大革命"以前，记得在我8岁的时候，父亲说我是一棵温室里的幼苗，我讲话别人要在身边听，完全是小女孩的性格，那性格简直是糟糕得要命。如果没有"文化大革命"，我就会跟其他血友病患者一模一样，"文化大革命"十年真的是血与火的洗礼。"文化大革命"之后，由于父亲解放了，我自己有轮椅又有了自行车，就进入了社会。那时候我到哪都是核心，大的、小的朋友都愿意围着我。我觉得这个感恩就是从那个时候开始的，那个感觉非常强烈，因为这改变了自己的人生。

问："文化大革命"还让您领悟到一种生存法则？

答：是的，就是我在"文化大革命"时期用的生存法则。比如我到了山东的一个亲戚家住，我要观察所有人的脸色。因为我是寄人篱下，我们家的生活没有未来，未来我父亲到底是被枪毙还是被解放，那个时候看不清。所以吃饭的时候，我就多吃那个菜，不能多吃肉。这样做也是替自己考虑，我要吃肉，那下次可能我连住都没得住了。所以举这个例子，就是说明那种生存法则，我很弱很弱的情况下，想平衡我的生活，就要考虑周围所有的人对我的影响。

问：掌握这一生存法则是您在那种恶劣的环境下生存下来的重要因素？

答：这个太有用了！真的，好多成年人都学不来，但我在很小的时候就学会了。没有父母、没有靠山、没有经济来源，我非学不行。我住院的时候，所有人都有零花钱我没有，我连内衣都穿医院的。后来大家都知道了，护士打扫出院病号抽屉的时候，看到剩的东西都拿给我，一般就是半包虾皮或剩的两个烂苹果。医院每周改善一次早餐，就是多给点花生米，每个病号把剩的花生米就倒在我的盘里，因为我没零花钱，作为小孩子也会嘴馋。我那时候最讨厌上海人，因为有两个上海医生的花生米不知道为什么总跟稀饭搅在一块，外面是黏的，又剩的非常少，他走到这也给我倒进来。在他们倒给我之前，我本来是非常高兴的，因为花生米都已经凑成一把了，结果他俩一倒进去花生米就全湿了，吃起来就不脆。但我都不敢拒绝他们，因为我怕拒绝了以后，他们也不让别人给我倒了，小孩那时候就得会这个。

问：讲到感恩，对父母您最感谢他们的是什么？

答：我父母都是山东人，他们有个特点就是愿意为孩子牺牲，连命搭上都行，这是父母的一个普遍特质。其他的，我觉得我的父母都是军人，很粗放。如果要感恩就感恩他们能粗线条地不管我。我从谈恋爱的时候就是自由恋爱，结了婚以后也是自由生活。他们虽然觉得因为"文化大革命"欠我很多，但没有过多地呵护我，他们也不会，家里面一直都是比较平等地交流。所以跟别的父母比，他们确实也有特点：没那么细。我母亲不会做饭，家务事也不会干，家里有炊事员、警卫员，也有专车司机。这样，没有在我性格成长中过多地给予呵护，给自己造成一些负面的东西。我觉得这个成长环境挺好。

问：父母给到您的恰恰是一种独立自主？

答：是。从 8 岁之后我就得自己做决定。我外祖母是山东老太太，慈祥、胆子小。那时候回到山东，亲戚对我们不好，农村的亲戚觉得我父母的官丢了，以后我们一辈子都得住在那，就觉得是负担。我一个小不点的小孩都得给我姥姥出主意：这家对我们不好，咱到那家住，或者怎么生存。就是这样，从小就是自己给自己出主意。再以后，我想上班就让我上班，上班都好多年工龄了，想辞职上大学就让我辞职。就是我想做什么，我做就行，他们不管我。到深圳也是，想到深圳他们就跟我迁过来了。

问：为什么会选择深圳？

答：是这样的，当时内地的血友病患者87%都感染了艾滋病，因为内地卖血不是自愿献血，总是张三李四那么几个人来组织大家卖血。当时河南上蔡县艾滋病村就是给武汉卖血。输给我们的血一旦被化验出阳性，国家民政给补助九万块钱，九万块钱对我们来说也没啥用。只有深圳是自愿献血，所以就去深圳了。

问：从大连到武汉，您还去过一段秦皇岛，然后又到深圳，您对家的观念是怎样的？

答：完全没有家的概念。哪也没觉得是故乡。要说山东是故乡，只是在父亲去世的时候把骨灰送回去过，就去过那么一次，完全没有地域的观念。饮食上由于在部队，部队的孩子什么都吃，也没有地域的观念，五湖四海，就是这样。

问：您的乐观、豁达的性格的形成跟这个有关系？

答：有，我觉得确实有。一般在部队和在很多地方，大家都讲老乡，好多老乡都是最好的朋友。在深圳我有几个老乡，但我没上过学，没有同学，我也没地域观念，所以我跟谁都能相处得特别好，没有小圈子。

问：所以您有非常强的平等意识？

答：是。以前我的性格不是那么好，是"文化大革命"让我学会了生存法则。当初接触人的时候要故意压抑自己去接触，所以从小这样也就习惯了。身边人无论男女老少，不论义工还是什么人，我是最受欢迎的。后来就变成了这个性格。

问：再谈自信。您跟您的哥哥、姐姐在一起的时候，有没有一种对自己智力的自信？

答：有。我觉得我比他们都聪明。他们无论商量什么事都得问我。

问：这种智力是您从小就有的？

答：是的。"文化大革命"期间我父亲虽然被打倒了，但我旁边那些跟我同龄的孩子，他们的父亲正掌权，我就通过他们去借内部书。那个时候中国为那些党内高级干部出了很多内部书——《尼克松的六次危机》《第三帝国的兴亡》等，这些内部书我一本都没落下地读了，在很多方面，我用它教导员工。像《尼克松的六次危机》，我就告诉员工，尼克松是一个非常成熟的政治家。尼克松说政治家要住在鱼缸里，就是所有的生活全要透明，那我就跟他们讲我们"残友"就是要学尼克松。尼克松说做一个政党的领袖工作能不能做好，就看能不能当好两个角色：一个是出气筒，一个是垃圾堆。党内所有人有不满的意见都到领袖那出气，领袖能接受，就具备了协调的能力。且大家都到他那出气说明他是一个核心，这是第一。第二，大家所有那些肮脏的东西他都知道，这是垃圾堆的概念。我跟我们所有社会组织的人说，他的团队是不是真正领导好了，除了能用制度把它管好，能用考核把他们给监督好，还要看在情商上能不能做到是他们的出气筒、是他们的垃圾堆。我到现在还在用的西方的东西，竟然是小的时候十几岁看闲书的时候看下来的那些。那个时候中国大量翻译的书全叫内部参考，那个书皮都是白色的。因为我看书非常快，那么厚的一本书我拿起来两个小时就可以看完。每次坐飞机我都能看完一本书，下了飞机我就能跟我的员工讨论。我有特别好的记忆力，我看的时候都不是成行看，就是那样每一页扫一下就过，我能复述在哪页上都说了什么。

前天看到一个微博上有关于宪政的讨论，这个在现在是挺时髦的，我之前不是很熟悉。看完了之后，我就接着来讨论——关于民众让步，对权力的让步，对宪政合不合理，就这样深的问题我也可以跟专家们讨论。专家们很吃惊于我刚刚才看的就能跟他们讨论。因为我看完以后就从里面抓出了五个重点跟他们谈的。我有特别好的学习习惯，而且过目不忘，现在都是这样。我觉得有些天生的东西也可以帮到人。

问：您现在的孩子是怎么培养的？有没有把这些教给她？

答：我就一个女儿，她很优秀，但我认为不是我培养的。从小她就有危机感，觉得父亲活不久，她高考的时候提前被录取到上海空军政治学院，考分非常高，后来又被深圳大学录取。我用车把她送去上海的时候，她怎么也不下车体检，就以高分上的深大。因为深大离我近，好照顾我。结果她因祸得福，她以那么高的分数上深大，在深大上学期间又是双学士毕业，结果深大三年没有留过老师，就把她留校了。因为本校毕业生里本科生留校是很难的。她在深大，大一就入了党，还当了学生会主席，在深大学习四年，没有用过我的钱。因为家里有学习条件，我在做高科技，她就学，然后就靠给深大的各个系里做网站以及维护，每个月能挣三千（元）。后来就留校了。现在带三个班，做班主任。总之，我女儿就不让我操心。

问：您经历这么多，我觉得您的人生是智慧人生，就是您在驾驭人生，不是人生驾驭您。这样理解对吗？

答：有些东西，我也不知道怎么说或为什么。比如，我自己经历的情感生活并不丰富，但是从政府官员到大学学者，所有的人，来问我婚姻问题、情感问题，都说我说的比心理咨询师还准。因为我看得太多了。我年轻的时候，那些所谓的高干子弟，当时父亲有权，自己长得又帅，个个找了最漂亮的老婆。伴随着改革开放，只要不去考大学、不读书、不做点事情的，最后都完蛋了。现在到老了，退了休就龟缩在家里，住父母的房子，自己连新房子都没有。这跟台湾的军营是一样的，台湾军营里的考到美国去上学的都是有出息的，没考出去的就是混四海帮，混黑道。我就看到了这些人的婚姻变化，当年漂亮的老婆不是离婚就是成了别人的情妇，这是一批人。我这个人活得太久，历史跨度太长，"文化大革命"期间八岁开始经历人生。现在改革开放以后，我接触了新的一批人，做生意的那批人也是好朋友，我看到了他们的变化。他们是跟糟糠之妻一起拼搏，生活发生巨大变化以后，就找了"小三"，这又是一批人。这15年又跟高科技那些技术人走到了一起，也了解到了他们的那些情感生活。

这几代人看过来之后，我都能到什么程度？朋友过来跟我讲他们夫妻吵架了，再把日常生活的现象一讲，我就能从心里涌出想法，并把实话告诉朋友，他的问题出在什么地方，可能要注意表面问题背后的真正问题是什么。还从来不说错，我都到了这种程度。到最后，朋友们都说我看得透、看得深，但其实自己还没那么复杂的情感生活。我就是看别人的看多了，因为会有很多共性的东西，人性的东西。

4. 创建"残友"

问：您创建残友集团的想法是怎么产生的？

答：我当时患了严重的抑郁症，三次试图自杀都是因为抑郁症，就觉得人生好像没有价值了。我抑郁症最重的时候，正逢1999年第一届中国国际高新技术成果交易会，家里人带着我去参观交易会，在会上我听了诺基亚总裁关于互联网的演讲。他对互联网的论述，让我感觉到互联网可能在未来对残疾人是一个机会，我就想通过这个试一试，看能不能改变自己的活法。就这样开始做的"残友"，一做"残友"就把所有的精力全投进去了，抑郁症也好了。

问：抑郁症是怎么得的？

答：媒体上说母亲没去世之前，我还能跟母亲相濡以沫，不寂寞，是母亲的去世彻底击垮了我。其实不是这样，我的情况很特殊，"文化大革命"以后我父母的工资涨得很高，最高时我父亲的工资是三万多（元），母亲是一万多（元）。如果算一下，好像1949年以前参加革命还健在的（老同志）全国还有不到一百万人，更不用说像他们这样的老红军。我父母有一个活着，我就可以不用担心生活，而且当时我太太也在工作，家庭生活没问题，包括我输血也没问题。母亲1997年去世以后，我开始自杀，坦白地说是因为经济压力。今天您来这，我觉得要把一个真实的生命写在纸上，所以应该确切地说，是经济上不能维持了。我女儿那个时候读高三，1997年高考，在深圳一个孩子上大学最少要给她准备十万块钱；母亲去世了，老婆在深圳打工，工资又不稳定，都四十多岁了，她怎么可能干到高层。当然她以后运气很好，也干到了高层，这个当时我没想到。

问：媒体上说当时您是拿着30万元遗产开始创业的？

答：其实要探讨的话，任何一个人拿着这30万元遗产，他也只能像我这样，不是投就是捐。因为在20世纪50年代，中国不实施计划生育，一般的老师傅挣40块钱能养活家里七八口人。当时我父亲是每个月300多块钱，我母亲也能有200多块钱，我们家一个月500多块钱，相当于十二个一般的社会家庭。在这种情况下，父母在我的两个哥哥、一个姐姐结婚的时候，跟我哥哥姐姐讲，我们家有一个血友病的孩子，让他们结婚都节约。他们结婚的时候，父母都没怎么给钱，都把钱存着，就这样给我存了30万元。但是因为有我这样一个血友病的孩子，把他们带入了一个非常大的误区，就是把当年非常值钱的钱放到银行里贬值到现在。我都有印象，"文化大革命"的时候我才挣20多块钱，所有的二级工都是37.44元，事业单位稍微高一点40多元，进了部队是52元。但"文化大革命"下馆子非常便宜，那个时候到餐厅去吃饭，肉丸、鱼等统一都是6毛，进去以后就是6毛钱一个菜，堆的全是鱼和肉，特实在。排骨汤第一碗的时候是 4 毛钱，第一碗汤里面有排骨和海带，或者排骨和藕，喝完之后加汤就不要钱了。就像现在的一些自助餐，买了这一碗，就可以再去盛汤了，那一大锅汤就不要钱了，但不可以再盛排骨。如果不去餐厅，拿 1 毛钱就可以吃一顿早饭。

不过，后来的通货膨胀就严重了。到 1997 年，因为钱贬值得太厉害，我发现这 30 万元都不够我输血用几年的。我就觉得全家人因为我自卑，我是害人精，把父母、哥哥姐姐一生的幸福全存钱存到这种程度了。在物价非常低的时候，什么都舍不得买，都存在我这里，最后到我手上这个钱已经不是钱了。在 1997 年之前，因为我不能工作，我还要找我的老婆和女儿要钱。血友病患者有一笔账要算，非重症的血友病一年需要 10 万元到 12 万元的输血费用，重症的血友病一年是 20 万元到 25 万元，我是重症的。现在就是这样，一瓶血 1320 元，我一次到医院按照体重要输 4 瓶。我不敢这么输，我就输 2 瓶也能行，输完以后吃点止痛药，再回家休息休息，这个血也能止住。我就输一半的量，就这样输一半一年也得 25 万元。当初这种情况下，我很理智地算，钱没了，我都要死。所以说，那个时候自杀是必然的，如果没有"残友"，我肯定还得自杀。

问：当时创业的心态是否有"拼一把"的意味在里面？

答：我想既然这 30 万元不属于我和我太太，是家里留给我的，我就用它来改变活法，试一把，不成功我还跳楼，肯定是这样的。我不死就把母亲的 30 万元也花完了。女儿高考后上大学，我每年还要花费十几、二十万（元）用于输血，家里根本没有那么多钱，所以这一生就是缠绕在这个"死"字上。之前是没医没药得死，之后有医有药了没钱也得死，我当时称自己是"高成本的苟延残喘"。如果我的人生没有价值，那我活着就是高成本，每个月还得赔几万块钱的输血费，最后换来的不是一个健康的、在家里能干活、在外面能挣钱的人，而是在家里什么家务活都不能干、在外面还要每天花钱去输血的人。这样的状态，于家庭、于社会都是负担，所以我要死，一定要死，这是一个很理智、很坚强的信念。

问：您有一句话说：生命和死亡是两个翅膀。这句话怎么去理解？

答：这是古希腊哲学上的一段话：生命和死亡是人生的一对翅膀，都思索领悟了才能飞翔，只有愿意并准备付出生命的人才能够实现真正的人生。我是觉得这句话说到我心里去了。因为我做"残友"，第一没资源，第二没钱，第三还没把握。弱势群体要去实现强势就业，用商业手段解决社会问题，对此我完全没把握。我觉得就是事业上我愿意付出生命的那种劲头，才让我一直坚持下来并获得成功。

问：怎么开始创业的？

答：我们从1997年开始做"中华残疾人服务网"。2000年我们国家才有域名管理，1997年我去申请域名的时候，随便填了个中华都能批，后来到了1999年，就不准叫中国和中华了。带中字头的需要国务院特批，所以中国的网站有"中华"两字的，除了中华网，到国家域名注册那里能查到有"中华"的就是我们这个网站。当时没有别人做这个。做这个一直做到2000年，我们竟然在三年里也没有在工商登记一个能承载做生意、签合同的实体。当时的设想就是，不是不想赚钱而是认为短期内根本赚不到钱。这个高科技太复杂了，它是两个概念，在互联网上的高科技不是单打独斗能做的。起码想都能想到前台那个美术设计和后台那个编程，一定就是不同的人来做，因为涉及那么多复杂的技术，需要一个高科技的团队。看看国外那个时候，微软的比尔·盖茨，还有雅虎的杨致远，看到所有的人虽然是在车库里，或者在宿舍里成功的，但都不是一个人，都是几个人、一个团队。所以，我想组建一个残疾人的团队，用残疾人主观上的努力、客观上的时间来替代他们学历上的不足。因为当时觉得要做高科技的互联网，都需要博士和硕士，并且大多也都是这样的。但这些残疾人最好的肯定就是本科毕业了，一般都是初中。所以当时就想那么试一下，但到我开始试的时候，就变成了组织团队进行社会实验了，那完全是互动的了。

5. 组建团队

问：一开始的五个人是怎么组织起来的？

答：一开始的五个人也是我千方百计地打电话联系上的。开始打给民政，民政告诉我这个归残联管，我就打给残联。咱们国家的官办机构对残疾人打来的这种电话肯定是非常冷漠的。我打给残联以后，残联就告诉我，他们残联不管就业，只管教育和维权。

好在深圳有义工联，我就打电话给义工联，义工联热烈回应，这种民间组织就是不一样。我一打过去，一个女孩接的电话。我打给民政、残联以及义工联的开场白全是一样的，就说我是一个残疾人，母亲刚去世，空了一套房，留了一辆车，留了30万（元）存款，我就直接讲这个故事。

我说我希望找几个残疾人住到我母亲这套房子里来，用我这个车，周一把他们接过去，周五再把他们送回来，举办一个学习小组，看一看我们能不能做互联网。结果义工联这个女孩一听马上就说："郑先生，我们正好有个理事在，他是深圳十大杰出青年，刚刚选的，他就是专门做助残工作的，我让他来接电话。"这个接电话的人就是义工联的助残组长，他认识所有的残疾人。他听完了以后就特别兴奋，他们正好要找项目服务残疾人，这下可好了，有个有钱的残疾人，愿意出车出房子出钱培训残疾人学电脑，他事后和我讲他当时是这么理解的。结果呼应特别快，就找了四个条件特别相同的残疾人，征求了意见，第二天晚上就带人来了。来了以后到我家把情况一看，就说他们义工也来帮助我教这几个残疾人。于是，"深圳市残疾人电脑兴趣班"就这样成立了。

问：那四个人的基本情况怎么样？

答：这四个人基本连电脑都不会用。我问深圳残疾人当中有没有会用电脑的，来的这些残疾人就说到这么一个人，叫刘勇[①]，在长城打字社打字，一分钟能打 230 个字。后来那个打字社倒闭了，他也不愿意回家。因为他回家以后，他家就一个独生儿子，父母每天看着他，问："对象怎么办？工作怎么办？"他的压力就会很大。然后他就躲在一个麻将室里，麻将室每天给他提供一个中餐，不发别的工资。他用别人捐的一台旧电脑，没事练练打字，然后就拿着开水给麻将室的老人家续续开水。

问：您听说后就开始去找他？

答：对，我去麻将室找的他。当时印象特别深，他才 60 斤，身高不到一米三，非常瘦小，提了一个大开水壶正在那走。我找到他以后，他把开水壶放了下来，走到放电脑的地方。实际上那是一个清洁角，也就是放笤帚和拖把的地方，放了一个架子，架子上放着一个电脑。那个电脑很老旧，Windows 95 都不能用，装的是一个 DOS 系统，黑白的。他就给我表演打字，飞快。我就跟他说，我当时写了一份计划书——这个计划书他现在还留着，写的是通过网站我们自己能解决吃、住，就跟现在描绘的"乌托邦"一模一样。我把计划书给他看，他一看完马上就说要跟我签合同，马上住我家去。到了我们家以后，我们家当时有我炒股票用的一台电脑，我就装了一些软件，然后他趴在那个电脑上 15 天没回家。

问：15 天？

---

① 刘勇，"残友"创始人之一，现任喀什残友董事长。

答：15 天。昼夜地学，那台电脑到后来就变成了一个交互式的，5 个人轮流用。他竟然在 1999 年拿了深圳市的设计冠军、广东省的设计冠军，在上海又拿了中国的设计冠军，又代表中国到欧洲布拉格参加世界网页设计比赛拿了第五名，到目前为止这是中国最好的成绩。他出国比赛的时候是我们给他买了几瓶矿泉水送走的，回来的时候在北京一下飞机，劳动和社会保障部就派人去接他，给他颁发了高级技能证书。这个证书在国内要考试的，他因为参加世界比赛拿了名次，就直接给他发了这个证书。我们五个人当中就出了这么一个。到了 16 个人的时候，又出了李虹①这个队长。李虹是深圳市的编程冠军，当时九万人参加比赛，其中还有很多中兴通讯、华为的工程师和高校的老师、大学生，他拿了冠军；然后又到广州，拿了个广东冠军；到杭州又拿了中国亚军，然后又代表中国出团到印度新德里拿了世界第一。我认为这两个人是老天给我带来的惊喜，五个人当中出了一个中国冠军，到了 16 个人的时候又出了一个后台网页设计的中国亚军，两个人还都在世界上拿了名次。所以对我来说一试就成功。

问：当时没有别人挖他们？

答：有。刘勇一回来，新浪看到他取得的名次马上找人跟他接洽，年薪一百万元聘他去做设计。商业公司很简单，只要这个人拿了名次就多给他钱，之前没有名次不保险就不用，当然他没去。

这样我一看，我就敢大规模招人。我是两套房子，一个楼层是一梯八户，正好我隔壁在出租，我就又租了一套，这样等于是三套房子连了起来，然后就接着招人。他们是 1999 年拿的名次，2000 年我们就办了第一个公司——"残友网社"。

问：2000 年办的？

答：对。我觉得我们这个组织可能从一开始就体现了他的使命，一个非营利网站，没有注册公司，三年没有商业账号、没有商业合同章。等到两个人拿了世界名次回来后，他们就是活广告，马上就有业务来做，这样开始就有了利润。然后就成立公司往前走，走到 2004 年又成立了第一个社团，总是在商业上一旦站稳了脚就往社会组织上跳。在 2009 年胡锦涛同志接见后，又马上成立了基金会，我们有这么几个跳跃。

问：您当时创业的时候为什么想到要找残疾人？

答：其实我很小的时候就面对这样的身体状况，后来发现不光我自己

---

① 李虹，毕业于北京大学物理系，患有"进行性肌营养不良症"，残友集团员工。

这样，有一批人也是这样。中国的残疾人是有就业的强烈动机的。对于我们来说，能更深地体会到西方人道主义那些核心思想。因为在残疾人一生中，最打击他的，我觉得不是生存，因为中国这种儒家社会里，即使在偏僻的农村，兄弟姐妹和宗族里面的这种赡养和抚养也不至于饿死残疾人；那么最打击残疾人的就是一生不停地伸手找父母要钱，不停地消耗家里的资源。

我们的故事实际上就是中国的残疾人现状，这是非常核心的东西。然而，我们老说残疾人"被就业"了，其实中国的残疾人真的就不了业。除了深圳残友，到广州、上海还是其他地方，我敢这么说，99%的残疾人是失业的。残疾人的就业，这是第一个问题。

问：残疾人的福利也不好？

答：第二个问题就是残疾人的福利政策。中国的政策是全国一盘棋，不像西方。西方的福利是残疾人与其他的弱势群体根据当地的经济发展去分享当地的红利，这是核心。比如深圳只有七万残疾人，居民收入都已经超过了新加坡和韩国首尔，如果让深圳的残疾人去分享深圳地方经济发展的红利，那他的补助不会比香港少。但是在中国这种全国一盘棋的政策下，宁夏的残疾人享受什么样的政策，在深圳也一样。所以就是在深圳这种经济发达地区，不用说温饱，残疾人连社保、医保都没有，住院都没有办法。我跟王振耀老师讨论过一个问题，我跟他说，中国的低保政策还普及不到残疾人。中国的低保政策只能普及到能工作、能独立、有收入、能单独办理户口的人。中国的低保考核标准是以家庭为单位，而不是个人。那么深圳所有的残疾人，由于不能单独立户，家庭的平均收入达不到享受低保的标准，他就享受不到低保。比如在深圳随便抓一个残疾人，父母是老师，退休了，都80岁马上就会死了，这个残疾人40岁还是个弱智，他也拿不到医保，因为按他跟父母的平均收入来算享受不到低保政策。后来王振耀老师告诉我，他在民政部的时候专门出台了一个规定，残疾人可以单独立户。我在政协连续三年都提这个，要求残疾人单独立户，要不然他进不了低保惠及的范围。

所以说在一些福利上，全国的统一规定造成了中国的残疾人真的无法解决温饱。但对我们来说，既然没生路，就走入"残友"吧。彻底的无产者是无所畏惧的，我认为这句话是最对的。他本来就一无所有，那么到"残友"来，任何一点细微的改善都是对他人生的提高，最后学到的是一种能养他一辈子的手艺，那谁不好好学呢？所以我们的成功、我们的故事，还是有这样的一些因素在里面。还有就是中国高校招生政策的调整，之前残疾人都不让报考，2003 年开始除了医生和师范不许报考，其他的都能报考。扩招以后，就有大量的残疾大学生毕业，但是健全的大学生都失业，残疾人大学生找工作比别人难十倍，所以对他们而言，毕业就是失业。

那就面临着一笔账，残疾家庭送残疾大学生出去花的精力和钱是普通大学生的四倍，他们毕业之后找工作的希望比别人低十倍，回家待上三五年，就会把大学里学的那点东西忘得一干二净。所以在这种状态下，走到"残友"来换活法的每一个人都是勇士，那真的都是没法回头的人。所以我们才说"残友"是一场残疾人生存方式的革命。因为根据亚里士多德的定义，革命就是把艰难的生活经济地位去换成更好的。

总结起来，残疾人就是盼望一场改变，不像别的大学生那样，打一个工就一个业就能跟别人一样地生存，他不是。

问：您有一个理念，就是您把残疾人比作红树？

答：是。实际上就是抱团的意思。

问：您从哪里得到"残疾人能抱团"这样的一种启示？

答：当时是这样，我们在 1997 年做的网站，到了 1999 年，中华网成立了。他们当时有个副总李永长找到我们谈了多次，要收购中华残疾人服务网，当年的媒体有过报道。中华网当时希望残疾人和慈善公益这块也有个中华，一看已经有个中华残疾人服务网，就想用一千万元收购我们这个网站。当时中华网的总裁就把我们这些人叫了过去，但最后没收购成功。从这件事上我看出了我们是抱团的。

当时看到他的收购方案，我们非常开心，因为才做了两年半，就值那么多钱。结果我们去谈的时候大失所望。他只是告诉我们要收购，然后让技术总监和我们具体谈。技术总监说网站和所有域名都归他们，但团队他不要。因为那个时候刘勇他们还没出彩，他一看这个团队都是残疾人，文化层次又那么低，做得又不专业，他就说我们网站挂在他们中华网下，由他们中华网统一做。我们回来就商量，一说到所有人只能拿到钱，不能去工作，决定一分钟就做出来了："不卖，让他们去死吧。"这是原话。所有人都是借着这个平台改变活法，现在终于找到一根稻草了，像我就不用自杀了，像刘勇就不用待在麻将室被人瞧不起了。我们这几个人当时的情况是：麦剑强①是完全站不起来，街道为了照顾他，给他弄了个轮椅，安排

---

① 麦剑强，患有小儿麻痹症，双腿残疾，时任网络管理员。

他住在一楼，但他在一楼都不能出来，就在后面的阳台打了个门，他爬到阳台坐到轮椅上才能出来，前面是一个马路口，街道给他弄了一个书报亭，他就每天滚着轮椅到书报亭去卖报纸；最好的一个是钱斌①，跟着工程队装路灯，别人爬上去修路灯他就在底下当小工递东西。就这么几个人，每一个人都是在社会的最底层，干着自己力不从心的工作，还被人瞧不起，大家来这都是为了找一个活法。所以如果反过来，中华网用十万块钱收购我们这个网站，但让我们去工作，我们早就卖了，到中华网去工作多有价值。所以这一开始就跟经济规律不同，跟主流社会不一样。

问：为了换一个活法？

答：是。所以对于网站不卖给中华网没有一个人有异议，一致通过，不卖，我们自己做。自己做是个什么概念？在我这儿吃，在我这儿住，但没有工资，因为我那三十万（元）不敢发工资。我们永远记着第一回发工资的时候，特别有戏剧性。我们第一次的工资是由香港的残疾人过来发的。香港残疾人通过互联网看到我们的网站，在网上跟我们交流，说我们太了不起了，建了一个残疾人网上的精神家园，后来就提出要过来看看我们。然后约好，他们就来了，来的几个都是坐在轮椅上，四肢都不能动，被菲佣推着来的。这些人知道我们是民办的，凑了三千港币，港币正好是五百一张，我们又正好是六个人，我们五个残疾人加我的司机。那天我记得是平安夜，白天他们来看完我们就走了，走了以后到晚上要送大家回家的时候，我就看了看这六张五百块钱，我说："这样吧，这是香港残疾人来看咱们的，咱们就一人五百港币，大家回去过平安夜的时候也有点钱。"

一 郑卫宁 谈残友集团

027

问：你们开始的时候一直没发过工资？

答：没发过。大家就这么高兴的一人拿着五百港币走了，这是第一次的工资。但是即便这样中华网的一千万（元）想都不想就推掉了。所以换活法对我们来说多么重要。这是人的自我价值的实现，人道主义和人性的好多东西在这个地方一比就能比出来，当然这有个前提条件就是我们都不是没饭吃。

问：可能经济利益不是我们这些残疾兄弟姐妹追求的价值？

答：是一个价值，但是有比这个价值更珍贵的东西。

问：这里面最核心的东西还应该是一种精神吧？

答：是，真是这样。不光是我，所有当初跟着我们干的人，和现在来

① 钱斌，患有小儿麻痹症，右腿残疾，时任制作部主管。

干的，都不是说来选择一个职业，而是为了改变一个活法。所以我们的口号就是"越是残疾，越要美丽"①，那个"美丽"就是一个活法。

问：您当时就对残疾人充满了希望？您认为他们真正的优势在哪？

答：这可能跟我自己的经历有非常直接的关系。我自己年轻的时候没有上过学，但是因为残疾给了我非常好的学习条件和非常多的时间，后来发现自己跟社会接触和做任何事的时候，没有因为上学少而显得知识不够用。我心里面就一直在信一个东西，就是所谓的代偿，替代和补偿。比如盲人，眼睛看不见，但他的耳朵就特别好使，他老婆走过来，他妈妈走过来，不论谁走过来，他听着声音就能打招呼。我的代偿就是一种计划性。一般的健全人起来倒水就只是倒水，坐下后才想起来还要拿个钢笔，就再去拿个钢笔。由于我站起来走一趟路不容易，我站起来走的时候，立马脑子里就计划好我还要拿钢笔，我还要干什么，那我起来拿杯子倒水的时候，我就把所有的事情按先后顺序都做完。这就是肢残人的计划性。再比如聋人，由于听力不好，他要读唇，要看别人表情才能增加信息量的收集，他观察物体的细节就非常细致，所以他做设计的时候，就想得比别人生动。人体的这种代偿理论就是上帝给他关了一扇门，就会给他打开一扇窗，我是觉得在人的生理上和许多其他方面都特别符合这一道理。

所以，我当时明显是有计划地推动。自己的母亲去世了，把母亲的房子空出来，再把母亲给的遗产用来买硬件和解决残疾人的吃饭及交通费用。然后到父亲退休的那所海军大学请一个退休的老师，我就让他到我这儿来，就当是到深圳来休休假，住几个月，然后顺便教教残疾人。工资都没跟他谈，他来了以后，全天都在教残疾人，我就给他每月开800块钱，管吃管住。这明显是一个从上往下的推动。这个推动我觉得来源于两点：第一，从我自身经历来讲，由于我残疾，我就有时间，还有那种对抗寂寞的学习是非常有效的，我无聊的时候，我就拿起书来看，不想看了，我也得看，这种学习量是惊人的；第二，感觉到自己的身体差，就在别的地方千方百计地去克己复礼地做些事，最后就造成别的能力强。所以我觉得残疾人碰到的问题是身体和经济的问题，以及学历低的问题，但是他的那种残疾的状态造成的时间充裕和对学习上主观的那种耐心，有可能把那些弥补了。

问：所以您当时就觉得"残友"会成功？

---

① 张海迪题。

答：是的。一开始就有几个东西在支撑我。第一个就是残疾人的这种特点造成了他的主观努力和客观的时间，可能会带强高科技。比如要做五级认证的话最少要五百个人，因为有五百个功能点，如果有功能点过不去的时候，美国的评估师不会告诉他们是张三没过这个功能点，他怕被员工打击报复。所以有五百个人在做的时候，他只告诉："对不起，五百个功能点有一个没过。"就是一个功能点没过，五级就废了，也就是说当时申请认证的127万元就打了水漂，所以好多人都不敢做这个。

我们做这个的时候是两百多人，一个人负责两个半功能点，最后五百个功能点一个都不错。这需要两点：第一就是残疾人的这种代偿，第二就是残疾人的团结。不团结就会遇到所有IT小公司面临的共同问题，大公司让它成长，之后就收购，把人才挖走甚至收购整体项目，这就是硅谷的定律。小公司从车库走出来，灵活，创造好多创新的东西，大公司有无限的市场和已经上市的资本，这样就把小公司腰斩放到大公司，永远是这个逻辑。

那我们要想把自己的公司做成功：首先需要的是残疾人能成长，能完成别人的工作；其次，成长起来以后还不能被别人挖走。如果当时李虹和刘勇被挖走，我的公司就垮了，因为公司必须要有领军，有技术领军才能领着团队往上走。所以我认为残疾人在技术上的这种学习和他们的这种抱团很重要。这是第二个支撑我的东西。

问：可以说是因为您了解残疾人，所以把他们的热情都调动了起来？

答：可以这么说。邓朴方之前也对残疾人有几句话，我们这些残疾人非常认同。残疾人一般不能跟主流社会相比，但并不是说要索取，他们最大的特点是渴望理解，志在奉献，这是真的。残疾人由于自身的弱点再加上不善于社交，他碰到最大的问题是周边人对他不理解，所以渴望理解这是第一个。第二个"志在奉献"的意思是，与其说残疾人想多要钱，不如说想更多获得周边人的认同。他缺乏价值感，他自我评价太低，看到自己破烂不堪的肉体就没法自我评价高。所以给他反向激发出来"志在奉献"，有机会让他奉献，奉献出来得到周边社会的认同和赞扬，这是最重要的。

还有残疾工作者出去办事的时候老碰钉子，碰到这种情况，别人不是不理解，而是不了解；不是不人道，而是不知道。我们这些社会工作者非常认同这句话。我经常出去，有时候也碰到这种情况。有一次，静安家具的董事长请我去讲课，我带着刘勇去，结果董事长还没有来，他们没有电梯，我们就爬楼，它的扶手都是水泥扶手，没有人扶，我们摸完，手是脏的，再碰到身上，身上就是脏的。我和刘勇气喘吁吁地一进董事长办公室，正好秘书在，秘书见到我们马上喊"出去"，还跟保安说这种人也放进来，赶快赶走。这种情况也能碰到，因为他以为我们是要饭的。我觉得邓朴方有这个洞察力，对这个阶层的洞察力是非常准的。所以我们能够把残疾人这种热情调动起来。

问： 那些残疾人的家属认同你们吗？

答： 家属对我们太认同了。我们有个员工叫李燕，是一个没有腿的女孩，9岁的时候在山上采茶被车轧了。在农村，车轧死了人赔钱少，把人轧残了反而赔钱多，所以车主又来回轧了几次，这样她的双腿全被碾断了，但还没有死。她上大学的时候学校不要，残联维权把她送到一个学校，进去了以后学校特许父亲在里面夹着她上课。然后她父亲在学校搭了一个窝棚，捡垃圾，大学4年她父亲就这么陪着她。她毕业以后也找不到工作，后来上了凤凰卫视的《海若心出发》以后被送了过来。她父亲来还是夹着她，一来我立马配了一个小轮椅，女士用的那种很小的轮椅，就是现在他们用的，度身定做，每个人配一个。他们当时没有这个概念，她爸说要是有这个，在大学里就可以不用陪她，回家种地了，因为她滚着轮椅可以走。但是我知道，我在"文化大革命"的时候也没有轮椅，也根本没有这个概念，也没有拐杖这个概念，这说明底层社会福利的普及还存在问题。她父亲后来要回去了，我跟海军说送送他吧，我们就走出来，走出来碰到她和父亲在门口对话，父亲面授机宜，让她不要钱，就好好干，这样我们就不能不要她。我们一听不好意思出去，就没有出去。其实就是家长来了一看，觉得子女在这儿一生都能解决，他最原始的认同就是这样。但是她在学校里就拿了软件工程师，还是党员，女孩为什么这么拼命？因为她知道自己肯定找不到工作。

问： 所以每个在"残友"的残疾人都成了你们优质人力资源的核心？

答： 学习的时候就拼命地学，每个人都这样。她来了以后6个月就挑大梁，现在是我们的主力工程师。还有一个没有双腿的男孩，是我们援助华为的底层驱动软件工程师。底层驱动软件工程师是写DOS里逻辑的，那个需要多年数理化的基础，可是他没有上过学，没有数理化基础，光凭自学，在"残友"就两三年，现在能给华为写海思芯片，就是安卓系统的核。别人就研究他是怎么做到的。他小时候在甘肃，被火车轧过以后，父母是打工的，一看他没有双腿了，送到医院付不起医药费就跑了，后来当地拾荒的老太太不愿意扔他，就送到医院，他活了下来。但老太太也根本养不了他，他也上不了学。到了9岁，他拿两个小凳子，移动其中一个，就把身体放在这个小凳上，再移动另一个就把身体再放到另一个小凳上，移动得非常快，就这样他扒火车出去要饭，到了13岁就扒到北京了，然后一直在北京街头要饭。

深圳有个义工调到北京工作，看到他，问他愿不愿意上学，他说愿意，然后义工就把他送到了速成学校，他就认了那个义工为干爹，在速成学校读了6年。深圳义工都有这种公益情怀。他19岁毕业了，毕业以后那个义工给我写了一封信，给他买了火车票，让他到深圳找我。我们这儿实际上要面试的，他这么来了我只能收了他，问他想干什么，他要做软件，我就把他放到软件部去了。他没有腿，所以也有特别好的休息条件，到晚上不回宿舍，他一歪就能睡，找个椅子就能睡，他就在这上面，白天干，晚上睡，反正醒了就这么弄，最后变成了底层工程师。这种例子是非常有意思的。像我这一生的学习，我大不了在文科上能学点，但理科的东西不是那么容易的，结果他就行。

问：他叫什么？

答：他叫来爱清。他刚来奶奶就得肝癌去世了，他也没有钱，我就悄悄给了他三千块钱让他回去。回去以后他给我打电话，说他们那儿可以有坟，还要三千块钱才能弄个坟，我就说弄个坟吧，我就又给他寄了三千（元）。一年以后他要还我钱，开始的时候我说算了，他的条件不方便不用还了，但他非要坚持，说这是他的信誉，我就把钱收了。所以有这些人在这里，"残友"不可能垮，每一笔交易他比我们还重视，他觉得这个平台好了他就有保障，他自己组个家不可能这么好。

我们有中餐宿舍，就是食堂的旁边，他们就住在中餐宿舍，要不然他们出去滚轮椅，路长了不行。住在中餐宿舍，每天把衣服往洗衣房那里一扔就上班，上班以后有三顿饭吃，可以说他所有的精力就是把业务弄好，生活方面被照顾得非常好。

问：是一种大家庭文化？

答：说到这个，我觉得到后来"残友"的文化不是我主动做出来的，而是发展过程中自然形成的。最早的时候雇了一个保姆，保姆每天做好饭，六个人就围着桌子吃。后来公司做大了，大家都有个共识，就是不管怎样也要有家的感觉。刘勇那些老员工说做"残友"这十五年里最快乐的时候不是现在做了董事长，拿很多的钱在外面建功立业，而是在大哥家里的那段日子。老员工最怀念那段日子，很惊喜走入了互联网世界，用搜索引擎能搜点东西出来就高兴得不得了。既然大家都这么想，那就保持吧。后来公司不论多大，十个人了，也一张桌子，二十个人就两张桌子，发展到一百个人就十张桌子，延续到我们现在快五千人了。所有的食堂全是这样，都是五菜一汤。好多营养、膳食专家跟我们讲四菜一汤或者三菜一汤就够了，没必要做那么多，但是大家就是怀念之前那么吃的，就这样一直沿用了下来。我觉得讲到这里其实是收获的时候，从刘勇和李虹出成绩以来，这些对我来说就是人生的收获。

问：善有善报的那种感觉？

答：是，非常开心。另外，我们也有几个很自豪的事。起初，国内知道互联网创业的还不多，当时的一个国务委员叫司马义·艾买提，他2000年首访深圳。来了以后，深圳就安排了一个参观活动，结果他莫名其妙地告诉深圳说，他要去参观一下中华残疾人服务网。当时还没有网站的概念，外事办就到处查，结果查不到。后来没办法只能去问司马义·艾买提的秘书，首长从哪里知道的这个东西，后来那个秘书说在网上有，外事办也跟着打开网站，查看到我们登记的地址，赶快就过来了。司马义·艾买提的题字就是这么来的。

还有一件事就是微软对我们的支持。微软在网上发现我们的网站后，就马上跟我们联系，比尔·盖茨很注重这方面，他没想到弱势群体自己也能做这么一个中华残疾人服务网。2000年就出现了让我们最自豪的事，微软中国的公关总监从北京买机票飞到我们这里，跟我们共度了一个助残日，就是5月20号。这可把全国的残疾人羡慕死了，这不是钱的问题，这张照片现在从微软的网站上都能查到。接着微软宣布了一个政策，就是对我们中华残疾人服务网所有的软件永远免费捐赠，我们要什么给什么，一直持续到现在。有些海外机构做得真不错，这个当时比钱都关键，这样的人生多有价值？打开微软的网站找到社会责任这一栏，进去就能看到这样的东西。

6. "八小时之内"与"八小时之外"

问："残友"里的许多员工都是残疾人，与一般公司不太一样，反映在管理理念上有什么差异？

答：我们在单位里推广人道主义。按照马斯洛需求理论，每一个进来的员工我不是告诉他企业要什么，而是要看他自我价值的实现，根据他自己的特色他想怎样。如果他也不明白，我也不明白，那我们就按制度来——换岗，我们调岗调十次的都有。做程序员不行、做检测不行、做办公室不行，不行就换，不抛弃、不放弃，一个不能少。最后肯定能给他调一个特别合适的，这个时候他一个人能顶十个人，因为符合他自己的人生价值。宗教不过时，但我们不能用信仰宗教来管理，因为我还是党委书记。剩下的就是人道主义不过时，那就按照人道主义。人道主义尊重每一个生命，每一个生命都有自己的尊严和价值。在商业上，我们叫利他主义。

问：商业上的利他主义？

答：腾讯和阿里巴巴十年积聚的财富比美国杜邦和洛克菲勒上百年积聚的财富都多。现在是高速发展的社会，贫富差距更大，1%和99%痛苦的摩擦，不是被缩小了，而是被放大了。这种情况下，在商业上我们尝试一种乌托邦，争取把99%的利益带进去，就是说公司替所有的员工和他们的家属福祉考虑，反过来家属和员工能不能为公司的核心利益考虑？答案是：能。"残友"就是这样。这样做的有日本的稻盛和夫、美国的彼得·德鲁克。道理其实很简单，就是没人愿意这么试。因为一个老板在创业过程中，所有的财富他都愿意拿到自己手上，由于是工商注册又有保护私有产权的制度，可以让他顺理成章地占有。

我把财产捐出来，建立一个基金会，所有的企业利润上交给基金会，员工们实现退养制。还有女残疾人本来就行动不便，怀孕的时候就要休假，那另外七十多个健全的女职工可能就会不平衡，怎么对待？既照顾弱势又能让别人平衡，那就是商业归商业，慈善归慈善。在企业里请假工资全扣，这样对健全员工怀孕不请假的就公平了。我又在基金会下面成立了一个残障妇女生育关爱基金，企业扣多少钱再通过这个基金给她补偿回来，这样做大家就都心理平衡了。就类似这样，基金会真的是替所有的员工和亲属的福祉考虑，那反过来看员工能不能替公司核心利益考虑，我们这里每个人都能。要召开慈展会了，民政局要我们先免费帮他们做一个东西，每个员工都干，没有加班费也干，因为民政局是资源，以后我们可能有更多的东西回来。但他如果不是老板，可能觉得要东西回来也是老板的责任，凭什么让他加班，那就跟我算计了，所以他们在这里都是主人翁。

问：您眼中的乌托邦实际上是指？

答：利他主义。当时最初的想法就是要把这个"乌托邦"维系下去，因为只有让大多数人的权利保护住了，这个才能形成。

问： "残友"从一个人变成了五个人，又很快变成一个大家庭甚至我们叫作"国"的概念，您的治理理念是？

答： 我们的情况真的是像您说的，人越聚越多，在深圳现在都超过了一千人，四个点上每个点都有三百多人。在这个过程中，我们是分三步走的。"残友"最早的经营和其他所有公司一样，但因为大家都住在一起，逐渐发展出"残友""八小时内"和"八小时外"的概念。"八小时内"就是专指正常公司上班的管理，"八小时外"就是指下班之后员工都还在这个地方，是业余生活当中的管理。这种员工工作和生活都在一起的单位，深圳最大的就两家，一个是富士康，一个是我们。富士康出事跳楼的时候，大家再看我们，为什么"残友"的幸福感那么强？最后发现我们跟富士康的区别就是"八小时之外"决定了"八小时之内"。"八小时之外"让他生活得快乐，生活的上进力强，"八小时之内"不用制定那么多政策，没有罚款他照样能做好。

后来总结我们跟富士康的区别在于，富士康在"八小时外"用的是行政的概念，我们"八小时外"用的是社会服务的概念，一个是行政管理一个是服务。行政管理是有限的资源对无限的需求，用管理的概念必将产生矛盾，接着激发矛盾；用服务的概念，即便资源有限，但大家感觉到双方不是对立的，而是有一个共同的目标，这时候他可以容忍，甚至在服务过程中被服务者也参与服务。在管理当中能不能调动被管理对象参与是非常重要的。

问： 参与式管理？

答： 他参与了，他的容忍度马上就提高了，什么都可以原谅；他如果坐在那里分得很清楚，那怎么做他都不满意。我们最开始遇到的问题是"八小时内"出现了问题。最开始我跟刘勇、李虹他们六个人分工极其简单。我出去跑业务，到处去找有没有人要做网站，接到订单后，我就做网站内容策划。我做完策划，刘勇就做前台的设计，刘勇做完设计，李虹就做后台的编程。就这样一个模块就完成了。之后还要有人专门负责上传，那个时候没有宽带，是用电话线上网，弄一个 model，吱啦吱啦响，响半天嘣一声连上去了。连上去之后网速很慢，想传一个网页白天几乎不可能，只有等到夜晚 12 点到早上 7 点大家不上网的时候才行。我们就专门安排钱斌，负责每天晚上把大家做的网页传上去链接起来，因为他学别的都学得慢。

现在是模板内容、文字和图片往上一放自动生成网页，速度也快了很多；当时不行，做一个网站维护成本非常高，还要有专门的人晚上值班传，还有人专门做套嵌，做事务性工作。这些工作现在看就比较简单，反正扁平化管理，没有那么多层级，每个人都这么一摊事儿，就一个项目组的概念，大家回来一碰，就很容易实现。后来我们到了二十几个人的时候变成了一个个项目组，每一个组长跟我们还是扁平的，都没有问题，但我们超过五十个人的时候，就碰到了管理问题。

问：什么管理问题？

答：管理学理论说组织人数超过五十个人的时候，如果没有制度，组织就会乱成一锅粥，真的是这样。我们当时是六十七个人，就出现了多层级。坐家里干活的不知道我在外面干什么，公司一级的不知道底下员工谁表现好不好。底下员工出现过的情况包括积极干活的几次都没得到表扬，而那个偷懒的连续三次被表扬，积极干活的人也不干了，这样就打击太重，整个组织出现了一团混乱。

要解决这种混乱，我们面临着两种选择：一种就是用现在大部分公司采用的劳动制度来管理，那样做就是员工做得好不好我不知道，但知道他每天多长时间坐在电脑前，每天干活的时候都在哪儿。另一种是，当时正好美国出了一本书叫《第八个管理》，它说传统行业当中的管理是七个，也是日本工厂的管理方法，就是把动作分解成一个一个的标准，分析哪些是不必要的，然后用最精练的标准来管理，但是所有的这些管理都管不到人的思想。设计和编程没有动作，都是思想的运动，每个人都是趴在电脑上想，做设计的就画两笔，编程就敲几个源代码。美国人就说这类管理在高科技里叫第八个管理。这本书里面提出了一个新观点，实际就是像现在的CMMI[①]一类的管理，不是说管理者按照行为模式来监督员工的行为是否标准，它没有行为模式，而是在思想领域进行了模块化和标准化的引导，然后在执行过程中防止出现系统性风险，这个是非常复杂的。

问：您之后就采用的"第八个管理"的管理理念？

答：是的。当时我就想，我们都是残疾人，即使将来不做软件和动漫了，也是趴在电脑上做，因为我们离不开电脑，我觉得可能日后我们所有的工作只有趴在电脑上完成，用头脑屏蔽四肢的不方便才能跟别人竞争。那这样我们应该倾向第八个管理，于是我们就没有搞其他商业公司的那一套，这实际上也是"残友"的一个特点。"残友"所有的地方都没有制

---

① CMMI，即"集成的能力成熟度模型"认证，是国际上软件业最权威的评估认证体系。

度。几点上班、几点下班、迟到罚多少钱，等等，所有针对这样行为的制度都没有，这一类管理本身成本就高，我们全是用头脑和思想进行管理。所以我们到了七十个人之后，当时还不是那么有钱，我就交了五十多万（元），找到美国的 CMMI。CMMI 在中国的代理公司非常少，找了半天深圳还没有，最后找到了广州的一家，当时广州的咨询师还是从泰国来的。来了以后讲的东西开始很难理解，比如讲要面向市场，市场要什么我们做什么。他们来之前我们就面向对象，没有市场的概念，这样就需要转变思想方式，接着所有的东西都是颠覆性的。只给我们讲这些概念，就觉得非常复杂，把概念讲完了以后，再帮助我们做好部门的协调逻辑以及报表，就这样我们做了两年多。现在看这个路又走对了。

问：这个 CMMI 作用如何？

答：实际上是从一开始就受益了，这些管理思想应用起来以后，底下就不乱了。当然最后能不能达到最高级过关是另外一回事。所以"残友"就在往复杂管理上走的时候，我们就把基于制度和行为的管理完全摒弃掉了。到现在跟别的公司也不一样，当然别的公司可不可以学，这是商业公司要跟我们探讨的。刘勇是残疾人，他几乎没有什么行为，他工作就坐那里，回到宿舍也是坐在那里，所以没必要用行为管理。健全人不一样，健全人下班了可以有很多事情做，很多地方去，也就是健全人比残疾人的行为多。所以我们的成功模式能不能移植是另外一回事，我们就是这么做的。

开始做的是三级管理，做了两年多。三级管理做完的时候，我们已经一百五十多个人了，当时的感觉就是人数在三百人之内，用三级管理是没有问题的，而且在一个公司和三个公司之间以及分公司之间也是没有问题的，就这样迎来了 2008 年。从我们的树状图上能看到，在 1997 年往上走的时候，它都是很小的坡度，2008 年是爆炸型，就是爆炸开了。所以这个管理一做完就可以大规模进人，各个部门都放开口子招人而且产品市场也好。其实管理好市场就好了，应该是这样的情况，这是一个阶段。后来我们又交了 127 万（元）做五级，2012 年拿下五级，五级像集团一级，专门有 CMMI 批驳，就是集团的所有部门和公司怎么协同。这个拿下来之后，从文案到文档到所有的指令都能够充分利用。像现在我的手机一到晚上，33 个分公司和 11 家社会组织每天的日报短信就来了，不算邮件系统，日报然后周报、月报，这里面又加上很多互动的东西，专项的项目报告。我基本上就是不用上班所有的东西也都能知道，不论走到哪儿都知道整个公司的所有事。

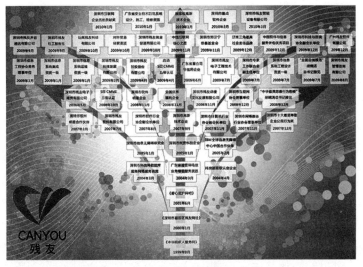

残友树状图

资料来源: http://www.comyousoftroare.com/pages.aspx? val=521。

在做业务管理的过程中，我们就衍生出了完全不同的板块，我们会做政治设计，而一般公司不会做这些。因为我觉得政治一定要有两派和更多的派别，只有一派的时候没有整体。多派的时候，尤其各派别在博弈的时候，经常会出现的是多数派和少数派，永远不会是旗鼓相当，在不同的阶段有不同的意见，永远形成的是多数派和少数派。那么通过民主的方式保证多数人声音的时候，再通过宪政的方式保证少数人的权利。管理中有很多这样一些政治上的基本理论，其实政治就是人群的治理。还有，限制多数人权力的时候，怎么能执行其他人的权力？譬如在所谓的宪政上，民选不能违宪，也就是说一个国家公民集体投票让袁世凯当皇帝，那公民投票虽然是民众投的，但是违宪，都不合法。因为他把自己的主宰权让给别人了，他又重新做奴隶，这是不行的。哪些可以赋权，哪些不能赋权，这些东西自然而然就感觉到要用了。

问："政治设计"在"残友"具体是怎么体现的？

答：我们之前一开始通过管理形成了"八小时之内"，是一个派。这实际就是三权分立当中的行政，就是国家权力，它掌握所有的市场，能让公司赚回来大笔的钱，是我们这里边最强的一个，但同时把三权分立里的立法、司法也都吸纳了。那我们在"八小时之外"开始衍生出另外一段。开始这些体系是互相冲突的，非常之痛苦。"八小时之内"按照商业的管理方式，就是效益最大化，商业管理讲到最后就是为了这个，管理时间也好，管理什么也好都是效益最大化。在效益最大化的时候，这些员工们"八小时之外"的免费衣食住行之外还多了两个：一个是危机干预，一个是心理辅导。

问： 危机干预和心理辅导具体是怎么做的？

答： 对残疾人而言他的危机是很难被主流社会理解的。残疾人的爸爸妈妈来看他，这就是危机。他身体不方便，不能到车站去接，也不能去住酒店，爸爸妈妈住下来之后他也不能陪爸爸妈妈去玩。什么都不能做的情况下，他的爸爸妈妈来了怎么办？所以他的危机就来了。还有他的爸爸妈妈怎么来了解"残友"？那我们来应对这个危机，我们有专门的危机处理。比如他的爸爸妈妈来了，我们负责接，他所在公司的一把手——不是项目组或部门领导——要陪着他的爸爸妈妈用我们的公款吃一顿饭。一把手有权威性，可以解答他爸爸妈妈问的所有问题，不让他们留疑问回去。我就是这个公司的总经理或者董事长，他们问，儿子表现得怎么样？这是个案的问题。儿子未来在这儿最高工资能拿多少？儿子这个工作有没有前途？儿子累不累？所有的东西我都可以告诉他，不会说这个我不明白那个我要问领导。还有，他爸爸妈妈要去看海，那我们有专人陪同，司机还会带着轮椅，把他也接上；去看海的时候，司机还帮着推轮椅，陪着他爸爸妈妈一块看海，这是我们的危机处理。富士康跳楼的人就是因为遇到了一堆郁闷的事情之后，比如信用卡丢了，那个青年就想不开跳楼了。我们这里遇到员工信用卡丢了什么的，这种意外情况我们也负责帮他处理。

还有一块就是心理咨询，当然我们这里面还加了个心理干预咨询。我们会经常有社工做分析，比如最近天气热，软件部加班比较多，他们就可以下去发调研表，大家填完了回来以后统计。如果发现哪些值不正常就会根据这些值来做个案，采用工作小组和社区工作方法把问题化解掉。最初做的时候，家里雇了一个保姆照顾六个残疾人，发现六个残疾人一个保姆不够，因为还要洗衣服，大家有的手不方便，有的蹲下起不来，不能洗衣服，那就雇两个保姆照顾这六个残疾人。后来人数变成二十六个人，这个时候就要雇三到四个保姆，而且这些保姆有分工，有的是做饭，有的是洗衣服，有的是照料他们的生活。这里面就触及一个核心的问题，实际上就是社会服务。当时我们不知道，国内没有社会服务，很苦恼。涉及的主要问题，一方面对于残疾人来讲，他们认为既然请保姆照顾了，保姆就应该无限的服务。另一方面对保姆来讲，他们给残疾人洗衣服，但不能给他洗内衣，总有这样的例子。一个要有限，一个要无限，这个边界划分不清

中国NGO口述史（第二辑）

楚。还有服务态度也没法控制。最后就是也跟那个业务管理一样，人多了开始乱，提供的人越多，花的钱越多，矛盾越大，不提供反而大家不要求。像早餐，现在我们的早餐规定是煮一锅稀饭，煮一锅豆浆，然后还有五种点心，大家随意订，公司去买，但是要求必须吃完，包子油条也是从外面买回来。但当时的这个情况有的时候好，有的时候不好，都争论。

问：之后就引进了社会服务？

答：是的。我们得益于毗邻香港，香港是社会服务做得非常好的一个地方。它有一种工厂叫庇护工厂，跟我们不同，庇护工厂的员工基本上都是弱智的残疾人，而且程度很严重，不能自理。在这种情况下，香港当局让福利机构把他们组成工厂，在这种工厂里从事社会服务的人员叫社工，陪着他们，只让他们做力所能及的，所以它不是商业性质的。我们首先就去参观这样的工厂，参观的时候才了解到原来西方社会服务当中，针对残疾人的管理有专门的制度。现在我们就用那些制度，各地都来参观，说我们创新，其实没创新，就是西方的拿来主义。它专门有一个宿舍制度，我没上过学，不懂英语，但我一看，发现是个救命稻草，我就把这些制度一共有六十多张表格全盘汉化，一张也不少都拿过来，全部变成中文的。我们就严格执行，有些很啰嗦，比如残疾人宿舍的卫生检查，哪些项目该检查，哪些项目不检查，该检查的项目，有些需要严格戴着白手套擦一下看是不是黑的，他们是根据经验做的。

我们全部汉化以后就派人执行，这个开始转到对人的要求，就发现这是需要素质的。没有素质绝对不行，这种素质就是专业社工所具备的，以专业社工的心态训练，就是所谓的有所为和有所不为，在工作的时候用的专业方法。我多说一句，未来中国的社会建设跟西方最大的差距就在这里，我们缺少一个社会服务体系，我们现在连"义工"和"社工"都不明白是怎么回事。其实在西方，社工设计服务方案，洗衣服做饭等所有这些服务方案不能由后勤人员设计，要用社工的思想来设计，这个思想有很多专业的要素，设计完之后由义工执行，不能让义工设计服务方案，因为他没有专业思想。

我们在全国各地交流经常讲这些的时候，大家听不明白专业不专业有什么区别。我们就给大家讲一个故事，香港中文大学很牛，它的社工系是要培养香港未来福利界的领袖，别的大学不敢这么说。当初内地也有很多社工系毕业的孩子，到我们这儿实习，我不知道如何带动他们，香港中文大学公民中心陈健民老师就给我聘了个顾问。然后我去跟他们社工系的马主任说，能不能给我调两个香港的应届毕业生到我那儿实习，在实习过程中，让我们福利机构看一看，香港的大学毕业生跟内地的学生有什么区别。他就让我随机抽了两个人。香港人很讲究公平和透明，他是拿着名单让我选的，名单一边是女的，另一边是男的。我在一边随机抽了个男的，另一边随机抽了个女的，然后他们俩就被派了过来。

问：香港只有两个？内地的社工来了多少？

答：是的。当时我们内地的社工是 22 个人，加上香港的共 24 个人，我们提供住宿和吃饭。先说他们的基本素质情况，香港的社工从来到走，40 多天，每天都参与洗碗，雷打不动，中午一顿晚上一顿，这两顿饭，绝对洗碗。其实这两个孩子也是独生子女，家庭也很富有，但这个不重要，重要的是能力。当时是 2010 年，我去北京开会，施瓦布基金会特邀我参加达沃斯论坛，发给了我一个 40 多页的报名申请表——从我个人情况到机构情况很复杂的外文表格。发过来之后我们单位就打电话告诉我这个事，因为我带着刘海军①一起出去的，刘海军在我们那儿算英文比较好、其他知识也比较多的，我说等我们回来填写。等到五天以后回来的时候，达沃斯论坛的通知已经收到了，我就问是谁填完送过去的，他们说是那两个香港的孩子。我就特别奇怪，我不是奇怪他会不会写作，最重要的是我看了一下表格都涉及我们的集团愿景，还有很多东西需要找资料。我就把那两个孩子叫过来谈话，问他们是怎么做的这件事。他说很简单，他们要了集团邮箱的密码，然后到集团邮箱里翻出了十几年的历史邮件，历史邮件里总有各种信函，他们摘录出来翻译完了再填上就行。看看这能力，对于这事，当时大家都很吃惊，这两个孩子跟内地的不同。

再就是他们做项目。我们当时这个房子没搬就多招了人，然后临时租了一年的工业区车间，就把他们放到那里了。楼上是工厂，楼下也是工厂，下去都没有地方玩，做软件又做得非常辛苦，人员就会出问题。我当时忙其他的不知道，这两个孩子就去发了个社会工作的调查表，发完统计好后就来找我，说大哥要预警了。我也不知道他们是怎么统计的，有四个值就超过了 4.5，有的都已经达到 5.7、5.8 了，他们说不能超过 4.5。然后就告诉我员工的工作心态和焦虑情绪，后来我问那怎么办，他说我们得做个项目，我问要多少钱？六百（元）。我说这一百多人，才六百块钱？对，只要六百块钱。我就赶快批了。他们联系了一家剧院，当时正好演

---

① 刘海军，深圳市残友集团总经理。

《集结号》，带大家免费看了一场电影，又跟电影院旁边的快餐店联系了商家成本供货，这六百块钱用来在那吃饭了，一人六块钱，挺丰盛的。吃饭的时候成立了"爱软小组"，就是热爱软件的小组，然后让大家报了名，之后就组织学习之类的。就这个"爱软小组"一直用到现在，专门是为软件成员服务的。

接着动漫公司也出问题，政府给批了一块地，在深圳梧桐山的一个自然村里，自然村里全住着农民和租住农民楼的租户。深圳的农民很迷信，他们叫残疾人为断腿仔，他们说每天看到断腿仔，孕妇生孩子都会残疾，就不让我们进。我们就没办法，也是他们两社工请战，他们去做个项目，这次要得多，九百（元），项目都要批经费，我就给批经费。他们去了以后邀请了五十个村民和五十个租客，一共一百个人。

问：邀请他们去做什么？

答：到"残友动漫"来体验残友的五菜一汤，那居民一看是请吃饭就都愿意来。来的时候就给他们做游戏，在门口，每个居民进来的时候就抽个签，抽的是盲人，就用黑布把他眼蒙上；抽的是轮椅，就给他个轮椅坐，活动的时候不许起来；抽的是拐杖，就给他一副拐杖，让他体验残疾人生活。他还邀请了《深圳商报》《科技报》等七家媒体来参与梧桐山活动，结果这个活动下来有七家报纸报道。这样，居民玩了一趟，又吃了饭，饭吃完了以后，就没问题了。九百块钱就是用来做了来的那一百个人的饭菜。这个叫社区工作，我们又记住了。

问：他们与内地的社工相比做得很专业？

答：是的。我这是举几个例子，就是专业的社工做跟不会做项目的社工，是两回事。从开始做调研、做统计，在专业的工作方法和社会能力方面，我们就碰到了这个问题——缺人。我们就开始两条腿走路：第一，我宣布了一项政策，是大学生的残疾人都可以参加每年一度的社工考试，考完以后不用转岗。他本来是程序员，参加了社工考试，考完社工证我就在他原来的工资上加三百块钱，到现在我们都实行这个政策。我鼓励他们先拿证，因为拿证就需要学习。结果我们2012年是六十多人，2013年是两百七十多个人报考，一年比一年多，大家觉得没事多加点钱挺好。第二，在这些拿证的人当中，我再选有社会公德素质的、适合的人出来上岗。

问：让他们担任社工岗位？

答：对。现在残障社工占我们社工的比例是20%，其他的是招聘的，这么一直做到现在就比较系统了。我们在深圳市政府和民政部门的支持下成立了一个社工中心，这个社工中心在深圳赫赫有名，共有三十个人，财政供养。一个人一年七万五（千元），财政一年给我们两百多万（元），这是现在的现状。从那个时候开始有这个需求到现在发展成一个社会服务体系，这个体系以人为本。讲求服务是西方在两百多年里跟商业摩擦产生出的一个妥协的精华，减少社会阵痛。我们就遇到过很多挫折，商业与社会服务或者说"八小时之内"与"八小时之外"两个系统是水火不相容的。社会服务体系讲究的不是利益最大化而是服务对象的关怀，"八小时之内"虽然有各种奖励措施，但最终是鼓励员工把劳动力和效率最大限度地发挥，也可以理解为榨取，所以有很多冲突。

问： 在设置社工岗位之后有没有出现问题？

答： 确权方面就出现了问题。比如，之前我们没有确权的时候公司的总经理能决定食堂厨师的聘用，能决定司机的聘用，但是总经理的视角是他个人觉得这个司机干事快不快，他的执行力好不好。而社会服务的聘用可不是这样，要看他首先具不具备社工素质，有没有爱心，在服务的时候有没有专业的思想和技能，各种服务是有要求的。这个时候就发现有问题，有一些岗位在慢慢磨合，磨合到最后才规定，所有社会服务管理的"八小时之外"的岗位，公司的总经理和集团总经理都无权解聘。社会服务的岗位由社工聘，由社工管理，形成两个完全不同的体系，即使公司总经理不喜欢这个司机，他也不能解聘，因为这个司机会推轮椅，受过社工训练，他的工作好坏由社工来评，而不是由总经理来评。

慢慢地，我们就形成了不同的体系，这实际上是在代议制上出现了摩擦。公司"八小时之内"要进行业务结算，每年要赚多少钱，有多少钱交给基金会，这里最重要的就是效率，也即盈利最大化；而在社会服务体系里，注重社会影响和社会服务效果的评比，所以两者是完全不同的，就会产生摩擦。我们从确立制度，到最终我要设计政治制度，就是这个原因。当然这里面有一个最重要的东西，就是在这样一个演化过程中必须有一种力量，让所有的人财物随着变化而变化。那正好我能做到，我成立了第一个残友网社，2006 年成立了残友软件，接着残友软件做了三级又做五级，他们的增值就太惊人了。这时我就开始捐赠，直到 2009 年把我所有的股份和跟我有关的商业机构品牌商标的东西，全部裸捐给了基金会。这是一个能进行政治设计的首要条件，要不然的话怎么做？不然跟他商量他不同意，就做不了。

问： 裸捐？

答：对。这是核心，但还有好多人不太理解我的裸捐。我从 1997 年开始做"残友"，后来"残友"产生价值了，我就马上把我在残友公司的股份捐了。当时没有基金会，就捐给了残友公司，从法律上讲就是一个股东的股份捐给了多个股东，后来有了基金会，我就捐给基金会。到后来，在我们一场集体婚礼上，员工和家属都来了，我就用我出去做的十一场演讲赚的五万五千元（每场五千元），请员工的家属们吃了一顿婚宴。捐完了以后，基金会也给我开了发票，五万五千块钱的发票。

大家就不理解这个，就是我大的也捐，小的也捐，而自己输血的钱还不够，这其实真跟我"文化大革命"的经历有关系。从"文化大革命"看，人无论有什么样的财富或者有什么样的东西，最后死的时候都赤条条，什么也带不走。我觉得"文化大革命"的自杀和那些死亡，是促使我进行捐赠最根本的一点。因为我看明白了，要有机缘，能有一笔钱，能做点事，或者做点慈善让大家跟着高兴，赶快做，要不然一闭眼什么机会都没了。这个是对我影响最大的。

（党的）总书记接见了我五次，我是比较幸运的。总书记每次接见回来以后，区里市里给的奖金就有三十万（元）、五十万（元），并且都是税后的。我就是这手接了那手就给财务，并设立了一些项目。2008 年的中华慈善奖，我被评为"最具爱心慈善行为楷模"，市里给了我三十万元的奖金，我就给了财务，告诉他每个残疾人员工结婚我就送两千（元），这笔钱到现在还没送完。还有个规定就是找了客家媳妇送四千（元），找了潮州媳妇送六千（元）。因为我觉得潮州人和客家人里女的特别能干，员工要是找了她们，以后就更利于工作。我对这些看得特别得开，潜意识里讲绝对是因为"文化大革命"的经历。

我这一生，老是说别人是从生的这个愿望当中获得力量，将来怎么买房子、怎么买车，怎么退休；我是从死亡里面看到力量，真的看到人这一生不停地这么想要、那么想得，最后自己到离开的时候什么也带不走。

7. 三位一体

问：裸捐之后您就开始设计"三位一体"？

答：我们要有大一统的基础，就是先在钱和权上这么做，这么做完才有可能进行设计。我们基本上从 2009 年开始设计"三位一体"，当时我的想法就是怕自己死了之后公司的力量做大，公司力量做大就变成商业独裁了。还有另外一种害怕，害怕社会组织的力量独大，就会变成国企，不讲效率，讲的完全是福利。各有各的缺点，怎么能调和？最后就用古希腊三权分立的民主形式。但民主也不是万能的，好多国外的政治家说当没有什么更好办法的时候，民主算是一个办法。民主就是通过选举保证多数人的利益，但有的时候真理不见得就在多数人手里，还有的时候是少数人掌握了真理。民主没错，但我认为民主只有跟宪政结合才能用对。所以当多数人通过选票取得权利的时候，一定要有宪政对这个权利进行限制，这种限制也就保护了少数人的权利，我觉得我们就是用这个理念来做的。正好我们这里原本就是双轮驱动，一个是"八小时内"，一个是"八小时外"。2009 年成立了基金会，我把我所有在 33 家分公司和 1 家集团公司的股权全部百分之百捐给了基金会，这个基金会就变成了立法机构，它能决定所有分公司的人事任免，它是最大的股东。

问：立法机构？

答：是的。当时由于我把所有的股份都给了基金会，这样基金会不是由公司控制，也不是由领导人控制，它处于中立的地位。基金会下面一个是"八小时之外"，一个是"八小时之内"，所有的有关管理和其他的一些相关立法都由基金会决定。因为社会组织出的文件，可能对社会企业不利，它只想员工利益，不去想资方利益；而社会企业出的文件又是资方文件，可能对员工不利，所以社会组织的文件和社会企业的文件都要报到基金会，让它来处理，所以它就是立法了。

问：基金会本身相对是超脱的？

答：对，基金会就相当于国家，把钱都交给它。因为股份在它那儿，它拿出这笔钱给社会企业和社会组织分配。给社会企业的钱就用于投资再发展，员工分红和福利在上交前就做了预留，它只用于投资再发展；给社会组织的钱是购买服务的，社会组织对这些残疾人在社区里有哪些新的服务，它认为有必要就给，它给了，社会组织就要做这个服务。就是这样。

问：这个基金会的理事会构成是？

答：基金会的理事会其实就是两部分人：一部分是专家学者，他们在理论上给我们把握；另一部分是"残友"的残疾人骨干和社工义工骨干。社会组织就是司法，像我们全国的分公司要靠社会组织管理。我们的分公司不往总公司交钱，因为它是支持当地就业，所以我们对分公司的业绩不考察。我考察它的绩效还让它害怕，我不收它的钱，它只要能活下去它就办，所以我就不考察；但是我考察社会组织，对社会组织一年有两次考察。因为合作的分公司有些可能还真是资方的，我们占51%，对方占49%。

问：跟当地合资？

答：对。

问：给当地企业的投资不准备收回？

答：不收回，不要回报，就是典型的社会企业。

问：在外地的企业由基金会出资？

答：对。

问：当地的出资是怎样的？

答：当地有两种情况：一种是当地政府出钱；另一种情况是政府不直接投资，但给一个免费的场地用五年，这就要折算成钱，那它就占49%或者30%，总之它占股份。我们占51%只是为了保证残疾人的待遇。

问：所以就只考察社会组织？

答：是的，我们就考察社会组织。考察的时候去看它们的菜是不是五菜一汤？是不是按照我们的菜谱提供菜？它们的宿舍是怎么做的？洗衣服合不合格？能不能洗被单？有没有烫衣板？总之考察得很细，我对合资方的要求是它挣它的钱，但是残疾人的工资、生活、待遇必须得跟总部一样。它做到了，它好好赚它的钱，我不问；它做不到那我就处理它。所以社会组织就是个司法单位，干活发展就是社会企业。所以西方三权分立真是个好东西，我们用了这么多年很祥和。

问：没有三权分立时，假设您一旦没有底线，是否就会变成政治权力？

答：是这样的。作为管理者，第一要中立，第二不能有自己的利，如果有很强的利益导向就很麻烦了。比如我们今天讨论的社会组织培训是不是要建立制度，这个是我拍板。我说要建立，那基金会来进行初步调研，我不会说怎么建立怎么管，我只说建立，然后就进入程序，进入程序就要出个立法文件。

问：这有点类似于代议制民主？

答：我们感觉真的像代议制民主。我们三个分权机构的代表一起开会经常吵架，但所有的员工有一个很简单的理念，就是三位在一起的时候要不吵那不是等着他们底下吵架？三位一起吵就说明他们这些意见反映到上面了，这说明博弈统一，博不了统一就博个妥协。所以我们这儿的"三位一体"，吵架是正常的。我们觉得独裁国家最大的问题是表面看似都一致，但其实真正执行下来的时候问题就大了，一点都不一致。

问：在您这儿，领导跟员工吃饭都是在一个桌子上？

答：对。但这个我们很极端，吃饭不等人，从我开始。我是吃饭最晚的，我发现如果给我留饭的话，这一桌5个菜，他们给我打出一盘来，他们这个菜就不够吃了。最后我就干脆带头宣传谁都不许等，连我都不等，那谁也别等，我去晚了就没菜了，只有菜汤，我就把米饭倒进菜汤里吃，那底下谁也不敢等。不许给任何人留饭，到点就去，我们经常有领导去晚了，那就另外去买盒饭。因为如果说要给一个人留菜，这个菜就要做很多，就会剩下，但我们食堂没有剩菜筒。调查食堂办得好不好就是看剩菜多不多，越多就是食堂办得不好，我们没有剩菜。

问：不吃就没了？

答：没了，但每个人也没说菜不够。基本上是这样，好菜先吃完，最后那个菜也能吃完。

问：如果要说等人吃，饭菜一定吃不完？

答：吃不完，一定要剩，他一来我就要给他留。"光盘"是怎么做到的？"光盘"不是说吃的时候光盘，而是制度设计成"光盘"。制度设计做不到"光盘"，到最后吃的时候"光盘"就是浪费，吃了也是浪费，这是"三位一体"决定的。

问：其实这不完全平等？

答：好多具体的事。我们有很多北方人，他们喜欢吃面，开始就让食堂做面。慢慢地有员工代表提出做面不公，因为做面要放鸡蛋，而我们所有人都吃米饭，吃这五个菜，他们吃了一碗米饭又吃一碗面，这个面里面还有两个荷包蛋。像这种，有人就说他多吃多占了，最后一直博弈到取消做面，但预留了给北方人的馒头。

问：预留馒头？

答：对。中午不吃米饭，没问题。在预留馒头方面，我们有倒罚款，预留的吃不完，罚五块（钱），吃不完倒掉的罚五块（钱）。我们这儿有系统自动报餐，每个人今天上午来上班，在系统的鼠标上点一下，食堂就知道有多少人吃饭。因为经常有人就不来了，比如有一个项目组，十六个人都出去了，如果不报餐就空了将近两桌，所以就每天要报餐。报了餐不吃的，罚五块钱，这是很严格的。其实只要是真正代议制了，再严格谁也都没意见，机会对所有人都是公平的。

问：其实民主不能保证所有的决定是正确的？

答：对，"三位一体"也好，再好的民主也不能决定所有的结果都是正确的，但是绝对可以保证所有的错误都是暂时的。实行当中不让人讲话，独裁，这个错误就一直犯下去而谁都不说。但这种博弈代议制下，有错误没到两星期就有人叫唤了，这个不行那个不对，那就再改，然后大家就不停地改，这样这个机体就灵活，管理成本也低。

问：这种情况在社会组织里很普遍？

答：特别恐怖，总干事干来干去变成自己的"家天下"了，不容的人全都走了，剩下的全是自己人，最后搞成把有限期改成无限延长。这个组织只要不死就是他的，太恐怖了，社会组织怎么能变成这样？资产破产要移交给下个社会组织他又拿不出来。但是中国人就愿意，他在社会组织里，吃饭不要钱，能报销，公家资源他可以占用，整个乱套。

问：你们11家社会组织是怎么避免这种情况的？

答：我们完全变成了阿米巴①，上面是民主的。我们11个社会组织机构的负责人都是年轻人，他们都是凭能力上去的。他们上来了之后就跟我们承包，比如信息无障碍研究会，做公益活动需要钱，这样就需要募捐。我们觉得他一年募捐一百万元就行了，其实募捐到一百万元就很厉害了。但他算了算，说不行，他一年要用二十五万元的支出，就是整个人员的开支，那募捐额要提高到两百五十万（元），这样他们才真正符合行政支出占资金总额的比例为10%的规定，要不然就成了25%了。不是笑话，这是他们自己说的，因为所有的财务数据都是公开的，不然别的社会组织该笑话我们了。好，他的募捐额就提高到二百五十万元，这样他也能完成。反过来如果我这是"家天下"，我用的人不是有能力的而是我的亲信，那他再用他的亲信，从头到脚就完蛋，一点活力都没有。所以，您看我划不划得来？我很划得来。走到现在这十来年所有的业绩都不是我做的，我做了个平台，所有的人在上面展现自我价值，但最后，"残友"所有的成就都算到我头上，说我做得多好多好。

问：您发挥了"四两拨千斤"的作用？

答：其实我每天就是用力量推动他们，一直到最底下每一个机体都是活的。当然这样的话财务就很累，我们每一个项目组每月都会接到财务的报表。比如一个项目组三个人，他们的工资福利用了多少？电用了多少？当然这个电是虚拟的。我一共有350个人，用了600度电，我平摊给每个

---

① 阿米巴经营是指将组织分成小的集团，通过与市场直接联系的独立核算制进行运营，培养具有管理意识的领导，让全体员工参与经营管理，从而实现"全员参与"的经营方式。

人，水费也这样，但是这个水电数要给他。然后每个社会组织都要它背负房租，社团背负两百平（方米的房租），民非背负一百平（方米的房租），他们背负的要平摊到下面组去，所以还有房租。房租、水、电、人员工资福利这个月一共支出了多少，然后募捐回来多少。它的社会影响和社会成本我们还有个算法，每个月它能知道自己的业绩，这样也能跟别人有可比性。这样做有一个好处，就是项目组的人很容易成长为部门的人，部门的人很容易做机构的负责人。就财务的观念和整个管理的概念，每个员工都知道。这个就是日本稻盛和夫的阿米巴管理。我一直到最小的机体都要给它财务核算的概念，然后整个项目再做的时候就很容易做，我们是这样的。

很少有上面开会动员和压任务，全是底下上来逼我们。比如研究会的人来找我说，他们去找深圳青基会的主任汇报两个申请项目的方案，让我帮他们打个电话。我跟主任是老朋友，那我就要把人情用上，然后我给他打了个电话，说我们下面有个什么部门、有个什么项目找他汇报，请他抽个时间。定好了时间我再转告他们，他们用我的资源。他们自己在外面干的时候，把"残友"的各种资源拿来用，我们就要跟着他们。

上个月有个基金会的秘书长来访问我，他是非常好的一个人，带着大伙来访问。最后看着我们这个体制问我什么叫社工，我们这些工作人员吓了一跳，他们后来就问刘秘书长，他们不按照社工体系招人，那怎么招工作团队？刘秘书长说他们只看有没有募款能力，有没有魄力。对此，我们内部讨论得很激烈。我们的意见是如果社会组织最后不是靠社工团队集成的话，很容易走偏，它跟公司没有大的区别。社工是一个孤立的体系，深圳前几年每年用一千一百万港币聘用香港社工督导团，近几年已经不聘了。我们就把我们原来的香港中文大学的督导，以月薪一万元聘为我们这儿的工作人员了。

问：为什么要专门把他聘请来？

答：所有的一线和二线的社工一周只工作四天，到周五全回来，他督导所有的社工。问社工的工作，问完了以后告诉他哪些是他应该继续追踪做的，哪些是应该停止的。如果驻扎在一个单位，不能最后变成那个单位的人，他是社工，要在那个单位保持他的差异化，起到社工的作用，我们一直是这么督导。所以虽然在"残友"工资这么低，但最优秀的社工都在这儿。他们也是为了成长，在别的地方，比如到团委去就不行，团委把他当成打杂的，公务员不干的事，就让他去干，他都不知道自己是什么了。

我们三年前到上海去，上海所有的社工，一千五（百元）一个月，我一听就觉得不行，一千五（百元）能招到什么人？肯定是打杂的勤杂工。更有一些搞笑的是，分到医院，他不是医生，也不是护士，干脆派他到前面疏导排队的人，那社工每天做的就是老人来了扶着坐一坐，哪边排队多了弄一弄。其实社工真的是一个非常专业的工作队伍，我们以专业的理念在做。

问：可不可以介绍一下员工代表大会？

答：我们有一个最底下的线，就是洗衣房那里有个意见箱，这个意见箱是允许匿名的。我们规定"三位一体"的三个负责人，轮流每人负责一星期，每天打开。这个意见箱这么多年就上过两封匿名信，有一封是提出来洗衣房应该建一个烫衣板，有些人不在意，衣服洗了就穿，那么有些人喜欢衣服洗完了以后烫出来穿。还有一个关于食堂的遥控器，这个遥控器大家都用坏了，坏了往上反映，应该再到市场上专门买一个遥控器。这个反映过几次，跟后勤也反映过，但都没有换。这么多年只接过这么两个，但是我们一直坚持用那个意见箱，意见箱前面贴了一张纸，这个纸就是"三位一体"的负责人轮流打开，大家什么匿名意见都会通过这个渠道反映。员工代表大会一直往上，重大的事、重大的分配，比如我们大厦建成以后，实际拿出了10%分给内部老员工，分给老员工的时候就是员工代表大会他们去做分配决议。

问：那您对"残友"招人是如何把关的？

答：我们的招人是典型的阿米巴。譬如社会组织进人，就是这一年核算它盈利了，就允许招人。它若提出来它的任务紧，按它的发展战略它需要招人，我们要对它的固定房租水电等支出，还有社会成本进行核算，看它是盈利还是亏损，要是亏损无权招人；要是盈利，那按它的盈利折算够几个指标就安排招几个，我们上面设有人力资源部。招人权全部下放，比如说"软件"怎么招人，"软件"控制；"动漫"怎么招人，"动漫"控制。因为我们残疾人工作业务区别太大，像我们在莲塘的那个工厂，主要从事组装手机和笔记本，那个地方说得不好听点，要饭的回来都可以干，就是守着流水线。到我这儿，没有招人权，基金会有资格，基金会招；集团有资格，集团招，但集团的总经理没有权力，招人要从他的每个分公司招，他只能从分公司里挑自己的总经理助理，选优秀的干部。在外面招人这一层全部都在阿米巴下，我们这11个社会组织自己招。

举两个极端的例子。我们的志愿者协会秘书长小邵是数学系出身，他非常严谨，所以他不用实习生，他要招就定个标准，写出工资来，然后就不停地面试，包括远程面试。我们另外一个协会叫信息无障碍研究会，是一个学会，它做的一个公益项目叫舰长计划，就是让大学生通过这个计划了解什么是公益。如果愿意到"残友"来实习，还有可能在这儿做舰长，我们叫联合舰队，那就有很多小舰艇，都有可能做舰长。所以它这个项目2012年面向60万大学生，通过到各个学校宣讲，让每个大学生了解公益，然后招聘愿意到我们这来的大学生。2013年它测算了一下成本是200多万（元）。它这样每年招过来的大学生都特别优秀，因为都是各个名校的学生会领袖。然后用人就用舰长计划招来的人，不再对外招聘。我们有一些社会组织就认为它这个办法好，它就跟它们分享它的舰长计划。这次新来了26个人，都是我们舰长计划留下来的，所以我们的人力资源非常丰富。

问：有没有员工掌握了资源后就出去自己成立一个属于他自己的"王国"？

答：我们没有出现过这种情况。基本都没有员工流失，我们扩充太迅速了，我们2012年是5个社会组织，2013年是11个了，我们新成立了爱心柜台、无障碍出行、读写障碍这几个社会组织，就是前几个月批的。好多社工干着干着就成了机构的总干事了。如果是真有那种人，他可能进不了我们这儿，我知道有那种人。一般都是做公司失败了，总想实现他的自我价值，还要做个实体来活，所以他做社会组织，还是为了在经济上补充自己的不足。比如说没有车开了，那他做了这个，他的车就有油钱了，他能请朋友吃饭报销了，等等。真正做社工的人，我感觉，在我们这样大的平台他不会离开，因为"残友"是航空母舰，它互相协同，在这里能学太多的东西，所以不会离开我们这儿。

还有在这没有政见的问题，我用阿米巴控制住他，但我并不控制他的项目。我们项目就是所谓的社区和社会两种服务，社区类的就是对内部残友，社会类的就是对整个社会的，那我们就从宏观上控制。社区的服务项目跟社会的服务项目是二比一，我们的社会组织拿了基金会的钱，主要做社区的服务项目，服务残疾人。残疾人也要对社会做贡献，所以说做两个社区的项目才能做一个社会的项目，我就给这么一个宏观比例，那具体做什么怎么做全是他们自己核算。比如有一个项目属于服务社会的项目，那我就要看在服务社会项目的宏观总量上是否合乎要求；如果没有，他必须还得同时准备申报两个社区的项目，要不然总量突破了，上面"三位一体"就批不了，因为它并不衡量项目合不合理。

问：一个社会项目搭配两个社区的项目？

答：对。这样他们的项目设计了以后成功率非常高，因为到最后我就是给他的项目拨钱。

问：您做的"三位一体"以及"八小时以外"是否可以理解为一个包容性的政治实验？

答：说到包容性，我们这里很多优秀的社工，他们的终极理想并不一致。有的就是愿意做一个社工，有的还想做一个社会领袖，有的只想做一份高薪稳定的社会工作，但是互相之间并不冲突。他喜欢激进的奉献项目，就设计，设计完了就做，他只要能在外面筹到钱，能从基金会里面申请到钱就行。我们可不是全在基金会里面拨钱，做社会项目，他一定要在外面有筹款能力，我的钱只是用于他启动和保证他一点星火。我从来不设计项目，只有一个项目板用来审核，就是激发所有"残友"的社会企业和社会组织的人的项目灵感。

前两天就出了这样一个项目。几个结了婚的社工出去看了一场《云图》，是美国的一个电影，特别难懂。看完以后回来的结论是用一般 VCD 在家看就行，高清电影还值得社区围观，有这种吸引力。接着再一描述，"我们能不能弄一个高清电影放映队，片源是九块钱一张，甚至我们在图书馆做盲人培训的员工可以无限地借，这个放映队只需要一个大的彩电加上一个高清的机器，算了一下加在一起还不到一万（元）。这个放映队承载着服务社区，宣传一些科普知识的职能，然后有一些无障碍车，承载着一些服务往下走"。大家一看不错，三个单位一起讨论的，最后三个单位都署名报了上来，我们一看，这个项目通过了，然后就放到了我们的项目板上。

这个项目板每天都在增量，所以有好多新进来的人说没事干了，没创意了，就到项目板找一个项目做，这是我们内部的。他做完了以后，我们还给他用社会影响和社会成本来评估，也能抵消每个月的房租水电和福利的压力。其实说起来也挺俗的，因为我们对他们只算钱，他做啥我都不管。他每个月用了多少钱，募捐和折算回来多少钱，他回来的钱一定要比他用的钱多我才评价他的工作好。

8. 自由意志与精神力量

问："自由意志"在您经营企业的过程中，是否也发挥了重要作用？

答：真的是非常关键。我觉得要带一个企业发展，必须有这个能力。因为企业有危机的时候，就需要自由意志，没有危机的时候也要看到应该做什么，还得有自由意志。它永远给企业加力，不停地让它前进。除此之外，我个人觉得处理复杂危机的那种情商，对现在做事最大的好处是维度不同。我审核底下项目的时候从来不看策划书，总是从社会性了解，我不管它是慈善公益项目还是技术项目，最后我就问两个问题。第一个就是把这个项目的所有干系人给我说一说，他就会列举一些干系人，如果他的干系人跟我想的都一样，那我接着再问第二个，就是每个干系人的核心利益、核心价值，他把这两个说完了我就知道他能成功了。这是一种社会观点和情商在做决定。

在我们眼里没有事只有人。内部做事能不能成功，取决于有没有团队。外部做的所有项目、所有东西都涉及干系人，这些干系人他没找清楚，有人不舒服，有人不想做，这个事一定不成功；都找清楚了还都知道他们要什么，能跟他们妥协，这个事就总能成功。我就这么看问题，我跟别的企业家和别的人看问题完全不一样，所以我感恩"文化大革命"，这就是"文化大革命"给我的。所有的事全是人，就像夫妻吵架，表面上看为这个吵、为那个吵，他俩要真关系好，他俩就不会吵；他俩要是核心的关系不好，平了这个事，那个事他们还在吵，我是这么看。在我眼里，根本没有什么事、什么社会组织。一个单位能有什么事？没有事，只有人配得好不好，这些人出去办事的时候，做任何项目，对其他的干系人想得好不好。

问：可否将这些干系人理解为客户？

答：内部就是团队，外部要是市场就是客户。但我认为"客户"这一观念太小，"客户"这个概念太窄了。其实有些项目干系人不光是客户，可能还有别人，总之一定要把干系人弄清楚。弄清楚以后每个干系人的核心价值都要知道，然后就跟他们妥协，所有的妥协都完成了，这个项目大家一起来推它，而不是他在推，别人在破坏，这样就成功了。我在深圳做了这么多年，后来又在全国做，"残友"能势如破竹，原因在于：第一它符合弱势群体和家属的需要；第二就是我们走到哪也不会跟任何一方的干系人冲突。要不然只按照自己的目标走，肯定不行。比如我们在外省做制衣，干系人就要分清楚。不是光从教委要了校服订单就行，这些校服可能之前是哪一个服装厂跟教委的官员勾结有利益输送的，我们要拿过来的时候，就会了解这个干系人的核心价值是什么，他在别的地方有利益输送，我们这个地方还要建立利益输送，要不然就莫名其妙地做不好，因为他要给你捣乱。

问：在面临重大决策的时候，这种自由意志是否就更为关键？

答：这个是核心。我在做重大决定的时候，就是开着轮椅自己到莲花山公园去来回转，从来不找任何人，因为我觉得任何人思考的问题都会比我偏。我这里就两类人：一类是残疾人，一类是义工。跟残疾人商量问题，他们普遍缺乏魄力不敢往前走，碰到问题就防守；跟义工商量问题，义工就冒进，比如我们遇到困难，遇到危机了，义工就说这个事找市政府去，找民政局去，他帮我找，他就冒进。他们都不全面，所以我就自己做决定。

李虹那个事是最明显的，当时我要退养李虹，他们就说进行性肌肉不良的还有好几个呢！当时我们对李虹是管吃管住，再给三千六（百元），加起来七八千（元），一个人就七八千（元），要有十个的话企业就垮了。他们都不同意，没有一个残疾人股东同意退养。我就自己开着轮椅去想，我觉得这个事一定要这样做。我们要做的是改变活法的事，而且成功改变了。如果不这样做，别人在这工作了一生，到最后都不能让他有尊严地死，在将来我们会被不同种族、不同国度的残疾人借鉴，那时候，我们就会被质疑传播的理念是什么。我就从这些角度觉得，我一定要做，那最后能不能拖垮我，那个是要交给上天的。人在做，天在看。回来之后，我做出了决定。

问：没有大家一起做过决定？

答：我有一次也听了大家的决定，就是现在大家都知道的那场失败。我们感觉残疾人多的时候不好管，不是说残疾人多，是一个组织超过五十个人没有管理就完蛋了。我们过了五十个人碰到了同样的问题，我当时就觉得应该是以人道主义思想做思想政治工作，然后业务上应该借用国外最先进的哈佛和国外那些商学院的管理理论来管。当时就花了 70 多万（元）引进了 CMMI 管理，这个特别好，在美国是从卡耐基开始用于军方的。引入做完以后，开庆功大会。开庆功大会时，市政府领导和市科技局领导看到我们做三级做得这么好，问我是怎么想的，还准不准备做五级。我就问假设我做五级会怎样，他们说如果要做就给我拨五百万（元）。这当时对我们来说是一笔巨款，但不是补助款，而是一个科技扶持款。

我回来就召开所有人开会，我觉得这是个业务的决定，就说我不做决定他们投票。后来他们就问我的意见，我说是我就肯定做了。做这个的钱政府不要我们还，就给我们贷款五百万（元），做不成都没关系，这是多么难得的一个机会。结果他们投票，残疾人保守，就说现在三级都勉强做完，如果做五级至少要三年，多了要六年，这个过程中商业也无法发展，什么都没法做，就做了好多的预测。最后的投票结果就给否了，这五百万（元）没拿着。一年之后，有三级管理的人更多了，市场竞争发现不做五级根本就不行，又决定做五级，结果去交了127万（元）做的五级，用了三年半也就是2012年做完的。

这等于浪费了一个机遇，一个五百万（元）的资金支持给浪费掉了。就那一次是让他们投票，我就说我跟他们一起投票，结果就我和刘海军投票赞成做，十个人投票结果是2∶8，八个残疾人股东都投票说现在不应该做，就把这个机会给废了。那次以后，他们就说："大哥，有一些重大决定的时候，别投票，我们看不远，你想到了你就做。"所以从那以后有些重大决定还是我做。

问：您怎么看待信仰这种精神层面的力量？

答：要是从我个人角度讲，我觉得个人和社会必须有信仰。真的，中国出了这么多问题，我觉得有很多问题就是在政策够不到的地方，比如出现"地沟油"，是因为信仰缺失，人没有敬畏之心、没有道德底线造成的。但从"残友"这个角度来讲，我们这有佛教徒、穆斯林，还有基督徒，那作为我这么一个精神领袖我就不能说信哪个教。

比如我们到喀什，接触了伊斯兰教以后发现，在那种有信仰的社会里，无论残疾人还是老人都有道德约束。我们"残友"在一个穆斯林社区里，当时市政府不敢让我们去，但是我们不招汉族人只招少数民族，我就到了色满乡那个社区。在那个社区里，我每次买烟要开车开出去半个小时，虽然有那么多穆斯林开的小店，也知道烟和酒很容易赚钱，但是在那里就买不到。根据《古兰经》的规定，穆斯林是不能卖这个的，那他就不卖。再看那个街边，维吾尔族和哈萨克族的社区商店如林，不用进去问，保证没有卖烟卖酒的。所以说有信仰的社会真是不一样。若是没有信仰的社会，人就没有敬畏之心，没有道德底线了，谁也管不住他，法律管的不是那个层面。所以要说观点的话，我是认为人一定要有信仰。

通过我的这一生和好多残疾人的一生，我知道有一点，那就是精神力量是绝对有的，不是那种纯唯物。很多"残友"未来的东西是我设计的，包括我们的大厦，我们在深圳市高新区批了十万平方米，到现在来说也是很厉害的，所有的这些都在我的计划中。"残友"为什么能成功？我觉得就是这十五年里永远去想它、去追求它，就"残友"的每一步，我觉得都是靠精神力量和意志力把它推出来的；要不然没可能，又没关系、又没资源，要什么没什么。所以说每一步，我觉得信仰和精神的力量是一定有的。

问：有一种外在于我之上的东西，这种东西您能不能感觉到？

答：能，我们能感觉到。其实任何一个企业、任何一个大的事业，像我们走到现在有 11 个社会组织、33 家分公司，有好多巨大危机来临的时候，或者巨大障碍过去的时候，我们都是用宗教的观点来应对。虽然没有说谁是信什么宗教，就是自己尽全力做，其他的交给上天。人不这么想是没法应对巨大危机的。

我在 2004 年竟然能成立第一个社团——深圳市信息无障碍研究会。那个时候大家连社会组织是什么都不知道，谁会成立一个市级的协会？对我来讲，我就觉得做慈善事业不能光靠官方，靠残联是不能帮助我的，必须有自己的社会组织，我才能向国外和国内进行募捐及资源的整合。但做起来真不容易，那个时候要深圳的局级单位科技局给我们下红头文件，给我们担保，民政局才能批准成立。所以我觉得特殊的生活给了自己一些特殊的力量。到现在，跟着这些团队每天开会、每天一起做事，永远是我不会做得比他们差，不论处理什么样的危机，或者其他的，我都会有非常强的能力。我就越来越感恩，我觉得这些能力是别人大学毕业和走到社会以后慢慢学的，而我是从小就被打到骨子里了。

问：这就是常言所说的"助人者天助"吧？

答：是的。还有在很多重大抉择上，要有敬畏之心。"残友"现在毕竟是一个利益团体，不是一个以全社会的视角在看事情，那么作为一个利益团体，它再大也有自私的地方。"残友"这么多年吃的是小亏，我觉得换来的是大便宜。比如我们的退养制，当初就是李虹一个人不行了，我到社保（部门）去问，社保（部门）以为我去问是为了甩包袱，说他才工作了不到五年，每年发他两个月工资，然后我就可以不要他。我们回来讲的是，他又不是偷懒，还有他这种病的人就活三十岁。反过来说，是不是因为这个人生命短，他这一生就不叫一生了？这个生命就没有自身的尊严和价值了？还有一个就是，人在做天在看。当时讨论李虹的时候，我们所有的残疾人股东都不同意，我就告诉他们，如果因为李虹这样的多养几个我们就拖垮了，那也是老天让我们垮，无论怎么样一定要退养。然后我们就做了这个退养制，退养制就是发他最高的工资。因为现实地看，不发他最高的工资，他一定从集体宿舍里出来租房子，一定要有家里人来照顾他，因为他活动不便。既然想让他有尊严地死，那么这个有尊严地死的成本就很高。

问：没有考虑企业利益？

答：没有。最后我们做所有这些事的时候，都没有从企业利益去考虑。但是，作为一个企业的领军人物和企业的领导团队，不从企业利益去考虑问题的时候，就必须有道德底线和敬畏之心，还有必须得知道，还有我之外的眼睛和力量会支撑我，要不然我做不了那样的决定。我们每次碰到重大危机的时候都能度过。人有信仰就是这样的，好多有信仰的人碰到重大危机的时候一边努力处理，一边祈祷，这个祈祷是力量。我们尽力地全做好，回去以后不是担惊受怕的那种状态，而是做完以后大家尽力地去祈祷，把它交给自己意志之外的力量。那状况就会很安详，顿时这个团体就很有力量。

"残友"走到今天有个现象，就是互联网上找不到骂我们的话。互联网是一个愤青的世界，没有道理讲，反正有人好了他就骂。为什么不骂我们，我觉得就是因为我们这十五年做事的时候，采取的是刚才说的有信仰的那种做法。自己必须得相信这些东西之外还有更永恒、更坚定的东西在那，必须得想如果是交给上天或者交给主的时候应该怎么做。我不说这个意志之外的力量灵不灵，我只说一个现象，就是信它和不信它，在人生道路上走的坚定和快乐是不一样的。所以，从这个角度讲，我是绝对相信信仰的。

我们在喀什为什么能成功？新疆的社会局势这么紧张，没有人会去杀我们。我们门口不设防，周围的维吾尔族人每天晚上随便进。我去的第一件事就是跟宣传部和当地的有关部门沟通，我要建一个祈祷室。我当时讲得很客观，就是残疾人自己不能到清真寺，但是我们又招了几百个残疾人，我需要建个祈祷室。我在新疆是唯一能建祈祷室的企业。我就给了一个解决方案，我说我"三不"，相关人员就问我哪"三不"。我说第一我不许有人领头祈祷，最怕就是有人领头祈祷，长了就会形成讲经那些东西了；第二个是我不让外面的信徒进来祈祷，这不是一个宗教活动场所；第三个是我祈祷的时候不通知，这是宗教自由的问题。我就弄了个"三不"，最后领导们说我这个可以试一下。结果我们就试，到现在也没取缔。

问：这个祈祷室起到了一种精神寄托的作用？

答：是的。穆斯林聚集的地方全叫教坊，与佛教和基督教不一样。

中国NGO口述史（第二辑）
056

《古兰经》上规定祈祷的时候离真主越近获得的祝福越大，穆斯林都围绕着清真寺住，所以伊斯兰教在中国的发展叫教坊。有一个清真寺周边住满了穆斯林，就形成教坊了。我在企业里建立这么一个祈祷室，所有的穆斯林在我们这住宿就心平气和了。在家里都没有祈祷室，要滚着轮椅到清真寺去，不知道路有多难走。在这里好，专门有个祈祷室，离真主最近。所以有些宗教上的东西，精神上的东西非常重要。

问：喀什的残疾人员工都是伊斯兰教徒或者少数民族？

答：全是。后来我们有个感人的故事。有一个女孩得了淋巴癌，她父母带她去检查，医生说她还有一到三个月的生命。结果她就告诉父母，说不愿意离开"残友"，要死在我们那，她父母没告诉我们，就让她去上班了。那我们也不知道，每天还照常排她班。最后她在电脑前面工作，到了吃饭的时候跟大家站起来往食堂走的时候，倒地上就死了。刘勇就给我打电话说，大哥，有个员工死了。我问什么事故，他说不知道，就从电脑旁站起来走在去食堂的路上倒地就死了。然后周围的穆斯林就上来围观，刘勇把她送到医院的太平间，然后就坐在太平间里，手一直握着她的手，外面站了三四百人也不闹事，要是刘勇走了就麻烦了，我们残疾人干部都是一些有信仰的人。就这样一直等了两个小时。然后她父母搭公车过来了，他们下了车马上跟所有围观的人说，他们女儿得了癌症，怕不让她回去上班，就没告诉大家，但是女儿的临终遗愿是要死在"残友"。这么讲了后，维吾尔族人立刻散了，散了以后刘勇就回去拿了三千块钱，带着我们的员工到她家开了一个追悼会。

汉族人开的地方，少数民族愿意死在那，你说我们的"残友"怎么样？所以我们现在在援疆、援藏里被评出来第一，就是最和谐的援疆项目。别的援疆项目去了以后只是促使当地物价上涨。像有些国企在那开的公司，连一个维吾尔族阿姨都不能用，因为他没有专门的维餐，在汉餐的窗口里给人家开一个维餐，到处都是猪油味，别人不能用。他又没有专门的翻译，最后干脆就纳税好了。我们可以说是一种以德治社。

问："残友"在权力限制上实际上是从金字塔顶端开始的？

答：是的，越有权越限制。举个例子，我们包括"三位一体"组织在内的所有高管，每个月都没有报销额度。在一般的社会组织里，一把手一个月有五千块钱，其他的副手每个月有三千块钱，底下的部长每个月有一千块钱，这样标准的报销额度。这15年来，我们所有的高层都没有报销额度，就不是说基金会秘书长每个月五千（元），副秘书长或者这一级的

一　郑卫宁　谈残友集团

有三千（元），底下部门经理有一千（元），基本要求就是没事别请客别报销。从我这里开始，大家来了就食堂接待，非要报销的时候，他不用说，这个他负责，我们同意报销了就可以报销，但是没有额度。

问：吃饭用自己的钱？

答：不，绝对不。我们是这样，譬如这次你们来，这个是海军负责安排接待，问题是需不需要在外面吃饭？由于是访谈，在这边吃饭方便那就不需要在外吃饭，不需要就不谈报销了。如果来的客人是商业的，有项目了，那海军可能就要说这个需要三天，每天晚上在外面都有一场吃饭，那马上同意，额度限制都不说。

问：就是业务需要，报销额度再高也没有问题？

答：对。

问：但不会放在个人身上？

答：没错，不能放在他身上，他这个月没有业务，跟朋友吃了来报销不行。真正需要的时候，他一顿吃一万（元）也没问题。这里我补充一点，我们的财务一支笔是刘海军，我的财政权在五年前就交出去了。所有的人没觉得这个不公道或者需要请客自己花钱。我们绝对不能让任何一个干部请客自己贴钱，如果他请客自己贴钱了说明我的制度不到位，这个是不能靠奉献的，因为每个人都有家庭。但是大家就这么谈话，谁负责这个接待就自己提方案，也不用写就说一说。比如他说，这个恐怕要在外面吃，对方是北方人，我们主要吃海鲜，那就要到以海鲜为主的饭店。就这样他大体介绍一下，接下来他就去做，请完回来绝对全报。

问：约束报销额度还是靠自己的道德？

答：对，这个是真的。比如去北京，他说要买 10 台 iPad，那也要买，就是一句话。

问：国外或者中国香港好像也是这样做的吧？

答：我们是学的香港。我们去香港，包括香港的海关请我们去做软件的时候请客，都是大排档。我们知道它的体制，它的体制是公务员的一揽子钱都是一次给到他。其实我们国内要是这么做，顿时政治就清廉了。现在我们最吓人的可能是一个科长，他一晚上请一万（元），他可以连续 30 天，一个月 30 万（元）没有问题。香港的高官用什么都是自己的，因为给他一揽子，他官越高，给他一揽子算得越高。这样，畸形的酒店就没有了。现在从深圳看是最吓人的。比如我主要跟某个局关系好，请他们吃饭就得按照他的要求，必须要有穿山甲，因为他不愿意到外面吃。那么畸形的房间、畸形的东西，这个局把它养起来变成畸形的时候，别的局又来了，又变成它的边缘客户，最后这种高端路线的酒店就越来越离谱。

问：现在好像各地都有这样的酒店？

答：有，我太清楚了。像我们之前在福田这一段，有几个高端酒店，领导一倒酒店全倒。它是跟着领导上的，新一任的领导来了，吃另外一套了，就不吃它这一套了，它这个就倒了。以前有一任领导在的时候，某酒店就全部客满，一个是他自己吃，有商家请他的时候他也只在那儿吃，所以所有的商家趋之若鹜，那收费就变得非常离谱，一般企业老板都不敢在那儿吃了。它收费贵到很离谱了以后，就变成政府专用了。香港是钱给他（个人）了，台湾也是这样。我们去过台湾三次，像江明修①承办百人论坛的时候，他们经常叫国民党出来，我们跟国民党大佬吃过三次饭，都是用他自己的钱，已经算到他自己身上了，那他必须讲究性价比，所以他跟市民的目标就一样了。这样市场就不畸形。

问："残友"的干部或员工家庭需要钱的时候，会不会在某种程度上有寻租的动机？

答：这个会有。但他的监督是由反方在做，现在举一个非常实际的例子。比如海军要有笔开销，这里就有两方监督他，一方就是社会组织，社会组织群是志愿者协会和底下的9个社会组织，他们几个跟基金会完全是博弈的关系；另一方是集团的总经理，他负责软件动漫和30个分公司，他是给海军上交钱的，所以海军要跟这两个人谈他准备花多少钱。他要是买东西时多报一台多报两台，那拿他也没办法，这个在哪里也没有办法。但是有一点，他说这个话的时候，这个环节他很慎重。因为另外两个是社会组织和集团，他办这么点事就花这么多钱，另外两方就会说他们办那些事的时候，可没有这样，就可以从反方的经验来跟他说，这样就有一个制约关系。制衡非常关键，就是权力是一定要受到约束。

问：可以理解为让对立面来约束？

答：对。我举一个例子，深圳有一个社会组织，号称是社会企业，但是我们内部判定它就是做图书的，没有任何社会企业的东西在里面。因为它强调文化，就跟我们基金会绑得特别紧，因为我们强。昨天基金会的副秘书长在会上说，他们和这个社会组织有一些合作，说到合作都是公益

一

郑卫宁

谈残友集团

——

059

---

① 江明修，台湾政治大学公共行政学系教授、台湾政治大学公民社会暨地方治理研究中心召集人、台湾中央大学特聘教授、财团法人第三部门教育基金会董事长。

的，比如图书双方怎么流动，广告怎么弄，另外还要开展跟残友集团软件和动漫的合作。他提到这个以后，残友集团的总经理，就是"三位一体"的另一方就发言了，关于业务基金会并不懂，还有这个社会组织是一个完全不能赚钱，已经摇摇欲坠马上要倒闭的组织，这是从它的社会企业角度上讲。这么一个弱势的组织让我们残友集团跟他们签协议，有两个风险：第一，它会拿我们去忽悠别人，说动漫软件没有问题，已经跟残友集团合作了；第二，它自己需要再做软件和动漫的时候来找我们然后又不给钱，是道德绑架我们，觉得都是社会企业互相合作，就要给它免费做。总经理就说业务归他们，若是基金会签这个合作协议，就把他们又放到道德绑架的陷阱里，让基金会公益归公益，商业归商业，公益他们爱怎么签就怎么签，商业拿给集团审。最后拿过来看了，看完了以后，觉得这个商业的战略合作框架果然不行。

问：很多人也说看不懂这个社会组织的商业模式。

答：这个组织完全不独立运营，它没有运营，没有任何模式，就是一个花钱的队伍。它还要喊上市，其实它没有进入辅导期，自己还不知道。我们了解上市是非常严格的。我提到这个社会组织就是举个例子，这就是典型的"三位一体"中三位之间的博弈。

问："三位一体"的博弈对实现商业和公益的平衡是否有帮助？

答：一个社会企业家，他内在的矛盾是很难化解的，一方面要挣钱，一方面要做公益，他内心要形成制衡机制才行，这是很困难的。我不是内心有三个系统在制衡，而是通过三个不同系统制衡我的内心。这种制衡在境外特别明显，在香港公益界，政府和企业之间就有内部矛盾。在公益这一块，宁可用那些对内看不懂财务报表、对外不懂市场，不知道企业风险的社工来做社会企业家的头。所以香港的社会企业90%都是政府补贴，但它治理得很好，不会出那些财务丑闻和损害服务对象利益的问题。在中国台湾、韩国等国家和地区采取的就接近企业家这一套了，他一定要看懂账表、一定要熟悉市场，他就强调不一定像香港这样。因为香港对社会服务体系要求太高。他只要心里有理想，追求的不是商业，追求的是世界大同，或者追求环保某一类的，或者追求希望老人过得好一点，不管他追求什么，他的社会理想高于他挣钱的愿望就行了。在香港，政府就是这些系统的调节者和制衡者。

问：在残友系统，您就是这个系统的调节者和制衡者？

答：是。因为我们是政府不管，没有人管。

问：可以继续介绍一下怎么通过制度来约束权力吗？

答：这个例子太多了。媒体上最让人感动的是凤凰卫视晚会上讲的："郑大哥15年输血的钱没有用过公家一分钱。"我每个月输血费用很高，一万多（元），而我工资才一万五（千元），我输血钱都不用公家的。我朋友特别多，有朋友找我让我给他们免费做个软件，免费做个动漫，这是不可能的，这么多年我就没有给我的朋友这么做过。由于我不这么做，我们的社会组织和那些高层谁也不能这么做。此外，在深圳的一般机构里，像那种规模比较小的民非，它的总干事都在一个饭店里有签单权，我没有。所以在这方面它们真的是太无法跟我们比了。

我们内部发生争端如何解决？一个秘书长就在前几天与出纳发生争论了，我们集团的办公室主任也跟出纳发生过争执，问题在于我们出纳制度不严。这个出纳是个老员工，也是个残疾人。有一次有现金来，他没有立刻出收据，三个月以后他说这个秘书长有三千块钱没有交，秘书长就说这三千块钱已经交了。那这一派的观点就是出纳怎么能每次钱的来往没有立刻出收据？而出纳那边就说因为是熟人，他当时正忙，等他一下，他明天给出。大家都忘了才出现这个事，是财务的事。那我处理的时候就找办公室主任谈话，我告诉他，在我们这里财务中心带领着40多个机构——33家分公司和11家社会组织，若不支持他们的工作，叫他们怎么带领？那处理的方式就是我从钱包里拿出了三千块钱给办公室主任。这个是说不清的，但必须尊重出纳，去还了他，办公室主任就还了。

还有一个就是软件的办公室主任。他领着残疾人做活动忙的时候也没有开票，有一千块钱的差额，他就说给了，而且他能说出在什么环境下给的，但是出纳那个地方账本没有显示。那我也是把他叫过来，我说聪明人怎么能这么干？出纳这个原始资料我们是公开透明的，他不尊重这个，敢说出纳没有开，（出纳）这个是要维护的绝对权威。批评完以后给他一千块钱就去还了，只能这么解决。我在上面这么解决，那么下面我们就没有解决不了的问题。总的解决原则就是别让老实人吃亏，别让奉献的人流泪。所以说我这个权力的限制是到顶的，实际上就是从金字塔尖开始，从权力最大的开始限制。我交出财务一支笔的时候就说："不交不行。"咱们几十个机构我都是法人代表，所有的组织都在制衡的时候，我一句话，这些组织就会停止执行，因为大家对我充分尊重。本来"三位一体"是有不同的意见互相审，但我说这个事应该怎么做的时候，大家从心里就觉得我肯定是对的，他就不审了，根本没有监督环节，那就是绝对的权力了，绝对的权力就是绝对的腐败。所以我就分权，财务一支笔给海军，五年前就开始的。

9. "去郑卫宁化"

问：建立"三位一体"需要不断地分权，削弱您在"残友"中的控制力，这实际上是在"去郑卫宁化"？

答：对。我都没有办公室，我开始就在仓库找了个地方，放了一个沙发和一些办公用品，又挂了个帘子。他们找到我说仓库地方不够了，我就把那个地方让出来。站在外面的那个人是陈律师，他的律所在当时是广东唯一一家个人律师事务所。我现在是用他的办公室，我刚才跟他讲我今天还要用一上午，他说没有问题，他出去办案。我真的就没有办公室，那个老的场地是政府给我们的，600平方米，当时不要钱，现在政府想收回去给社区，就是给到两个不同的街道。我问其中一个街道希不希望我留下来，他说，当然希望了，因为我是全国名人。那我就留那儿，然后我在那儿占了一间做办公室，剩下的全给员工改成了宿舍。

问：忽视自己，重视员工？

答：我感觉我的作用是确立了一个制度。这个制度在实际运行当中必须是开放的，发现新的问题就在这个制度上再补一笔。大家一起讨论这个制度好不好，不好我们就完善它，甚至完善到程序上。美国宪法当初就不错，那里全是移民的人，因为受够了以前欧洲大陆的东西，他们就都说出来他们想怎么做。但他们也想到了，有的以后可能不行，那就要有修正案制度，就是有判例，再把它加进去，让它越来越完善。

最要命的是有人希望按照自己的那套规则玩的时候，导致下面所有人都来仰望他，这是很可怕的。未来NGO形成大佬以后，就会有恐龙出现，采访NGO的那些大佬们，都会发现一个问题，他们全部沉浸在字典中，可以看他们的文章和报道。我信仰古代中国的天人合一，但这恰恰是中国最大的问题。为什么他这么自恋？就表明他在实行人治。如果有统一的制度，那就照着制度来，因为那是大多数人的事，又不是他一个人的生活。如果是个人奋斗，他是一个作家，或是一个艺术家，那他就讲他自己。我最看不惯那么多人自恋。我为什么不去参加各种论坛，因为所有论坛的人都自恋，都在讲他怎么厉害。他应该寻求的是，他是管一个大家的，管一个社会，甚至更高层面的事。他希望他的机构越做越大，能管起全部来，但他又把个人色彩放在里面去治理。大大小小的人都争当"皇帝"，这个是很可怕的。而西方采用的是哈佛精密管理思想，他们就不这样。

问："残友"现在的三权分立就是充分吸收了西方的民主宪政思想？

答：实际上就是，这是我们的新路。我"文化大革命"期间受够了专制的苦，受够了非法制、非常态、暴力社会的苦。别人专制造成的恐怖我没有看见，民主吵得不能干事了，我也没有看见，我看见的就是非民主制度下非标准社会的那种恐怖。我有恐惧，所以不希望"残友"未来走到那种恐怖的地步。由于我有这样的恐惧，我就设计三权分立，我们实际上先采取了民主的方式，不要一个人专制。我觉得只要采取了民主的方式，大家就要遵照一定的规则把它写出来，写出来的规则只要按照它来执行就是宪政。我觉得宪政、民主和互联网一样都是工具而已，它没有高到变成了社会主义或者我们整个治理思想的敌人这样一种程度。

问："去郑卫宁化"已经几年了？

答：三年了。当年刚刚"去郑卫宁化"的时候，在微博上有很多朋友反对，说，"郑卫宁是'残友'的精神，是'残友'的标志，是'残友'的荣誉，应该更要加强'郑卫宁化'，不能去"。还有很多老员工和老义工说，我之后还有我老婆可以接任。他们管她叫大嫂，说她让残疾人在家里住了 6 年，自己在外面还是公司的行政总监，在商业上做得好，也很有爱心，等等。我就私下跟他们讲，不是谁行谁不行，不能用人治是核心。我说"去"到最后如果变成"残友"的精神，我可能还会沾光。因为未来我的精神变得更伟大，我就不会犯错误，要不然"残友"会越做越小，最后我这一生也没有价值，给别人看的话也不好看。南方报业集团那些人，他们一开始也都不理解，后来听我说了之后，都说太好了。

问：这是非常英明的选择，实际效果如何？

答："去郑卫宁化"以后，我每周来开一次例会，有突发情况别人处理不了，我就来，没有突发情况我就不来了，我就等着各个部门的短信。有的说他们的一个项目要找青基会的某个人他们不认识，让我跟他们一起去一趟；有的说他们商业上的一个软件项目要接洽某主任，他们不认识让我跟他们去一趟；还有他们的项目要到论证移交了，怕商业客户挑问题，让我过去压压阵。有这样的事情，我看到他们的短信就去了。要没有这样的事情，我就在那边会客，做一些大厦的运作。

问：詹姆斯·柯林斯有一本书叫《基业长青》，是写一个公司如何成为百年老店。我觉得这个主题就是"去郑卫宁化"提出的一个命题，这个基业长青靠什么？

答：在西方的理论没有那么多的时候，我看旧中国军事史。西北的军事集团发展到最大的时候，人数超过了蒋介石的军队，但中原大战惨败，然后蒋介石800万的军队败给共产党。除了其他方面，这三个军事集团非常值得看的是人力资源体系。冯玉祥的军队是自己的卫队，就是保卫自己的时候选出来对自己忠诚无限的人做下面的军事将领。吉鸿昌这些人都是他的卫队卫士，当年就是因为冯玉祥夜里上洗手间发现这些人站着一动不动，就把他们选出来了。这是封建的东西，所以他的军事集团里最后被蒋介石收买的全是他的卫士，像石友三。其实这些人没有文化，农民出身的局限性造成了他们以后会因为受不住金钱诱惑而不忠诚，当时忠诚并不代表日后忠诚。蒋介石的军事集团是借助了北伐革命的黄埔军校建立起来的。他黄埔系就不一样了，全国的进步青年都投笔从戎去到军校，然后从那里面走出来，都是由很优秀的人组成的。共产党就更厉害了，共产党军队人力资源体系是当时共产国际支持的。整个中国大运动下所有的革命热血青年，包括"一二·九"运动出来的人、黄埔系出来的人、云南陆军讲武堂出来的人、北方陆军学校出来的人，等等，这些更优秀的人涌到了共产党的部队去，这个从人力资源上远远不是蒋介石一个黄埔系可以解决的。所以最后共产党解放军战将们，在多数战役当中战胜了蒋介石的黄埔系。我当时想"残友"走到最后就是人，人在事业在，团队大事业一定强。

问：您认为基业长青关键在于人？

答：是的。第一届慈展会上，我们就对残疾人说："加入'残友'，过有尊严、创造价值的人生"；对所有学生们说："把对社会的抱怨和不满到'残友'来化作一点一滴的公益行动"。从这里可以看到我们的人力资源思路，当然好不好是另外一回事。我们是残疾人自己自治的运动，一场自救的运动，我们面对的是全部的残疾人，这样最优秀的人才可能到我这里来。另外在公益上，我们又没有大机构能给公益组织的员工发那么高的工资，那我们靠什么把最优秀的人吸引到这儿来？我们觉得也得让他们感觉到这是世界公益的潮流，在这里有各种公益的东西可以学，个人可以成长。

事实上到现在，下面的人这么有活力，就是"三位一体"造就的，没有"三位一体"是容纳不了这种状况的。我们都是从残疾人的生存出发，那怎么包容那些健全的社会精英？每个人都有个人更高的理想，公司平台太小，没关系，我们有社会组织群。在这个社会组织群里，大家统一都是做公益的，然后以残疾人自治运动为主流，再往下百花齐放，就可以什么都能做，什么思潮都能容。来了个很另类的，我大不了再成立一个民非，另类没有关系。如果他说就做一个媒体，那我单独给他成立一个，我把他的风险控制好。就像我们为什么成立那么多分公司？比如有人说可以做物流业，那就成立残友物流运输，他有志于做残疾人在物流业发展，成立的又是有限公司，他做不好就倒闭了，其他所有地方都不受影响。因为所有的赔偿都限制于我们的投入，大不了我的100万（元）没有了。但是他要是成功了就很厉害，就会把所有的组织都带起来了，我当年就是这么想的。

有个基金会的理事长来看过几次，她就看不懂。她说我们这群项目活动，在她那里得三四个人这样做，而我们的资金支出连他们一个人的成本都不够，我们哪来这么多人力资源做？

问： 您怎么跟她解释的？

答： 我就给她举了个例子。我说美国在日本投降以后，美国有个代表团，马歇尔①去延安、重庆看中国的形势，最后美国人就没看懂。美国人回去的结论是延安不行，那的粮食生产供应也不足以养军队。毛泽东让王震②到南泥湾种地，种的也只够一个旅吃，也没有说解决陕甘宁边区的粮食供养问题。在那个地方人是没法活的，所以他那个部队体系每期毕业的人数远远不能与黄埔军校相比，部队也没有人力资源。所以最后给美国政府的结论是，抗战结束以后共产党会消失，结果没有想到三年以后共产党不仅没消失，反而席卷中国了。我就跟她讲，国民党的军队是传统国家的军队，所有的编制都要招兵上来，国家拨军费养他，这样的军队很容易就能看清楚。而共产党的军队本身来自农民，没有用军费供养的游击队、武工队，所有的队伍，包括我父亲在内，他平时在农民那里，帮着农民种地然后吃农民的，所以也没有军费去养他，他自己走出来的时候，他一整编，几个县出来的人就组成了一个团。用纯制度的东西，是看不懂革命的。

后来我让她看我们的几个数字，第一个就是我把一半深圳户口的残疾

---

① 乔治·卡特莱特·马歇尔（George Catlett Marshall, 1880~1959），美国军事家、政治家、外交家，陆军五星上将。1945年退役后出任美国国务卿和国防部长，以出台"马歇尔计划"闻名，1953年获诺贝尔和平奖。
② 王震（1908~1993），中国共产党党员，伟大的无产阶级革命家、政治家、军事家。1955年被授予上将军衔。

人都通过八个区的残联挂靠过来。深圳有残疾人保障金政策，一家企业人数达到一百人，就至少要雇用一个残疾人，否则就要交残疾人保障金，这笔钱不少。然后我就找到这些企业和他们谈，他帮我买一个残疾人的社保、医保，再给他一点钱，因为深圳才七万残疾人，对企业来说很难找，他帮我养一个人，我帮他免了所有的残疾人保障金。我这儿有一半的人员都是这样，社保、医保都挂到其他企业里了。我又是带头挂靠，挂靠以后那个企业给买社保，对我而言，挂靠的医保是最少的，那我退休就亏了。因为在自己的企业里面，我交很高的社保、医保，退休的时候就有很高的工资。我不在意我老了会怎么样，我都觉得我可能活不到老，所以我带头挂靠。从我挂靠以后，海军以及所有深圳户籍的干部，就是只要是深圳户口的残疾人都挂靠出去。

然后我们还有一个组织有 8 个人，最精英的 8 个人，制作了一个程序，可以搜集全国所有的政府补贴信息。中国的地方政府的各种补贴往往就在网上公布 10 天，一般是 9 天，临时在网上看到的人，都来不及准备材料。但我们能准备好，各项申请我们都按照逻辑、管理把它变成了数据库，所以我们全国不停地搜索，看到哪里有申请就下载下来，下载下来以后分析一下属于哪一类数据库，需要几号资料，我们一天之内就填好了，所有的东西弄好了我就报上去。我们这个部门 8 个人去年创造了 600 多万元，就是申请下来有 600 多万元。所有这些创造的收益，我们实行所有权和使用权相分离，就是他这个部门申请了 600 多万元，所有权属于他，但使用权归基金会。在所有权上他赚了 600 万元的名，他的机构、他的奖金、他的提成、他的招人、他的待遇就有了，因为这是归他所有，但是使用上他一分用不到，全都被收走了。

问： 这里面有好多管理智慧，都是您在实践中摸索出来的？

答： 有一些不是我想的。比如必须有"三位一体"，因为有很好的制衡制度。有基层的核算，单位就要赚钱，就要做事，当他做的时候，他会根据他的诉求提出来，他要给他授权，要什么就要博弈，不同的利益博弈最后的结果是最科学的。有了制度才能出措施，如果靠我自己，那每天下面所有的诉求都不停地到我这，所有的危机不停地出现，所有的新问题潮水一般涌来，谁也处理不了，必须是一个制度。所以当时有个美国律师，姓扎，老扎看了看说，再发展几年中国公益基层都是我们的，我说我没有这么想，我就想残疾人都是我们的，全世界残疾人服务我都愿意做。所以说我们这个地方非常有意思，它不按常规走。

问：所以说"残友"的核心是人而不是事？

答：是的，眼里没有事只有人。因人设事，以人为底线，劳动量大了想多成立一个机构，对我们来说就是通知办公室去做，不考虑"事"。了解了这些，再来看"残友"就觉得很简单，它就是靠这些凝聚。不了解的过来看就会觉得特别复杂，这么多组织，而且还在协同工作，是怎么做的？开始有些人过来觉得，这么多组织是不是就是一套班子无数个牌子？结果发现不是，不是一套班子，大家真的是在各个组织里拼命干。

我补几个材料，看看我们底下宽松到什么程度？今天报社就开始给我们一些残疾员工家庭送空调。因为我们信息搜索部门注意到有关于城市贫民的募捐，就反馈给我们公益组织了。公益组织就把它做了一个项目，然后通知我们所有的残疾员工，他们可以去申请，比如想要奶粉之类的。结果有员工就提出来，"我们是'残友'人，我们还以城市贫民的身份去申请，这不是给'残友'丢人吗？"我们做项目的人就跟我说这个情况，我就开了个动员会告诉大家，残疾人即使是博士，即使每年挣一百万（元），也还是弱势群体，因为走出去就需要无障碍，这个跟社会的理解分不开，与社会的联系桥梁也永远不能断。"残友"人是不错，他在"残友"有基本工资才能在城市里面结婚生子，但是相对于他的不方便来说，生活成本增加了，这也是困难，所以能申请就申请。结果他们开始申请，申请了以后，我们这些人就帮他们包装，帮他们跟媒体沟通：今天要空调的有哪几个家庭，要进口奶粉的有哪些。之后这些物资就一批批都到了，到了以后不要送到单位，直接送到他们租的房子那去。

还有员工对政府的安居房分配有意见，担心他们要去请愿会不会影响"残友"？我说："别管这些，'残友'是你们工作的载体，你们个人的事以及对社区认不认同这个公民意识是你们个人成长所要有的，你们认为安居房政策有问题就去表达。"然后他们就去请愿。我们全是这样，特别宽松。

还有媒体采访，所有的媒体过来采访，可能去"软件"也可能去"动漫"，或者上级来参访，我们都不布置宣传，更不会告诉他应该讲什么话。我们这15年来，媒体对我们最大的印象就是我们的人好活泼，碰到什么人都放开说。其实我们这开始也有人问，媒体、电视台过来采访了，他们说什么，要不要指导一下？我说不需要指导，爱说什么说什么，有意见也可以表达，没有关系，说他最真实的就可以。这样长期下来，所有员工都没有负担，他碰到媒体想说什么就说什么，这样别人就接收到了真实

一 郑卫宁 谈残友集团

的东西。最后所有的评价就是"残友"的残疾人跟在大街上碰到的残疾人精神面貌不一样，就是相对自由一些。从最上层就限制得很紧，从我开始连签单权都没有，到下面的员工，简直就是非常宽松——他没有权就不需要再管什么。

深圳的社会组织就很羡慕我们的社工和工作人员，因为不论是年轻的还是年老的，都很有活力。在我们这里，给他的授权多，他谈项目基本上谈完就敢决定，不需要回去一级一级请示报批。因为他之前目标就明确，还有他的项目是随便做的，回去就是一个核算，所以他们的自由度大。

问："残友"跟其他企业比如富士康相比，差别在哪？

答：可以说富士康代表过去，"残友"代表未来。真正的未来组织我们先不管它是哪个群体的组织，真正的未来组织，不仅要解决资本，还要解决企业的社会化问题，就是让每个人有归属感。

因为对于商业，无论如何，都回避不了资本主义的本性就是99%和1%。工商注册的组织，股东再多，像有一些两三百个股东，也是少数人控制。他在大规模集聚财富的同时，还是剥削多数，把剩余价值供给他使用，让其他的人认同，并以为跟他一样获得利益，这是不可能的，谁都明白。所以我如果用管理学让明明不是家的地方让他们认为是家，那肯定是不行的，这个是核心。我在外面经常跟别人说起稻盛和夫，他在世界上被称为"经营之神"，他也是裸捐。他之前做的一个企业叫京瓷，他一直把京瓷做到上市，做到了世界500强，因为京瓷是日本很小的企业，结果上市以后他裸捐了。裸捐以后他就去当了和尚，他是托钵僧，不是在寺庙吃供养，而是每天要拿着碗出去讨饭的那种僧人，当了一段时间的和尚。在退休第15年的时候，日航要垮了，日本政府又请他出来经营日航，他就临危授命，把袈裟脱掉，去经营日航，把日航又做成了世界500强。这个就让人觉得太奇怪了，日航是日本的国企，完全不可救药，他又做到世界500强，做完以后又把日航的股份裸捐，又变成了一个布衣。他现在在日本做了经营塾，到处培养社会企业家，要想自己发财的别去找他，要想做一个企业，从股份上都能体现出未来是为员工着想的，那就去找他，他就教。他教的理论非常简单，他有一个核心叫"地头力"，就是一个企业发力，领导团队所有制度措施最后调动的力量是工作一线那种爆发的热情，叫地头力。

问：地头力怎么来调动呢？

答：所有的干部不管他是哈佛的还是彼得·德鲁克的，他送给他们的话叫："现场有神灵，神灵会保佑你们，你们就身先士卒到现场去，哪里有问题，现场找答案。现场有神灵，具体怎么找是你们自己去了以后认真调研，调动了地头力以后就明白了。"他有这么一些基本思想，核心的东西就是利他主义，就是说调动地头力最好的办法就是企业真正为所有的员工和家属的福祉考虑，他说这么考虑就能成功。他去日航的时候做的也跟所有的企业不一样。所有西方的企业，CEO去了就要裁人，企业要垮了，两千人就裁到一千人，这样公司就保住了，他就赢了。他到任的第一天，作为董事长，他没有立即裁人，而是把自己工资减半，然后所有的高层工资也减半，同时想方设法保住员工的就业，他说："社会环境不好，员工和家属都很痛苦，大家一起过难关。"然后他的基本措施就是一个"阿米巴"。在日航，他就往下分，生产和经营上都分到最小的单位，这个才叫基本单位，这样单位就"阿米巴"自己了。然后他的财务就开始忙了，这些最小的单位里都要做报表，要测算出来成本和盈亏，不测算出来就不会有地头力，他就用这些简单的东西。

所以我在他经营日航和做和尚的时候就开始崇拜他，我总通过互联网学习他的东西。像他这样一个成功的企业家，没有机会吃苦，也很少体会到什么是真正的感恩，体会到感恩是在做了托钵僧的时候。那段时间，他每天拖着饥饿的身体去寻找布施，常常遇到一些普通人帮助他，有时甚至将自己带的便当布施给他，宁肯自己挨饿，令他体会到感恩的价值。他说人间真正没有任何利益的交往就是这样。所以稻盛和夫的管理思想对我的影响很大。

问：那"残友"的经营理念与他的经营理念差别在哪里？

答：他的书都很薄，也没有什么理论。在"残友"，我们可以人为地算出来，一个组织的房租水电及团队成本，每个月都有成本通知表以及损益表。当这个组织做了10个项目的时候，他就有了财产所有权。比如他完成了600万元的项目，他就可以奖励他的团队了，这600万元收入有10%的提成，但他们不能一次用完。我们这样做还包含着什么意思？我跟每个组织都说，好好做赶快搬出去，别在这儿挤我了。因为钱多他就可以用了，公益组织有10%的提成是可以用的，可以在外面租个漂亮的小院，租个别墅，自己再出去办食堂，搬出去，所有的空间就全都是打开的。所以我主要的管理思想就是用稻盛和夫的。

但由于他用在企业界，再往上就不能再有思想了。而我们不一样，我们是用在残疾人的生存革命上。残疾人是一个被压抑了千年的群体，由于传统上所有的盈利模式都跟体力有关，所以残疾人不可能崛起。终于数码经济时代到来，世界上第一次出现了一个跟体力无关的盈利模式，那么作为残疾人这样被压抑千年的群体，在这样的机会前再不行动，那就真的没有机会了，这是我们对残疾人和家属说的。我们说，上帝给他关上一扇门的同时就给他打开了一扇窗。上帝真的给我们打开了一扇窗，那就是电脑的屏幕，通过互联网就可以做任何主流社会做的事。所有的互联网已经发展到软件和动漫，已经发展到菜单式地操作，没有文化没有关系，熟练就行。那残疾人有没有时间？有没有耐心？他比主流社会的人时间都多，所以这个人群真正走向这个平台的时候，是一种优质人力资源。从这个废了的人群到优质人力资源当中需要什么？需要无障碍的工作平台支持。"残友"是什么？"残友"根本不是公司，我们跟他们一起打造无障碍的工作平台。现在没条件我们就在中国集中打造，将来有条件去他们生存的每一个地区打造，再有条件走入家庭网络连接。那个时候残疾人就真正崛起了，每一个残疾人家庭再不会愁眉苦脸。从小就培养电脑互联网人才，长大了他就是家里挣钱的支柱，他可以养全家，我们就是这样一个理论体系。然后我作为精神领袖，我的口号是"全世界的残友团结起来，用自己的行动改变命运"。我就是这样做的，从13岁开始就在地上爬，一生没进过校园，到了中年，因为母亲去世没有经济收入没有活的希望，自杀过三次，通过电脑我改变了命运。

10. "残友"与政府

问：能否说一说，政府在您心里是怎样的？

答：讲到政府，我觉得将来在中国大社会福利和建设中，要真正把西方优秀的东西引进来。我们抛开意识形态以后就会发现，它太了不起了，因为我们做在一线很了解这些。举个例子，我们毗邻香港，在香港，残联如果要陪着民政去慰问，那么之前最少做三个月的调研，告诉民政这次要带6万港币去，要去哪个街道。那民政下去以后，这时候社工的作用就出来了。社工下去调研60户贫困家庭，社工就要找出来各个家庭致贫的原因。比如这个是因病致贫，另一个是因为年纪大、劳动技能没有提高而下岗的致贫，还有是因为夫妻关系不好，老公在内地养了"小三"不把钱拿回家里来致贫，等等。然后调研回来的结果不像我们这儿去了一人发个三千块钱的红包，送完就走了，那样什么问题都解决不了。因病致贫的需要钱，因下岗致贫的需要再培训，因为夫妻关系不好致贫的需要怎么样，等等，不同原因致贫的家庭需求不一样。还有这一类社区里如果超过10个同样的，比如都是因为残疾人或者都是因为疾病致贫的，那就考虑做一个自治组织，但不是社会组织。让他们成立一个自治组织，这个自治组织进行探访小组工作、社区工作，争取社区和外部的资源。另外它是自治组织，就可以教他们怎么去给政府相关部门填表要回相关的补助，这样整个社会就改善了，这个全靠社会工作者。

在我们内地的情况是什么呢？残联是残疾人联合会，是残疾人的组织，但残联作为人民团体，官僚化很严重。因为它不是社会服务体系，不是社会组织，它不做社会服务，它只做管理，这就很容易出问题。国家给残疾人事业每年拨款逐步增多，增多到哪里了呢？新招的人，新盖的楼，新买的车。残联是一个庞大的体系，从中央到每个县都有。这个体制必须改革。

问：那您有没有向政府呼吁过？

答：我跟深圳的市区的领导们都有过类似的对话。在此之前，我在深圳政协提出来要救一救深圳最贫困的残疾人。当时政协的白天①主席都诧异，问我什么样的是最贫困的。我说我是一级重残，深圳一级重残不到900人，基本生活都不能自理，像我这样不要命还出来混的人太少，他们每个月只有200元的补助。他说不可能吧。就是这样，社保、医保都没有，200块钱，请钟点工也就只能请两天。我说要让他们分享当地社会发展的红利。

后来领导们看了那个提案找我谈话，我问他，是否要告诉我每年市委市政府都在加大对残疾人事业的投入？他说是呀，他就是想这么告诉我。我说不光他这么告诉我，中央领导也都这么告诉我，他们每年都在加大对残疾人事业的投入，但是他们要回去的统计数字都是虚的，譬如就业率。我说，别要就业率。在其他地区，在中国香港、台湾也都是直接统计家庭福利，而在内地只算到社区，也就是街道残联或残协多拨了多少钱。为什么不敢算一下每个残疾人家庭的收入？这么多钱本身就应该直接到达每个家庭。后来我问王荣②书记有没有观察过香港的福利制度，他说没有观察。我说，香港设有民政局和社会福利署，2008年是200亿港币拨款，他们喊

---

① 白天，男，2010年5月～2013年1月任深圳市政协主席。
② 王荣，深圳市委书记。

的口号就是这笔款要直接进入家庭，扫清所有当中的环节。他们怎么扫呢？他们让社工把残疾人按照不同的类型组成了52个自己的自治组织，比如盲人辅导会、聋人协会等，连兔唇的都组织成一类协会。接着这笔款直接给到这52个社团，严重的比如四肢伤残、高位截瘫的残疾人补助最多，他们还有自己的办公场所，还有自己的车。兔唇协会每个人补助一次就用于兔唇治疗手术，新加入协会的残疾人做一个手术需要6万港币，协会就给他报销，补助就不再给他了。

我说这就是香港。内地政府很有钱，内地政府拨给整个残疾人事业的经费敢不敢公开？要是公开的话不知道能多养多少残疾人。而实际的状况是什么呢？到现在为止，残联依然说它管残疾人的教育和维权，不管就业。没有一个社会企业是残联开办的，没有一个基层一线的社工是残联供养的，那这个钱在干吗？它没有纳入这个体系。现在中央强调要深化社会体制改革，我说残联这个体制首先要改革，前几天有个事情我觉得特别奇怪。就是中央高层派北京、上海、广东的六个新华社记者，三个人采访社会组织，另外三个人采访社会企业。采访社会企业的人找到我非让我说一说，我从来不说这些，后来他非得让我说，我就真说，我就说了对残联改革的想法。他说："哎呀，郑总太好了，中央领导就要听这些。"他们最后问我有什么要求。我说："'残友'这样解决残疾人就业，并且所有的股权都在基金会，我们应该共享残疾人就业保障金，不应该都给残联。"对我们来讲，不谈整个公司解决了多少残疾人的就业，因为外地户口的他不愿意管就不管，但我解决一个深圳户口的残疾人就业，对于他们的就业保障和补贴，残联应该有相关的扶持政策，但没有用。严重的是，这样的情况，一直到中残联。有个领导过来看了"残友"后热血沸腾，回去就报告，然后就派了其他领导到我们这儿来。我们就把刚才说的这些跟他们汇报了一整天。他们走了以后，我就告诉所有人，不要指望，回去一定没信。我说："你们看来的人的态度，不是惊喜和感动，他是听完害怕，他一直抱着门户之见，觉得这么多年残联没有管我，怎么发展这么大了。"结果后来就石沉大海，我最后就问中残联的培训需不需要我们，我们免费去。在电子商务方面，只有马云信任我，我可以把重残卧床的残疾人介绍给他当网店店主，我们年前介绍了40多个人，现在有160个人，2013年我们要达到1000个人。这些都可以在中残联推广。马云需要40000个，但是马云不跟他们对接。因为跟中残联对接过的上市企业都很头疼，到最后就是再也不跟他们打交道。所以到现在，那么多上市企业都跟他们合作不了。比如国外的 IBM，最后就是因为中残联什么事都做不了。企业不停地提方案，最后它只是给宣传一阵做个秀，而所有的企业都希望不只是宣传，而是做完以后有真正的成果展现出来。我觉得就中国残疾人福利基金会还好一点，新领导去了以后也有好的建议，基金会整个工作那是一个新气象，尤其是北京奥运会以后，整个感觉就是基金会不那么落伍了。但中残联已经积重难返，每个人都觉得自己像国家公务员一样。作为社会组织，它提供社会服务，工作得好不好就是它服务的程度深不深和范围广不广，但它不考核，它觉得他们也是国家的一个部级机构。这是很搞笑的一个观念，用国家给残疾人的钱不做服务，这是不行的。所以对于中残联，我觉得这么多年来，中残联对我都是有敌意的。他们都觉得我是野蛮生长的家伙，这么多年也不跟他们报告，就埋头自己做，还是用他们的资源做，他们认为残疾人是他们的资源。中残联和下面的残联最善于做的就是组织文艺演出秀，一场一场地秀。但是这个人群最终是要吃饭的，解决不了他的生存，时间长了以后它怎么能获得他们的拥戴？

问：在"残友"发展过程中，中残联都没有给过支持？

答：这么多年没有给过钱。市残联这三年给福田的场地支持了房租补助。这边深圳市残联每年收 3.7 亿元保障金，但就业始终解决不了。中残联都没有给我们民间一分钱的补助，我们还解决这么多残疾人，不让它尴尬吗？所以它必置我们于死地而后快。好多年前，中国残联信息中心当时的崔慧萍主任，现在可能已经退了，特别好。她来参观，知道我们残疾人做软件做得非常好，就说有一个就业的管理软件让我们帮她做。我们免费给她做的，但我们的技术人员犯了一个错误，就是没有把我们组织信息去掉。当然我也没有跟他们说去掉，所以用的时候能看到"残友开发"这四个字。结果送去以后汇报都挺好，在决定使用的时候，突然他们的技术人员发现这是"残友"做的，就业部的高层几个领导就立刻说去掉。崔慧萍最后给我打电话说："郑总，不好意思，你们是捐赠，但是我也得去掉，因为你留的组织信息被看到了，也不知道为什么，其实他们也没有到你们那儿去，就那么恨你们。"结果最后还是去掉了。

我再跟您说个小故事。有一次陆昊①来了，陆昊走的时候专门给深圳市政府开了一个会，给汪洋②做了一个汇报，说"残友"做的绝对不是残

---

① 陆昊，原共青团中央书记处第一书记，2013 年调任黑龙江省省委副书记、省长、省政府党组书记。

② 汪洋，原广东省委书记，现任中央政治局委员、国务院副总理。

疾人就业这么简单的事。他给汪洋和王荣做总结的时候，没有从慈善公益角度讲，就从政权的角度说，残友已经实现了三个融合——民政、科技和残联。"残友"未来的发展是中国社区福利形式中一个重要的环节，所以政府要特别重视。他提出来要把"残友"做成风景、盆景。他说虽然我们现在小，但政府要把我们包装成能拿到全世界看的盆景，将来就把我们发展成一个风景林——中国慈善公益的风景林——不管到哪儿看中国的残联，看中国的残疾人事业就看"残友"。

他就组织深圳市社工委过来拍了一个片，拍的时候他把他的思想放了进来，当时写那个稿子的时候，他让我们当时的市委副书记王穗明亲自主抓的。结果陆昊很激动地在表扬我们的时候，深圳市残联的理事长当时在，就说，"残友"这些就业的残疾人当中还有外地户口的。我就回答，是有，我们不能光做深圳的，深圳的人力资源不行，我们做高科技的，大多数人都是外地户口。陆昊说不都是中国残疾人吗？然后接着说深圳就应该感恩回报全国人民，外地的残疾人优秀生也要招。后来我们市领导也很生气，说哪轮得上他发言，即使发言也不能这么说，难得中央领导肯定深圳的风景，他这一发言什么意思。

问：深圳市民政局对"残友"的支持怎么样？

答：它对社会组织是开放的态度。当年我们那么弱小，只有十几个残疾人，它的阳光也普照到了我们这儿，这个很了不起。现在的"残友"有近5000人，当年连50个人都不够。有一次春节，刘润华①过来看我们的时候，我流泪了，他说："郑总，你别哭，你就是我们的福利企业，我们该管你。"我们在民政局年审的时候被定位为福利企业。所以到现在，杜鹏②上任以后也是这样，我就很感动。杜鹏说："郑总，我很忙，我哪一天带一个副局长到你这儿坐下来，看你们到底需要解决什么困难。"我就不让他来，我说我们这儿到处都是困难，但我们有决心自己都能克服。他那么忙，哪里的事都要跑，就不要到我这儿来了。他是真正的市领导——民政局局长，他来一趟，我肯定要东西。我就跟他说不忙了再来，现在不让他来。他提出了三次，问我下周有没有空，有空他就过来。我说我有空，但是我觉得他没有必要来。所以说深圳市民政局是一个真正在做慈善公益福利的部门，真正是一个特别好的机构，我们遇到了，我真的很

① 刘润华，深圳市民政局党组书记，局长。2011年9月调任广东省社会工作委员会专职副主任。
② 杜鹏，2011年接任刘润华任深圳市民政局局长。

中国**NGO**口述史（第二辑）

感恩。

所以我对我们的民政充满了希望。这30年当中，我觉得我们都希望"残友"能贡献力量迎头赶上，让我们的民政在中国未来的社会建设上最后达到一个不亚于西方的水平。

11. 对未来的思考

问：您对未来社会发展有什么样的思考呢？

答：我在政协发言的时候，有些话能讲，有些话不能讲。我就跟政协委员讲深圳的环境，说我来深圳30年了，早年亲戚朋友大学生到深圳来，我敢跟他们讲，"好好干，勤劳致富"。现在我不敢讲了，敢跟年轻人这么讲吗？政协委员说都不敢讲了，因为勤劳不能致富。过去我们那个年代，包括"文化大革命"，崇尚的都是个人奋斗，也有很多这样的西方书籍，像罗曼·罗兰的《约翰·克利斯朵夫》、司汤达的《红与黑》等书里有很多（对）个人奋斗足迹的呈现。现在的年轻人没有我们幸运，因为个人奋斗的理想被击碎了。他们现在想的就是找关系，女的就想嫁个好老公，有个富爸爸，男的就想怎么能有资源，然后就一步登天。因为社会上真的这么不公，个人奋斗太难，各个阶层的通道都被封死，这对年轻人来说是很大的问题。

问："残友"怎么应对当下普遍的信仰缺失？

答：在"残友"我跟所有社工都说，他好好学习，就会注意到可以把社会服务作为一种信仰，它有成套的体系理论。

问：您对"残友"的未来怎么看？

答：我觉得残疾人这个压抑了千年的群体现在有崛起的机会很不容易，所以我们从阶段从形式上都要好好地总结。要不然我死了以后，这个形式被推广到全世界，如果变成变态者的王国、暴君的统治，各有各的，但都跟主流社会不容，那是绝对有很大问题的。现在有这样一个例子，聋哑人的盗窃集团越来越多。因为中国的特殊教育不是让残疾人融入学校，结果他们长大以后就组织成群的聋哑人盗窃。而在西方就不许办特（殊学）校，让残疾人必须在主流的学校里按比例就学。

问：在残疾人的群体里面，暴君的统治率可能更强？

答：走到最后走不好就会走成邪教。如果像现在这种走法，走到哪儿永远都是社会的有机体，它不会变成单独一个跟人类社会不相容的恐怖群体。我最担心的就是以后的路走不好。传播是没有问题的，我死了以后"残友"的形式保证会是未来全世界残疾人的生存方式，问题是不能让它脱离主流社会。我们强调的是荣辱共享，要跟主流社会共享文明发展的成果，这样它的形式就特别重要。

互联网提供了一个千年未遇的机遇，把人类从手和脚，从体力劳动中间解放了出来。"残友"能从互联网挣到钱，然后告诉大家以后必须推出一个社会的有机体。它是跟主流社会共享融入的，我们就是探索这个，这是我的理想，也是"残友"真正的未来。

问：对于"残友"是残疾人群体解放运动，您可不可以总结一下？

答：从实践当中可以总结出三个阶段：第一个就是必须意识到这是自救——自己救自己，必须盯住电脑、互联网。当他开始进入的时候，所有的工程不是一个人做的，做互联网和电脑工程的人越多挣钱越多。附加值跟人数不成比例，一个人是一块，十个人是一千块，一百个人是一百万（元），它是这样不成比例的。这种情况下，第二个阶段就是要自助；一旦人多了以后最关键是第三个阶段，要自治，就是要有很好的自己管理自己的方式。自救、自助，最后是自治，所有这些理论和所有这些实践都摆在"残友"让大家来看。所以这是把未来提前谈了，我就是比较特殊，在社会条件没有那么好、社会福利发展也不恰当的时候，我们集中就业。"残友"就是集中就业，集中就业不是和谐社会的理想，但最后我们从集中到大发展再到走入家庭。现在，我们做到了所有高校都跟我们有人力资源联系的地步，很多残疾人从上大一的第一天就给我们写信，说他进大学了，毕业以后到我们这里来。"残友"就是这么一个精神支柱，我们要做成全世界的，有十分之一人类的一场生活方式的革命。

问：您认为"残友"模式在未来是可复制、可移植的？

答：对我们来讲，当时采取的是特殊的创业形式——坚持不要健全人，就用残疾人，靠自己培训来打造一个在商业上的成功团队。我们2012年9月拿了五级——美国卡内基软件五级，深圳市市长都给我们写贺信。因为中兴通讯（股份有限公司）和华为才四级，我们是最强的。现在相关的项目招标方面，在深圳我们碰不到对手，（碰到的）一般都是中企动力这样全国知名的软件公司。因为它们（项目招标方）的标书上写着要求五级以上，深圳的公司没有达到五级的。

现在，我们倒是希望全世界都能来参观我们的社会企业。这次刘海军带着他的副秘书长刘创新去美国，回来后激动地告诉我，在哈佛还是在哪个地方竟然看到授课内容中有关于"残友"的案例。我们想都没想到，"残友"能被传播到国外并被用于案例。

复制难不难？我们觉得真难，因为初期的困难真的是太多了。举个例子，我们在香港做得就不成功。香港的残疾人不工作，拿综援，拿残疾人补助就能活得挺好，一来跟公司签约，综援和补助就取消了。反过来，他进来的时候什么活都不能干，还得每个月给他一大笔钱，因为要有最低工资之类的保障，那作为公司就没法平衡了。在我们公司，肯定是来的人不能干的时候，我就开支少，然后靠他们赚剩余价值，公司才能发展。

现在包括台湾也让我去开设公司，他们说移植"残友"的时候很困惑，就是如果是一个没有灵魂的组织，它的生命力要打一很大的折扣。因为没有灵魂的东西简单地讲就是几个不同类别的东西组合在一起。比如把基金会、学会、民非、社会企业放在一起以后也可以做成一个"残友"，但是这个不是"残友"，真正的"残友"有灵魂，这个灵魂又很中国特色，很"郑卫宁"特色，这个灵魂不能简单地比作西方宗教。西方是基督教，比如说中国我们叫佛教，就是简单的一种信仰。"残友"不是，"残友"有没有信仰？要真的讲信仰，"残友"是没有信仰的，但是仔细分析，它有精神在。这个精神也是一种信仰，是一种开放的精神，一种深邃的东西。这个精神怎么复制？组织制度这些东西很容易复制，但是精神我觉得很难这样简单地复制。

我为什么说未来企业、未来组织？未来组织的灵魂是什么？未来组织的灵魂绝对不是制度、组织、架构，不是物化的东西，不是技术层面的东西，未来组织的灵魂还是这种精神。其实还有一个问题很重要，就是残疾人精神缺不缺？不缺。是不是稀缺的？我觉得真不稀缺，尤其在残疾人身上。"残友"能够动员这么一批残疾人参与到事业中间来，不仅仅有互联网的机遇，不仅仅因为有深圳这样一些外部环境、这样一些政策，更重要的是大家都有这样一种共识。

访谈印象

与郑大哥的对话是一种心灵的洗礼，你几乎无法用任何言语描述那个境界！

访谈结束后，我送他一本新著，题上一对古句：高山仰止，渊澄取映。

前句取自《诗经·小雅》，后句来自《千字文》。眼前的他，口述的人生史，以及透过他并超越这个生命体彰显出来的精神，如高山般伟岸，让人类为之仰止；似大海般深邃，令生命为之叹止。我告诉他：我看见一个不朽的郑卫宁，不仅是一个人的奇迹，更是人类的奇迹，是生命的奇迹。

郑大哥的人生哲学源自他的生命绝唱。那里有病痛、有苦难、有困惑、有抗争，但更有面对生命中所有境遇的大智大勇。在郑大哥身上洋溢着生命的力量，乐天的精神，更洋溢着超人的智慧和勇气。通过残友集团，他将公益做到了极致，将市场做到了极致，甚至我在想，他或许也将政治做到了极致。"残友"是高科技公司，是残疾人的公益共同体，也是富有人文关怀和社会责任的社会企业，但更是郑卫宁的理想国，是他数十年政治理念与梦想的实现体，也是他高超政治智慧的结晶体。在"残友"身上，你能清楚地找到自由、平等、民主、共治、商谈等政治理念，你更会发现处处流溢着的令人叹服的智慧。

其实无论是为政，为商，还是公益，我相信智者必胜。

人生也是如此，纵然有难，纵然残疾，但智者定能超越。

郑大哥乃人生的一大智者。我为他已有的超越喝彩，更祈盼他未来新的超越！

二 任旭平 谈兔王集团

任旭平先生

访谈任旭平先生

访谈题记

任旭平先生，1967 年生，2014 年 3 月 20 日因病去世。四川大邑人，畜牧师，知名养兔专家，社会企业家，四川省和成都市劳模，四川旭平兔业有限公司董事长。张书平女士，1966 年生，任旭平之妻。任四川省旭平兔业有限责任公司总经理、四川省工商联女企业家商会轮执会长、兔王扶贫研究中心主任等职。任旭平先后获得 50 多项殊荣，受到邓小平、万里等前党和国家领导人的亲切关怀，相关事迹被国内外媒体报道，享有"中国兔王"的美誉。

任旭平先生、张书平女士从事科学养兔技术的研发应用及良种兔的生产和推广，采用国际小母牛项目的"礼品传递"模式带动几十万贫困农民通过养兔产业化脱贫致富，产生了巨大的社会效益；并探索通过"巴地草运动"（又称叠瓦式覆盖）引领贫困村镇走上以畜牧产业化为主的新农村建设道路，走上了一条社会企业探索扶贫发展的新路子。

2013 年 4 月 1 日，我们驱车从川东大竹来到位于成都附近的大邑县，在位于五斗街的任家大院里，见到了久违的旭平和书平夫妻。多年不见的两位依然那么开朗和亲切，一切都是老样子，只是院子的树更高更大更茂盛了。我们的访谈在旭平位于科技园的农庄小院里进行。访谈结束后他们对录音整理给出了细致的修改建议。

2014 年 3 月 21 日，我在首都机场拨通书平的电话。获悉旭平去世这一令人悲痛欲绝的消息后，我们很快赶赴四川，见到了书平和小杰，为英年早逝的旭平送上我们的哀思和深深的感恩，祝愿旭平走好，祝愿旭平开拓的兔王公益事业继续下去。

1. 成长经历与家庭教育

问：这里是当年刘文彩①的故乡？

答 1②：对，因为刘文彩，这里树立了一个反面典型。

问：您祖上跟刘文彩有关系吗？

答 1：我们祖辈是熟人。我的外公以前是国民党的连长，到山东参加过抗日。

---

① 刘文彩（1887~1949），四川大邑县著名的大地主。新中国成立后被作为反动典型宣传批判，成为一个家喻户晓的地主恶霸。

② 以下所有答 1 为任旭平回答，答 2 为任旭平妻子张书平回答。

问：您好像初中没有毕业就去创业，当时也不叫创业，应该是谋生？

答1：对，就是谋生。

问：在谋生的过程中，您觉得您身上有哪些与众不同的特质让您坚持了下来？

答1：如今，我的事业已经发展得很大了，但有一些核心的东西是来自我的内心的，我觉得这些东西是与生俱来的。有一些精神层面的东西一直激励着我走到今天。当我养兔，种植，面对洪水，遇到不得不面对的问题时，我发现我的激情还在燃烧着，那种热爱和执着让我坚持走下去。

问：这些都是与生俱来的？

答1：是的，这种热爱、激情从小我就有。因为历史的原因，我虽然是农民，但却住在城里。我种的地跟一般的农民种的不一样。

问：您能不能先介绍一下您家庭的情况？

答1：我们家里的成分不是很好。我们家祖辈是国民党抗日家庭，所以我从小就从祖辈那知道我们家戴着很多为国家奋斗的光环。另外我爸是教书的。

问：您爸爸是教书的？

答1：对，我们家的书特别多，好像我们这个县大部分的老师都是我爸的学生。

问：是在高中教书？

答1：是的，教的是数、理、化、俄语和体育。我爸有一个要求："读书不要只听老师的，要提前预习，要放开发展。"老师讲之前我已经预习过了，讲的时候我再认真听，然后再展开自己的思维。所以我的自学能力特别强，很小我就能够认很多繁体字，能读家里的《马克思主义哲学》《辩证唯物主义哲学》、达尔文的《物种起源》等这一类的书。我最喜欢看书，更热爱生物。当时还是人民公社，虽然我们住在城里，但我们种的地离我们家有3公里。

问：3公里也不算近吧？

答1：是啊，所以别人家施肥可能走了几十趟了，我们才走了两趟。我发现我和他们有差别，我和城里的孩子在一起我也觉得有差别，他们瞧不起我。因为他们有钱，他们有那种工人、城里人、居民的优越感，我们没有。他们有布票、烟票、酒票，而我们什么都没有。

问：您当时的户口算是农民，但是您爸爸在城里教书？

答1：我爸在城里教书，我们祖传的房子在城里。

问：祖传的房子在城里？

答1：这也是优待我们，才让我们住的。我从小就知道我们家跟别人家不一样，所以在学习方面我要比别人更刻苦一些，我在小学、中学都是优秀生。我的文化是高于小学小于初中。

问：就是小学毕业，初中没毕业？

答1：差两个月毕业，所以我就叫"高小"，就是高于小学，小于初中。另外我还爱看《毛泽东选集》，共产党成长的过程在《毛泽东选集》里面写得很清楚。于是我从各个方面去研究中国的社会发展，我很小就喜欢这种研究。我发现人应该有规划，这特别重要。

问：为何初中没毕业？

答1：我初中没有毕业不是我不能读书，也不是我能力不好，而是家庭硬件不好。我爸爸得了肺结核，他每个月要吐血两次，养不活我们几个兄弟姊妹。那会儿看着别人上学我就心酸，看着别人背书包我就很痛苦，但我不敢说。

问：当时你们家里有几个孩子？

答1：我们家里有6个孩子，但只养活了4个。

问：有两个孩子夭折？

答1：夭折了两个，我排行第三。我12岁就学了木匠。

问：您第一份工作是木匠？

答1：第一份工作是11岁开始的。我11岁多，不到12岁的时候就开始学木匠，因为我爷爷是川西有名的木匠。

问：您做木匠做了多久？

答1：每天放学就做木匠，大概一直做到15岁。

问：您做得挺好的吧？

答1：我现在都还没有忘记做家具的手艺。

问：这也是一种很有意思的体验吗？

答1：还好，主要是因为要养家，爸爸的身体不好，妈妈一个人忙不过来。

问：您放学以后就做木匠？

答1：对，一直要做到晚上十点。我是专门做家具的，这段经历开发了我在木匠活儿方面的才能。

问：当时您喜欢吗？

答1：我从不喜欢到习惯，经历了一个过程。习惯以后到现在还在做木匠，而且还算做得比较好。但是，只做木匠还不行，因为我爸除了要养家、教书，还要修 X 光机，爬高压电线修变压器，这些事我都要去打下手。所以从小我接触了很多电、机械方面的实践，这是我的第二个法宝，现在我电焊依然焊得非常好。

问：第三个法宝呢？

答1：第三个法宝是爱学习。人的一辈子是很不容易的，后来我爸病倒了，我又小，没人带。那会儿是不会有人相信我能打家具、做手艺活儿的，所以我的财路断了。当时我爸因为肺结核不能干体力活，但有位朋友的电动机坏了来找他。我爸当时卧病在床，不能去修，怎么办？他说："你是电工的儿子，你去修吧。"我就真的去了，而且给他修好了，那个人还给了我 12 块钱。后来我把这个钱买了兔子，兔子买回来不久就生了一窝小崽子。我发现养兔很简单，是可以养家的，就这样爱上了兔子。

问：从养家开始的？

答1：嗯，就是为了养家糊口嘛。

问：当时您多大年龄？

答1：13 岁，一边做木匠一边养兔子。刚开始只觉得养兔子是可以养家的，慢慢地，就越养越多，兔子在我们家里成了唯一的收入来源。后来，我把我们的房前屋后，包括我的寝室，都变成了养兔子的地方，甚至我床下养的都是兔子。再后来，我自己都没有地方睡觉了，只能睡在兔棚顶上。因为增加养殖收入必须扩大总群，所以要增加养殖空间。党的十一届三中全会提出大力发展农村经济和商品经济，提倡勤劳致富。我爸当时在床上休养，也管不了我。于是，我每天的任务就是割草、看兔子，然后就在集贸市场卖兔子。但一段时间后，我发现兔子居然有死亡的现象，很是发愁。

问：那后来怎么解决的这个问题？

答1：我特别喜欢家里的达尔文的《物种起源》与《生物学》。当时的《生物学》全是繁体字，维生素的代号也不用 A、B、C、D，用的是甲、乙、丙、丁。于是从那以后，我就慢慢学。因为买不起书，我就看父亲给我留下来的这些书。

但这些书还不够，当别人都在上正规的中专、大学时，我以 5 分钱一斤的价格到收破烂的地方一筐筐地收购大中专教材。然后，不管我懂不懂，就严格要求自己从头到尾一字不漏地背下来，最后，我花了两年时间把它全部背完了。

问：大中专？

答1：就中专的书，因为我是"高小"，更高层次的本科教材就读不懂了。虽然有很多字我不认识，但幸好有我爸教我，我就死记硬背，甚至到后来我把所有的畜牧兽医类杂志全都收集在一起，一遍遍翻阅。这才发现原来蛋白质是由氨基酸组成的一种复杂的化合物，知道它会起什么作用，与什么组合，怎么组合才是最佳的利用状态。所以，我不从一个角度看问题，而是从正反、上下、左右来看，并进一步将其解剖分析。慢慢地，我的兔子越养越好，于是就有人送给我一个"神童"的称号。其实这是因为父母从小对我就有严格的要求，与我养成的预习和自学的习惯有关的。

当时我在市场上卖兔子的主要原因还是要改变家庭收入。因为我爸每月要吃很多药，而且都是利福定、利福平等价格很贵的药。作为一个农民家庭、一个教书匠、一个"臭老九"，吃这些药还是很困难的。

问：当时还没有医保之类的保障吗？

答：没有。

问：也没有报销？

答：他是教导主任，但也不能完全报销，因为我们成分不是很好。当我拿着申请书到镇政府去，咨询能不能免费让我继续读书时，镇政府就借口我家里面成分不好，不让我读书，于是我就又回去了。

问：成分问题是最重要的因素吗？

答：对，出身要"根红苗正"。

问：现在有人认为在学问上、经营上取得成功的一些人与他的出身不好是有关系的。因为出身不好，但是他的基因好，您认同这个看法吗？

答：我认同，同时我认为我们家族的抗打击性非常强。

问：抗打击性强？

答1：对，一部分是基因遗传，还有一部分是由祖辈、父辈形成的文化氛围的传承。这些对我们家族日后的发展都很有影响。

问：文化氛围的传承？

答1：对。因为我知道我们家里的窗户与别人不一样，我们家的窗户雕花雕得特别漂亮，而且我们家的墙也非常整洁，农民家的墙则是土墙。

答2：其实他有一个背景没有说，他妈妈曾经是一个文艺家。

答1：文工团的台柱子。

答2：他的外婆也是一个大家族的千金小姐。

问：这是很重要的因素吗？

答2：对。纵观现在很多成名、成功的人，家庭背景对晚辈的影响是潜移默化的。作为晚辈，也许不能光宗耀祖，但绝不能有辱祖宗。在这种传承的基础上，家庭背景会给他一种很高的期许。

答1：对，这是最关键的。我外婆就经常这样教我。孩子的成长与家庭的教育有直接关系，有的时候也许看不见，但家教对孩子的影响特别深。比如在我的性格中有一种执着倾向，这就是受家庭影响形成的。

问：您喜欢读书的习惯也是一种来自潜移默化的教养？

答1：对。后来很多人考证过，认为中国的"母教"影响非常大。我们现在所在的这个房子就是按照我外婆家的风格设计的。

答2：那个年代的教育也没有太大的差距，主要差距就在父母那里。并不是按照父母期望的方向去成长或传承，最重要的是对性格的影响。我的理解，在他的性格中至少有不认命这一点。

答1：对，我从来不认命。我们接触的很多企业家，也都是出身"臭老九"等"地富反坏右"家庭的。但从结果来看，这些曾经被打倒、批判的家庭的孩子几乎都在第三代翻过身来了。为什么能翻过身来呢？说到底是基因不同，大家在教育上并没有多少优劣。当时实在没有机会，但只要社会给他一点机会，他就一定能迸发出来自家族传承的力量。

我从小就从外婆、从祖辈那儿知道这些，说得好听一点是我们家有规划、有梦想、有愿景；说得不好听的话，我们是"蓄谋已久"的。虽然我们家很穷、社会地位也非常低，但我们很清高，我们瞧不起那些人。虽然他们是城里人，但是他们的文化没有我们高，他们的水平也没有我们高。他们把 X 光机叫作"电火"，我特别骄傲的是整个城里只有我们家才能修 X 光机。我爸对这方面很在行，所以我们从小就知道高压变低压等原理，家庭对我真是有很多影响啊！

问：刚才大多数说的是您外婆，其他的祖辈对您的影响就比较小吗？

答1：我祖母去世比较早。

答2：他外公去世也比较早，外公曾经参加过抗日。

答1：我们是抗日家庭。

答2：后来就"畏罪自杀"，用现在的话就是"无恶不作"，所以才自杀。

问：那是什么时候的事？

答1：他是 1953 年自杀的。

问：你们受影响了吗？

答1：反正一般来说我们家在开斗争会中，必须在主席台前排背着二两麻绳。

答2：他爸受影响了。他爸原来是四川一所大学俄语系的学生，本来学校想让他留校，但留校的话就要家长见面。那个时候他爸正好和他妈妈谈恋爱，他妈妈的家庭背景在那个年代也是挺差的。就有人问他："要前途还是要爱情？"他说两样都要，于是就把他退回来了。

问：是四川大学？

答1：不是川大，是一个外语学院，学的是俄语。

问：您为什么能一直做下来？而且把一件很普通的事情做得很精致？

答1：这当中一直有一些内心的东西在支撑着我。因为我认为我们的家庭成分不好，所以我们的抗打击能力特别强。不管怎么说吧，无论我重不重要，我骨子里有我自己的梦想，有我自己的追求，有我自己的清高。即便后来我们养兔子赚了一点钱，我外婆也照样对我说："这点钱算得了什么。"

问：当时就这么说？

答1：外婆就是这样轻描淡写地告诉我"这点钱不算什么"。

问：那是什么时候？

答1：是1984年，我们差不多赚了几十万（元）了。

问：那时的几十万（元）可不得了，就给您一句"这不算什么"？

答1：她真的告诉我这不算什么，这不是最好的结果，不要因为这点儿成绩而感到骄傲。

问：您当时多大？

答1：不到20岁，18、19岁的样子。

问：18、19岁就挣了几十万？

答1：那是我的第一桶金！然后外婆就告诉我说这不算什么，要夹着尾巴做人，勤勤恳恳，遮遮掩掩……

问：您很尊重您的外婆？

答1：嗯，因为她是最慈祥的。她曾经受过特别严重的打击，所以她特别爱她的后人。她的爱是非常伟大的，哪怕只是一个水果她都会留给我们吃，她对我们是百分之百的爱，一点水分也没有。她对我们也特别严厉，我可以从她眼里看到凶光，但对我，对我们每一个姊妹都很慈祥。她眼中的凶光来自于她的警戒心，因为在外面别人称她为"坏分子"，所以她非常警惕。

答2：她受的伤害太大了。

答1：她也守了几十年的寡啊！

答2：认识旭平之前我们家里也特别穷，真可谓一穷二白，而且祖祖辈辈都是做农民的。后来我到了旭平家，跟他外婆有了很多接触以后，我才知道"龙生龙，凤生凤"这句民间谚语和我的理解不一样。我以前对这句话不以为然，后来才知道它说的是一种能力的传承，能量的传承。

问：这是潜移默化的吧？

答1：对，是潜移默化的。实际上每个人的命运都可以通过一定的努力去改变。在这个脆弱的生命中间有什么是能够传承下来的呢？是精神能量，这个可能是千百年来在一个家族中间逐渐累积下来的。

答2：家族的正能量是能够传承下来的。

问：所以您内心中有一种清高？

答1：是非常清高，我的外婆和我妈不允许我跟某些孩子在一起玩。

答2：其实这种清高，这种精神层面的东西也可以回应这样一个问题：他在创业过程中遇到的最大问题是什么？是怎么解决的？我们最困难的是公司从创办至今没办法实现利润最大化，也没办法做到常人眼光中的强大。因为我们要顾及农民、消费者等上下游的利益。

比如我们要控制兔子的整个生活与加工过程的安全系数，导致我们兔肉产品的成本比别人的高四分之一，所以我们的价格会比别人高。然而，消费者并不接受最安全的产品就该卖更高的价格，他们第一比价格，第二比口感，第三才轮到安全性，他们在解决他自身的基本问题之后才考虑安全系数。所以到今天为止，我们公司也实现不了利润最大化，更不能像其他公司那样去宣传有多少百分比是我们的利润。

如果我们算计获利多少，也许就会伤害到农民的利益，而我们与千千万万的农民有着千丝万缕的联系。我们不是自产自销，但我们有核心场所，有基地。对于上市前的兔子，一般要排药十几天，很多商家可能在这阶段就把兔子杀掉了，而我们要求两个16天，让兔子把药物残留排泄掉。这样的原料才能健康，而休药期的成本不可能让消费者承担。所以虽然我们还是以商业手段谋求自己的生存和发展，但我们没办法实现利润最大化。其实我特别欣赏和敬重任旭平身上的那种坚持和淡定，到2013年已经有33个年头了。

答1：34年。

答2： 多年来，他一直坚持做一件事情，而且不断地延伸他的产业链，让它像一棵树一样生长。他能找到很多很多可以切入的领域，但又从来没有离开过圆心，他的坚持是很多做企业的人很难做到的。

问： 你们是不是能避开很多诱惑？

答2： 对。很多人因为诱惑，或者压力过大而偏离了方向，但他不管行情好坏，无论大家怎样，一直都坚持着做下来了。当今的现实情况是，不仅人浮躁，整个社会也已经很浮躁了，但他却非常淡定，无论与学者、专家教授、政府官员还是上下游生产链的利益相关方打交道，都非常淡定。他自己的日子也过得很淡定，有人会问他做了几十年开一个什么样的车呀，他会告诉别人，车不就是一个代步工具嘛，只要能跑起来、节约时间、安全可靠就可以了。开一个宝马并不能让他高兴，但假如他能在地里开一个拖拉机，那会儿他特别开心。

答1： 这个事情我想说明下，然后书平再给我补充。从小我们家里就教导我要争气，要有志气，要有骨气，但不能有邪气，这点特别重要。所以我们可以通过一些手段和操作发大财，但不能用邪门歪道去发财。我有一个规矩，就是做人要正气、争气，有志气、有骨气，不能有邪气、霸气、匪气，这个是最重要的，人要守本。所以很多与我同时代一起发家的人在这些年的大风大浪中倒下了，或者中途夭折了，就是因为他们经不住诱惑，跳起来摸高，飞起来奔跑，没有夯实基础，不量力而行。这是非常危险的。所以，我和书平就一起讨论过，我们的企业要做成百年老店，我们卖的是好人品，其他的慢慢来。毛泽东的"愚公移山"精神还是值得我们深刻领会的。我们最感激什么？就是改革开放。

问： 要讲究正气、志气、骨气、人品？

答1： 对。人要有正气，要争气，要大气，还要有骨气，绝不能有霸气、匪气。有钱以后，我们俩本可以买一个顶级的奔驰、宝马，但那样比较俗气，非常俗气。这能显示什么？显摆什么？显摆给谁看？我们现在的国情，普通老百姓还是很穷的。这样做会带来阶层的仇视、嫉妒、羡慕，那不好，那不是我们家的人品。我们也可以买一个大别墅，装修得很漂亮，但那是要张扬什么？这不是社会主义的主题，也不是和谐社会的主题。所以我们更多的应该是感激，感激市场经济，感激改革开放。

我认为这几年的经验就是这样。记得一位中央领导说过："一个团队不要看前面几个跑得快的，而要看后面一大群跑不快的。"所以谁和人民群众联系在一起，谁就会得到最大的安全，谁就会在其中谋求最大的发展，这是最重要的。所以，在自己发达的时候要和大家一起来发达。邓小平当年摸着我的头就这样说："一人富不是富，大家富才是真正的富。"这是有政治远见的。后来我们的书记杨汝岱①又指着我说："道德品质看重点，荣誉面前谦虚点，学习面前进步点，经济效益看轻点。"这就是我的核心人生价值观。一个人只看到了眼前，那灾难就难免了。就像点一堆柴火，一燃俱燃，灯火通明，但很快就烟消云散，什么都没有了。这样不好，要缓慢地迈着沉稳的步伐往前走，不能走太急，也不要走太快。我们在高速路上不能飙车，那是最危险的，最终会车毁人亡。我们干事情要缓缓地走，船破一点不要紧，关键是航向要正确、团队要紧密、斗志要昂扬、肝胆要相照、荣辱要与共，能够同舟共济才是最重要的！

另外还要有规划，我们的目标就是彼岸，走慢一点也不要紧。中国的农村就是这个样子，如果我转身去搞房地产，那会有很多机会。但转念一想，要正义还是邪恶？我不是说房地产邪恶，那里面的诱惑太多，要经得住权、钱等多方面的诱惑，不能生活在阴影下。我们虽然没有背景，但我们有背影，在这个情况下怎么办？就得学会爱自己。

问："我们没有背景，但我们有背影"，这就是您的座右铭吧？

答1：对，所以我们不能给自己留下阴影，这点特别重要。我不要跳起来摸高，更不要飞起来奔跑。领导水平有高有低，而我们俩最关心和最爱学习的就是政策，中央的必须通读，省、市、县的也要通读。通读以后再定位，未来的三年怎么办？国家有五年规划，我们定的是三年规划。紧接着就是分解到年、季、月、周、日的安排，所以我们也是有规划的。不能打无准备之仗、没有规划的仗，战术和战略都是我们需要的。今天领导说"冲"，咱们就冲上去了，但领导走了，阳光不在了，雨露不在了，怎么办？剩下的还是我们自己，所以责任归根到底还是自己的，养家糊口也得靠自己。现在是有限责任公司，必须把有限的责任负担起来，而且对社会、社区也是要承担责任的。我们称自己是社会企业，那怎么社会化？怎么爱心化？怎么慈善化？这些问题都需要我们深刻思考，而不能有"场景神经病"，这点特别重要。那种人来疯是非常可怕的，在这方面书平比我还要稳一些。

① 杨汝岱：男，1983 年至 1987 年任中共四川省委书记，1986 年四川省青年自学成才大会召开时，杨汝岱接见任旭平。

2. 恋爱故事

问：你们是什么时候认识的？

答1：我19岁认识她的。

问：19岁？

答2：1985年。

问：1985年，您已经开始养兔了？

答1：我已经养得非常好了。

答2：他已经是万元户了。

答1：有几十万了。

问：那时候您在哪儿？

答2：我在读高中。我家里有兄妹7人。那时我只有80多斤，一米五的个子，这在农村干体力活是很难胜任的，所以父母一直希望我能考出去。我也希望自己能够考出去，反正是千军万马过独木桥，也要试着跃龙门嘛！

答1：她离三本差三分。

答2：家里没有任何经商、从政的背景，农村的穷孩子只能考学校。那年，我高三的时候，看到了他的一篇报道。

答1：《在希望的田野上展开理想的翅膀》，我在团中央的发言，是中央电视台报道的。

答2：标题全名是《榜上无名，脚下有路——在希望的田野上展开理想的翅膀——自学成才的农村青年》。我的经历比较特殊，初中的时候想考中专，因为那时包分配，可以找一份工作，但中考时我差了一分。自己心劲又高，不希望去复读，于是就去读了高中。高考的时候又差三分，家里实在太穷，我不想拖累父母。高三第一学期我看到他那篇报道，当时我就在想，任旭平可以通过12块钱养殖兔子在农村闯出一条路来，如果我考不上，我也可以像他这样。所以我给他写了一封信。

问：您也想养兔子？

答2：嗯，那个时候没有电话就给他写了一封信。我写得比较犀利，那个平又是平安的平，他一直以为我是个男孩子。后来，他还给我回了信。

问：你们两个名字中都有个"平"字？

答1：对，二平，谁也超不过谁。

答2：小时候爸爸给我取的是浮萍的萍。我上初中的时候觉得那个浮萍是没根的，所以我就想叫一个平安的平、和平的平，于是我就到户籍科把名字给改了。他一直以为我是个男孩子。后来我在新华书店偷偷看书的时候，还发现了他的那本《家兔饲养100问》。

答1：那是我写的第一本书。

答2：那本书很薄。

答1：1985年出版的。

答2：就是最小版本的农村实用技术书。

问：内容是什么？

答2：就是饲养家兔的100个问题简答。

问：1985年，您19岁的时候？

答1：对，那是我写的第一本书，给了我500块钱稿费。

答2：其实我是他的学生，我是来学习的。

答1：她兔子也养得很仔细。

问：您写信给他，然后就到他这儿来学习了？

答1：是的。

答2：18岁之前我都在农村，只进过两次县城，一次是参加中考，另一次是清明节去县里的烈士陵园扫墓。在那种情况下，我居然有胆量到这里来找他。

问：您家是哪儿的？

答1：内江的。

答2：那时候要坐6个小时火车。

答1：在那个年代我们四川人分四等。因为我们是川西平原，所以我们是大米娃。

答2：川西平原最富饶，他们是吃大米的。

答1：我们是大米娃，她们是红薯娃。

问：红薯娃？

答1：红薯娃是靠天吃饭的。

答2：像凉山这些地方。

答1：那是芋子娃，就是吃马铃薯的。

答2：我们叫洋芋。

答1：高山上的叫蛮子娃。

问：蛮子娃？

答1：蛮子娃是说藏语、羌语的。

答2：就是少数民族的。

答1：我们为什么这么分呢？因为刘文彩、刘湘①、刘文辉②等人都是我们这里的，而国民党部队都到那些穷地方征兵。

答2：其实国外报道我们两个恋爱经历的还要多一些，说我们俩是标准的师生恋。

答1：我第一次见到她就觉得这个人还可以。那时我问她："你要跟我养兔子养多久？"她居然回答不知道。她问我需要养多久，我就和她说："你想养多久就养多久。"

答2：那个时候没有像现在的年轻人这么浪漫。

答1：很直白。

答2：他问我："你要留下来和我养兔子吗？"我问要养多久，因为我一门心思想回去创业，在农村走一条路来，走出一条与祖祖辈辈面朝黄土背朝天不一样的路。旭平回答我"想养多久就养多久"，但我没听明白，整整想了两个月。

答1：她比较木讷。

答2：我想了两个多月才想清楚的。

问：那时您都已经回去了？

答2：没有，还在这儿一边学习一边养兔。我当时想的就是一直这样和他养兔子，不回去了，但没想到他话里面还有话。

答1：我们全家人都瞧不起红薯娃的，我父亲也不喜欢。

问：是因为地区差异很大吗？

答1：是的，我们这个地方可谓物产富饶。尽管家里不同意，不同意我也不管，因为我到她们家看了，我认为她就是我最好的人选。她有三大优势：第一，个头不高省布料；第二，嘴形小吃得少；第三，我打得过，能驾驭得了。而且她的出生背景特别适合创业，我认为她骨子里就是块创业的料。所以不管我爸妈怎么说，我就选定她了。当时也有人给我找对象，而且还有什么县委干部的孩子，但我看她的样子就是一辈子受穷的，不管她爸妈是不是大领导，这都不重要，重要的是她骨子里就是穷人——

① 刘湘，四川大邑人，大革命时期任川军总司令兼四川省长。1935 年任四川省主席，国民党中央执行委员。1938 年病死于汉口。

② 刘文彩之弟，著名军阀。

她的思想穷、行为穷，所有都穷，穷得只剩下一个人了。她们虽然是"社会主义接班人"，但最多找个工作上班，这种人最终是没出息的。

问：书平什么地方最吸引您呢？

答1：首先，当时我瞧不起"社会主义接班人"，老爸让干什么就去干什么，这叫混日子，我不喜欢"混日子"。其次，我也瞧不起"社会主义从业人"，就是咱们农民打工，像弹簧，没有真正的专业本事，这里打几天那里打几天，哪儿出工钱高就去哪儿。我们是什么呢？社会主义创新人。我们跟他们是不一样的，我们是要波涛汹涌的。所以我喜欢什么呢？饿死了不要紧，就是扒着墙要倒的也不重要，我能挺住！这才是在大风大浪中经受锻炼。我们的社会栋梁就应该是社会主义的创新人，而不是从业人和接班人。这种混日子的人有什么意思呢？一眼就能看出来，他们的责任心太平淡了，大概就是床、厨房、办公桌……这样有什么意思呢？那还不如去死，这不是我的追求。我认为书平可以和我一起经历大风大浪，她能经得晒、淋得雨、吃得苦。所以我要送给她玫瑰花。

问：门口的玫瑰花是你们种的吗？

答2：是的。

答1：我来讲吧，那是我的内心想法。

问：是您送给她的？

答1：我送玫瑰花给她，但当时特别贵，10年前是10块钱一支，一个是因为我很抠门，另外我觉得送就应该很豪放地送几千朵。于是，我就自己栽种，第二年就有几十朵。

问：第二年就长出来几十朵了？

答1：是的。它是蔷薇科的，我觉得应该是藤缠树，树缠藤，这本来就是爱情树。所以有一天我的兔子把花给啃了，我伤心得不得了，立马给它保护起来。

答2：我们的日子受外界的干扰不太多。有一年，我们公司的人说现在过洋人的节日——情人节，而玫瑰花可以在情人节那天卖到10元钱一支。其实我是想跟他说一个信息：你看，现在中国人不但过中国的节日还过西方的节日，玫瑰花都涨到10元一支了。他一会儿就出去了，然后就抱了一堆玫瑰花回来。然后他说他就把这个玫瑰花栽在这儿，明年的情人节我想要多少就有多少。

答1：我们的玫瑰特别怪，情人节的时候就开两朵，后来才铺天盖地地盛开，每年的玫瑰花都会开一大片。今年我们儿子谈恋爱，他回家也是那么多玫瑰，玫瑰开得特别旺盛，很多都含苞待放。

答2：其实玫瑰对我来说不是必需品，过什么样的日子都可以，各人都有自己的选择。只要不随波逐流就不会有这么多烦恼，就会过得从容一些。

答1：我看中她特别能吃苦，挑水、学习、研究样样在行。我们两个商量好，就是要劳动、生产、研究。其实我不完全相信教授，但也虚心请教，认真学习，学完了之后我老有问题，对许多事，我是批判地接受，我不盲信，也不盲从。

答2：我补充一下，他不盲拜、不迷信、不盲从，他向每个人学东西，要不然这30多年我们也熬不过来。

3. 共同创业及技术创新

问：什么时候开始你们养兔有了规模？

答1：1983年我的养兔规模已经比较大了，而且也养得特别好。有一次我们县委书记看我在市场上卖兔子，就问我这兔子是谁的，因为有很多兔子，所以他怀疑我是兔贩子，如果我答不好就可能被认为犯了投机倒把罪。那时，他是农民的样子，我也没多想，就跟他说了我住在哪里，养兔的情况，等等。后来他就来我们家实地看了。这一看可不得了，他当场就表扬了我。我爸发现那个人很像书记，就对我说，"今天你惹事了"。当时他问我赚了多少钱，那会儿我赚了2600块钱，都是10块钱一张的，全用废纸裹着，特别厚，也都给他看了。他说："你这小孩儿能赚这么多钱。"这以后就让我戴着特别大的大红花全城"游街"。所以我爸说我惹大事了。

问：这个县委书记不错嘛。那是1983年？

答1：1982年。所以他就用那个写大字报的红纸，在我胸前粘了个大红花，而我那会儿又瘦小枯干，就像鬼一样。书记在那个解放牌汽车上面搭了一个桌子，我就坐在上面到全县各乡镇"游街"。

问：是做宣传吧？

答1：当时是说鼓励。我就发现我的学习是有成效的，很有成就感。所以就更认真地学习。后来我开始在《四川科技报》《四川畜牧杂志》等杂志上发表文章，慢慢地引起了成都市科技情报所、四川省农业厅的关注。后来，他们还来找我了，说："你一个小孩还懂巴氏杆菌？还那么专业？"实际上他们是来考我的，而我一句一句地回答都很专业。结果，我们县委书记就让我去参加温江地委农民技术员考试，后来我考了个三级农民技术员，那时是顶级的。县委书记就说这个小孩不错，于是就安排我当了成都市的政协委员。

问：那是1983年？

答1：1982年底，我16岁多一点，那时我是破格进入的。进去以后傻乎乎的什么都不知道，只看到里面全是老头儿。

问：1983年的政协委员不得了，都有些什么人？

答1："牛鬼蛇神"嘛，里面全是教授。

问：您和他们相处得怎么样？

答1：那些人对我特别好，和他们一交流，我就特别喜欢他们。在他们那儿我能听到很多东西，包括人体解剖、动物解剖、生物学、药理、宗教，等等，各个方面都有。所以，我就经常和他们一起聊天，也多听他们说。他们需要帮忙，我就去帮他们，经常去他们那儿玩。实际上，我背后也等于就有一大帮教授经常帮助我，他们也亲切地称我为"小白兔"。

问：他们叫您"小白兔"？

答1：对，我的小名叫"小白兔"。现在，他们都年寿已高，不少人都90多岁了，有的甚至已经不在了。

其中最喜欢我的一个人叫冯达仕①，是绵阳农业专科学校的小麦育种专家。还有一个金教授，也是绵阳农业专科学校的。与这些人认识了以后我才知道，原来微生物是怎么接种的，怎么观察培养的，有什么颜色，血小板是怎么计数的，等等。为了学习，我当时花了很大的价钱，甚至花了2300块钱买了一台显微镜。就开始试验什么是耐酸的，什么是耐碱的，还有革兰氏染色，等等，我都做过。

问：您还自己买显微镜在家做过实验？

答1：对。我在家里设计了一个化验室，还弄了一个培养东西的小温箱，实际上当时的研究就已经比较深入了。有一次，省畜牧局的领导来看，就说："你这个小屁孩还可以啊，居然还把大肠杆菌分离独株。"我在家里分离独株的大肠杆菌，再结合不同的抗生素进行对比，这一对比我就知道了什么是最好的办法。后来我发现有的人就是抄书，当时我就对他们

---

① 曾任国民党政府农林部华西区推广繁殖站技术专员。新中国成立后，历任四川省农业科学研究所农技师，绵阳地区农业科学研究所研究员、副总农艺师、小麦研究室主任，四川省第五、六届政协副主席。曾培育出多种良种小麦。其中"绵阳11号"良种在省内外大面积推广，增产显著。

说："这是书抄书，是不对的。"所以大家就更喜欢我了，因为能交流了。慢慢地，我自己也开始写东西，所以 1985 年我就出了第一本书。

问：是您刚才说的那一本书吗？

答1：是的。一开始是咱们省畜牧局给我审核的，觉得我这个小孩儿写得不行，又拿到何明清①教授那儿审查。他说这个东西写得好，很"朴实"，效果也不错。后来他给我写了个"很好，可以"，还认为科技出版社就应该多出这种来自生产第一线的书。

这本书后来卖得特别好，是农业类中最畅销的书。1984 年底，国际小母牛项目首先引进了一批兔子。外交无小事，相关领导和专家就展开调研。濮家驰②教授当时是省畜牧局改良站配种站站长和省政府外办的领导，他担心兔子项目如果给一般农民的话会石沉大海，他们不会有责任心的。觉得还是要由国家养。

问：后来却让您养了？

答1：对。他们考察以后认可了我，说："就让那个'小白兔'养吧！"所以我的运气特别好。

问：这是国际小母牛的第一个项目？

答1：对，"小母牛"的第一个项目就选择了我，但他们给我定的要求比较严。兔子死了必须打报告，还得取一只兔子耳朵作为样本，然后写出病例报告书，说明死因。我当时像爱护眼球一样认真地爱护它们，每天都是早请示、晚汇报地照顾兔子，一天要看很多次，有任何一点变化我都要认真研究。我当时就发现美国专家的工作精神特别令人折服，他们很细致，也很专业。这个项目能选择我，是我人生的一大转折，因为我没有钱，根本没有资格获得这么好的兔种。

问：那个兔种是从哪儿来的？

答1：美国。当时本来说养牛羊，但在中国做不好怎么办？所以就先拿成本比较低的兔子项目来试试，看能不能做起来。这样，我就一步步地从一个农户到积极分子，然后到技术能人，后来又成了技术负责人。

答2："小母牛"的项目，我们从在中国实施项目的第一个农户，到

---

① 何明清，1934 年生，四川省眉山人，四川农业大学教授，中国畜牧兽医学会理事，动物微生态学分会理事长，《中国微生态学》杂志副总编辑。长期从事家畜传染病与微观生态的教学和研究。先后主持多项国家级和省级科技进步奖项目，主持"八五"国家科技攻关项目。享受政府特殊津贴。

② 关于濮家驰的简介及其口述史收入在《中国口述史》（第一辑）。

成为它的志愿者，再到合作伙伴，一直走到现在。在这个过程中，"小母牛"带来的不仅是兔子，更带来了理念，就是那种专业地发展农村经济和带领农民共同致富的理念，也就是我们常说的"人人为我，我为人人"。

那个时候很多农民是没有这个概念的，也没有农村社区发展的概念。即便是我们自己，第一年也没能特别理解"人人为我，我为人人"的含义。我们怎样才能给别人说清楚呢？中国人都有感恩之心，小母牛项目的要求是：第一年人家送我们一只兔子，第二年要还回一只兔子，再送给下一个需要帮助的农民。

问：容易操作吗？

答1：一比一地传递，但我们觉得这不容易，因为有那么多农民的兔子都需要改良。当时我们自己的种兔虽然抗病能力强，适应能力也强，但它的繁殖能力差，生长速度不快，长不大。很多农户的兔子也是这种本地品种，也需要改良，然而种兔又不够多，我们自己也要留种，还要传递，怎么办？人如果太顺的话是没有什么爆发力的，当时我创新了一个"保姆寄养法"。我们整合了中国的养兔方面的经验：第一年，人家只送了40多只兔子给我们；第二年，我们就以一比五的比例传递出去了。

我们怀着感恩的心一比五传出去的时候，当时很多人觉得只有这么多种兔，传递出去后又留下了多少？肯定把最优秀的留在自己家里了。后来才发现我们的创新是这样：让国外优良的品种只生不养，用本地兔做保姆，这样就完成了分工合作。优良种兔只生不养的话，就可以不断地生育，它不用哺乳，也不分散精力。那年，我完成了10胎，当时提速增效很明显。

答2：完成10胎后，它就给我们增加了几十只小兔子，这样我们的兔子就能快速地繁殖起来。不但完成了一比五的传递，还可以留下自己可以繁殖的良种。

答1：对，事半功倍。所以，别人搞不赢我们。

答2：在很多养兔杂志以及一些畜牧杂志上面都有我们的文章，我们希望把它推广到养猪、养鸭等领域，只要是哺乳动物都可以做这样的推广。

问：后来你们把成果命名为什么？

答1：我们管它叫"良种兔快速增殖法"。

问：快速增殖法，就是它们只负责生，养就交给别的兔子？

答1：对，它不哺乳，马上就投入下一轮的繁殖。

答2： 所以当时就叫它"保姆寄养法"，我们需要把好技术关，第二年我们就超额传递出去了。小母牛项目发展至今，我们经过总结发现它其实也有缺陷，比如传递的覆盖面、受众人群以及可持续性很多方面都是受局限的。在这个过程中，我们在"小母牛"国际扶贫模式的基础上，大胆创新，总结出了一套体系——巴地草扶贫模式。在四川有一种巴地草，只要有一线阳光、一滴水分、一点土壤，它就可以快速地蔓延一大片，生命力极其旺盛。这种模式我们也把它称之为"叠网式覆盖"，就像一张张网叠起来覆盖在一起，这样就滴水不漏了。慢慢地，我们从小母牛项目的一个农户帮另一个农户，发展到一家农户帮另一家农户，一个村庄帮另一个村庄……帮的内容不仅仅是传递种兔，还包括技术、管理、社区资源有效合理利用、社区环境的建设、社区和谐相处的方案、社区的团队协作以及捆绑进入市场等各方面。所有的农村社区发展模式都往下推、往下传，这就不再是单一的各自为政的生产模式了。

后来我们报了科技成果，四川省政府办也报了国务院办公厅，现在全国有一千多个县都在推广这个模式。

问： 不仅传递种兔，还致力于农村社区发展模式探索与推广？

答1： 是的。后来，我们又关注弱势群体，我称之为"儿女打工不在家，老人留守养兔有钱花"。中国农村现在面临城市化的冲击，数量正在逐渐减少，但农村家庭的情况大家都知道，老人得不到儿女的赡养，在心灵上得到的关爱更少。

答2： 他曾经自创了一个分析中国农民现状的理论。

答1： 发展小农户家庭发展计划，这是我们的核心。我还编了一个顺口溜，大意就是说年幼的子女见不到父母，年老的父母也见不到自己的儿女，所以孩子都是隔代养，溺爱比较严重，这会给社会带来很大的问题。另外，夫妻见面的机会也比较少。传统的家庭体系都被打乱了。有一次，书平出去时碰见一个大眼睛的漂亮女孩，特别脏。她就问她为什么愁眉苦脸。

答2： 她在哭。

答1： 是啊，她在哭，她没有朋友。

答2： 一个小朋友在门口做作业，她看到后就在哭。我就问她："你为什么要哭呀？"她说她写不了作业，她爸爸妈妈出去打工了，爷爷奶奶也不懂，又没有什么别的小朋友，没有地方问，她自己不懂就做不了作业，只能一个人在那儿哭。另外还有一个孩子是记者采访的留守儿童，他让孩子和他爸爸妈妈说一句话。有一个孩子面对镜头就说："爸爸妈妈，我可以到你们家去玩儿吗？"

问：他说爸爸妈妈的家是他们的家？

答1：对，他不懂，才说"你们家"，但实际上这本来就是他自己的家。

答2：已经到了孩子不知道父母的家的程度了。

答1：他不知道，父母在他很小的时候就离开了。

答2："我可以到你们家去玩儿吗"，就给爸爸妈妈带了这一句话，面对镜头，他就给记者说了这样一句发自内心的话。他都没觉得爸爸妈妈的家是他的了，他没有家的概念了。当时我就和旭平说，看来我们当中的一部分人被城市化了，另一部分人是主动城市化了，谁来坚守农村？谁来坚守农业？谁来坚守土地、爱护土地、呵护大地？中国13亿人，中国农村的未来向哪里发展？13亿人的中国，农村向哪里发展？城市化不可能是全民城市化。三年前我们做了一个五年计划，就是要以培养小农场为主，让他们以家庭为单元来坚守农村，经营小农庄。2013年一号文件出来以后，社科院的教授、专家们都来找我们，说我们三年前做的这个事情，政府现在认可并确定方向了，未来要靠小农庄家庭、小农场来坚守农村、农业，发展我们的农业。

问：这时农村社区发展模式已经基本成熟了吧？

答1：快乐农庄、和谐农庄、美丽农庄，我们认为今后它的模式就是这样，这是我们从几年前就开始分析、研究的问题。大米不是靠人工能合成的，肉、蛋、奶也不能靠人工合成，它必须要通过自然的过程才能生长出来。这么多人都生活在城市里，他们吃什么？安不安全？农业如何保证安全、营养和可持续性，如何保护生态环境建设，还有农业怎么走向现代化？这些都是我们一直在想的问题，另外还有农业的有机化和无害化。于是，我们就提出怎样当好一个现代的农民、一个快乐的农民。后来，我们就做了一个农村的现状分析，对未来也制定了一个规划。这三十年来我自己一直在实践，我认为还是比较成功的。尽管离真正的成功还差得很远，但我还是有一定的体会，所以我就把这些体会写出来和更多的人分享。

答2：其实我们一直致力于将这种扶贫模式往更合理、更科学、更可持续的方向上推。

答1：为什么叫"陀螺理论"？陀螺是立锥之地，不运转，就会倒。农民只要有一天不干活，就可能要饿肚子。所以我们就把它称之为"户长

二

任旭平 谈兔王集团

099

负责制"，户长不是家长，我们的祖辈才是家长。

问：那么户长是指什么？

答2：我简单介绍一下，他把农村的户长和家长分开了。以前家长就是在家里做主的，具有权威性，所有的都是他说了算。不管他自己的发展，还是家里的经营、开支、人情客往，都由家里年长的人说了算。我们最后把这两者分开了，年长的是需要我们敬重和孝敬的，他需要安享晚年。户长是有经营头脑，能把家发展得更好的，这并不取决于年龄和辈分。所以他用"陀螺理论"把它们分开了。家庭需要能干者来经营，能干者不一定是年长的。年长的可能比较固化、守旧，比较保守，对于来之不易的成果，他可能只想着怎样去维护、维系，而不是让它开更大的花、结更大的果。所以我们希望年轻人要有信心、有知识结构去支撑这个家，让老人能得到孝敬，让小孩有受教育的机会。

答1：所以我们希望农村有一部分人能留下来组建一个"无限责任公司"。他不仅要对老人承担无限责任，也要对小孩承担无限责任；他对家庭的未来，对现在也要承担无限责任。他怎么样立足于当地？怎么样把自然资源、社会资源、商业网络运用到极致，把本领发挥到最大化？于是，我们编了一个顺口溜："以我为核心，以勤劳和科学实现赚钱的每一天。以小家庭为圆周，男人围绕女人，女人围绕男人，不要围绕别人。"我们是农民，我们的资源是有限的。首先要把家里的生活安排好，包括吃、穿、住，等等，然后才是社会关系网络、商业关系网络的建立。怎么样定一个近期目标、远期目标来分步实现一个远大的目标，最后把立锥之地变成有一席之地？在我们每一期的农业培训里，尤其是有青年农民参加的培训里，我们就灌输这种理念。很多农民赚了钱以后，他们也有"我富裕，我要分享我的快乐，我也去帮助别人"的想法。这一点特别难得。

答2：很多农村人没有和谐社会的概念，这对他而言太空洞、太虚化了。所以我们就和他说把一个家庭经营好了，一家人都很幸福、开心，这就是和谐社会。人的开心不仅仅是善待家里人，也包括要善待社区里的人。他开心，那他的心地就可能宽一些，心胸也会开阔一些。这样的话，他才会去善待社区的人，社区的人再善待他，家庭就会更幸福一些，社区也会和睦一些，一个个和睦的社区就会组成一个大的和谐社会。在理论层面上，我们扶贫模式最创新的就是"陀螺理论"和"巴地草扶贫模式"，以及我们把户长和家长分开的"小农户发展计划"。它的操作性很强，可以针对每一个家庭来执行，而且它的可复制性也很强，无论贫穷到什么程度，无论发展到哪一阶段，都可以用。就像大学里说的，如果创业从兴趣出发，可能会做得更认真些，成功的机会也要大一些。旭平对这个事情非常感兴趣，再加上他的勤奋、坚持，坚守才会成功。另外，有一个题外话，他刚刚获得了一个发明。

问：什么发明？

答1：国家发明。

答2：国家发明专利，跟他养兔子完全没关系的。

答1：我研究了20多年，是我20多年的一个心血。

答2：不是，大概有10多年的时间，我们俩在七八年前开始研究的。

答1：我研究了20多年，其后又潜心研究了8年。

答2：有一个山沟进行退耕还林，恢复成了森林，里面的大鲵（娃娃鱼）就很好地繁殖了出来。有一次，我们就看见一个小朋友拎着一个塑料袋，我们觉得那里面可能装的是大鲵，就问他拎到哪里去。他说去卖钱，问他卖多少，他说能卖100元。那会儿义务教育还没有普及，山里的孩子还要靠挖草药来挣自己的学杂费，大鲵对他而言是很好的收入来源。

于是，我们就花了100块钱把它买了回来。当时我也不是特别喜欢娃娃鱼，主要是我们害怕别人买去把它吃了。我看得出他是喜欢大鲵的，而我们可以用100元去帮助他实现一个愿望。现在把那个娃娃鱼已经养得很大了。

答1：一条一米四长，体重25斤。

问：现在还活着？

答1：现在还生了娃娃呢！

答2：另外，娃娃鱼在中国的自然繁殖要求很高。

答1：中华大鲵的人工养殖体系是不健全的，而我的培育能让它可持续地繁殖。

问：娃娃鱼不好养吗？

答1：所以我自己亲自养。

答2：他已经得到国家发明专利，而且另外几家试点也都成功了。

答1：在上海和北京。

答2：现在还有好几家都希望买他的专利。

答1：我是研究生物的，知道什么季节可以让大鲵繁殖、生育，这点别人做不到。目前，适合大鲵生存的自然资源将近枯竭，我让它在人工环境下驯养、繁育，然后放生，这是有利于恢复生态的事情。

答2：我以为他以前是闹着玩儿，也就没拿这个当回事儿。

答1： 那会儿，我半夜三更都会去看，一天要看它几十次。

答2： 他两点钟拿着电筒去看娃娃鱼吃东西。

答1： 还有怎么交配，我都会记录数据。

答2： 因为娃娃鱼喜欢阴暗的地方，还要观察它怎么采光。

答1： 还要注意怎么防病，大规模养殖怎么办？我已经帮助20多家企业成功了，所以说在中国，我这里可以说拥有娃娃鱼养殖真正的顶尖技术。包括日本的渔业协会也邀请我，我还在思考中华大鲵下一步该怎么走呢？

问： 我看过那个专题节目。就是关于山丘区农民增收模式里，怎么样把自然资源利用到最大化？

答1： 那里面还是有一些障眼法。怎么样把它养得好呢？利用我们的绝招就能养好，什么笼中养都是有问题的，这只是一种说辞。真正养的话要按照任旭平的《计划生育指导书》才行。所以我要先写《计划生育指导书》，再办个小班、中班、大班。这个产业做好的话会带给山丘区，尤其是偏远地区的农民巨大的财富。这不仅能增加城市生鲜供应，还能促进保健、医药行业发展，更能打造旅游经济、品牌经济。娃娃鱼的药用和营养价值都非常高，在日本可以捕鲸，但是要吃娃娃鱼必须是皇室才有资格。

还有个问题，娃娃鱼是两栖动物，头非常大，还咬人，我的手就被它咬过。那时我准备去亲他，就伸出手指给它咬，我想试试，看它的骨牙能够咬到什么程度，有没有尖牙，这些要看牙印才能知道。

答2： 因为他的娃娃鱼很大。

答1： 不被它咬过，怎么知道它是怎样咬人的呢？平时它挺乖的，眼睛像小米那么大。我打算就中华大鲵的人工繁殖、驯养与资源保护利用开发写一本书。我还找了一些比较有高度、实战能力比较强的教授，同时也筛选了一些好朋友，共同打造这个事业。我是第一撰稿人，未来想写这么一本书。

问： 现在还有野生的吗？

答1： 有，但很稀少。现在咱们的化学农业对娃娃鱼的危害很大，除草剂、复合肥、尿素、喷药等，这些东西使土壤越来越贫瘠，对环境的危害也越来越大。

问： 它叫起来像娃娃？

答1： 它的叫声并不像婴儿的啼哭。中国道教的发源有两个"大鲵"，一阴、一阳、一乾、一坤，所以和谐。道教的发源地就在我们这儿，而产娃娃鱼的那个沟恰好就叫安顺。

4. 第二次创业

问：你们在创业过程中遇到的最大挑战是什么？

答2：这个企业是由我们夫妇俩一手做起来的。1993年养殖经济发展以后，中国农村家庭作坊式的企业受到更多的挑战。农工潮出现，青壮年农民都出去了，农业企业怎么发展？在那个时候遭遇了很大的瓶颈。

答1：1992年邓小平的南方谈话，我看了三遍。后来又看了十多遍，这个文件的复印件还在那儿。我是准备战天斗地，围绕一个产业，一定要把它搞大、做强，包括饲料、兔皮加工，等等。当时我还向农业器械配套设施加工厂做了汇报，在这个规划的过程中，我们的家庭作坊出了点问题。

答1：要加一句万事俱备只欠东风。

答2：他的兄弟姊妹都参与了，但最后却要分家，最终我们净身出户，1000多万元都让他们分了。

答1：1992年的时候，我们总资产是1300多万元。

问：1992年的时候1300多万元？

答1：是的，总资产。

答2：我们后来从1992年的千万富翁跌到1995年的两万块钱，这还是我的私房钱。这以后，我们又开始了第二次创业，一直到现在。

问：你们一开始是全家一起创业的吗？

答1：不是。

答2：那时候农村只要有一个平台可以挣钱养家糊口，一家人都会围着转，所以说无形之间就变成了一个家庭作坊，再接着就变成家庭企业，股份不明确，债权、责任、权力也都不明确。

答1：还有必要理清一下，当时家庭的主导是我。我对政策的反应最敏锐，书平非常认真，能吃苦，而兄弟姊妹因为比较小，都是在幸福当中慢慢长大的，他们的目光就比较短浅。他们认为子女都是父母生的，所以财产应该平分，就要求把财产分割。但我希望把它变成股份公司，人人平等，股份分红，以劳动获得工资。然而他们就把这个误解为我们俩要独吞财产，这严重阻碍了我们事业的进一步发展。那会儿我们是刚要到高速路了，结果却马上又回到了田耕路，还是小的田耕路，那是一个最大的打击。

答2：在当年中国的传统农村企业向现代化农业企业转型的过程中，我们是败下阵来的。当时，我们俩的规划是除了办学、养殖，还有肉加工、饲料加工、农业机械设施的加工，包括皮草，等等。然而，实施这些规划前，首先要清家底，家里还有多少钱？能买多少土地？能建多大的厂房？能有多少流转资金？在清家底的过程中，他的兄弟姊妹觉得要再投入的话肯定有风险，他们希望能把钱拿在手里。当年他们的说法是坐着也有吃的，躺着也有吃的。

答1：对。他们就明确和我们说："终身都吃不完。"

答2：他们说"三代人都吃不完，我干嘛要冒这个风险"，就不愿意进行资产重组，最后闹到分家的地步。同时那一年希望集团①也是闹分家，他们分成了北方希望与南方希望，他们分家后是做大了，而我们是分得败下阵来。

答1：我认为这就是他们的知识结构问题和与时俱进的学习能力不够。

问：然后你们就进行了第二次创业？

答2：对，1995年我们拿着我的两万块私房钱进行第二次创业。

答1：那是我们俩的稿费。

问：为什么是净身出户？

答1：我们认为人什么都可以没有，但是吃苦耐劳和创新精神必须要有，那是我们主动放弃的。

答2：那时父母觉得手心手背都是肉，一碗水要端平，于是想让他们四兄妹各得四分之一。但我们是希望把财产分割以后以股份的形式明确责任、风险意识，等等，股份明确了，以后的红利也明确了，这样就不会打内战了。结果他们不愿意，而我们又不同意他们分割，因为分割后我们的舞台就分散了。最后我们一家吵闹，把整个产业都吵败了，我们是自愿走出来的，随他们怎么分、怎么弄。

答1：然后从头再来。我最喜欢的就是蜜蜂精神，有人把糖舀净了不重要，但蜂王还在、蜂后还在，不着急，咱们再酿蜜。

答2：所以我们最后就决定放弃家里的一切。

---

① 1982年，刘永言四兄弟创建希望集团。经过十多年的开拓，希望集团先后被评为"中国500家最大私营企业第一名"，成为中国民营企业的一面旗帜。1995年，刘永言四兄弟明晰产权，进行资产重组，分别成立了大陆希望集团、东方希望集团、华西希望集团、南方希望集团（新希望集团），各自在相关领域发展。

答1：当时我们已经是开着轿车，拿着大哥大了。

问：你们是要保住这个壳?

答2：这个壳也没有了。

答1：一无所有了。

答2：1992年到1995年大家几乎都把我们忘记了，那个时候信息传递得很慢。

答1：那会儿我从128斤瘦到85斤，我就不相信没有翻不过的山。我的信念是把困难当朋友，与一个又一个的困难交朋友，然后把这些困难一个一个地翻过去。这差不多历经了三年时间。

答2：1995年到2000年我们才算是恢复到正常的生产经营。

答1：也不尽然，大概三年的时间里，我们两个人赚了50万（元）。她胆量很大，我的胆量也很大。虽然机械设备没有了，手机也没有了，因为都用于买资料了。有些人还不相信，私下里就说我这几年不可能割草。其实就是我自己割草，那会儿我整个人瘦得五官都变了，所以我给自己起了个名字叫"排长"，都能数得清骨头有多少根。

答2：我们就是这样从那个时期过来的。对于未来的目标和前景，其实，我们没有刻意去规划。

答1：有规划，怎么没有规划? 我还有梦。什么规划呢? 我们好好干，认真把这个产业稳固、夯实好，然后再在我们的社会企业上多做一些文章，认真思考怎么去传承。

答2：其实很多年前，我们的企业打了第二个翻身仗。我们之间有一种默契，我们不太希望去定一个商业目标，去实现多少产值，做到跨国公司、上市公司，我们已经没有这种目标了。我们就希望我们的企业是一个健康、长寿的，梦想着把它做成中国的百年老店。另外我们也没有别人那么多的奢望，我们第一是希望受到尊重，第二是要快乐，也就是想做受尊重的、快乐的企业家。

答1：对，阳光、快乐、爱心! 然后就是积累、展望，再定计划，我们的后劲还足着呢。

问：1992年，您是听到邓小平讲话以后才想把家庭企业转化为农业式企业的?

答1：邓小平南方谈话以后我就想要起飞。当时在中国有多少人有一千多万（元）?

问：1991年就有一千多万（元），后来更多吗?

答1：1992年，相当于现在上亿（元）的资产。当时我们政府已经把计划委员会、土地的指标等批文都（帮我）弄好了，只欠东风了。然而家里把财源给我断了，所以我当时几度不能交差。后来我们就另起炉灶。没有翻不过的山，我们把困难当朋友。

答2：你们可能很难理解当时这种传统家庭里面的经营模式。

答1：有的往天上拉，有的往地下拽。

答2：尽管他是领袖人物、领军人物，但家里的理财由父母做，整个经营没有分开。旭平他还有一种观念，显然父母在这个事情上面的处理是不公的，但天下只有不是的儿女，没有不是的父母。

答1：父母对他们的儿女永远都是平等的。

答2：曾经有人说我们可以通过法律程序来判定谁该得到多少，但我们认为那个官司打下来赢了也是输，输了也是输。

答1：对。

答2：你赢了，虽然能得到财产，但在所有知晓我们的圈子里面，这是大逆不道的。

答1：所以我认为我们应该放弃。身体来自于父母，更要敬重父母，所以不争了。

答2：所以我们最终选择了最后一种，退出来，净身出户。

答1：我没有权利折磨别人，但我有权利折磨自己。

答2：然后我只用了一句话安慰他"留得青山在，不怕没柴烧。一旦时机成熟我们就另起炉灶"。

答1：对。咱不是还有技术嘛！咱不是还有吃苦耐劳的精神嘛！

答2：我们还有一件最浪漫的事情，就是他早晨背着猎枪出去，我就可以去买做肉的调料，然后给他装子弹，等着他回来，晚上就有一顿大餐。

问：到哪儿去打猎呀？

答1：到那些后山上。打野猪、野兔、野鸡。我爬山很快，五分钟就能上去，然后潜伏着，开枪就会打中。

答2：他打野鸭什么的，反正不会空手回来。我们隔壁是党校，那时候我们还比较年轻，有个老师就经常笑我们："你看那两口子最好了，该做事情的时候，他们拼命地工作、拼命地养兔子。只要旭平一出去打猎，他老婆就在家里面就给他弄子弹。"

答1：她在家里造子弹的方法，是我教她的。

答2： 我就在家给他自制子弹，用黑火药填充，再把子弹壳封好，装好。

答1： 12 口径的弹壳。

答2： 每一次都这样。后来他最低落的时候，不是觉得财产分完了，关键是他的舞台没了，他事业的舞台没了。

答1： 对，我的舞台没了。

答2： 他的资金和平台都没有了的时候，是他最低落的时候，只要说到兔子，对他就是一种伤害。甚至在那个时候，他拿着双管猎枪想要自杀。

问： 想过自杀？

答1： 我想过，是打心脏好一点，还是打头好一点？后来我儿子去看我，我看他很乖呀，才三岁，走得不是很稳当，过来就问我："爸爸你在干啥？"我听了很心疼，算了，不死了，觉得不值得。

答2： 我是狠心把他那把双管猎枪给卖了，卖了以后我就痛哭了一场。为什么哭？我觉得那是他的心爱之物，不应该给他卖掉，但我真怕他哪一天就拿着那杆枪对着自己。后来我们从 1992 年到 1995 年整整苦熬了三年。

答1： 对，那时候兔子少。

答2： 那时候净身出户，我怕他真的被家里面逼得想不开。那时也不能再说兔子了，因为兔子是与他生命不可分割的东西，就不能再说这个产业了。

答2： 我们把孩子送到我娘家，然后我们俩就一起出去了。我们当时去了海南、广西、福建，原来是因为忙得没时间出去，我们就想看看外面的世界到底是什么样的，还有多少人是需要我们的。

问： 去旅游？

答1： 去游山玩水。

答2： 在那个过程中，我们拜访了很多学员（当时全国各地有 20 万学员）。实际上，一路走来我们除了路费，住宿、生活什么的都由学员给我们包了，我们也没有花太多钱。

有一个学员看我们过来了，觉得我们这样两个人一般不会一起出来的，就问我们从什么地方来的，我们就说从海南到的广西，他就觉得以我们的时间、精力是不可能这么走的。后来，问到我们的伤心处时，我们就告诉了他有时间和精力这样出来走走的原因。他就对我们说（因为很多学员叫我师娘）："任老师、师娘，你们怕什么，如果你们真的落难了，你们号召一声，每一个学员给你捐一元钱，你们俩就可以挺过来！"那个学员当时跟我们说这句话的时候，我们就觉得我们还可以再坚持。他从13岁开始养兔，养兔业和他的生命是同等重要的，财产对他来说真的算不了什么，而且没有钱的时候还有一份亲情在。

问：原来的那些产业现在怎么样？

答1：他们现在只租房子，我兄弟姊妹也没有扩大经营，产业也没有增值。

答2：他们是在吃祖业了，他们当年说的吃三代人也没问题，现在确实吃三代人没问题。房产都在增值，他们租房也能维系自己的生活。

问：你们现在关系怎么样？

答1：关系一般吧。

答2：还好。

答2：前几年我跟旭平爸说："爸，非常感谢家庭的那场'纷争'。假如我们是败在自己没有创新，自己没有可持续发展的能力上，或者我们败在另外一个节点上，我们可能起不来。"

问：感谢有那场"纷争"？

答1：对。如果没有"纷争"，如果我们弟兄姊妹的修养程度一致，我们可能会赚几十个亿，那个时候再发生战争可就不得了了。

答2：所以我说那是我们的一笔财富。我们现在很淡定，什么风浪都过来了，无论社会有多少诱惑，对我们而言，都是能坚守的。

答1：后来再加上"5·12"①地震，我实际上把个人看得更淡了。当然，我也看了很多企业同行沉沉浮浮，所以我觉得一个人还是要争气，还是要有志气、有骨气，要大气，不能有邪气，无论如何不能有邪气。"我们没有背景，但我们有背影。"好好干，跟着时代的脉搏来干。

5. 可持续性发展与公益事业

问：你们怎么考虑以后的可持续发展呢？

答2：我们应该有自己的创新，另外，我们每走一步都有其可持续性，想尽可能使有限的公益资源覆盖更多的受众群体。有一段时间他们说我们

---

① 是指2008年5月12日四川汶川、北川发生里氏8.0级地震，被称为"汶川大地震"。

活在公益圈子里，如果我们自己能够创造一点资源，而不是抢夺有限的公益资源，让给其他更需要资源的组织去做他们想做的事情，那不也是一种对公益界的贡献吗？

在公益方面，目前，我和旭平的分工是，大部分时间我去打理我们的公益行动，包括社区扶贫工作，扶贫中心对外宣传衔接和具体的实施工作，等等。"兔王"的发展除了用一部分资金，也需要他的创新模式，还需要他的洞察力和远见。旭平能站在不一样的角度来看社会的发展、农村的发展，他能在一个更高的平台上给我们做一些规划。其实我们扶贫中心现在最难的是定位，很多时候我们要回应到底是在做生意，还是在做公益？

问：你们是怎么想的？

答2：曾经杨团老师、康晓光老师、徐永光老师都希望我们对社会上的质疑做些回应。徐永光老师是拼命地在保护我们，他说："有这样的两个企业老总在当今这个社会已经不容易了。他们用商业手段完成自己的目标，同时又坚持用自己独特的模式来做自己的公益。"他们一直在保护我们，也希望我们做一些回应。我和杨团老师开玩笑地说："我们不是做得好好的嘛，二三十年了，政府肯定，媒体认同，农民朋友欢迎我们，我们自己也很快乐，我干嘛非得去做一个回应呢？"没有生意就没有做公益的支持，没有公益我们这个企业可能早就死掉了，也不可能长寿。所以我反问她，这一定要截然分开吗？

2009年，我参加英国大使馆的企业家培训时，他们让我写愿景、使命、宗旨，但我写不出来。那几个导师问我："你做了二十多年企业，其实你的企业就是标准的社会企业，写不出来怎么办？我们来帮你写。"那个时候我才知道，社会企业可以用商业手段来实现，来解决想解决的社会问题，这不仅实现了自己的可持续发展，还在某一个特定的环境下，用特殊的模式解决了想解决的社会问题。所以我们现在更多的是想通过扶贫中心而不是传统的公益模式来解决社会问题。

问：您怎么理解这种可持续发展？

答1：我们可以持续地去做公益。

答2：更重要的是创造一些可持续发展的模式，再来给社区一种能量。所以我们主推的扶贫中心做的几乎是可复制、可持续、可操作的模式，但做公益也有自身的问题。曾经有一次，我和他说临近的一个村庄很贫穷，但是它没有太多社会外界的干扰，可能就这样慢慢过下去，过得很平和、很淡定。然而，突然来一个资源，就会打乱了那个村长期的宁静，也会让那些村民有了更多的奢望，但这个资源却不是可持续的。如果那个组织一旦解体了，走了，那这个村庄能否回到它往日的宁静中去呢？

所以我们更希望做一些创新的可持续模式。比如你们刚才看到的小额贷款公司，其实我们是里面最小的一个股东，而在北京富平学校我们是最大的股东，中间还有几个股东是与我们有同样社会目标的企业家。在整个扶贫过程中，我们可以给技术、给商业模式，甚至给社区一个团队建设、管理，但是有一样我们给不了：融资渠道。在脱贫农户扩大规模，奔向小康的这段时间，农户可能资金不足，他缺乏的是微金融服务。我们从2009年开始做了两年半的试点，2012年4月才成立了一家小额贷款公司。这也是整个四川唯一的一家，这真的是在办田坝上的农民银行，完全针对每一家真正需要发展的农户。我们放弃了金融企业现在的暴利红利，给农户提供服务。

答1： 对，虽然管理成本很高，但我们很快乐。

答2： 现在的小额贷款是很挣钱的。

答1： 我想补充一下，我们试点的金融机构的管理成本按照民间来说是很蠢、很傻的，但我们傻得快乐，为什么呢？因为如果贷给一个建筑老板五百万（元）、五千万（元），只要一个人就可以管理，公司的运作成本费、固定成本都很低，利润也很高。像我们这样做，管理成本就很高，但我们傻得快乐，比如一个农民他是种菜的，或者养兔、养鸡之类的，我们都和他交朋友。

答2： 我们用五千万（元）的注册金服务了两千多户农民。

问： 和农民交朋友？

答1： 对。第一，能和农民交朋友；第二，我们可以统计他的自然资源有多少，在村上该怎么发展。哪些人猪养得不好，为什么养不好？我是畜牧师，我们可以组织一个团队去帮他。在这个过程当中会享受到很多幸福和快乐。然后把一群人带上路以后，这就是一种社会成果。社会的需求是非常大的，兔王扶贫中心可能只支撑1%～3%的农户，其实只是一小块儿事情，但只要有人做，就是好事。有的NGO想跟我们合作，但我们就没同意。

问： 为什么不合作？

答1： 理念不一样。它会扰乱乡村，我们思考的是怎么样去弘扬一个乡村的正气，巩固它好的地方，再把不好的地方给剔除。

答2：另外，这些机构都有退出的时候，总是有走的一天。

答1：退出去怎么能可持续发展？

答2：在走的那一天，给那个村庄能留下什么？

答1：是加号还是减号？

答2：它自身可不可以再持续？

答1：我希望是加号而不是减号。

答2：我们脱困扶贫中心其实在倡导和践行这种理念。

答1：还有就是给乡村带来的是积极的还是消极的影响。比方我们把猪养起来了，但是在这个过程中鱼塘的鱼都死完了，这怎么办？苍蝇满天飞怎么办？所以 NGO 有的时候在上游没有做好，我们社会企业就要想得更多，我们怎么样来处理每个环节。因为企业是方方面面都要考虑的。

答2：我们觉得有创新的话生命力就更旺盛；可持续的话就可以更健康、长寿；更健康、长寿的话，受益群体就会更多。这样，有限的资源才可以帮到更多的人。

问：在帮助他们的过程中你们也收获很多？

答1：对。比如下乡也很高兴，农民自己给你准备一个南瓜，实际上这是他最高贵的礼品；同时每个人都叫她张老师，她下乡不挨打，有的领导下乡走不了路，好玩儿着呢！虽然被别人爱或分享爱的时候，我们的能量是微小的，但社会需要这种能量。2013 年的"两会"不是说要大力发展社会组织吗？实际上这对我们是一种肯定，就是肯定我们做的成绩。"5·12"（汶川地震）之后我们两口子去汶川救灾、送东西，我们就非常快乐。因为在那种环境中，就会发现人生是很短暂的，（活着）就应该积极向上，需要提升一下正能量。人还是应该活一个"本我"，活出一个"大爱"。

答2：这还可以体现个人价值与社会价值的无缝对接。"5·12"（汶川地震）的时候，台湾和上海的设计师在设计重修民居楼时，全部设计成楼房，这就违背了四川农耕文化的一些习俗。四川人更喜欢养点鸡、鸭、猪，虽然不能变钱，但可以改善生活，而且粮食、锄头、犁钯等还可以放到楼下。他们最早在都江堰的规划都是没有前院、没有后院的，而四川农耕文化一定会有的，要遮阴、改善环境，另外在后院他们可以养鸡、养鸭、养猪。当时我看到以后，就写了一篇《灾后重建农村房屋的建议》送到政府的灾后重建办。我的建议是在房屋重建的时候给农民留下 45 ~ 60 平方米的后院，让我们四川的农耕文化还得到一些保护。我很欣慰，三个月以后看到在绵阳、德阳、什邡一带，所有给农民住家修建的楼房后面都统一留了一个65平方米的后院。

问： 那相当不错。你们做的项目也是具有可持续性的？

答2： 是的，我们脱困扶贫中心现在不太做那种一个阶段结束后就完全消失的项目。我觉得项目要有一种价值体现，不仅对农民来说增加了实用性，还保护了他们的农耕文化。如果那块地不留下，就意味着农民的副业丢失了。比如，虽然可能没有牛奶，但可以养鸡吃上两个鸡蛋补补身体，在过年的时候也可以杀一头猪，这可以管他三个月的营养。要是老农没有零花钱，他养了10只鸡，卖鸡蛋可以缓解零花钱的问题，如果有一点小病小痛，也还能给予帮助，我觉得还是有价值的。

答1： 其实这还有一个问题，政协委员、人大代表等多重身份的问题。其实，很多人把政协委员当成一种荣誉，这是非常悲哀的。我认为某种程度上来说，它是一种荣誉；但是，如果个人把它当成一种荣誉就完蛋了。实际上你要反映底层的呼声，还有分析社会的现状，对它进行深层的剖析，预见未来的发展，这方面我是很认真的。所以，我认为我当政协委员、人大代表等职务时，一定要有新的想法和新的观点。我也一定要代表农民，一定要说。很多人不敢说，就只鼓掌，那是非常不好的。把"我是委员"当成一种荣誉是非常气人的。"我是代表"，我代表什么？能让上面听到一些真话吗？我希望能通过我们的嘴说一些真话。如果社会上连一点真话都没有，村骗镇、镇骗县、县骗市、各省骗中央这就完了。我们现在最大的问题是空话、假话、套话、加水的话、可怕的话、倒霉的话、一头糊涂话，到处都是。

我一直都认为，至今还是这样，我就是喜欢说真话，听不听，管不管用，反正就是一句话：不说白不说，咱就得说，还要想好了再说。我认为这并不矛盾，而且有时候还可以更多地知道领导的想法。因为有的人喜欢吃麻辣的，有的人喜欢吃甜的、咸的，众口难调，但得先听他怎么说，然后再观察这个领导这五年来是倒霉悲催还是阳光灿烂，看看他是怎么想的。我们听但不盲从，我们得有自己的方向。

6. 核心竞争力

问： 从1983年到现在（2013年），正好30年，在您做企业、社会组织以及社会企业的过程中，您觉得您的核心竞争力主要是什么？

答1：创新。

问：只有"创新"两个字吗？

答1：就是创新。虽然在这个过程中要有坚韧不拔的精神，另外，在各方面还要有接纳、融合、宽容的态度和文化，当然也包括专业技术，对专业的热爱、执着等重要因素。然而，相比较而言，我觉得最核心的，最有我自己特点的东西，可能还真是创新。我身上好像一直在涌现着一种东西，就是做任何事情，包括今天我们整个一下午的谈话，都有很多的创意在涌现。

问：这种创新的东西您觉得今后还能持续下去吗？

答1：我认为历史很长，我们个人几十厘米都算不上，所以阳光快乐地走，在自己健康的时候好好走，走得有激情一点就行了。另外，还有科学创新，创新不光是技术的创新，而是整体综合的创新。

问：您不担心您的技术会被别人复制拿走？

答1：是有这个压力。我们中国人为什么失败？李鸿章是去看过马克沁机枪的，也看过英国的大炮和人家的火车。但是，为什么我们就不会改变？墨守成规！李鸿章给我们的是血的教训，所以我们必须要改。现在我们的创新一不抛头颅，二不洒热血，大不了就是磨脑筋，然后动手干，要善于动手嘛！所以再看李大钊这帮人，他们不是把抛头颅当快乐吗，动脉（里的血）一下子喷出去一米多，洒热血，它也是一种快乐。他的追求不一样，他的理念不一样，因为他要建新体制、新社会，所以我觉得他们是我们最崇拜的。

问：您不断地在学习，然后不断地接受新东西的同时，也在不断地琢磨所要面对的压力吧？

答1：对。因为我要考虑未来，中国从新中国成立到人民公社，再到"文化大革命"，等等，一直到现在。未来怎么走？我们的脉搏怎么与他们同步，还要猜下一步要干什么。咱们必须要有这种精神。如果猜不出来的话就死定了，企业就会退步。

答2：比如现在中国正远离人口红利时代，这其实是养殖业很大的一个瓶颈，很多人都走不出来。人口红利已经远离了，现在农村劳动力也不多，随着独生子女、新生代农民的成长，农村的人少了，养殖业遇上了一个很大瓶颈：养殖成本高，人力资源成本高。同时，想做这个事情的人也不如原来多。在这种情况下怎么样才能省力、省成本、挣大钱？任旭平在五六年前就开始考虑怎么样突破中国养殖业由人口红利远离带来的瓶颈。

他的这个创新不是技术创新，他的创新是和时代的脉搏一起跳动的。

答1：我们下一步要打造山丘区农民增收的新模式，就是家庭农场、有机农场怎么建，怎么去推动中国的城乡菜篮子工程，怎么样从质量上、安全上、营养上、口感上体现它的美味？进而打造诚实的农场主，构建小农庄企业。这是我们下一步要推出的。我们已经组织了一批专家组团去做。我们讨论过，他们也很认同我，包括省级的，还有一些国家级的研究机构也都很欣赏我的这种模式。

答2：我们培养这些绿色农业创业的农场主，我们培养他的同时也希望他和城市消费者建立起信任关系。

问：怎么建立信任机制呢？

答2：就是一种信任，不是用什么样的认证、标志来告诉他这个是生态产品、安全产品，是真正要建立人与人之间的信任来做农业合作体系和消费市场体系。

答1：所以我认为你必须要快速学习现在的环境，就像狗一样，要把周围的气味都闻清楚了才能准确地采取行动，这就要学习政策，然后判断如何创新。

问：刚才您讲成功最主要的因素是创新，能不能请您用三句话讲讲创新？

答1：第一个是学习，就是与时俱进，不能满足于现状，必须知道自己在哪里，必须找到自己在哪里。第二个是预估，就是预后，要对未来五年有一个分析。

问：是预见性吗？

答1：对，预见性。然后就是创新。

问：预见性就是先见性，第三个就是创新？

答1：对。如果都不知道自己在哪儿，怎么创新？如果也不知道自己处于什么样的环境，怎么去战斗？所以要学会把握现在，预见性是把握未来，创新是行动。

问：您是怎么做到学会把握现在的？

答1：我每天至少花两个小时看所有的新闻。

问：看所有的新闻？

答1：所有的新闻，军事的要看，政治的也要看，包括党和国家的领导人在干什么，省长在干什么，市长在干什么以及各部门在干什么，都要看。

问：不仅要看，而且还要想？

答1：是的，想很重要。

答2：我们行业组织在干什么，外围的人在干什么。

答1：然后未来五年的发展是什么。

问：你们不光是响应，还一起讨论？

答1：对，要讨论。

问：未来五年的规划？

答1：国家要干什么。然后去捕捉、预测，就是诊断、摸脉。这个很关键，不然的话就会死掉。我见过一些做得很好的企业家就是这样的，他们经常要看新闻联播、报纸、杂志，要从里面看到一些"气候变化"。

答2：我们公司内部的报纸，娱乐版之类的可以随便用，但是头版绝对不会乱用。

问：员工也要看吗？

答1：对，所有的人必须看。

问：这点很重要？

答1：重要，不看就完蛋了。必须要有这个敏锐的、准确的判断，要没有这样的判断，整体就可能会出问题。这是一个船，如果这个船走偏了，那整体就要出问题。

答2：如果我们预见的不是特别到位的话，就可能会影响我们这个行业的走向，和我们一起走的几十万农民就都有可能走偏、走弯路，所以我们必须要有超前性。

答1：所以山丘区农民增收新模式之后，我们在考虑中国的老龄化社会到了以后，中国的农业往哪里走。这个判断非常重要。所以我们做的是一件大事情。

问：近期你们从新闻中捕捉到了什么？

答1：他们问我有关鲜花的问题，我就估计可能卖不掉。我跟他们说卖鲜花之类的奢侈品是表面文章，是假、大、空，如果卖不掉，今年就很容易萎缩。一年前鲜花的产值是一千万（元），利润基本上是对半，而今年很多鲜花店都垮掉了。

答2：习近平主席上任以后，厉行节约，反对铺张浪费，还出台了"八项规定"，当时我们就预估有几家鲜花店一定会关门。

答1：我就和他们说现在得马上转行，以大棚蔬菜为主，不要以大棚鲜花为主，因为鲜花不能吃。

答 2：现在鲜花也不能进会议场所，而且像什么开幕式、剪彩、典礼，等等，都不会再摆鲜花了。

答 1：现在是反对"三公"消费、铺张浪费。

问：今年（2013 年）"十一"鲜花摆还是不摆？

答 1：不摆。应该会减少 80%，我们省人代会不摆花，首都的大花篮也会缩减。以前领导讲话的时候，在鲜花丛中只能看到个头颅，像花朵一样，现在不会有这种情况了。

答 2：有些事，很多是非专业人士去做专业人士的事情。有些搞农业的也是，鲜花挣钱，结果就全转到鲜花上，这就给套住了。宾馆也是这样，前几年很多人去搞宾馆、餐饮，结果都被套在里面了。很多企业家都是这样的。其实回过来看这 30 年真正能在同一领域坚持下来的人真不多。

问：像您这样一直坚持着做一件事，的确很不容易。您也会受到很多干扰和诱惑吧？

答 2：是啊。有一次在北京的论坛上，有位记者问我这么多人都以养兔为产业，是我们忽悠的还是怎么回事？我说："不是我忽悠的，政府那么多人，那么多钱都忽悠不了，我们能忽悠吗？"这是他们的一种需求。其实不是我们去忽悠这些人养兔子，而是我们能在我们熟悉的领域，用我们熟悉的手段，用我们最精湛的技术，去做这个事情。

答 1：一个人的能力是有限的，但只要老老实实做事，也能干出一番成就。这是一位教授告诉我的。他研究了一辈子小麦，他就知道小麦怎么才能长得粒大、饱满，大家吃的耐寒的、抗风的品种，都是他培育出来的。他活到 80 多岁，到死都在研究小麦。那时说到小麦就说到这个人，然而，随着时光的推移，慢慢地大家就不知道他了，但这不重要，重要的是在这个过程中他做了应该做的事。人只是一个小小的生物，其实也算不了什么。

问：非常精彩的一堂课，我们今天学到的最重要的两个字就是创新。我觉得您给我们讲的这个"没有背景，但是有背影，不要把背影变成阴影"非常精彩。谢谢旭平，谢谢书平！

访谈印象

　　旭平和书平的访谈，是 2013 年 4 月 1 日在大邑做的。时隔一年后，音容依旧的旭平英年早逝，已撒手人寰。得到这个消息，我立即放下手中的一切赶赴大邑，也只见到挂满黑纱白花的灵堂和萦绕不息的哀乐。旭平走得太急太快，令我们这些生者措手不及。直到今天，面对蜀山蜀水，我还是难以相信这个残酷的事实。我们相识在十六年前的那个冬天，我带着调研组来到大邑，在位于五斗街的任家大院里见到旭平书平，我们促膝畅谈。八岁的任杰灵巧聪慧，给我们倒茶端水，我们相约在清华再见。十年后的一天，在北京的一个公益项目评审会上意外地见到书平，她告诉我旭平的近况及在京读书的任杰电话，我从话筒中听到一个浑厚的男中音，不敢相信这就是十年前那个小小少年。然后就是在告别旭平的灵堂里，见到的这个身材魁梧的壮汉，这就是我十多年前相约的少年吗？我打量着他，拥抱住他，用泪水安慰泪水。那一刻，我知道尽管旭平走了，但他未竟的事业有了托付，我于内心有了踏实。

旭平用短暂的一生谱写了用市场手段解决社会问题的公益创新之歌。这是中国公益事业中的一曲绝唱，一株奇葩。他是养兔的天才，技术开发和创新的天才，战略管理和市场运营的天才，也是用市场手段探索解决扶贫公益问题的天才。生于贫寒却富有家族精神与书香传承，身位低下却胸怀天下公德与卓越追求。他的养兔事业是那么充满灵气！他的扶贫公益也是那么充满智慧！不仅这些，他做的每一件事情，哪怕是送给爱人的玫瑰，也让你惊叹他灵气活现智慧漫天的创意！人活着在于一种精神；旭平身上活着的精神却一直洋溢在公益的世界上，令我们这些公益人受之鼓舞，为之振奋。我在访谈中细细观察、咀嚼和体会，这种洋溢着天才和创意的公益追求，该就是我们孜孜以求的社会企业家精神吧。

这篇访谈和新书原本答应作为送给旭平的礼物，如今天人永隔，再也无法听到他的评价和赞许，无法面对他洋溢的乐观和天慧，也无法吃到他为我剥的丑柑——那是我吃到最可口的水果。抱憾之余，祈求旭平的在天之灵，能欣慰此生并不再如在世时那么辛劳、忙碌，也能保佑家人平安和他未竟的事业继续繁荣发展。

三 谢玲丽 谈领导力

谢玲丽女士

访谈谢玲丽女士

访谈题记

　　谢玲丽女士，1951年生于上海，1968年11月参加工作。曾任上海市社会团体管理局首任局长兼党组书记，上海市民政局副局长，上海市人口和计划生育委员会主任等职。现任上海市慈善基金会副理事长，上海市家庭服务业行业协会会长。

谢玲丽女士主持上海市社团管理局工作期间，上海市社会团体管理局在社会组织的改革发展方面做了大量开创性工作，在社会组织的管理体制改革、政策机制创新，特别是社会组织实践发展方面走在了全国的前列。她卓越的领导力不仅在民政系统有口皆碑，也赢得了许多社会组织的喝彩。离开社团管理局后她两次转岗，无论走到哪里，她都身体力行，率先垂范，践行着"使于四方，不辱使命"的精神。

谢玲丽女士的口述史访谈是在 2013 年春夏之交进行的。访谈期间，她非常理解和配合我们的工作，对访谈记录提出了认真细致的修改建议。在此谨向谢玲丽女士深致谢忱！

1. 转岗民政

问：您什么时候来民政局工作的？

答：1997 年。

问：来了以后就着手组建社会团体管理局（以下简称"社团局"）？

答：是。

问：当时上海的社团局是全国最大的？

答：是。全国省级民间组织登记管理机关中规模最大的一个。

问：有多少个编制？

答：八十个。五十个公务员编，在社团局；三十个参公事业编，在监察总队。

问：一下子从做研究的变成一个管人的，这个转换对您来说是个巨大的挑战吧？

答：这个转换是很大的。那时没有思想准备，我很热爱研究室的工作，可组织要我做这个转换。人生如果可以让我重新挑选的话，我绝不会选择出来做官员。

问：您当时从市委研究室到民政局的背景是什么？

答：在我来上海市民政局之前，时任上海市委书记就已经有了建设大民政的意向和思路，他提出大民政就是大保障。应该这么说，当时上海经济社会的发展已经要求上海市委、市政府领导要超前地，具有前瞻性地去思考和谋划上海整个经济社会发展的体制框架与运作机制。

所以，我们（同一天去民政局任副局长的有三位）到民政局工作实际上和市委、市政府领导对民政工作的高度重视是分不开的。在国外，政府职能主要是财政、市政和民政。我在市委研究室工作的时候就已经感受到市领导对社会管理、社区建设的高度关注，包括提出大民政就是大保障的思想。当时的体制设想是想让劳动力走向市场，劳动局并到民政局，民政工作要把就业作为社会保障的重要内容。后来由于大体制的原因，劳动局变成了劳动和社会保障局，现在是人力资源和社会保障局。从民政的角度而言，上海市（20世纪）90年代初基本思想就是"大民政、大保障"。

在这种大环境下，1996年，时任上海市民政局局长的施德容请市委副秘书长兼市委研究室主任黄奇帆派一批人帮民政局做上海民政发展规划研究。施德容是一个能力很强的人，他曾在国外留过学，又是博士，学术能力、研究能力很强，而且有实践经验，无论是思维能力还是操作能力，都有很强的超前意识、创新意识。更难能可贵的是，他的操作能力也很强。他感觉到今后民政事业的发展一定要有一批能干事的干部（他提出需不同特长的干部），要有理论的支撑，民政事业发展的规划要具有前瞻性。黄奇帆同志让我带队去完成这一工作。于是我带着市委研究室的一位同志以及市体改委的两位同志到民政局去调研。按照施德容同志思路要求，我们四个人和民政局法规处等同志在不到一个月的时间内完成了课题报告。到现在为止再回头总结，可以说，课题报告提到的很多内容已经成为民政事业发展的现实，有的还在实际工作中运作。

当然，当时很多人觉得课题报告提出的方案不可行。如黄奇帆同志在审课题报告时提出，按上海 GDP 发展的比例，上海发行的福利彩票规模至少要达到二十亿（元）。当时很多人感觉是天方夜谭，因为当时平均每年发行只有四千万（元），但到现在已经近四十亿（元）了。此外还包括养老设施、儿童福利院等设施的建造，等等。实际上，到民政的调研也让我对当时的社团有了一定了解。

问：做完这个报告后不久就来民政局了？

答：是的。在调研之前，我对民政局不怎么了解，但做完这个课题，对民政工作（有了）了解，与民政同志也相互有了些了解。1996年我正好在中青班①培训，培训完以后，市委就有意向让我到民政局来。原本我说我不要去，但领导说民政工作很重要，要走向大民政。既然领导都很重

---

① 中青班是中青年干部培训班的简称，是中国共产党培训后备干部的学习培训班。

视，而且发展蓝图也有了，所以我就去了民政局。当时市委同时安排了三个同志去民政局，一个是我，另外两位，一个是区里抓国有资产和城建的，另一个是抓经济搞大企业集团公司的。我们三个人同一天到民政局报到工作。

问：这主要是与当时上海市提出来的大民政思路有关？

答：大民政，就是想通过建立大保障（社会福利、社会救助、优抚安置、社会保险、慈善事业）促进经济发展和社会发展同步。我到民政局就按照市委大民政的要求来做好分管工作。在民政局工作时，我切实感受到市领导对民政工作非常重视，包括当时市委分管民政工作的副书记孟建柱同志、副市长冯国勤同志都非常非常重视，上海率先成立社团局就是两位领导直接抓的成果。我去了以后，民政局也很重视我，特别是施德容同志。

问：您原来是在市委研究室工作，对社团工作应该不是特别了解，但是我发现您的风格很鲜明，到民政局工作以后您很快就转型成为一个专业性非常强，有思考、有研究的管理者。您的这种转型能力是如何形成的？

答：嗯，到民政局之前，我只知道民政工作管的是所谓"盲聋哑痴呆傻"，也就是现在讲的弱势群体的工作。但我善于学习，所以转型能力强。我性格有一个特点：到一个新的地方，我就不再注意以前工作的事情了，只专注新单位的工作，钻研这项工作。这可能是我在市委研究室工作的时候养成的习惯。在市委研究室做调研的时候我们不仅要研究经济，还要研究党建；不仅研究宏观经济的股票，还要研究微观经济的企业改革。市委是统揽全局的，我们是为领导服务的，领导需要什么样的稿子，我就必须按领导要求带队进行调研，调研后要把报告写出来。一般交稿的时间都很短，且要有深度，因为那是为市委决策服务的！在市委研究室这一高平台上工作的长期经历让我掌握了一种学习和工作的方法：融入基层，做好文字的基础工作。

所以一般我到一个新的地方，首先会深入基层开展学习调研。到民政也是，首先要了解民政工作做什么。在市委做研究使我对各方面的体制都比较清楚。我经济也研究过，党群也做过，工青妇我也接触过，企业家协会我也有过研究，包括校友会等一类社团，我也都有所了解。因为有所了解，我就关注这些社会组织的作用。当然，社会组织真正发挥什么作用？在来民政局以前，我的认识还是不高的。刚到民政局，我还真有点盲聋哑痴呆傻，于是我就潜下心来开始学习研究。

问：我对您这一点印象很深。当年我来调研的时候，您给我留下了很好的印象。我觉得谢局长与众不同，一是很重视我们的研究，给我们提供了许多支持；二是上上下下几乎人人都在做研究。这是不是您从研究室带到社团局的风格？就是人人都要搞调查、写报告？

答：对，那会儿我们每个处都有课题，到现在我还留着一本本的成果。民政系统的所有人员对此评价都很高，就连现在的市委常委徐麟同志也说："谢玲丽，你真的在那边打下很扎实的文字基础。"我觉得这些报告到现在都不过时，包括我在市委研究室写的和组织写的报告，比如：《上海发展研究——现代企业制度论》《上海发展研究——国有资产管理论》《上海市深入开展再就业工程的战略构想、试点方案与有关政策》等。由于在市委研究室得到锻炼，所以我跨领域研究的适应能力很强。我非常感谢党组织，如果组织不给我平台，我根本就无法锻炼自己、提升自己的能力，也就不知道自己还能做很多事情。

我感觉党组织很好，多岗位培养我，一会儿让我到企业处，一会儿到党群处，一会儿到民政局。为什么后来到社团管理局开展工作的时候会比较全面？为什么经济、社会、政治这几个关系我能把握得比较好？这都和党组织的培养是分不开的，这是我的深切感受。

问：当时社团局成立时的队伍情况如何？

答：当时社团局成立的时候就是靠我们民政那些同志。刚开始做课题研究时，很多人说不行，并说我们是"老弱病残"，因为那些同志认为自己学历不是很高，也不擅长做课题。我说，什么行与不行？大家把这个情况翔实地记录下来，再一提炼就可以了。结果社团局成立的那个方案恰恰就是我们这些人做出来的。

问：你们中的很多人是转业军人？

答：是。

问：当时团队的学历基础不高，研究能力也不很强？

答：是。但是恰恰这一本本报告就是我们这些人写的，报告写出来有的成为规范性文件的时候，我真为这支队伍自豪。我和他们的感情非常深，当时大部分人的学历是中专、大专，很少有大学生。但我清楚，每个人都会提高，这个社会是学习型社会啊！我也真看到这些同志在不断成长，这些人中的很多人后来都成了民政系统的写手了。

问：现在还是这种氛围？

答：对，他们到现在也是这样，这些人还都被请出去讲课。什么叫行与不行？我看都挺行的。实践证明这些人都很强，不仅能写报告，还拼命工作，退了以后，现在到处都有人请他们过去。

问：最早什么时候开始做调研？

答：社团局成立以后，我们从 1998 年开始做调研报告，1998 年开的国际研讨会。我 1997 年到民政不久，1997 年底到 1998 年，施德容局长安排我做了一件事，到美国去学习，这对我后来的工作影响很大。

2. 美国学习之旅

问：在美国待了多久？

答：那年去了不到一个月的时间，但这不到一个月的学习对我来说意义重大。

问：是谁资助的？

答：福特基金会。当时他们在全国总共就资助 5 人出国学习：徐永光[①]和他的秘书、朱传一[②]，还有就是我，马伊里晚到。

问：能描述一下当时的过程吗？

答：那一年我一个人先从日本转机去美国，他们三个人从北京出发。徐永光的秘书外语特别好，朱传一在美国有亲戚，就我一个人外语不怎么好。到美国，我什么都听不懂，只能是强记，上课的时候虽然有翻译，但生活当中他们都说英语，我只好拼命自学。我记得 1998 年的春节，我一个人在宾夕法尼亚大学度过。晚上肚子饿了，一个人出去买东西吃，虽然学校说女的单独到外面是不行的，但朱传一回家了，徐永光和秘书在一起，我只能自己照顾自己。

那次学习给我的印象特别深。回来以后我写了一篇有关美国 NGO 的文章，题目是"美国社区中的非政府组织"[③]。这篇文章就是我到美国以后，在宾夕法尼亚大学培训，天天上课，去社区调研，到 NGO 调研后的成果。尽管当时社团局还没成立，但组织给了我们这个学习机会，施局长

---

① 徐永光，时任中国青少年发展基金会秘书长，现为南都公益基金会理事长，《中国 NGO 口述史》（第一辑）被访者之一。

② 朱传一，1949 年毕业于上海圣约翰大学，曾任中国社会科学院美国研究所研究员，国内较早开展 NGO 和公益研究的著名学者。

③ 该文全文发表在《探索与争鸣》1998 年第 6 期上。——编者注

觉得我学习研究能力行，就给了我这个机会让我去学习。但他没想到我外语不行，幸亏上课的时候还有翻译。能亲自到国外，实地考察美国鼎鼎有名的一些NGO，比如联合劝募①、福特基金会等，也去了很多社区组织，虽然也就20多天，但这让我获益匪浅。

很多时候，晚上我还要翻资料、查字典。人家不知道我听不懂英语，很多东西都要自学，还好我这个人悟性比较强，能在有限的时间内学习一些东西。另外只要课上他讲中文的我都记，这些资料我都带回来了，整整六本笔记。回来以后我把它们都整理成上面说的那篇稿子，那篇稿子至少在上海的影响很大，我感觉对上海社团发展方向的引领也起到了很大的作用。

问：您对NGO的这个概念的认识也是在美国的时候形成的？

答：是的。

问：您讲过你们社团管理局的标识就是NGO，那个标识是你们先做的，还是北京先做的？

答：我们先做的。

问：再说回来，您很快就适应了社团管理这个全新的领域？

答：嗯，我的适应性还是蛮强的。上海是个海派城市，当时我已经在上海社团工作中运用很多国外的理念了，然后向国内学者请教，再去基层调研，加上我原有的面上的理解，我怕什么？中央的文件我可以学，相关的法律法规我可以学，所有条例我都学，且学以致用。

问：相关的法律法规？

答：嗯。当时，关于民间组织的社团条例、民非条例②，我都很熟。另外中央、市委和市政府的文件我都学。学了以后，再与下面的实际情况一对接，就是上头对下头、外头对里头。这么一对，我很快就能找到一条清晰的思路，找到工作的方向和切入点。

到人口计生系统工作时，我也用这个方法。他们很意外，我怎么一上来就这么快熟悉业务？我说政府是依法行政，法律授予我的，我们不去做就是不作为；法律没有授予的，我们去做就是错误作为，所以我要把握自己的行为准则，就应按照法律规定，向着中央精神的方向走。我这个人看东西特快，一下子就能抓到重点。首先，中央精神、市委精神，国务院和

---

① 联合劝募，英文为 United Way，最早成立于1887年，美国最大的专业募款NGO。

② 这里指1998年10月国务院颁布的《社会团体登记管理条例》《民办非企业单位登记管理暂行条例》。

市政府的相关文件我都认认真真学习，而且请同志们分享我学习后的体会。其次是实际情况。内部的实际情况到底怎么样？要去调研，要接地气，这件事我很重视。因为学习调研，我与区县、街镇的同志结下深厚的友谊。

我去美国待了20多天，向徐永光近距离学习，实地考察美国的社会组织，很容易就入门了。我知道国外的理论和实践，也能领会党中央国务院、市委市政府的精神，相关法律法规、条例都吃得透，还下去接地气，所以一下子就转型成功了。

问： 当时运用国外的理念遇到了什么困难？

答： 当时整个中国对社团的基本态度就是监督管理。我提出来"培育发展和监督管理并重"的概念时，压力确实很大。记得有一次开会的时候，一位领导就问我："那你还要培育法轮功？"我说正因为有法轮功，更需要我们培育发展正面的社团来支持我们的工作，得用社团组织来支持党委、政府的工作。如果没有社团支持这一中间组织，政府一下子就会走到前面，那很容易出问题。还好，市委、市政府对这块工作很重视，在我去民政局不久，社团局就成立了，任命我当局长。这是组织、领导信任我，如果不信任还会让我干啊？

问： 当时与民政局以及国家民间组织管理局的关系如何？

答： 那会儿社团局是可以争取独立出来。当时社团局有人多次提出，社团局从民政局独立出去就不会有人管了，我说，这对社会发展有好处吗？事业发展不是考虑个人的。当时社团局和民政局关系处得很好。还有，我刚来的时候，国家民间组织管理局的吴忠泽局长像兄长一样手把手教我，还派我到国外去学习。我们到现在关系也很好。所以上海的社团在那个阶段发展得很顺利。我负责社团局的工作以后，是按照培育发展和监督管理并重的路走。

3. 创新社团服务与管理

问： 第一次关于社团的研讨会是不是您主办的？

答： 是上海民政社团局主办的，当时是1998年，我们请了很多专家。

问： 每年一个主题？

答： 是。

问： 社团进社区是2000年提出来的？

答：是。我还记得是在华亭宾馆开的研讨会上，我提出了社团进社区的概念，这确是我创造的。对于社团进社区，当时很多专家甚至搞不清什么叫社团，对社团进社区更不理解。我就说社团进社区有两层含义，第一，是培育发展社区中的社团，也就是社区中的群众团队。当时，社区中没有培育自己的社团，所以就有人跟着法轮功。我们成立了上海第一家社区民间组织服务中心，主要是组织、服务社区中的群众团队。第二，那么多社团，无论是国际性、全国性的，还是地区性的，但它所在地都是社区，这就应该在社区发挥这些社团的作用。当时分管副市长冯国勤提出更明晰的要求，即"社团进社区，服务为人民"。

问：那时正好发生法轮功事件，您提出社团进社区的概念在当时有一定风险吧？

答：是。在当时包括法轮功的种种背景下，我们都将其淡化了。第一，如果要说的话还要用理论去解释那段历史，不一定所有人都听得懂；第二，实际上，当时如果我们不占领这个阵地，那像法轮功这类的组织就会占领。后来，我们在所有的街道成立民间组织服务中心，每天早晨组织群众跳舞、练木兰拳锻炼，服务中心变成了松散的民间组织，由民间组织为民服务，通过服务来达到管理的效果。

问：第二年主题是社团党建？

答：是。社团党建也是我们最早开始探索的。社团组织是不能没有党建的，我们一直思考怎么把党建变成社会组织管理的前置条件，加上我在党群处待过，所以要求在社团中要建立党组织和党员联络员制。

还有一年的主题是互联网发展与社团管理。关于互联网时代社团管理的思路与策略的调研材料，我到现在还保存着，昨天我粗略地翻了这本书，审视了一下自己的历程。我认为至少这本书上写下的这些调研情况、建议、方案、举措应该都是踩在当时的点上的，到现在还是管用的，有些观点到现在还是不过时的。

而且当时确实也得到很多人认可，尤其是我的后任局长——方国平——并不抛弃，而是在继承和发展，所以上海社团的发展之路还是走得非常扎实和稳妥的。后来社团局每年至少会编一本调研报告，大家都写。

问：在涉外社团管理方面有什么举措？

答：当时全国没有针对涉外社团管理的专门法律法规，我记得当时就是用民非条例去管理。因为社团条例规定社团的举办者必须是中国公民，而民非条例里没有提到民非的举办者必须是中国公民①。当时我们要进入WTO，上海 WTO 办公室的领导王新奎和我说，这些涉外社团是对上海、对中国有影响的，但按照社团条例这些组织就一个都不能批，怎么办？我建议，走民非登记的路，民非条例里对举办者国籍没有限制，但以民非形式登记的话就不好叫商会，涉外社团的名字都要改，包括日本的、美国的等都要改。当时，我带着队到北京去，当时的部里的领导李本公②给了我十二个字，我现在忘了。总的意思就是同意我们自己去探索，但不发文。

问：不做文字的批复？

答：是。那时我们去了一个团队，李本公局长也组织相应工作团队，一起研究讨论，但没形成纪要。大家对接后，允许我们上海探索。所以很多工作的开展都和国家民政部的方向指引、全力支持是分不开的。我真心感谢多吉才让③部长，分管社团的徐瑞新（副）部长和吴忠泽、李本公、姜力、孙伟林这些领导对上海社团的发展做出的巨大的贡献。到后来的李学举④部长，一直关心重视上海社团发展。如果没有民政部支持，上海的很多探索是无法开展的。

问：这是在 2002 年？

答：是。就是"日本商会"这个名称不能用，改成日本商工俱乐部，是民非组织了。本来是日本商人协会，但按社团条例就没法登记，我们的社团举办者必须是中华人民共和国公民才可以，于是就稍微规避一下，成立民非，民非没有这个规定。后来，北京也采取了类似的方法，把一些涉外社团的这个口子打开了。我觉得这样做是符合法规的。我感觉如果不让这些组织登记并开展活动，但在实践中它还是存在，那么管理部门就不能像鸵鸟。通过服务来管理，这是我当时的想法。

问：行业协会的培育发展方面有哪些举措？

答：上海非常重视行业协会的发展。2001 年，当时国家经贸委发文，要大力发展行业协会，而我们年初就确定了行业协会这一主题，所以在发

127

---

① 1998 年颁布的《社会团体登记管理条例》第二条第一款规定：本条例所称社会团体，是指中国公民自愿组成，为实现会员共同意愿，按照其章程开展活动的非营利性社会组织。1998 年颁布的《民办非企业单位登记管理暂行条例》第二条第一款规定：本条例所称民办非企业单位，是指企业事业单位、社会团体和其他社会力量以及公民个人利用非国有资产举办的，从事非营利性社会服务活动的社会组织。
② 李本公，原民政部民间组织管理局局长，现任中华慈善总会会长，中国老年学会会长。
③ 多吉才让，1993 年 3 月至 2003 年 3 月任民政部部长。
④ 李学举，1993 年 3 月至 2010 年 6 月任民政部部长。

展行业协会方面上海也是走在全国前面的。当时提出一业一会、行业协会民间化等，这些理念和提法在当时都很超前。这给上海行业协会发展带来了什么呢？上海专门成立行业协会发展署，在这之前上海行业协会的发展真的很难。

问：行业协会发展署是2002年成立的？

答：是。我们大力发展行业协会以后，社会反响很好，市体改委也感觉发展行业协会很重要，因此也要成立相应的内设机构。

问：出现矛盾了？

答：出现矛盾了。上海社团局的发展经历实际上不是那么容易的，当时我们整个社团局差点都要并到市体改委。因为民政弱，体改委强，体改委是副市长主抓。2002年，体改委成立了行业协会发展署，要把社团局都并过去。

问：把行业协会拿过去？

答：不只是行业协会，要把社团也拿过去。当时已经到了市委开会讨论，我带着1995年的中央文件，再拿上社团条例就去参加会议。会上分成两派，当时市委书记让我发言，他说："谢玲丽，他们都汇报了，方案也做好了，你发言。"我说："书记，你要我说真话还是说假话？"他说："当然说真话了。"于是，我就把1995年中央文件，还有社团条例搬出来。1998年的社团条例中，行业协会登记、党建都拉进去了，另外社团条例当中还说到学术性的、专业性的和行业性的社团管理工作是赋予民政（社团）局的。言下之意法规不是赋予体改委的，如果真要合并的话，我们要到北京去汇报，如果多吉才让部长和徐瑞新（副）部长问我，我怎么说？领导一看，这个事情和北京有关，必须先期调研，再向北京请示，于是社团局与体改委合并的事就停下来了。旁边的人都很生气，组织都要成立了，官位也封好了，机构也弄好了，结果不合并了。

问：真是这样？

答：这些年我无奈地做了不少类似的事情！所以他们很不高兴。但是我做这方面工作总要负责，有道理吧？后来有人出了高招，也是绝招："谢玲丽你去北京向部里汇报。"作为我个人是没想通，但个人要服从组织啊！我真带队伍去了北京，我向当时的部领导李学举部长和徐瑞新（副）部长汇报了这些情况。徐瑞新就说："你们不要批评，让他们去试，新法规我们还在制定当中，就让他们成立一个发展署，但是登记还在我们这里，其他都由他们管。"

问：体改委后来就成立了行业协会发展署？

答：是。当时体改委要转型，觉得行业协会重要，就纳入他们职责范围。社团工作每走一步，实际上都是很艰辛的，也很不容易。

问：寓管理于服务也是你们提的？

答：实际上是的。在社团建党建，服务中心建党建，再进入社区，其实已经是抓得很深了。服务中心有党支部了，党员再把群众动员起来，通过党员发挥作用，通过服务来达到管理的效果。

问：您刚才说的社区民间组织服务中心大体上什么时候开始建的？

答：2000 年。普陀区民政局的曹道云局长①就是因为创新工作、社区工作做得好获得了全国五一劳动奖章。民间组织服务中心就是他一手抓的，服务中心党建也是他抓的，到现在为止普陀区都做得很好。

4. 转岗计生

问：您什么时候离开社团局的？

答：2003 年。我们这代人的工作一直是被任命，不是我不想离开就可以不离开的。我在民政社团局做得非常好，而且很有感情，但组织考察考核完，任命我为人口计生委主任。我是不怎么愿意去那里工作的。我又不是学医的，再说在大庭广众一听到安全套这个词，我从心里面都起鸡皮疙瘩，这确是对自己心志的磨炼，我不想到那里去，但组织安排了啊！当时，我真的提出说不去的，我在民政局做得很好的嘛！部里和上海的领导、各区县都对我很好，施德容领导的一整套班子搭得很好，结果组织上还是说让我去。说是上海人口计生委是做大人口，要做人口的规模、结构、分布、素质等的规划和政策，要有一个有研究能力的人。所以我就服从组织安排去了人口计生委，去了以后第一个就做了流动人口源头互动服务管理的课题。

我是流着眼泪离开很有感情的民政，去了不熟悉而且对我而言是极度敏感而又不喜欢的一个部门的。但到了这个部门，这就是我的工作岗位，下面的人就是我的兄弟姐妹，做好工作就是我的使命！我第一天去人口计生委上班的时候，施德容、方国平他们去送我，到了那里，工作条件的差是我真没想到的，办公的地方是老房子，破破烂烂，老鼠乱窜，与民政局

---

① 曹道云，上海市普陀区民政局党委书记、局长。

根本不能比。我晚上还要工作，但办公室没有像样的办公设施，灯光昏暗。后来人口计生委的从外滩中山东一路33号（现在的外滩源）搬到了新的市政府大楼，办公条件改善得很好了。

问：去了以后工作上遇到的第一个挑战是什么？

答：我刚一上任，就碰到了一系列的麻烦事。当时《华盛顿邮报》报道说我们的安全套销售是垄断不当收入。如果上海真的是垄断不当收入，那联合国人口署的第五周期项目的资金就不给了，这可是国家计生委很大的项目。所以国家人口计生委要我去做检查。上海的审计、纪检也来查了。这不应该是前任的责任吗？那上级部门不管这些的。上班的第一天，我的前任和我说："玲丽啊，下个月（2003年5月）的工资（指预算外工资）发不出来了。"没有钱了，我还要找钱发工资。这就是我到了人口计生委的情况。

问：那您怎么处理的这件事？

答：由于有垄断不当收入的嫌疑，所以我把原来的一个事业单位中的社会职责剥离出去，成立计划生育用品协会，理清政、社、企的职责。幸亏有这么一个协会，哪些是协会做的，哪些是事业单位和企业做的？因为这个分工，所以政社企分离了，问题就解决了。同时我还成立了一个人口发展研究院。

问：民非？

答：是。这是全国最早的。我们还建立每年一次人口情况新闻发布会、每年一次向驻沪领馆通报人口情况会，无论是人口的规模、结构、分布还是素质等，关于上海人口的相关数据，能讲得最清楚的就是人口计生委。我们是这个领域的权威部门，我们所有的数据均来自调研和分析，每年我们的新闻发布会都会向社会发布最新人口数据。

5. 创新计生服务工作

问：在人口计生服务领域做的第一件事情是什么？

答：2003年的《上海市人口与计划生育条例》里规定对独生子女、独生子女死亡、伤残等都有补助，当时政府的钱还在走程序，所以我一上任就协调组织发行上海扶助独生子女福利彩票。

问：就是失独家庭？

答：是。

问：发行独生子女彩票是您上来以后做的？

答：是。当时由民政部福彩中心、上海市民政局彩票中心和人口计生委共同创造了中国扶助独生子女彩票。钱募集来了之后，如果有独生子女突然死亡的家庭，就由计生协会出面送上去一点补助，这样对这些家庭而言至少好一点。

问：这个彩票在国家层面上还没有吧？

答：发行补助独生子女的彩票，我不知道国家有没有。上海的这种彩票每年都有不同的主题，一套有十张，全市会有二十几个兑奖点。

问：这是十年前做的？

答：是十年前啊。

问：还有什么举措？

答：我们还发行两块五的保险，我们跟三家保险公司合作发售独生子女保险计划。跟三家保险公司做，符合条件的家庭，最高可以拿到85000元保险赔偿。对独生子女的补助一定要变成保险。

这项工作转由计划生育协会来做，不是政府冲在第一线来做，这也就有了更多回旋的余地。我自己感觉即使政府有钱，同时也是政府应该做的事，委托给协会做可能做得更好。所以一旦有意外发生，以协会上门慰问失独家庭的居多，我当时是协会副会长，就亲自去做这个事情，我比较注重运用协会的力量。

问：还成立了什么协会？

答：除了上面提到的计划生育用品协会、人口发展研究院，还有一个是人口早期发展协会。

问：为什么要成立这些协会？

答：计生政策是稳定低生育水平，提高人口素质。我实话实说，为什么成立呢？以人口早期发展协会为例来说，到了人口计生委以后，我发现上海街道的计划生育指导中心不做孕检、尿检，全部由医院做。上海医疗资源丰富，本地人看病，包括她怀孕了，会找计生综合服务站吗？不会的，肯定到三级医院、二级医院去，怀孕是件大事情。因此，上海计生系统在计生政策宣传等方面的工作就碰到难题了，发安全套只要十几平方米的地方就可以了。但他会去吗？也不会，很多人直接到商店去买了。那么这个部门的宣传、服务到底怎么做？职责怎么履行？

我们人口计生是做与群众意愿相悖的公共利益事情，是要通过宣传倡导来做，但宣传倡导也不好做，很多大楼都进不去。我就想，提高人口素质，得从怀孕开始。我们也到国外考察过，我把国外的一套理论和实践引入进来。在国外怀孕以后，都有一系列的专业早教课程，包括放什么音乐、讲什么话，等等。别以为 0～3 岁的小孩不会讲话就什么都不懂，其实他都懂的。等到他一开口后，你的整个行为都会影响他，所以这个阶段太重要了！人口的素质，应该是从小抓起，从娃娃抓起。

问：您的服务意识也很强？

答：我感觉上海这个城市的民本意识、公民意识很强，政府就是为老百姓服务的，而且我自己就是老百姓，我很清楚这点。我在民政局的时候可以说很少有一天休息的，我得抓住这个机遇，民政局是为老百姓做事，我做了多少工作，推动多少，最后都是施利于老百姓，会返还给自己的。比如福利院改造好了，说不定我老了就可以进去吧？我组织调研制定的很多政策法规，包括殡仪馆的问题、残疾人的问题等都是从这个思路出发的。我也是以这个心态做人口计生的工作，换位思考，一上来就要求把特殊人群、伤残死亡家庭都列出来，列出来以后怎么做呢？我把 17 个区县中最困难的，而且把会向政府反映意见的、会上访的人组织起来。这些人都挺有思想的，换位思考以后，我们对这些同志，一是生活上要帮助他，二是精神上也要关心他，三是在政策修订时尽量表达他们的要求，我要求每一个区县人口计生委对接服务，慢慢他们就从信访者变成志愿者。

问：信访者变为志愿者？

答：对，信访者变成志愿者。有一个人的故事挺传奇的。当年，他遇到车祸截肢了，心爱的儿子死了，爱人也离开了他，你想他会怎么样？他这个人脑子特别行，他就研究政策，天天看新闻研究政策，对伤残死亡政策研究得很透，他写东西也不是为个人。我一看到他的文章就觉得他很有水平，但就是一直以来他不断信访。我就先让我们处里面的同志去关心他，看这个人怎么样，后来我自己去。从那以后我每年都去交流交心，听取他的建议，再后来他就变成我们的宣传者了，我们出台的条例中，他也提了很多有用的建议。他也了解政府修改政策也都是为了老百姓。我们和他说，他提的意见目前哪些可以做到，还问他对这些修改意见有没有补充。他开心得不得了，感觉到自己有价值了。所以他就把我们很当一回事，万一有什么地方对我们不满意，就会直接打电话给我。

我会在第一时间掌握民生情况，因为很多信访者都是我的志愿者朋友，这些志愿者的朋友就是我的耳朵、眼睛！多一位都相当于多了两只耳朵，多了一双眼睛，所以我脑子很清醒。各区县也是，他们也吸收了很多信访的志愿者，他们都成为积极的力量了，这不也是民间组织嘛！

还有，刚开始在我们召开的驻沪领馆通气会上，领事们会给我们提出很多建议，但后来慢慢就少了。这是因为相互之间交流多了，了解多了，理解也就多啦。

问：您来了以后，计生委从原来的主抓计划生育转向主抓人口，实际上是很大的一个转向，这方面您有没有从人口战略的角度而不是计划生育的角度有一些创新的做法？

答：我一来就组织做人口战略研究和政策研究。原先做上海，后来做长三角。时任国家人口计生委张维庆①主任是有很大功劳的，他领导全国人口计生系统做人口资源环境战略发展课题，亲自组织重大课题研究，还把国家发改委的人才调到国家计生委具体抓全国人口发展战略研究。可以说人口战略研究是从上海开始，区域人口战略研究是从长三角开始的。当时经国务院批准，成立国家人口发展战略研究课题组，我有幸被聘为课题组的专家，是 31 个城市人口计生系统中唯一有证书的专家。

问：两个地方的开创性工作压力很大吧？

答：在民政局的时候没有星期天，晚上也是十一二点钟回家。在人口计生委好一点，九十点钟就能回家。大量的时间都是在学习研究，因为带人口计生队伍要比带民政社团队伍难！

问：比民政社团还难？

答：当然难了。民政社团队伍中很多人以前都是部队的，所以它政令畅通。而对知识分子而言——尽管你们都是知识分子，我也实话实说——不是我讲什么他就会去执行什么，知识分子的特点是评价领导讲的对不对，先要思考，而且思考后即使觉得领导对，还不一定去执行。所以来人口计生委后，我就从公务员法的角度告诉我的队伍，我讲公务员应当履行义务的第五项："服从和执行上级依法作出的决定和命令。"从党员来讲，要按照党章要求去做。尽管他也知道公务员个人要服从组织，但习惯性的思考和方式很难一时改变，所以刚来时我感到特累。

我抓大人口工作，就有同志说：计生委为什么变成人口计生委？他们还停留在原来的操作惯性中。我在这两个队伍都经历过，把文人的观念转过来，比真正的部队难。这两支队伍特点不一样，要领导他们，前者是告

---

① 张维庆，1998 年 3 月至 2003 年 3 月任国家计划生育委员会主任，政协第十一届全国委员会常委、全国人大人口资源环境委员会主任、中国人口学会会长，2003 年 3 月至 2008 年 3 月任国家人口和计划生育委员会主任。

诉他们为什么要这么做、怎么做就可以了；后者要转变他们的理念，转变他们的方法，让他们真正接受转变。所以对我来说在民政那边还好，在人口计生委工作时，磨合真是很难，这也是这个部门的特点。

问：学历越高执行力越差？

答：一般是。因为学历越高自己的思想就越多嘛，但等明白该做时，效率也就高了。所以到人口计生委，要搞大人口，领导问有研究能力没有？我就说让我做个课题试试。我4月到那边就着手开展建立流动人口源头互动有序管理新机制课题调研，5月出了一个课题初稿，7月就已经完成《关于建立流动人口源头互动有序管理，推进社会管理创新与和谐发展》的调研报告。

问：当时为什么会想到做这个课题？

答：2003年的时候，很多外地人到上海来，这实际上对上海这个城市的承载力是个挑战，也是个机遇，虽不能阻挡，但是可以让其有序进入吧。我记得当时我提了几个规律。其中，上海外来人口中1/3来自安徽，24%来自浙江和江苏，这三个地方就占了约50%，他们对上海还做出了巨大贡献，应有所反哺。

后来，我就带着队伍到安徽去对接。怎么对接呢？当时我们把上海的优秀企业带过去，包括服装、汽车、家电等行业的企业，根据他们的行业企业需要的人数，在当地对即将来上海工作的人员进行培训，培训完了以后再到上海。培训的经费是他出一点我出一点，这样就把他有序化了嘛，而且也更好管理。另外，按照我们的理想，如果全部的流动人口都由当地学校培训后输送过来，那这个人的身份证也是真的，也不会无序。因为那时上海的新闻总是报道，不是保姆卷了款走了，就是身份证是假的，这样社会、家庭都没有了安全感。如果按照有组织地经过当地培训介绍过来并优先考虑的用人机制，那么慢慢全都会变成当地主动和上海对接。后来我们的区县都和外地有这样的联系，不过每个区县对接的省市不一样。奉贤是来自安徽的人比较多，金山是来自江浙的人比较多，它们都和当地政府对接了，这样流动人口的计划生育也好管理了，万一要超生的话还可以找到人。

问：这种工作思路是什么呢？

答：这就是刚才说的，原来在社团局工作的时候形成的思路转换，叫寓管理于服务之中。培训是服务，但是这个服务里面放了很多管理的要素，实际上是把管理融入服务之中。这样开展工作就比较软性化、人本化，通过服务让他们自觉自愿地接受规范。比如，当他在当地接受培训的时候，我们就告知他，来了以后要带什么证，作为一个新上海人可以享受什么待遇，这样多好啊。但是人微言轻，当时国家人口和计划生育委员会王国强副主任肯定我的观点，并亲自修改后把这篇调研报告报到国务院去了，可这也不是人口计生委一家就可以推动的。经过了这么多年，我也悟透了一些做法，所以作为全国政协委员提的很多提案虽然有很多管用，但不要寄希望很快就能实现。

问：上海目前的人口老龄化如何？

答：上海现在老龄化比例已经达到25%以上了，少子化趋势严重，人口处于负增长。此外，我们的人口更替水平也已经非常不科学了，国际公认的人口更替水平是2.14，全国的平均值是1.7、1.8，而上海只有0.8，当年是0.6。

问：比香港还低？

答：低于香港，对上海而言，人口再生产已萎缩。我们把上海人口问题的调研情况上报，按照当初的设计，计划生育政策执行期就是30年，30年以后我们的人口出现老龄化，到时再来研究生育政策调整。时任国家人口计生委主任李斌高度重视生育政策的完善工作，在她领导下各省市调研摸清人口家底，做了完善人口政策方案。

现在要研究的人口政策，其中一个政策就是对计划生育做出贡献的人要予以补偿，特别是那些伤残死亡家庭的待遇要比一般的要高，为什么呢？如果独生子女为国参军，他有光荣感，精神上能顶住这种压力，生活上即使没有依靠，党也会为他们制定政策，因为他们是对国家做出贡献的。对这些人我感觉也应该优待，所以当时我们组织发行彩票，在我这个人口计生委主任有限的能力当中，尽量做点事情。我们市委市政府很重视，从伤残死亡家庭开始，独生子女的所有政策都出来了，伤残三千（元）、死亡五千（元），到后来每月一百八（十元），近年来还在不断提高。此外，这几年来，独生子女的奖励费从每个月两块五增长到三十块钱，现在上海独生子女家庭占百分之九十九点几，有的兄弟省市百分之四十也不到。上海市委、市政府、人大、政协都达成共识，对独生子女家庭的工作一定要做好。

我当时在市委、市政府常务会议上汇报增加对独生子女家庭的奖励费，不但没有一个不同声音，且都认为要增得更高。独生子女奖励费，当时全国还没有标准，我们在做方案时，曾考虑上海独生子女家庭又多，每年都要支出，财政能不能可持续承受？所以刚提出增加奖励费方案是从两块五元（钱）增加到五块，后提高到十元，在向人大常委会主任刘云耕①汇报时，他说十块（钱）也太少了，并专门针对此事作了明确批示。记得在市政府常务会议讨论的时候，韩正市长要求我们大胆提出提高方案。会后，分管的赵雯副市长亲自协调开会，最终按照高的标准制定，一下子提到了三十块钱，财政赞同，所有的领导都赞同。

问：除了物质上的改善，还有没有其他的？

答：我就感觉这几年中，不仅这些政策还要完善，独生子女家庭的生活水平也要提高，要有更多的社会组织和人给予他们精神关注。应该说这几年，上海市委市政府是想着这些人的，我这个主任心中也始终有他们。就像刚刚说的早教中心。小孩如果被关在家里，活动空间也没有，很可能会被逼得变成自闭症，对小孩成长很不利。现在上海每个区都有早教中心了。

那早教中心怎么来的？就是把原来的街镇计划生育综合服务站扩大，拿出墙面，摆上我们的安全套、我们的宣传资料。这些材料本来要送到每栋楼里每一户的，但有了早教中心后人们就主动出来了。0~3岁的小孩自己怎么会来？一定要他的爸爸妈妈、爷爷奶奶、外公外婆，或者领他的阿姨来。事实上一个小孩可以凝聚七个人，政府做这个事情多值啊！早教还可以提高家长的素质，帮助家长教育孩子。我们可以通过这一载体宣传计生政策、宣传指导早教理念等。我们早教中心会给他一本书，告诉他们怎么帮助孩子运动手指，开发脑力，了解体重，孩子一岁应懂得什么，两岁应懂得什么。

另外，静安区还对一岁之前的智障小孩进行早期干预，而且这都是由民间组织来做的。实际上，提高人口素质要从娃娃抓起，国家人口计生委早提出早教工作要求，党中央2006年发文提出开展婴幼儿早期教育。上海早教中心是从2005年开始的，我想说，20年后再来看我们上海人口的素质。不仅智障，唐氏综合征也可以进行早期干预，所以孕前检查很重要。智障的比例如果能降低一个百分点那不得了，那得多少人啊！所以我们要尽量减少，我们把国际的一些理念和有效的研究成果应用到上海来，现在干预得很好了，我们的感觉也很好。

---

① 刘云耕，男，汉族，1947年7月生，浙江舟山人，2008年1月至今任上海市人大常委会主任、党组书记。

6. 转岗慈善基金会

问： 从做学问、做研究，突然一下改到要做官，再换工作岗位，这种不断地转换很难吧？

答： 在那个转换的过程中，我好像也没什么感觉，因为我马上能够找到我的兴奋点。

问： 您每到一个新的工作岗位，做的第一件事就是调研？

答： 太对了！我一到新地方就学习调研，而且带着大家一起到基层学习调研。这样就能很快地让我学习掌握相关知识熟悉业务，同时我也是通过学习调研来统一思想。很多人都是按照习惯思维做事，不一定遵循中央、市委的精神去做的。然而，在调研过程中，大家就发现哪些做得对与不对，同时知道了下一步应该怎么做。通过大家一起学习调研，大家会对我有所了解，我也会慢慢熟悉业务、熟悉他们。等到调研成功了，大家的信任也增加了，工作也熟悉了，所以一下就融合在一起了。

问： 到了慈善基金会以后怎么调研的？

答： 到了慈善基金会也是，我一来就学。虽然现在我的业务还不熟悉，开会只能讲皮毛，但有一点，我学习能力强啊！我用一本本小本子把条例章程等都认真学习并做了笔记，我了解了学习宣传信息理论研究委员会应该做什么，不应该做什么。我认为一定要加强调查研究，全面了解基金会的情况。

2014 年是上海市慈善基金会成立二十周年，要出一本书，举办一个论坛，等等，其间要做多少事？要有多少人？要多少钱？我连历史都不知道，怎么做？我要组织社会力量深入基层学习调研，要把上海慈善基金会二十年来好的做法总结出来，并提出发展思路、对策、建议。首先，我们要了解二十年全市的募捐金额和人数、各区县的募捐金额和人数、捐助对象、现在的体制等基本情况，我们设计好表，慢慢往里填；其次，要收集二十年来各区县以及市里表彰、宣传的案例；最后，我们邀请到市委研究室同志帮我研究新时期慈善募捐工作的体制、机制和法制，同时我也请复旦大学把国外 NGO 募捐的情况，包括募捐对象、宗旨、方式都做了梳理和比较研究。此外，我的学习能力很强，他们一说，我就能归纳总结。我从来没有浪费过每次调研学习的机会。我对前辈很尊敬，他们也很愿意帮助我、指点我，所以两个月熟悉一些基本情况了，开会的时候也能说出道道来了。

问：也会到区县调研？

答：是。一来我就到区县去学习调研，认门又认人。我不仅要了解上海慈善创新发展二十年来的工作，还要了解新形势下他们是怎么转型发展的。

按照十八大报告，中央要推动慈善事业发展，慈善事业是社会保障重要的组成部分。我系统学习了中央的文件，学了之后我要用这个思想对我们的实践展开调研。像福特基金会，它已经不是简单地对一个人资助，它是对项目进行资助，对组织进行资助，包括组织的能力建设等。国外的基金会正在改变，其宗旨也在变，安老扶幼助残基金到底是否还致力于安老扶幼？所以我很感谢能收到《中国 NGO 口述史》（第一辑），比如访谈华安德①那一章，涉及的相关法律法规的框架、与政府的关系、公民的认识、未来的思路和方向，这些都是我想要的。您为什么选华安德？他很有代表性，他怎么做公益？怎么和企业做环保？您不也是站在巨人的肩膀上吗？我看了以后，一点点学，所以我一边调研，一边学习。大家都说的时候我也不多说，大多数时候都是只肯定，这个好在什么地方，我会指出来的。

因为我已经学习了中央的精神，国外的经验我也了解了一些。这样再去学习调研，座谈会上我会谈下我的学习体会，如大家呼应觉得我说得对，那么我们就一起去做，有的时候我也通过不断地调研来修正我自己的想法。所以调研的过程是沟通交流，也是学习、推动工作的过程，完善我自己方案的一个过程。

此外，我们十七个区县的慈善工作实践都做得很好。我将上面的精神、国外的实践和区县的实际结合起来，通过调研我思路就清晰了。所以，通过学习调研后我们可以出一本书、一个视频、一个论坛，还有一系列典型案例。我们调研组中有媒体同志，所以下去以后，宣传信息、理论研究材料都有啦。慈善的宣传就是要通过媒体，媒体就是要有感人的故事和人啊！我们调研为媒体宣传，弘扬慈善之风、慈善精神做基础工作。

通过学习调研，总结二十周年的发展，几项重点工作都出来了。马上融入工作，而且我的兴奋点也出来了。

问：是什么原因使您能迅速地从繁杂的工作中找到重点？

---

① 华安德，英文名 Andrew Watson，曾任福特基金会北京办事处首席代表，《中国 NGO 口述史》（第一辑）被访者之一。

答：我想得很明白，我对自己的工作、事业、生活、生命悟得很透。我认为：我们每个人每天都在做选择题，我每天也在做选择题。我今天也有事，中午也有事，但是我感觉你们比我另外一拨朋友更重要，所以我选择在这里接受你们的访谈。每个人每天都在做选择题。而且现在我感觉一个人的生命是有限的，有效工作时间更有限，我要在有限的工作时间内做最多有利于老百姓的事，因为我本源就是老百姓，老百姓能享受的成果中包裹着我呀。所以，我要求自己对每天负责，对每一步负责，对每一件事情负责，对每一个人负责。我就这么做，不要等到我离开这个岗位、离开这个世界的时候，感到后悔，我所做的事情我不后悔。我在民政的时候我按这思想尽全力去做工作，我在那边做了很多政策调研，尽管离开民政后我很留恋但我没有遗憾。今天我选择和王教授你们在一起，我后一分钟、后一秒钟都不由我把握，一个人的命是由天定的。你们设想今天如果是我的最后一天，我应该做什么事情？我会选择这个（接受你们的访谈）的。

而且我还有一个理念，为什么我每天会花很多的精力去学习？比如写人口要情，我是看了十几万字的报告以后，告知文字同志从哪些角度切入、主要写哪些内容、怎么形成一个三千字的文件的。我是这么做的：一般都是我自己先看先学，学了以后再根据中央的工作重点和精神进行总结，这是第一点。第二点，我把调研结果放在那里，领导什么时候需要做这些事情的时候我再把这个调研报告拿出来。记得2007年时任市委书记俞正声上任后非常重视大人口，研究上海人口的承载能力到底怎么样，需要组织几个单位去调研，其中就有我们。不到一个星期的时间，我们就拿出五份材料，涉及人口的总量、人口的规模、人口的结构、人口的分布等。因为这些课题我们原来都做过，这方面的材料我们都有完整的调研报告。我委马上把那些调研报告中关于人口政策的材料整理出来，不到一个星期报告就写完了；其他机构还没进入情况，提纲都还没出来，而我们报告已经交上去了。所以分管我们的副书记殷一璀在大会上说："人口计生委在现有的条件下，把人口计生工作做到了极致。"真是太鼓舞我委士气啦！

问：时刻都在准备着？

答：对！机遇是给有准备的部门和人的，所以我必须时刻准备着，我们的人口计生委时刻准备着，我们系统的兄弟姐妹们也时刻准备着。我们年轻同志参加市委党校办班的时候，市委党校的教务长就说我们人口计生的干部思想深刻、发言新颖、低调务实。不只是我，我们这支队伍都是这样，能说但是又很务实。还有，在角色、岗位、职责转换的过程中，我感觉一个人必须改变自己能改变的，积极地适应自己不能改变的。

7. 领导的智慧

问：如何做到这一点呢？

答：改变能改变的，当不能改变就必须积极适应。比如转换，虽然我个人不愿去，但是组织已经决定我去了，我必须马上积极适应。因为心情是可以改变的，态度是可以改变的，决定是不能改变的，是不是？我必须有良好的心态，所以我就想，当现实关上一扇门的时候，肯定开了另外一扇幸福之门。我觉得我不要再留恋那个门，它已经关掉了，没有了。我必须马上找其他的幸福之门，融入进去，发现里面也很精彩。

问：作为单位的一把手是不是更需要这份心态？

答：我一直是说，我既已当一个部门的一把手，我就要对这些兄弟姐妹们的这段时间的人生负责，对他们的一段生命负责。为什么呢？因为一把手必须方向清楚。举例来说，如果我不学党中央、国务院、市委、市政府的精神，就像我要去国外但不清楚应该到虹桥还是浦东机场去乘飞机，方向不明，只是凭着感觉走，我往虹桥机场方向走，认为这边的路近，但目的地错了，这不就是浪费有限的工作时间吗？如果知道方向，朝浦东机场走，这样路就走对了，而整个社会发展也有其客观规律。如果不懂，那就需要看清楚、想明白，有准备再行动。对于任何决策我不会轻易行动的，总是设法看清楚、想明白，有准备再行动。没看清楚的时候我不动，我也不表态，因为我是一把手，大家都跟着我走，所以我要调研、要学习。调研、学习以后，我知道了自己的方位，知道这个方向对，尽管很难，但我要开始走了，再艰难也会往这里走。一边走，一边克服困难，不浪费大家有限的时间和精力。

人的生命也是，如果一个人十年在我手下工作，老是毫无方向地乱做事情，写的东西都变成废纸，工作也没有成绩，这不是对他生命的浪费吗？这不是对人的不负责任吗？一个人的有效工作时间就是四十年啊。我作为一个领导在那边十年、十几年，如果方向把握不对，不就浪费了人家大好的年华？所以我要求自己出的稿子都不要成为废品。现在再回顾在民政局的工作，回顾在人口计生委的工作，包括回顾在市委研究室的工作，我可以很欣慰地说，我这一生至少很少有废纸工作的。我觉得领导者就是要带领兄弟姐妹往正确方向走，哪怕再艰难也要统一思想。

我离开了原来的工作单位以后根本不再去插手，哪怕我的继任全部推翻了我以前的工作（到目前为止我还没碰到）。因为我知道，这个事业是党的事业不是我谢玲丽的事业，他否定这个不是否定我。因为我当时在的时候做的党的事业，我是按照中央、市委的要求在做，按照国家人口计生委的要求在做，按照民心在做，按照老百姓的需要在做。不是我要那么做，是老百姓要我们这么做，是市委市政府要我们这么做，我只是把上级的精神和下面的实际结合起来推动工作。

8. 学习的智慧

问：您在十多年前就已经开始研究社团体制改革、社会组织策划、社会组织自治、NGO"走出去"、网上社团、党建、涉外社团等。您对事物发展敏锐的超前意识来自于哪里？

答：来自于上海这个土地啊！我觉得一方水土养一方人，我生长的环境真的很好，周围的同事也非常好，领导也很好。我每一次到新地方都会碰到好领导、好同事，所以我一直称他们是兄弟姐妹，他们也很支持我，包括各个区县街道乡镇，他们都是发自内心地关心我、支持我。我的领导包容我、全力支持我，可能是因为我是从市委过来的，领导熟悉、相信我，很少有领导指着我让我怎么样，他总是指点我帮我去完善或者怎么样。

正因为有领导和下面基层的支持，我就容易有创新意识。很多创新都来自领导，比如国有资产改革——管人管资产——就是 1990 年时任市委书记吴邦国同志超前地提出来的，现在已经二十几年了。那时候我们上海市委的领导都非常行、非常棒，我很幸运的是能为他们服务。我在市委研究室时只是把他们的思想写成文字，我学习他们的理念方法，我的创新只是他们的思想理念在我身上的反映罢了。

问：您有特别的学习方法吗？

答：我自认自己的方法比较科学：我不仅学习上面领导的精神、指示，也到下面基层去调研，去了解情况。此外，我方向看得比较准，把握得比较准，为什么呢？无论是中央、国务院、市委、市政府，还是国家民政部和现在的国家卫计委，我把所有的文件、领导讲话都一一学过来，对于和我们相关的，我都会记笔记。

问：您做剪报？

答：是，相关的资料全部剪下来的。

问：您到慈善基金会才两个月？

答：2月27号到的。我首先把相关条例、文件剪下来全部贴在这个本子里。十七大报告，全文我都学了记了。我把十七大报告中与慈善基金有关的部分都剪下来，贴在了我的笔记本上。这两个月我始终拿着这个本子，我一直在研究方向。学习能力从哪来？学习能力从习惯中来。当然脑子反应快、记忆力强是一个基础，但是光靠记忆力强和反应快是不行的，习惯得跟上来。我做事情，学文件、领导报告都是做笔记的。我每年要把文件，领导想要做的，平时说的话都记在笔记本上。

大环境比较好，又善于学习，我是站在巨人的肩膀上，我把他们讲话的精华都吸收过来了，我再思考、再学习。所以今天你们来，我非常高兴，太高兴了，我太需要了。您给我寄了两本书，我看到后，马上就会联想，比如看您写的《建言者说》，我想我也当了十年的人大代表，五年的政协委员，我也有提案，我也有书面意见。这本书中间，您有四份是和人口计生相关的，另外有社会组织的，也有经济的，也有环境的。关于人口政策的提案，我觉得您是超前的。我是在人口计生委，很多东西是中央决策，现中央已经调研了，甚至调研后准备马上要推出政策，所以回应了您的提案。另外，我也回顾历史，包括灾后重建等。我感觉我的收获特别大，无论是中国的NGO，还是国外的，我都已经学了，我感觉真的很好。

问：您看的是福特基金会的口述史？

答：是。收到您寄来的书后，当天晚上我就学了，当然都与我的工作相关。徐永光老师那部分我也都读了、学了。记得和他们一起去美国时，在徐永光老师说的过程中，我把他的想法分类总结记录下来，在调研过程中我又整合了国外的经验。理论来源于什么？来源于高人，我站在高人的肩膀上做上海的事情。

问：把所有需要的文件都带在身上？

答：是。大文件就缩小复印，我把所有的资料都变成一张纸。现在关于慈善基金会的材料也要设计成这样一张表格，我已经开始在设计了。受助人、捐赠人等，我到下面调研就先设计这个，所以一本我留着调研做笔记，一本用于设计。像关于人口发展的这些指数都是高人设计的，这些重要的我都贴在笔记本上。

问： 都是剪贴的？

答： 剪贴后再复印。

问： 一直坚持这种方法？

答： 我笨啊！笨就只好这样。现在信息量太大，那怎么获得对我有用的信息？我觉得这样提取精华很有用。我自己做笔记，这样换一个笔记本的时候我也可以带本精华版的。工作调动交接时就带这两本，交接完了就不带这个本了，平时一本就够了。学习的时候把书的框架按照几大块全部提炼了出来，要点出来了，八九不离十，这是前辈的创造啊！

问： 您这个习惯从什么时候开始的？

答： 在市委工作的时候开始的。领导突然叫我干一件事情或报告一件事情，我不可能什么都不知道。所以我笔记本都带在身上，一看到报纸，一听到什么就马上记下来，记下来后还要整理、学习，所以我总能掌握最新的信息。一般开会的时候，每个人讲话我都整理的。我会看他提出多少条，哪一条该归到哪里，我全部贴出来，一个会上我可以学到很多。

问： 您这个学习习惯非常好，您来研究室之前是在哪？

答： 我之前在上海无线电厂，从个人到厂校老师。我这人是个特例，好像一直和学习很有缘，在厂里面的时候也是派我出去学习，当时"文化大革命"有理论研究队伍，我就是当时上海理论研究队伍的。

问： 一开始就是接触文字工作？

答： 嗯，我好像一直在动笔，一直在学习、研究、调研。

9. 生活的智慧

问： 这一路走来您家庭对您很支持吧？

答： 我家庭和我爱人对我的工作真的是非常支持。可以说我是一生精力都投入在事业上，他们都很理解。我在家里什么事情也不做，回去要么看书写东西，要么就是睡觉。

问： 感觉辛苦吗？

答： 对，很辛苦，但心不苦。我在民政局的时候，既是民政局副局长，又是社团局局长、党组书记，还是监察总队的政委。那时候很多工作都是开创性的，我经常是工作到晚上一两点钟。到人口计生委也很忙，后来到政协，我既是人口计生委的党委书记、主任，也是政协人资环境委主任。我有的时候真的是忙，忙得不得了，但是这是不能改变的，唯一能改变的就是心态。我就静想，忙的时候我就拼命享受忙乱的工作过程，把它当作一种享受。我很忙，人家要做还没得做了，你说是不是？

问：忙是一种享受？

答：嗯。忙的时候我就是这么想，人家要做也没得做，组织上看得起我，而且我退了以后要做也没得做了。一想到这，就要珍惜这个工作，有效的工作时间是有限的，所以我拼命去做，一定要把它做好。

问：现在轻松点了？

答：现在尽管没退休，但工作强度已经下来了，现在可以比较轻松地做事情。人家说我是拼命地享受悠闲的工作，这确实是一种享受啊！我至少可以给自己安插一点时间，可以种种花，有时候可以去接我的外孙，可以跟他玩，也可以和同学相聚，我也很享受的。再接下来什么也不做的时候，我完全享受我个人的生活，可以出国，可以去外省市，我可以享受家庭生活。其实，人生的每一阶段都有幸福之手向你招手，就看你有没有发现。我一直感觉很开心。

问：原来忙碌的生活是享受，现在也是享受？

答：是。以前人家问我怎么美容，我哪有美容？天天那么晚，我几乎没有时间睡觉，搞了十四年的文字工作，文字工作不是人干的活，但也不是人人能干的活。后来到民政，也是忙忙乎乎的，到人口计生委也是。积极地适应自己不能改变的，人生就是一条路，看自己怎么走。

问：您一路走过来，如果按现在这个时髦的说法，是不是很多时候是"被走"的？

答：被走！从市委研究室"啪"的一下到民政，这是被安排的，从民政"啪"的一下到人口计生委也是被安排的，然后人口计生委再到这里。哪条路是我自己选择的？都是被安排。但回顾自己的成长之路，我衷心感谢党组织，组织比我了解我自己啊。

问：您在家里的地位如何？刚才问到家庭，家庭里也是很被动的？

答：在家庭里也是很被动的。我在家里面什么也不干，什么也不阻止，不干还阻什么阻啊？！而且地位越高，心态越好。原来年轻的时候什么大小姐脾气、公主脾气，在我身上是很显现的，等到官位越高，我的容忍度就越大。万一我家里有矛盾，人家就总会说是我这个局长不好，那我就包容点。

问：您先生做什么的？

答：我先生是企业的一个副厂长。

问：您先生很支持您的工作吧？

答：我先生容忍度、包容度确实很好。他真的是非常理解我，真的是什么埋怨也没有。

问：您对孩子呢？

答：我几乎不管女儿，但是有一点，女儿需要我的时候我尽量都在。比如，有时候可能我回家十一点钟还要洗澡什么的，很累的，累的时候就容易上火，心里面特别烦，但我告诫自己要控制。我跟自己说不能发火，硬睁开眼睛帮她看稿子或者什么东西。我强忍着累认真地听或看，听了以后和她说该怎么怎么样，帮她分析。这时真的需要有毅力，但因为我很少有时间和她在一起，如果我再把她挡掉，就更没有负起责任了。但是就是这很少的时间也真的不容易挤出来。

问：可以说您把自己的大部分人生都奉献给您的事业了？

答：我是全身心地把自己交给党的事业了，真的是生为党的人，死也是党的人，而且我一直做我最擅长的事情。我是由衷地感恩，党给了我这么多的机会和平台。我说老天爷就造两部分人，一部分人就是干活的，一部分人就是搞生产关系的。那么干活的这一部分人就是发展生产力，我就是发展生产力的。那就做吧，不要后悔，我的使命就是这样。每个人都有自己的使命，如果叫我去搞生产关系，去协调，说好话也是种本领，不能小看这种人，自己能做吗？自己做不了凭什么说人家。这就是马克思主义的生产关系，我们要学这一点。另外我们只会做生产力，就是写写东西，做些具体工作。两种人才能构成社会，社会需要各种人。

10. 处理人际关系的智慧

问：您刚才说到两种人，您在工作中有没有碰到过小人？

答：有。

问：您怎么对待小人？

答：对待小人我就包容啊。我知道他怎么样，背后会怎么样，我明明知道他的。不是一直要有监督吗？自己身边有小人在监督，不是逼着自己把工作做得更好嘛。这才是聪明啊。如果有个小人在身边，就要想得明白一点。小人能使自己更聪明，所以要感谢这些小人，没有小人哪会成大人。小人有时候坏大事，就是因为太在意小人了，不能把他当回事，得容忍他，这点很重要。把自己做好了，就都没问题了。你知道他是小人，也知道他瞎讲，去点破了，他还是小人啊。

说实话，这些小人也不容易的。他的成长轨迹决定他做小人，可能他的人生当中都碰到小人。所以我们对这些人也要理解。我们很顺利，为什么呢？我们成长的环境对我们很好，发展轨迹就阳光，所以我们很幸运。对待小人，也要理解他，他的成长轨迹都是那样的。包容他，有些事会让自己不高兴，但是想想自己还是比他幸运。

问：您为什么能有这种包容的心态？

答：人家问我为什么能容那么多，因为我心里真的是能容下他。有时候会不高兴，但非常高兴也不可能的，对吧？但是我一想他也不容易，就想明白了。尤其当一把手，肯定会遇到各种各样的人，心态很重要，要有阳光的心态，包容的心态。

问：您没有记恨他？

答：记恨他干吗？我记恨他还不如记一些高兴的事情。我有经历但没有痛苦。他们有他们的生存方式，我去理解他那种生存方式，但不受他的干扰。况且和我一起做事情的绝大多数都不是小人。工作过程中小人肯定要发声做些小动作，那么我就去完善我的方案，再看看这个声音还有吗，有的话再完善。任何事凭人家去讲，只要自己做得好怕什么？我们每个人都要有这样一根弦，有小人好，大家做事情就规范了，这些声音会变成大家的规范、工作的要求。

访谈印象

谢玲丽是我非常敬重又很感亲近的一位领导。

第一次到上海调研，她带着社团局的处级以上干部几乎是列队欢迎我，带我参观局里的每一个处室，特意在陈毅出任上海市长的办公室里留影。每一次来上海，她都和我聊很多，从工作到哲学，再到人生。我在决定做口述史研究的时候马上想到了她。电话里说起我的想法，已经离开民政的谢局长问我谈啥，我不假思索地说：谈你自己，谈你如何做官。

做官不是学问，谢玲丽做的也不是什么大官、名官。但我很欣赏她的为官之道。知己、知人、知责，也知命，她是我所见识的一位明德智行、有勇有谋的智慧型官员。在一定意义上我甚至感到：她其实更像一位学者，在用学问的眼光和态度践行为官之道。她的身边总带着一个小本，不管是开会、座谈、交流，哪怕一个人独自冥想，她都会记下来星星点点、密密麻麻的符号，有文字、数字，还有不少奇异的图形，以及通过整理、复印、压缩的各种文件，她随手给我看一份缩微版的上海市委文件，里面有红红绿绿、粗粗细细的线条，显然经过她细心的整理。她看我好奇，就从随身携带的拎包里拿出好几本不同编号、不同颜色的小本，一一告诉我它们的用途。我望着这位经历不同的领导岗位却总是保留学者风范的大姐肃然起敬：烦杂的事务和忙碌的人生在她手里总能被梳理出清晰的条理来，并坦然面对。这不仅是卓越的领导力，更是卓越的人生态度。

四 吴青 谈"农家女"及人生史

访谈吴青女士

访谈题记

　　吴青女士，1937 年生于北平，原名吴宗黎。母亲是著名作家冰心，父亲是中国社会学的奠基者、著名社会学家吴文藻教授。1960年至2000年任教于北京外国语学院（大学），任英语系教授。

　　1984～2011 年，吴青女士先后七次当选为人大代表，其中1988～2007 年四次由海淀区人民代表提名当选北京市人大代表。从当选人民代表第一天开始，她就根据宪法所赋予的权力，积极为选民、选区进行各种维权活动。鉴于她在维护妇女权益和推动法治等方面的积极贡献，多年来她获得了许多国际奖项，包括 2001 年获菲律宾政府颁发的"拉蒙·麦格塞塞"公共服务奖，2003 年被施瓦布基金会提名为"世界杰出社会事业家"，2011 年获"西亚斯国际杰出女性奖"，2013 年获加拿大"总督国事访问奖章"等。

吴青女士一直致力于公益事业，是"农家女"的创始人之一。她认为这是她作为一个公民的责任。

"农家女"，20 世纪 90 年代初期开始活跃的一家著名服务于女性的 NGO，包括《农家女》杂志和农家女学校。《农家女》杂志（原为《农家女百事通》），是改革开放以后最早的一本专门面向农村妇女发行的月刊。创办于 1993 年，读者对象是 16～45 岁受过小学以上教育的农村妇女。原全国人大常委会副委员长、全国妇联主席陈慕华和已故著名作家冰心分别在创刊号上题写了贺词。农家女学校，创办于 1998 年，是我国第一所面向农村妇女的非学历、非营利、公益性的学校。学校理念："送你一颗果子，只能享用一次；送你一粒种子，可以受用一生。"学校宗旨："为农村妇女提供免费的实用技能和综合素质培训，为她们参与农村经济建设和社区发展，自立于社会创造条件。"吴青主张：要先学做人，再学做事。农校应培养有爱心、有社会责任心，懂得"活到老，学到老"的公民，要努力成为世界公民。

吴青女士的人生史充满了传奇色彩，是一部真正浓缩的中国近现代史。她见证了中国 60 多年来的历史巨变，从抗战胜利到新中国成立，从"反右"到三年困难时期，从"文化大革命"到改革开放。浓郁的书香文化与开放的家庭教养使她从小树立了自由、民主和法治的人生意识，并成为我国民主法治的捍卫者与实践者。至今，她还为推进中国民主法治和公益事业的发展而不懈努力。

对吴青女士的口述史访谈于 2007～2013 年完成。访谈之后，吴青女士对访谈笔录进行了认真的修改和补充，在此谨向吴青女士表示诚挚的敬意和谢忱！

1. 个人成长经历

问： 您能先谈谈自己的个人经历吗？

答： 我的经历就是中国近代史和中国现代史。我是 1937 年 11 月在北平出生的。出生的时候爸妈在燕京大学教书，但是他们不能容忍日本占领下的生活，等到我 8 个月，能够旅行了，他们就一直带着我哥哥、姐姐和我三个孩子逃难。我们先从北平坐火车到天津，然后上船，把我的奶奶留在了上海，然后去香港，从越南坐小火车进入云南。我爸爸在云南大学教了三年书，在那建了社会学学科。然后 1940 年的时候，宋美龄请妈妈去重庆参加抗日，从 1940 年至 1945 年我们在重庆的歌乐山上，然后 1946 年的冬天就到了日本。

问：您小学是在重庆上的？

答：对，我在重庆的歌乐山上的，高店镇中心小学念了三年。我三年前还去看过一次，我记得校园里有一棵大树，现在还看见那棵大树，但是学舍早就已经没有了。我在那儿念到三年级，然后四年级是在上海浦东念的，没有念完就去了日本的东京。五、六年级是在日本我妈妈办的中华民国驻日代表团的小学念完的。我的小学教育不太正规。

我们在重庆的那个时候，日本飞机来重庆轰炸得很厉害，几乎天天来轰炸。他们的飞机飞得高，当时国民党的武装很差劲，高射炮打不着日本的轰炸机，所以飞机每一次来都炸死很多的人。在我记忆里，我几乎每一天都得躲进防空洞，一待就是好几个小时，所以我特别恨日本人。"二战"胜利以后的一段时间，我一听到飞机，我的脸马上就变得苍白了，害怕！

中、美、英、法和苏联是第二次世界大战的战胜国。这五个国家要派自己的代表团去占领日本。我爸爸的一个好朋友，朱世民将军——美国西点军校的毕业生，是国民党政府里唯一的一位不带兵的中将，他被任命为中华民国驻日代表团的团长，他邀请我爸爸担任代表团政治组的组长。我爸爸也不知道我们会在日本待多久，父母就决定把哥哥和姐姐送回北平读书，接受好的教育。我最小，不到 9 岁，于是父母决定带我去日本。

我们到日本的那天正是我 9 岁生日，一到东京我就对自己说："我绝不学日文，也绝对不跟日本孩子玩。"可是一到了日本，我妈就找她 1923年至 1926 年在美国东部威尔斯利女校的同学，结果找到了四位阿姨。为了让爸爸也能参与她们的活动，听她们讲人民反战和战后人民的生活状况，妈妈把每周四中午定为她们校友见面的时间。这四位阿姨讲有不少日本人民反对侵华战争，反战的人有的被打死，有的被关进监狱；侵略国家的人民无法谈他们反对战争，而被侵略的国家的人民可以自由去谈反对战争。其实，在当时的日本，反战才是爱国！我们了解到日本人民受到的迫害，要看到侵略国和被侵略国两方的人民。我听了她们讲在长期打仗中的故事，我也跟她们一块哭。而战后日本人民又经历了最艰难的时期，不够吃、不够穿，住得非常拥挤，冬天家里没有煤取暖，屋里非常冷。学校全被美国轰炸机夷为平地，没有教室上课，孩子们自己带小马扎在外面上课，冷了就集体跳绳取暖。我就在老远看着他们集体跳绳，或在露天上课。我觉得他们真是很了不起。没有因为没学校和教室就不开学上课。

问：那是在东京？

答：在东京。我能看到他们，但是我想我绝对不跟他们玩，这是民族主义在作怪。我记得第二年，在我九岁半的时候，爸爸妈妈得到一本书——《日本军国主义侵华史》，书里有大量的图片，有大屠杀的图片和文字。我看了那本书，有南京大屠杀，还有其他地方的屠杀，还看到有一个日本军官杀了 97 个中国人，还吃了他们的心。我看了以后非常生气，我就拿给我的小朋友看，然后我把大家组织起来，说咱们得做点什么。

把大家组织起来以后，我就骑着一辆自行车，六个男孩子在后面跟着我，有的比我大。然后我们干吗呢？我们看见日本孩子就骑车追他们、大叫、吓唬他们，但是不打他们。我还记得有一次，我追的一个孩子跑得摔倒了，我就等着他，他爬起来我又追，我们这样干了两三次。后来我妈发现了，非常生气，说："你在干吗，他们欺负我们了吗？没有！他们的父母可能就是被打死的反战的人士！你知道吗？你在散播仇恨的种子，不是爱，他们没有伤害过你。"从那以后我就知道一定要把政府跟人民分开来，世界上没有一个政府能够百分之百代表自己的人民。

问：您在日本其实生活了有五年？

答：快五年，9 岁到 13 岁。

问：那五年对您的影响您觉得很大吗？

答：我觉得那五年是价值教育的延续。我从代表团小学毕业以后，就进了在东京的"国际圣心女中"。我天天跟来自各国的同学接触，我都没有觉得有什么害怕的，或者不习惯的，因为我们都是人，她们每个人都是人。我们也有日本的同学，她们也是人。现在有人说哪国人就怎么样，听起来好像哪国人就特殊，其实本来每一国的人都特殊，每一个人都不一样，每一个人都特殊。都是中国人那还不一样呢！但是人与人之间只要真诚相待，都可以交朋友。我有好多好朋友，美国的、津巴布韦的、加拿大的，其他国家的都有。像在达沃斯，我认识了一个美国妇女，她是 2006 年被选为"世界杰出社会事业家"的，我们俩一见面就成了好朋友，一见如故，因为我们都有普适价值观，对许多事物和人的看法有共识。所以我觉得人跟人没有国界，人不必强调是哪一国的，强调国家，这其实是增加了人与人之间的隔阂嘛。我们都应该成为世界的公民。

问：您是什么时候回国的？

答：我是1951年8月从香港回到国内的。我是1952年3月18日上学的。我当时进了一所叫"育新中学"的女校，从前叫"慕贞"，是一个教会学校，后来又改名叫"女十三中"。我们是1955年5月搬到当时叫"民族学院"的家属宿舍的。那时正好是我初三升高一那年的暑假。因为当时家属的孩子都是刚刚从各地搬来，互相都不认识，男孩子没事干，就用弹弓打新安装好的路灯的灯泡。女孩子也没事干。我觉得我有责任做点事，路灯是公共财物，大家要懂得爱惜，我就把这些孩子组织了起来，有时给他们讲哪些事可以做，哪些事不能干。我到民大后勤借了一间房子办起了一个小图书馆，要求每个孩子带三本书来，写上自己的名字；还组织了一个舞蹈队和歌唱队，我还不时地组织他们出去游玩，我们步行到附近的公园去玩，比如颐和园之类的。这样孩子们相互熟悉了，交了朋友，就不再打灯泡了。

问：那是什么时候？

答：是1955年。因为从小父母就教育我为人的责任，我很关心我身边周围的事情，就做起来了。其实我记得在重庆上小学一年级的时候，学校号召我们为从抗日前线受伤的退伍军人募捐。我非常热心。我知道住大房子、家里早安上了电灯的人家有钱，我就去敲门，要他们捐款。有一个叫马哥乐的男孩子和我同班，他非常喜欢我，天天追着我。他们家是大地主，他上学都骑马来。我到他家去过两次要求他爸爸捐款，他还真给我捐了。我受到学校的表扬，因为我募集到不少的钱。

1957年我考进了北京外国语学院，现在叫北京外国语大学。那个时候学习是个人的事，社会工作是党的事。学习好的常常会挨批，被说成"只专不红"。我爸爸1957年已经是右派了，我的哥哥也是右派，我的出身不好，算官僚。因为当时共产党提出人的出身要看新中国成立前三年爸爸做什么工作，正好我爸爸从1946年至1949年任中华民国驻日代表团政治组的组长，在国民党政府里任外交官。我就不太敢学习，怕挨批。我真正好好学习是在1960年英文系要我留校当老师以后。那个时候我爸爸反对，他说："你怎么能当老师，你大学都没有毕业。"我到现在也是肄业。后来学院算我1961年毕业。我是混了个毕业的。

由于我得到了来自爸爸和妈妈许多的爱和教育，尤其是在我很小的时候妈妈就告诉我，"我先是人，才是女人"，所以我对我自己很有自信。我不说假话、不骗人、不吹嘘，做什么先了解情况，再根据实际情况做事，就会成功。如在 1958 年毛主席提出教育与劳动相结合。大学生需要做一些实际的工作，我就办了一个化学砖厂，有 40 多个同学参与做砖。我们的砖是由锯末、盐卤等做成的。我们只要到天津去买盐卤即可，锯末是我从西直门附近的一个木材加工厂拉来的。

问：用的是废料？

答：用他们加工后的废料——锯末。我到学校附近四季青公社厂洼生产队去借大车，现在那个书记还活着呢！我们是 1958 年认识的，他借我一辆大车，那头马是老马，很听话，知道走马路的边上。我赶着大车走，一点也不害怕。

问：您赶着那个大马车？

答：是啊。周围的人全看我，一个女大学生，穿着花上衣、短裤赶车，两个男生坐在车上。他们还反复地说："吴青你小心点！小心点！"我对他们嚷："你们坐在车上别说话！"当时碰到一个大爷，看我驾车喊"左拐！""右拐！"，他说，"姑娘，马只会听'驾！''喔！''吁！'。我就跟着学，就这么上路了。其实，不管做什么事，没什么可怕的，要掌握做好每一件事的规律就行了。

从小父母给予我空间，给了我发展自身的创造力的可能性。我教书也是这样，一开始不会，但很快找到了方法和诀窍，教书教得很好。

问：您是什么时候当老师的？

答：1960 年就当老师了，尽管那时大学还没有毕业。我是 1957 年进的大学，后来因为我在日本学过英语，学校让我跳了一级。那时本来有 350 名学生在学俄语准备要留学苏联，后来因为中苏关系破裂，他们被转到了英语系做学生，于是我和一些同学，还没有毕业就直接转成了老师，教英语。当时我爸爸就特别反对，他说："你大学都没有毕业，你不够格，你会误人子弟的！"

我爸爸是一个非常认真负责，对学生严格，又对学生关心备至的人。他是 1923 年清华学堂的毕业生，到美国就插入了达特默思大学三年级，本科毕业后，就进了哥伦比亚大学拿到了硕士和博士学位。他的那些话对我影响非常大。我备课很仔细，每次上课前都必须先听录音，注意模仿。有不少人对我说："吴青，你英文怎么那么好啊？我还以为你是美籍华人，我都听不出来你有中国音。"其实，我就是很认真去听录音，反复模仿，当然也与我从小学就开始学英语有关系。另外就是我善于抓规律，总结经验。所以我受爸爸的影响很大。

我爸爸是个非常严谨的学者。"文化大革命"一结束，他知道自己的时间不多了，身体也不好，就加倍努力"补课"，把因各种政治运动，尤其是"文化大革命"而失去的时间找回来。他看了大量他的学生从美国给他寄的有关社会学的书籍。他天天看，做笔记。我爸爸特别主张功能学派。我现在到处劝大学生或研究生，一定要扩大自己的知识面，看社会学的原著，这样看问题就会比较清楚，还要看世界史，因为我们的本国史有许多地方是被篡改或删节了。我们全面了解一个事实，才可能真实，要不然永远是片面的。普适价值太重要了，最重要的就是自由、民主、博爱。要知道，每一个人都是一粒种子，都要一个空间，都要爱，自信；每一个人都是一座金矿，富有极大的潜力和智慧；我们都在一个一个圆圈里，人人平等，人人都需要与他人合作，一个人改变不了世界。团队精神太重要了。我在培训人的时候，永远让学员坐在一个大大小小的圆圈里，因为在圈里头没有等级，谁都是老大，谁也不是老幺，人人都有资格参与和发言，其实这就是地球。人人平等，我到处在讲这个理念。

问：后来呢？

答：后来到了"文化大革命"，所有的学校都停课了，先参加了运动，后来就是被批斗，是"黑帮爪牙"，出身不好更是斗争对象。我被斗过80多次，后来被送到414部队去接受劳改。

问：您怎么会到部队去劳改？

答：实际上学校运动告一段落，三四年级的学生被送到部队农场接受改造，有的学生被分到广州部队，我就被分到在唐山军垦农场白各庄的414部队种水稻。现在那个地方已经因为1976年的唐山大地震从地球上消失了。当时有三位老师被分到农场去教英语，但我是三个老师中唯一的一个有问题的老师。后来在部队农场也批"反革命"。我就被部队领导说是成"反革命"，而且还说我是"脓包"，是"黑手"，不让我参加一些活动。

白各庄冬天非常的冷，我们当时住的房子是很简陋的，冬天在屋里都无法写字，因为钢笔水都结冰了。冷啊。冬天早上要漱口，水刚倒进杯子，倒出去就冻成冰碴，漱口都很难。但是学生都喜欢我，对我特别好。他们和我谈心，他们的苦恼、交友中的疑惑，等等。部队领导为了惩罚我这个"反革命"，在三九天让我洗猪的大肠，又臭，又难洗干净，我的手都冻得麻木了，但是我还是坚持做到底。我们种水稻，三月份就得下到秧田地播种，下田的学生就喝白酒，使身体升温抗寒。我身体好，挺过来了，所以我觉得身体好太重要了。

问：您是怎样锻炼身体的？

答：我 1952 年上中学以后就开始锻炼的。我从小就喜欢玩，而我从小也很幸运，小的时候不喜欢念书，每天放了学，到了家，放下书包，就在外面玩。每天天黑了，妈妈叫我回家吃饭，我才回家。每学期所有的科目都是及格，我就挺高兴了。但是，我的姐姐吴冰和我完全不同。她从小到大，一直在全班都是学习最好的，她从来不问"谁考第一"，因为她稳拿第一，她只问"谁考第二"。可是我妈从来没说过"你怎么就不像你姐姐？"因为妈妈知道我从来跟我姐姐就不一样。所以我是非常幸运的，是自由地成长。

我在大自然里观察世界，观察植物啊、动物啊，我看到蛇能够爬上树。为什么？它们要吃鸟蛋、吃小鸟。我看过一个关于跳伞的电影，我觉得在天空中飘来飘去，一定很舒服，我趁着家里没人我就拿把伞，从高处往下跳；结果一跳"刷"的一下，伞全往上翻，我一下就落下来了，没有飘起来，脑袋瓜就在虎皮石头上磕了个大血包，哭完了，洗干净脸，就回家了。我自己做的，赖谁呀？我还看一个美国电影叫《人猿泰山》，电影里的人和猴子在树林里头（荡）悠，他们用的是藤，我不知道，我以为用的是绳子，拿了绳子爬上树去系完了以后就悠，悠几下绳子就断了，我又摔了下来，哭完了，就回家了。我善于模仿，我觉得新奇的就会去尝试。所以我觉得我小的时候比现在的孩子幸福多了。我有时间去玩，去尝试，有很大的自由。

在我两岁多的时候，我在昆明，我看见别人养狗，我也想养狗。妈妈让我养狗，但是有条件的，要我自己给它饭吃，给它水喝，给它刷毛，每天晚上把它叫回家。妈妈是通过让我养狗，培养我的责任心和责任意识。这种意识太重要了，够用一辈子的！我现在所做的一切都是一个公民的责任！当老师对学生有责任！当人民代表，对选区的人民有责任，而且还要自觉接受监督！

问：回过来说，您在部队待了多长时间？

答：一年多。我从部队回来，学校留守领导要我管没有跟父母下"五七干校"的孩子们，大约有 80 名。那时正好赶上这些孩子中有得猩红热的。我是负责人，要每天睡在孩子们的楼里。当时我自己的孩子三岁多，周末从托儿所回来就和我住在办公室里，没有别人能帮我。如果我孩子传染上了猩红热也没有办法，其他老师都说他们有孩子不能住在那里，我是负责人，只能听天由命。幸好孩子没有传上。我管了有几个月，领导又让我去了湖北沙洋"五七干校"，大概劳动了一年多吧。因为1971年中华人民共和国被接纳为联合国的一个成员，需要大量的翻译，北外算比较早恢复教学的大学。

问： 基本上您的教学没有断？

答： 断了近三年吧！后来到部队农场就算是教英文，每礼拜天有三个小时，教英文的同时也要劳改。我其实是很幸运的，我的专业是英语，英语这个专业使用的面很广。

2. 民主法治实践者之一：人大代表

问： 您是那年当选为海淀区人大代表的？

答： 是1984年当选为海淀区人大代表的。当时是党委提名的，因为那一年对我们学校的人大代表的条件有四条：要一个女的、要一个中年妇女、要一个非党的、她得是一名优秀教师，当时我和日语系的一位女老师就被提名了。

在选举前有好多人看见我，就问我想不想当人大代表，我说我想当。这些人包括我们学校厨房的大师傅、收发室和后勤的职工，还有许多系的老师都认识我，他们都问我，我告诉他们我想当代表。因为从我入校，当学生的时候我都是比较积极主动地为同学服务，后来就被选进了学生会。我尊重学校的每一位职工，学校的后勤职工都认识我。当老师以后我又被大家选为工会的委员。中国的工会是党和会员的纽带，却没能为教工发言，并争取属于他们的权利。我们就是过节前后发个电影票或组织职工的各种比赛。每次发电影票时，我就问那些好排位的票给谁了。我说："你给我几张好排位的票。"工会的人说："那不行，要给领导。"我说："凭什么领导老坐好位子，拿来分给老师！"有时我能给英语系的老教师争取几张好票。后来那位工会工作人员说，他就怕我，因为我说得有理，但是他也没有办法。我一直很积极，不骗人，"文化大革命"中即使是另一派的，大家也相互有了进一步的了解。他们认为我的人品好，所以在1984年我是高票当选。

问： 您好像是中国第一位当选人大代表以后开设代表接待日的吧？

答：对。1949年我12岁，我是和共和国同时成长起来的，经历了毛泽东提出的"以阶级斗争为纲""没有无缘无故的爱"的各种政治运动，看到无数无辜的人在各个不同的政治运动中受到残酷的、非人性的批斗，有的人被打死，弄得家破人亡。人失去了尊严，不少人自杀了。这样死亡的人数是惊人的！尽管中华人民共和国1954年在全国人民代表大会上通过了《中华人民共和国宪法》，宪法的第八十七条是"中华人民共和国公民有言论，出版，集会，结社，游行，示威的自由。国家供给必需的物质上的便利，以保证公民享受这些自由"。比1982年的第三十五条都更进步，公民可以享受更多的自由。那些挨整的人，其实就是说了真话、心里话。关键就是历来我们这个国家是人治，一个人说了算，"一句顶一万句"。在各次运动中强行要求家庭成员和被戴上各种反革命帽子的人划清界限，妻离子散，家庭解体，人人自危。为了保护自己能活着，什么事都干，所以民众的道德底线已经没有了！我经历了，我看到了恶果。我觉得中国一定要法治！人治真是害死人呀，把人变成了鬼！要法治就要每一个人成为公民，知道自己的权利和责任，懂得宪法，尊重宪法，学习宪法，用宪法规范自己的行为，并学会处处用宪法。作为人大代表要根据宪法办事，社会才会有公正、正义、平等、自由和民主。代表要宣传宪法。我要行动，因为没有行动就没有改变。要改变就要先改变自己，带头学、带头做！

问：您能不能跟我们描述一下您设人民接待日当时的情形？

答：那时候代表法还没出来，我是根据《宪法》第七十六条"全国人民代表应同原选举单位和人民保持密切的联系，听取和反映人民的意见和要求，努力为人民服务"。我就是依据这一条设立的接待日。我是北外选区选出的海淀区人大代表。人大代表要代表人民，不知道人民的需求，怎样代表人民呢？我们学校有老师、职工、学生，还有退休的教职员工，周边还有农民、工厂的工人和居民，等等。北外一直很支持我的接待工作，在我做27年的区人大代表期间，一直提供一间房子让我接待。在1984年我第一次出人大代表通知时，大家都觉得新奇，因为以前的代表从来没有这样做过。从此以后只要我出通知，大家都认真去看。

问：您挂牌子了吗？

答：那要看我在哪里接待。学校让我多次搬家，因为有时我接待很多人，他们会在办公楼里排队等待，影响楼里的人办公。后来搬到了东院的平房，我就在接待室外贴了一个"代表接待室"的纸牌。每年在开区人代会前我会主动到后勤、保卫科等科室征求意见，有时会就某个专题开座谈会、家访等。我鼓励大家提意见和建议。

问：我特想知道当时的场景，第一天接待的时候人多吗？

答：第一次人来得不多，因为北外没有一个人大代表有过"人民代表接待日"。有的人就是过来看看我是否在，来问候一下。人们就知道人大代表是好人，至于能不能办事不清楚。有的时候，也没有人来。但是多的时候有一百多人，那是关于城里人的私产或农民拆迁和土地的问题。

我还是第一个向选区选民汇报的人大代表。那是根据《宪法》第七十七条"全国人民代表大会受原选举单位的监督，原选举单位有权依照法律规定的程序罢免本单位的代表"。人治必然造成"绝对的权力，导致绝对的腐败"。人大代表是人民选出来的，代表的权利必须受到监督。在每次的汇报会上，我都念《宪法》第七十七条，汇报有宪法的依据。我向大家汇报我在会上投了什么赞成票、反对票和弃权票，并讲了原因。我办成了什么事，没能办成哪些事，原因是什么，一切事都必须交代清楚，而且必须是透明的。否则，选民为什么要连续七次选我呢？尤其多次是在巨大的政治压力下，大家坚决选我。我非常感谢北外的选民，他们让我感到了自由、民主、法治的重要。这是一个过程。这个过程太好了，真是一种享受。权利从来就没有恩赐和给予。只有依宪、依法去争取，去斗争才能取得！中国的法治需要一个漫长的启蒙期，每一个公民都有责任！

问：您做人大代表接待的时候有没有碰到一些很棘手的问题？

答：有。比如近七八年国内法治形势不好，上访的公民经常受到镇压，被抓、被打、被"神经病"骂。接近年终的时候，有时有七八个人会到我的接待室，他们都听说过我。我告诉他们我不是全国人大代表，无权依法协助他们，我只能出主意。有时我会劝他们："现在的形势不好，你们为了保护自己，能不能这样，把你们的原件都保留好，先找个工作平安地活下来，等形势有改变了再进行维权。"他们中有的多次被送到精神病院，被打残！

另外还有近十年的强行拆迁的土地及农民的私产房的问题。由于我们没有宪法法庭，没有违宪审查，一些地方在党委统一领导下进行工作，党委说不立案就不立案。我鼓励他们用宪法、土地法和各种法规依法维权，而且一定要上网查他们那块地的拆迁是否立项了。有的地方政府没有立项，根本不应该拆迁的，地方官员就利用黑帮势力停水、停电、打人，用威逼的手段将农民赶走，有的还用停止在国营或集体工厂上班的办法威逼农民搬家。手段极其恶劣。农民遇拆迁时的维权是太难太难了。尽管在2004年的新的宪法修正案里提到"公民的合法的私有财产不受侵犯"。由于拆迁是暴利，受益的人，包括上上下下的利益太多了！由于形势不好，我都劝他们保护好原件，一定要采用非暴力的维权形式，进入法律程序。

问：当时您当选人大代表之后，您母亲送给您的《宪法》？

答：对，那是1982年的《宪法》，后来被我用坏了。我有一个学生在电视上看到我在用那本已经掉页的《宪法》，他送了我一本新的。我已经用烂了好几本《宪法》了，因为我随身带，给公民提建议的时候用，跟官员们理论时也用。人大代表是依宪监督。宪法第三条第三段："国家行政机关，审判机关，检察机关都由人民代表大会产生，对它负责，受它监督。"我的主要责任就是监督政府、法院和检察院，而且一定要依法监督，那就是要依宪监督。不依法，那还是人治！

问：您一共做了几届代表？

答：我当了七届海淀区的人大代表，从1984年至2011年；四届北京市人大代表，从1988年至2007年。现在是说假话的人受欢迎，不办事的人都被喜欢，办事难、说真话难，而且是真难！但是妈妈一直在鼓励我，像我在1988年投了唯一的两张反对票和两张弃权票以后，说我什么的都有，就有人说我反党、反社会主义；有人说我好出风头，二百五、神经病，疯了，哪壶不开专提哪壶。还有一位男代表在我的身后说："就是这个女人投的反对票。"我头都没有回，因为我觉得我没有错，我是依法投的票。而且中国早晚会是一个讲自由、民主和法治的国家。开完了会，我告诉妈妈那届人代会的情况，妈妈主动给我写了林则徐的两句话"苟利国家生死以，岂因祸福趋避之——给作为市人大代表的爱女吴青"。

问：做了几届人大代表您最大的感受是什么？

答：中国是一个有悠久人治传统的国家。《宪法》第五十七条："中华人民共和国全国人民代表大会是最高国家权力机关。"如果是最高就不应该有更高！又如《宪法》第七十五条："全国人民代表大会代表在全国人民代表大会各种会议上的发言和表决，不受法律追究。"实际上人大代表在各种会议上的发言和表决经常得不到宪法的保护。我们没有宪法法庭，没有违宪审查，司法难以独立，媒体难以独立。我知道如果每一个公民没有自我意识、法律意识，这种大环境不改变则很难有改观。我知道我们中国需要一个很长的启蒙时期，需要人人都做一个负责任的公民，而不是说，"没有办法"。所以我现在就需要平台去讲，现在我们需要的是世界公民，不是某一国家的公民，因为各种先进的通信设施的改进，地球变得越来越小了。我们都需要成为世界的公民！

我很有幸在 20 世纪 90 年代认识了蔡定剑①老师，他送给我一本他的书，在扉页上他说我是宪法的实践者，我非常的高兴。我是当时最早用宪法的，1984 年就用了。因为我觉得一个国家必须法治，法治就是要宪政，就是要用宪法。其实宪法关乎每个人的生活，每一个人就是要用宪法来规范自己的行为，什么事能做，什么事不能做。言论自由是人人都有发言权。如果现在不让一些人发言，那么将来总会有另一些人不能发言了。

问：您作为人大代表比较关注的问题有哪些？

答：我作为人大代表比较注意人民代表大会制度的建设。人民代表大会制度不应该是"橡皮图章""花瓶"。它要真正体现《宪法》第二条："中华人民共和国的一切权利属于人民。人民行使国家权力的机关是全国人民代表大会和地方各级人民代表大会。人民依照法律规定，通过各种途径和形式，管理国家事务，管理经济和文化事业，管理社会事务。"既然人民代表的基本任务就是监督，那被监督机构的人员一律不许进入大、法院和检察院。道理很简单，运动员不能当裁判员。因为绝对的权力，产生绝对的腐败。所以我从 1988 年以后凡是见到拿国家工资的人，包括在街道工作的人，在人民代表大会各种委员会的，我一律投反对票。

我还是第一个行使质询权的代表。那是在 1988 年我第一次当北京市人民代表的时候，我收到了公民举报信，告薄熙成②的腐败问题，我将信转给了北京市代表联络室。在我还没有得到答复时，北京市就任命他为旅游局的局长。这是没有依法办事，这个人的问题没有弄清楚就任命，这是对公民的意见不负责任。我写信和打电话要求约见当时任北京市人大常委会主任的赵鹏飞。我们见面了，我还带了一个记者去，这条新闻登在当时的《中国妇女报》上，后来有领导给记者施压，要他道歉。我坚决反对。在 20 世纪 90 年代后期 42 名海淀区选出的北京市人民代表又使用了质询权，要求当时任北京市人民代表大会主任的张健民讲清他为什么违反《宪法》第一百二十六条，越权干预海淀区法院的判决权。

① 蔡定剑，1983 年本科毕业于中国政法大学，1998 年获北京大学法学博士学位。1986 年至 2003 年底，先后供职于全国人大常委会研究室、秘书处，任职至副局长。2010 年 11 月 22 日凌晨 3：30，蔡定剑教授不幸病逝，享年 54 岁。
② 薄熙成，1951 年生，中共党员，高级经济师。历任北京市景泰蓝厂厂长、书记，北京工艺美术品总公司总经理、副书记，北京市旅游局局长、党组书记。

20 世纪 90 年代中期企业职工遇到许多问题，他们的工厂被领导卖了，或私有化了，他们的工龄被买断，给的钱很少，医疗费、暖气费没有地方报销。还有农民的土地问题，尤其是土地确权中妇女的利益没有得到保证，土地按户分，户主是男的，另外像新娶的媳妇没有地，倒插门的女婿、新生的孩子没有土地等这些问题。因为根据《宪法》第五条"一切法律，行政法规和地方性法规都不得同宪法相抵触"，比方说"土地三十年不变"这种说法的本身就违宪。

另外，我还关注妇女的权利。在 1995 年第四次世界妇女大会前，我和几个妇女领衔要求在海淀区成立妇女部。我用《宪法》和海淀区一些人大代表到海淀医院与他们的管人事的谈，保证妇女和男子同岁退休。又比如我还关心高压线下的建筑物，楼群中的加油站，自行车道，盲人道，城管对在路边卖菜的流动人口的问题，打工子弟学校的合法性，沿街厕所的数量及卫生，北京市公共厕所应全免费，由于中国老龄化北京市政府应出台对老年人的优惠政策等问题。对于人人平等，男女平等，不应该是说空话。就拿厕所来说，我们知道男性和女性在生理上与身体构造上不一样，男女穿的衣服不一样，上厕所所用的时间也不一样，尤其是在一个女孩子来例假以后，花的时间更多，要多出一分半至两分钟，也就是说如果在一个单位，男女的人数一样，男女厕所数目一样就造成了男女实际上的不平等。妇女和女孩在例假期间上厕所的频率更高。所以这就是为什么在国际机场、长途汽车站女厕永远排长队，而且妇女经常要带老人和孩子。如果真是"以人为本"，那就要考虑到男人、女人、老人、残疾人、少数民族，各个人群的区别和他们的需求。我们不管做什么事，都要考虑到"人"和他的基本需求。

现在我们国家还是男性为主导。中国现在谁去替妇女和女孩说话呢？中国高级干部有特供，他们享受极多的特权，他们知道广大的人民是怎么生活的吗？又有谁知道我们农村妇女的生活状况和她们的需求？我老是说，至少我们中国管农业的应该有一个女部长，因为中国现在农村中有65.6％以上的劳动力是妇女、老年人。有的地方是寡妇村，全是女的，而且有不少老龄妇女，男的劳力全出去打工了。算了一下，现在的流动人口大概有两亿八千万，打工的是男的多，强劳力全出去了，而且现在农村建设是要用高科技的，而剩下的妇女中有大量的人是文盲和半文盲。现在有好多女孩子念不起书，或不想念书。中国的"读书无用论"还在影响着不少人。另外因为前几年并了近一万个乡镇，少了一万个乡镇中心小学，教育部门又搞了"撤点并校",农村离家近的学校就更少了。我去过贵州滇南布依和苗族自治州里的罗甸,再到下面的中心小学,有的男孩一天要走近七个小时,没有水喝、没有饭吃,要等到放学回家才吃到饭。女孩子不可能一个人走,不安全,这就会产生更多的文盲。我们"农家女"1996年就开始到农村去扫盲,我们有的扫盲班里有十二岁或更大些的女童,让我感到我们的教育部门失职,我们的《义务教育法》早就出台了,但是现在还有很多的文盲!

3. 民主法治实践之二:公益事业

问:您能谈谈您参加非政府组织的经历吗?

答:我参加了很多国际和国内的非政府组织,主要都是为妇女争取权益的组织。我想"非政府组织"或民间组织的出现是因为一些有责任的公民发现社会上出现了一些问题,但是政府没有精力或不把这些事当作问题去解决,这些人认为自己应该尽力去做些事情,帮助去解决。我想这些人往往是出于一种社会责任,是公民意识。他们走出了他们所关心的比较狭小的自己和家人这个圈子,开始关心他们周围人的生存环境以及他们的需要。这是和现代的通信手段,有责任媒体人的贡献分不开的。我想非政府组织的出现就和这种状况很有关系。

1982年,我去了美国,到麻省理工学院做了一年的访问学者。我可以根据我自己的教学和兴趣安排课程和各种活动,我选了美国学、美国历史、美国文学、妇女学等课程;还参加了一个叫"社区领袖"的活动,是我的老师给我推荐的。参加这个活动的主体是美国人,他们是非裔美国人、亚裔美国人等,还有外国人。每一周都有活动,我看他们都在为自己的民族和人民争取权利。比如黑人或叫非裔美国人,他们希望改变人们对他们固定的看法,非洲黑人不仅有好的篮球运动员、歌唱家、演员,他们还有历史学家、作家、民权领袖,他们的这种人权意识深深地打动了我。我们中国人也是人,为什么我们就没有这种公民意识、权利意识?这使我想到了我的成长史,中国的状况、中国的教育。我受到中学和大学的教育是要我当"驯服工具"和"一个螺丝钉"。我不是一个人、一个活生生的人,没有自己独立的人格和自由的思想,而且怕和领导的不一样。为什么?为什么?我要改变,我必须改变。但是先要改变自己,才能做更多的事。我希望我自己的人民和国家能真是一个有民主、有自由和法治的国家!

我是一个行动者，一个想干事的人。1984 年我在北外的老师伊莎白说她认识的一位美国女教授想写一本关于中国妇女的书，想和我们谈谈，她找了我们几个当时在英语系教书的女老师。我们开始是不定期的聚会，谈自己的成长史，父母、学校、书籍、电影对我们的影响。后来我们就组织各种不同的活动，而且固定了时间，每周二的晚上。我们有时看同一本书或文章然后进行讨论，有时看电影，或请到北京访问的外国朋友来谈他们国家的妇女运动等。这时在中国其他地方的女教师也活跃起来。我们在 1987 年给这个小组起名叫"妇女研究论坛"，组织成员不断扩大，有中国人、美国人、加拿大人、瑞典人，等等，我们的工作语言是英语。到 20 世纪 90 年代初我还鼓励我教的一年级学生参加我们的活动，有男生和女生。1994 年一个美国妇女代表团参加了我们组织的活动，我的学生都来了，她们被我的男女学生们的表现打动了，他们在讲在他们的家乡，尤其是农村妇女受到歧视的事例。其实"性别"的本身包括男性和女性。人人有了人权才能平等。因为我认为妇女的事也是男人的事。大男子主义和妈妈、爸爸的教育是分不开的。最重要的是妈妈，她是孩子的第一位老师。

1989 年春季开学，在英语系我们首次开了一门《女性学》，一学期，是一门跨学科、跨院校、用英语讲授的课。我们有两位教师同时上课，通过对比的方法授课。一位讲中国的情况，一位讲外国的情况。我们也关心女性面对的现实问题，如女同学就业、入学，等等。在 1987 年底我被海淀区人大代表提名当选成为北京市人大代表后，在 1988 年夏我以代表的身份召开过一个记者招待会，主要谈职场和招生中的性别歧视问题。后来在《中国妇女报》刊登了一篇《宁要武大郎也不要穆桂英》的文章，就是我们"妇女研究论坛"的声音。这是不正常的做法：例如宁要武大郎、不要穆桂英，反映的是女生就业的困境；比方说出考题，给男生的容易，给女生的难；只招男不招女等一些现状。后来我们学校领导找我谈话说："你干吗？"我说："我要维护女公民的权利。"到 20 世纪 90 年代初我们做了一个关于人民文学出版社 1982 年出版的小学十一本课本里插图中的性别问题的研究，发现70%以上的插图是男性，而且他们就业面广，钢铁工人、火箭飞行员、铁路司机、工程师、男领导；而女性插图都是在家里做事，如妈妈给孩子做饭、奶奶在扫地、女农民在地里干活、护士给人打针等。唯一一幅有关女性领导的插图是邓颖超在缝补一件衣服。

问：当时你们的活动有没有受社会干预？

答：没有。在 1989 年以前，中国非政府组织管理很松，根本没有任何的文件。

问：这个论坛转入正规以后，有没有经费支撑？

答：我们没有经费，全是自己筹办，大家一块做。我们组织活动就是准备一些茶水。茶自己带，水杯找办公室借，到开水房打水就行了。我们有分工，负责制。

问：那个时候参加的人多吗？

答：多。我们学校的老师、别的学校的女老师、研究生、本科生、杂志社编辑、报社记者等都来参加我们的活动，没有任何限制，每一个人都有发言权，但是要举手，大家发言特别积极。

问：没有经费行吗？

答：那是 20 世纪 80 年代，那个时候没有经费行。因为我们完全是一个自愿参与活动的组织，大家到一起谈我们共同关心的事，不是一个可以就业的平台。但现在没有经费就不行，因为参加非政府组织已经是一个行业了，管理有了章程，还有挂靠单位，要经费，有全职人员，组织在扩大，做各种不同的项目，招聘不同专业的人，等等，已经成为一个就业的平台了。即使是职业，也存在一个选择，有的人就是愿意做公益的项目，认为这种组织没有太多的人际关系，不复杂，他们不在乎工资的多少；但对另一些人来说不太容易，因为他们有家、有孩子，要买房子，孩子要上学，远的还要买车。所以对民间组织来说，人员的流动还是比较大的，找到真愿意加入我们这个队伍的人不容易呀！

问：那您是什么时候开始做"农家女"的？

答：1990 年我是通过了王行娟老师认识了谢丽华①，当时她是《中国妇女报》的记者。她从 1993 年开始办起《农家女百事通》杂志。我非常支持她，我的主要任务就是筹钱，我当时无论在国内还是出国开会，我都会介绍我们的"农家女"，我们应该让国外人知道我们中国也有民间组织。我们筹到了钱，我们才可能发展。我认识当时在美国福特基金会负责妇女发展的官员，请她来参加我们的活动，让她了解我们，希望她给我们钱资助我们发展。当时很少有人和组织给广大的农村妇女服务了，太难得了。我和谢丽华是一拍即合。她当时经常去农村采访，写了很多的真实动人的稿件。我就是《农家女》杂志的一个顾问，但是我是真要"顾问"的，

---

① 谢丽华（1951～　），女，《农家女》杂志的创办人之一。

一旦我发现她或我们"农家女"有什么问题或听到一些人对我们有什么看法，我都会很直接、坦率地告诉谢丽华的。因为我觉得民间组织应该是一个有民主、自由、法治的地方。我们不做违法的事，应该是透明的。后来我们做的项目越来越多，但是我们应该知道我们最擅长做什么，不能什么项目都做。还要搞清楚我们能用哪些资源，不能什么钱都要。所以，做什么事都要有个原则，不能仅靠一个人的喜怒哀乐，一个人决策。我们这个组织为农村妇女干部培训，鼓励妇女参选进入到基层决策机构，到农村去扫盲，鼓励妇女参加合作社，到农村培训防止妇女自杀，给农村妇女查体，讲健康和卫生课。在北京我们有一个"打工妹之家"为流动人口中的妇女讲城里人的价值观，提倡男女平等以提高她们的自立、自信、自强能力，提供技能培训以便她们就业，还提供法律服务，并设立了法律援助资金。

问：那您为什么会想到去帮助农村妇女呢？

答：1989 年的 4 月我成为"加拿大国际发展署"的妇女专家。在 1990 年暑假，我们到甘肃的会宁农村去考察。我们从会宁县坐车，走了一个多小时到了一个乡，又走了四个多小时进了一个村子，我第一次看到了我的兄弟和姐妹吃不饱，没有夏天的衣服穿，我看到和懂得了什么是贫困。因为我的家庭和我的成长与这个现实完全不一样！当时的情景只是在电视上、电影里面看到过。就在那里我第一次看到贫困。我感到震撼、感到气愤，这是一个老区，是一、二、四方面军会合的地方，新中国成立这么多年我们都干什么了！他们都是我的兄弟和姐妹，他们在忍受着饥饿。他们生活在贫困、无知、愚昧之中，所以我要改变。要改变中国，就要改变农村；要改变农村，就要改变妇女。教育一个妇女等于教育一家人、几代人。为农村妇女服务成了我人生目标的重点了。所以我现在到处在讲妈妈对我的影响，从小我妈妈就是用这样的价值观教育我：自由、民主、博爱、责任，尤其是社会责任。

问：当时您是去哪儿做的考察？

答：是甘肃的会宁，就是当年一、二、四方面军会合的地方。我没想到新中国成立这么多年了还有这么多的贫困人口。然后我看到我的姐妹不被当作人，受欺负，忍受贫困，其实这不是她们自身的原因，而是政府失职。如果不限制政府的权力，就无法保护公民的权利。对于各个部门的关系，就是要限权。如果不限权，绝对的权力就导致绝对的腐败，他们如果滥用职权，侵犯的都是公民的权利。

于是我越来越感觉到了法的重要。因为我看到了侵权，我要依法行使权利。我是中国第一个用《宪法》维护公民权利的人大代表，我是第一个给自己规定每礼拜二下午接待选民的人大代表，我是第一个给自己规定不定期向选民汇报的人大代表。因为我相信法制、相信民主、相信透明。民主本身就是一个过程，如果没有程序，没有过程，民主就是一个僵尸，这就是我的理解。我为什么要做非政府组织，因为我觉得非政府组织也需要法制，也得民主。因为民主、法制是今后世界的方向和未来，只有实现民主和法制了，这个世界上任何一个公民才可能享受到人的权利。《联合国宪章》上面讲的都是人的基本权利，对我来说，我想到的是中国人，是在少数民族地区、在条件差的地区、在边境地区没受过教育的人，我是想到他们。当然国外现在很多国家，很多人也没有自己的权利。

问： 您能谈谈您个人关于非政府组织的管理理念吗？

答： 一个非政府组织的灵魂是明确的公益宗旨和团队精神。它不是属于某个发起人的，它是属于每一个人成员的。这是一个事业，是为了某个事业而建立的，本来就不是为某个人建立的，不能把它变成自己的"公司"，自己是"老板"，否则就错了。如果这样的话，这个组织就会停滞不前，它应该是属于大家的。因为一个组织的建立本来就是为了某个事业，为某个群体服务的。所以，我觉得中国的民间组织的成立，是历史的需要、公民的需要，是在改革开放之后，在社会里有了多一些民主、自由才产生的，是由具备社会责任的人去组织的。但同时它也有很大的局限性，因为中国的历史现状，每个人的家庭背景和社会背景、文化不一样，所以都会在不同阶段，不同时期出现不同的问题。我们的文化历来是一个人说了算，在家我们常常听到"我是你爸""我是你妈"，不善于分享，不善于听不同意见。尽管口头说要民主，但还是一个人说了算，这是很大的缺陷。我们应该集体决策，然后分清责任，共同管理。有荣誉大家分享，有责任共同分担。像我们农校的校训就是：团结、自立、分享、共建。

问： 您能具体说说校训吗？

答： 最重要的就是团结。团结就是力量，但每个人都是自立的，每个人都能独当一面，每个人都懂得自己在这个大圆圈里面的作用。就像血脉的流通，每个器官都不能缺少，都需要独立。

另外就是分享——行动者的分享。尤其是现在做妇女工作的人太少了，有信息就要分享，有荣有辱的，什么都得分享和分担，让大家知道。

在信息时代，实际上最重要的就是比各自掌握的信息。对于我们体制内的信息沟通，沟通越好说明越团结，说明我们大家都善于沟通。有毛病是正常的，但是这个毛病怎么来解决？

共建，我们需要共建和谐的世界。但是和谐也是基于《宪法》之上的，不是强权政治，而是大家都依照校规和制度办事，用同样的标准来衡量每一个人。所以我现在总是跟人家提，共建和谐的时候是人人有发言权，人人都按规章办事，要警惕和谐背后的和稀泥，不按原则办事。这就会造成不平等，不公平。

问：您能谈谈民间组织的能力建设吗？

答：我觉得能力建设很重要，但是关键是为解决什么问题，达到什么目的，而不是一种为了出"成绩"说自己做了能力建设，搞"假的，许多"能力建设。其实一个民间组织的成长和一个人的成长一样，是一个很漫长的过程，要根据各个阶段组织中人的变化、项目的变化，根据国内外形势的变化而做各种不同的培训。

比如，现在许多组织都有了董事会。很重要的是明确为什么要一个董事会，它的职责是什么，选什么样的董事，每一个理事的权责是什么，等等。董事会建立了以后，要马上制定规则。怎么来发挥它应有的功能？是不是按照法规来做？怎么做呢？怎么来评估呢？这些其实要学习并不断地提高和改进，是漫长的。我觉得我们中国有的培训者也不懂得什么是民主，有的是把外国的东西拿过来、搬过来，这也可以理解。但得必须懂得我们是中国人，要理解中国的文化和中国的价值观念，这个很重要。要在培训的过程中让每一个参与培训的人懂得要改变自己，懂得尊重每一个成员，要学会倾听，所以能力建设是一个过程、一个漫长的过程。这中间有一个自我教育的过程。在这个过程中间，怎样使大家知道人人平等，互相倾听、互相交流经验、互相谈心，这些都很重要。

问：那您认为能力建设应该怎么做？

答：对民间组织来讲最重要的是理念。首先就是对这个民间组织的目标清不清楚。如果目标清楚——为哪个人群服务，如何服务——那么在工作的时候，每一个员工，在每一个阶段和环节上就知道都是为了实现这个目标。其次，因为它的目标清楚，而且人与人能真诚相待，它就能吸引更多的人来参与。来的人是自觉、自愿的，人人都是平等的，创办者不应该以先创办者自居，把自己的想法强加给别人。所以我觉得分享非常重要，这个事业是大家的，每个人都要有一种主人翁感，这样才会把每一个人的潜力发挥出来，这样每个人都能够创造，这个组织才有活力！

而且我特别强调对员工不断进行培训，组织要有严格的规章制度，按规章制度办事，要对新来的人进行理念和规章的培训。另外我还强调评估，就是要请外面的人来评估组织在宗旨方面、分享方面、民主方面，制定的规章制度，还有监督机制是不是执行了。尤其重要的是账目是否清晰透明。善款一定善用，并欢迎监督！我当过不少妇女组织的董事，总是有一些民间组织的成员来找我"告状"，说有的组织的负责人用募集来的钱买了两套房子或将项目的钱据为私有，等等。这个组织可能没有监督机制，没有公布自己的收支请成员监督。如果是一个人管，没监督，有其弊端，这就需要有人来查账。可是现在很多组织不愿意被查账，或有两本账。

问：在实际操作过程中存在一个问题：如何来查账，由谁来查？

答：当然得请有独立资质的机构来清查，这样才能客观。可以请一些国际或国内机构来查。关键是必须要有监督。没有监督就没有民主，实际上民主就是监督，是手心和手背的关系。

民主，就是要让大家都平等，人人都有发言的机会，人人都会从自己的角度来阐述问题。领导者需要听到各种不同的声音，而我们目前很多非政府组织的领导，一般是喜欢顺着他们，不敢提意见的。这是和我们的历史以及传统文化的长期影响分不开的。

我曾经是美国旧金山"全球妇女基金会"的理事。我记得有一次我们开理事会讨论员工的有关福利时，会后基金会的一些员工马上就知道在会上理事是如何投票的，这严重影响了理事和员工的团结，对这个组织没有一点好处。我们理事来自许多国家，有不同的经验和看法，这是好事，因为看问题能更全面。出现上述情况是因为有的理事没有遵守理事会的章程。我就在会上说："理事一定要遵守理事会的章程。我们理事开会，讨论各种问题，我们的意见和看法就留在会议室里。到会议室外一律不要再谈了。"大家都同意我的看法。因为有规章就要遵守，这才是法治。这样才能团结！

其实非政府组织和任何一个机构都一样，也必须有章程和民主。因为法规是大家通过民主讨论制定的，大家都应该遵守，没有例外，一旦有"双轨制"就会有问题了。每一个人都应该知道什么事情该做，什么事情不该做；人人都应该平等，不分先来后到，不分级别，不分年龄。我从20世纪80年代中期就参与有关妇女方面的活动，我到处讲："妇女首先是人，其次才是女人，跟男人是平等的。男人也一样，他先是人，而后才是男人。女人她作为一个人，是人就有权利，是人就有义务，人有人的尊严，要有尊严地活着，妇女绝对要奋斗，绝对要自强，不能依靠任何人。"

问： 现在很多组织还不太成熟，大家协商、讨论、分享，往往导致效率不高。您怎么看待这种现象？

答： 这只是事物的一个方面，说明这个组织早就需要"能力建设"统一思想了，大家需要进一步认清组织的宗旨。民主需要一个过程。没有过程，就没有民主，民主需要每一个人敞开思想，大胆发言，不怕意见有分歧。经过大家讨论，问题会越来越明确。有的时候是"不打不相识"。大家经过讨论，都明确了努力的方向，大家就会团结起来一起干！我举个例子，大约在1984年底1985年初，群众来找我，提出退休人员看病太麻烦。因为在改革开放以前，家里有一个人"吃皇粮"，所有的药都由他拿，而且随便拿。药多到什么程度呢？那时的"胃舒平"药片比较大，有人拿墨水染了下棋用，浪费了大量的钱。后来卫生部门缩紧了财源，要求外国语大学退休的教职员工必须到海淀医院去看病拿药，虽然医院离我们学校不远，只有两站路，但要换两次车。有心脏病的、眼睛不好的、有关节炎的，不仅要上上下下麻烦，要多花钱，还要子女陪他们去。子女就得请假，请假就要扣奖金，那时候的工资也就是几十块钱一个月，奖金一扣就不少。他们有的人就为这个事情找我，说能不能有一些有困难的人在学校看病。我觉得有道理。我先去了校医院了解情况，院长说少数人没有问题，但是要得到海淀区卫生局的同意。我就骑自行车去了海淀人大、海淀区政府、海淀卫生局和财政局去谈这个事，他们说还没有人民代表为此事找过他们，但是可以试一试。他们同意后，经协商，他们都来，我在学校开了一个全体退休人员的大会，海淀区到会的领导表了态，学校医院的院长也谈了。我说："经过研究我们可以有10个人以下，含10个人在学校看病，请大家提名。"一开始还好，一个人提一名，并提出理由，后来是越提越多，一下有29个人。等到没人再提了。我说不可能那么多人都在学校看病，必须在10人以下。我说给大家两周的时间，请大家来帮我确定在校看病的人。两周后再开会。他们仨一群俩一伙地来提出意见。经过两周的酝酿，最后评出来9个人。第15天开会的时候，我把这9个人的名单写在黑板上，我说："大家第一次提名了29个人，现在经过酝酿剩下9个人，但是我怕还是不公平，我再给大家三天的时间提意见。"三天后没有一个人来找我，在第19天我就分别去了这9个人的家，8户，有一对是五保户，就去找他们谈。我说："大娘、大爷，这个机会太难得了，请大家一定要遵守我们定的法规，拿药就拿自己的药，别多拿。"第20天我公布了名单，没有一个人来找我。不少人见到我都夸我，说我公平。所以通过这个事实说明民主是一个过程。不习惯民主办事的人会认为："这个领导没有水平，办事拖拉，没有能力，不敢拍板。"

问：您觉得应该如何改变人的这个理念？

答：改变理念不容易，是一个过程，但是要一点一点地做。理念跟一个人受过的教育有关系，父母的影响、受到的教育、崇尚的价值观、交的朋友、看过的书籍等都有影响。一个人改变不了世界和周围，太渺小了，一定要和大家一起做，要做有心人，必须善于去听问题及需求，去考虑如何解决问题，了解每一个人都从哪些方面去努力。但是最重要的是要先改变自己。这是一个过程，就是我们进步的过程，否则很难把事情做好，也很难和别人沟通。

问：《农家女》杂志的理事会是什么时候成立的？您认为成立理事会有哪些注意事项？

答：理事会是2007年成立的。我觉得成立理事会，尤其是一个好的，真起作用的理事会是一个过程。首先得选人，还要选对人，要选从心眼里支持"农家女"这个事业的，他要能提建议，有自己想法，能为"农家女"筹款，没有私利，敢干监督。其次，理事们要明白理事会的任务和使命，它只是一个为"农家女"机构提建议、制定章程、筹款和监督的机构，不能干预具体的事务。再次，如果理事们不了解机构内部的具体情况，信息不畅通，报喜不报忧，理事们就很难提出符合实际的建议和做出比较好的决定，弄不好就会虚设理事会了。最后，理事都要搞明白，就算是理事长，即使是创办人也不能干预具体的工作，因为秘书长是执行者。这个组织不是属于个人的，是每一个理事、员工参与的，是大家的组织。

问：您对于做项目持有的理念是？

答：对于项目来，首先是要选善于做项目的人来负责。她要善于沟通和团结人及用人，因为她得和提供资助单位、接受项目单位的人沟通。她要会制订计划和制定实现这个计划的周密执行进度表。要确保质量，她就要在一开始设定评估指标，否则很难了解项目执行的效果。她要设计出比较确切的预算，会写中期和终期报告。其次账目要清楚，而且透明。不管项目大小，都是一个"大工程"。但所有的项目都要体现组织的宗旨，走每一步都是实现理念的一部分。我更关注的是过程，我不在乎结果。因为整个过程做好了，也就是一步一步做好了，结果就没有问题了。我喜欢过程，过程就是学习，是实践的过程、反思的过程、提高的过程。

问：您的意思是说要让组织里的成员了解自己的组织？

答：对，这是很重要的一点。就是要让每一个成员知道我们这个事业是做什么的，我们为什么要做，它的意义是什么；还要了解组织服务的对象是谁。但是这有一个了解的过程，不是为了做而做这个项目，上面怎么说就怎么做。我们做培训时，要了解被培训的人遇到什么问题，他们需要什么培训的内容，如何使他们积极培训，并有收获。千万要防止为了培训而培训。

问：您一直强调理念，您是否认为现在非政府组织的领导人的理念存在问题？

答：有的领导存在这么一个问题，就是功利主义太强，眼光非常短浅，没有长远的目光，他们确实缺少理念。

我一直觉得民间组织发展至今，存在明显的问题，就是公益组织的潜规则。这就是决定权越来越集中了，一些发起人或负责人不善于听意见，只听少数驯服人的意见就做决策，对大多数员工不够尊重。民间组织应该重视人人平等，因为这是基本人权，这是很重要的。但是现在有的变成了老板与职工的关系，动不动就解雇。当然一个人的思想是会改变的，社会在改变，钱和权高于一切，也必然影响到民间组织的人。我对公民权很在乎，尤其是我当代表的时候，我要利用法律规定的所有权利，我也一定尽到自己的责任。但是我对民间组织的一把手不感兴趣，因为我没有这方面的能力，而且我从来都知道，一个人改变不了世界，要尊重每一个人。所以对我来说，我常想到的是我在马边①、峨边②遇到的文盲妇女，大多数是少数民族，她们也是人，每一个人都是人，每一个人都是一粒种子，每个人都需要接受教育——有质量的教育，包括语文、数学、科学、体育、美术、音乐、技术和空间。教育要传递普适价值观：自由、平等、博爱、法治、透明，这样人才可能健康地成长。而且每一个人都是一座金矿，有着极大的潜力和能量，如果不承认这一点，我觉得这个人就不懂得"人，每一个人"的重要。博爱的爱字应是繁体的，繁体的爱字是有心这个字的，是博爱。爱是对人负责，是对人尊重，对生命的尊重，这才是爱。

---

① 马边彝族自治县位于四川盆地西南边缘小凉山区，地处乐山、宜宾、凉山三市州接合部，全县辖区面积2383平方公里，总人口17.3万人，彝族占37%。

② 峨边即峨边彝族自治县，隶属于四川省乐山市，地处四川盆地与云贵高原的过渡地带。

人人都有权利，人人平等所以它是可以分享的，每一个人都应该得到发展。我现在讲人权的时候，就想为什么我当初选择的是当人大代表和做NGO？因为人大代表这个工作是人民授权给我的，没有固定的模式，但是要尊重宪法、法律和法规，我可以依宪创造性地发挥人大代表的作用，宪法里规定人大代表重要的任务是监督。绝对的权力导致绝对的腐败，任何权力都要受到监督，民间组织也一样。

我做人大代表是选民选我的，我对他们负责，对宪法负责。我的任务是监督政府、监督法院、监督检察院。我是依照宪法、法规来监督。这是我的理念，我必须依照宪法来规范。所以，身份背景不一样，认识、出发点，还有价值取向差别就很大。

4. 谈父母

问：吴青老师，您有一种很强烈的平等意识。其实您的家庭是很优越的家庭，那您是从什么时候开始有这种平等意识的？

答：我爸爸妈妈都是大学毕业，受到过西方的教育，他们都在燕京大学当过老师。他们不仅学到人人平等，而且在现实生活中对所有的人都是平等的。他们对学生，对学校的每个员工，对在我家做过大师傅或保姆的人都是这样。他们都是人。带过我们三个兄妹的富奶奶一直是我们家的一个成员，我的父母送她的女儿读完大学。她女儿的孩子叫我爸爸和妈妈"爷爷和奶奶"，叫我"二姨"，因为我有一个姐姐。他们就是我的好榜样。尽管我的爸爸妈妈在学术上和文学上都有一些成绩，但是他们从来没觉得自己怎么样，看不起人。

我们是1955年搬到民族大学家属院的，记得有一天一位四季青女农民来敲门，她说她来看我妈妈，进门后就在客厅盘腿一坐。我妈妈从小是在山东烟台金沟寨长大的，生活在当时的水兵，也就是昨天的农民中间。她喜欢他们的朴实。妈妈小的时候经常听她的小舅舅给她讲《三国演义》和《水浒传》的故事，但是因为他有时忙，无法继续讲，她又想知道下面的故事，她只能自己囫囵吞枣地看，知道故事的大概。我姥爷带她上军舰的时候她就自告奋勇地给那些水兵讲三国和水浒。有人开玩笑对我妈妈说，你是高干子女呀，因为那时我姥爷是清政府海军官员。但是她从来没有那种"权贵"或"精英"的思想。我小的时候在四川长大，有一天我妈听我在骂人，问我怎么回事，我说那个女孩子打了我，我就骂她。我妈妈问我："她怎么没有骂你？"我说："她是哑巴。"我妈就说："你怎么能骂一个哑巴呢？如果你是哑巴，我听见别人骂你，我会怎么想呢？她太可怜了。她只能通过打，来表示她的意见。"这就使我开始懂得人要有换位思考的能力。因为每一个人都不一样，表达的方法也不一样，这是一个多元的社会和世界。所以要倾听，要换位。

问：那个时候您多大？

答：我还没上小学，大概五六岁的时候。我妈妈从来都不觉得自己怎么了不起。她的穿着很朴素、大方和得体。记得我们住在四川歌乐山的时候，有一天她在家打扫房间，穿着一件蓝色旗袍，有人敲门，他们没有见过我的妈妈，看她穿得很朴素就问："你们家太太呢？"我妈说："我就是。"让他们吓了一跳，无地自容，他们没有想到谢冰心就是这样。我妈妈就是这样。平时穿得很随便，正式场合穿料子的衣裤，有外宾时她穿中国的旗袍，非常得体。我爸爸和妈妈一样。我爸爸叫吴文藻，是江苏江阴夏港人，从南菁中学毕业，又考上北京的清华学堂，1923 年去美国读书，拿到学士、硕士、博士的学位。他还拿到哥伦比亚大学十年最优秀的外国留学生奖。他学的是社会学，他提出社会学中国化。他算是中国社会学学科的奠基人之一。但他从来没觉得自己了不起，从来没有那种感觉。那一代的知识分子出国学习，就是为了改变中国，加快中国的现代化。那一代的知识分子真是了不起，是我们的榜样！

问：您父母对您影响很大吧？

答：我很幸运，自小我的爸爸和妈妈就用正确的价值观教育我。从小我的父母就尊重我们，倾听我们的意见。他们从来没有对我说过"我是你妈"或"我是你爸"，从来没有。因为"我是你妈、我是你爸"这样的说法，和"我是主席""我是支部书记"一模一样，体现的是一种独裁、专制，一种自上而下的控制和思维方式。作为小辈或下级，对上是绝对不能挑战的，只有服从！

问：您跟您父母的关系是怎样的一种关系？能形容一下吗？

答：我非常尊重我的父母，因为是他们给予我生命，教育我健康地成长并承担社会责任。我们有的时候又是朋友的关系，我们是平等的，所以我们三个孩子很愿意发表自己的意见。我们家有三个孩子，哥哥最大叫吴平，是一位建筑师；姐姐是老二叫吴冰，是美国文学和亚裔美国文学的教授。一般人到我们家来就能听见我们吴家的孩子在说话，在发表意见了。比方说我小的时候在四川，我爸妈的一个美国朋友来我家玩，我就跟他说"我不跟你玩，你是外国人"。我是这么想的也就这么说了。所以我们在家里大家很平等，每一个人都能发表意见，不因为你是小孩子，就不能谈看法。我爸妈特别尊重我。我觉得我幸运的就在这儿，父母和我们之间是平等的。

另外就是，我有很深的草根情结、民主情结、世界意识，我克服了我的狭隘的民族主义，这个其实跟我父母的教育有很大关系。我觉得我爸爸妈妈既有国际主义情怀，又有爱国主义情怀，我爸妈都有一个"爱国，不等于爱党"的观念，他们分得很清楚。所以后来有人让我妈妈入党，我妈说："我在党困难的时候都不入，党执政了我再入，那算什么？"我觉得我爸妈真是了不起，他们是真正的知识分子。

其实我妈妈也很幸运，在她很小的时候，我姥姥就跟她说女人既要有家庭也得有职业。我妈出生在一个很特殊的家庭里，我的姥爷谢葆璋思想也非常开通。我妈是1900年出生的，她没有扎过耳眼，也没裹过小脚，而且我姥爷带他上军舰，向他的朋友们介绍说，"这是我的女儿，也是我的儿子"。我妈从小就女扮男装，穿着海军服，到了十一二岁才戴红头绳。

1911年辛亥革命取得了成功，我妈把自己攒的过年的压岁钱全部都捐了。后来有人怀疑我姥爷，说他是乱党——当时我姥爷已经当到了海军的次长——他就不干了。

我母亲说我身上有很多她的痕迹，但我知道我没有她的才气，所以我妈说我没有文化，这一点我承认。我对中国文化知道的很少，因为我1951年回国后，慢慢地中国这个社会制度就越来越不重视真正培养人的教育了，而是培养"驯服工具和螺丝钉了"！

问：您能谈谈您的父亲吗？

答：我爸爸叫吴文藻，1901年出生，是江苏江阴夏港人，从南菁中学毕业，1916年又考上北京的清华学堂。当时这所学校是留美预备学校，所有的科目都是用英语教授的。他1923年去美国留学，在去美国的船上认识了我的妈妈，很浪漫。我爸在达特茅思学院拿到学士学位，去纽约的哥伦比亚大学拿到社会学系的硕士和博士学位。他还拿到哥伦比亚大学十年最优秀的外国留学生奖，他对中国的社会学学科的建设是有贡献的。他提出社会学中国化。他算是中国社会学学科的奠基人之一。"社区"这个专用词汇是我爸爸从英语翻译过来的。但他从来没觉得自己了不起，从来没有那种感觉。那一代的知识分子出国学习，就是为了改变中国，加快中国的现代化。那一代的知识分子真是了不起，是我们的榜样！但知道他的人太少了。因为在新中国成立的初期社会学这个学科就被毛泽东枪毙了。

他认为在社会主义的中国不会有社会问题！1957年的"反右"，学习过社会学的人几乎全军覆没，成了右派，成了反党反社会主义的敌人！

问：您父母什么时候开始住进现在这栋房子的？

答：是在1983年底搬到这儿的。原来我们住在另外一栋楼的二层的一套公寓里，比这套公寓小。搬到这套公寓时给了他们两套，这套是给教授的，比较大，对面的那套面积小，是给副教授的。1980年6月我妈妈得了脑血栓，我们这一家就搬回来同爸爸和妈妈住，照顾他们，一家人挤在了一起。我和我丈夫陈恕，他也是北外的老师，就住进了爸爸和妈妈的卧室，一个双人床，爸爸妈妈住进一个不到十平方米可以放进两张小床的房间。当时有的领导说要给他们盖一栋小楼，我爸爸妈妈反对。后来正好盖一个高级教授楼，就给了我们两套公寓。

问：那现在有冰心故居吗？

答：没有。因为我们家过去从来没有用钱去买房子，而且适逢战乱，我们搬了几次家，都是租房子住。我爸爸妈妈最宝贵的东西就是书，我爸爸到哪儿都买书。"文化大革命"中民族大学和北外的红卫兵抄了我们家以后，民大在本校办了一个"吴文藻谢冰心资产阶级生活方式展览"，实际上是把在民大抄的所有人的东西都算作我们家的。开始的时候我爸爸和妈妈每天一大早脖子上挂着小黑板站在门口那儿挨整。在展览会上有金子等很贵重的珠宝，有人在展览金子的展台前就问："这个金条是怎么来的？"我妈说："金条不是我们家的。在我们家最贵重的东西是各种不同版本的书。"红卫兵就说："不老实！"

问：后来那些书呢？

答：大部分还给了我们，后来爸爸的书捐给了民大。在爸爸去世以后，妈妈把爸爸留下不多的钱捐给了民大社会人类学系设立了吴文藻奖学金。因为社会学科的书和文章在新中国是不太受欢迎的，尤其是在改革开放以前。我爸爸又是"右派"，降职降薪，根本都没多少钱。谈到捐款，在我妈妈95岁的时候，出版社为了庆祝她的生日出版了《冰心全集》，妈妈把她第一次的稿酬也全捐给了"农家女"，有九万多（元），加上利息共十万多（元）。用到了建"昌平区农家女实用技能培训学校"上。这是妈妈"爬格子"的钱，她算一级作家，写一千字三十元人民币。

5. 谈教育

问：您能谈谈作为老师的经验吗？

答：我对教育是这样看的。教育是心灵学。通过上学念书，学校通过老师授课，让每一个学生都应该懂得爱、博爱、信、真、善、美。他们的心灵应该更加纯洁，更懂得责任和奉献。百年树人，所以是一个漫长的过程。我很注意学生的做人，（希望他们）懂得尊重人、关心人，懂得规范自己的行为。我总对学生说，不管做什么事都得一步一步走，不能还不会走就要飞，百年树人啊！我做老师很注重学生的人品，我帮助过许多从农村来的学生，我关注他们的思想、他们的学习。有困难的，我做个别辅导和诱导，不断地去和他们谈心，帮助他们。我的学生有什么想法都会跟我谈。我是他们的大朋友。他们跟我都很好，学生要结婚了，会来找我，问我怎样避孕。我从来不是指导员，也不是班主任，但我永远是班主任，是学生让我成为实际的班主任。

问：您作为一个专业课老师，还辅导他们这些？

答：那时候我是加拿大国际发展署的妇女专家，去社区做环保，我就把我的学生带出去。我做人大代表时，我给学生讲如何做代表；我出国开会我讲开国际会议的体会，去非洲的体会；等等。学生非常感兴趣。我班里的学生一直是最关心社会问题的人。有一天我正好出去，在马路上看到穿着黄色衣服的学生，在路上制止行人乱扔东西污染环境，我走过去一看是我的学生。保护环境是大家的事，公共财产是属于大家的，人人都应该去爱护。什么是自由？自由绝不是一个人爱干什么就干什么。自由是在不影响别人的情况下，你爱干什么就干什么。自由也是有条件的。人人都有自由，每一个人都要有空间。

问：您教过的学生里面，有没有在民间组织里面工作的？

答：有。我还有一些学生是在银行里工作，他们组织了专为民间组织服务的小组。我真为他们感到骄傲！

问：您如何看待我国目前的教育？

答：我们已经把"知识就是力量"这样一个永恒的真理改成了"知识改变命运"，多可悲呀！现在是应试教育，中小学尤其如此，搞得师生关系非常紧张。因为学生考试的分数是教师评级、学校评星级的砝码。太可怕了。教育部门不依宪确保每一个孩子全免费地接受质量好的义务教育，不依照《教育法》和《教师法》保证教师的工资能高于当地的公务员以使老师能安心教书。他们不懂教育，又管得太多、太具体。教育太失败了！现在的孩子说假话脸都不红！

另外除了应试教育，我们还在培养"驯服工具"。一考试老师事先给答案，而且讲清楚，就是一个答案。这种思维太危险了。条条道路通罗马，怎么在中国就不行呢？我告诉我的研究生和学生，不是我说的就一定对，只要他们看书，思考能自圆其说，就是对的。像我最近在西安给学生讲课，一个学生站起来说："我辅导我侄女的时候，我说还可以用另外的方法得那个答案，但是我的侄女告诉我绝不能那样，跟老师说的不一样就是0分。"这就是中国，这就是中国教育。

对我来说，教育是心灵学。几年以前第六届世界人文大会在北京召开，他们请我去做主题发言，我就提出，人文教育一定要加入人权教育。大学不只是传递知识和技巧，最重要的是培养一个人。我觉得最重要的是每个人是个大写的人，每一个都应该有自己的位置，他是两条腿站在那，挺拔地站在那儿。

6. 谈民主与人性

问：您怎么看待政府和人民？

答：一定要把政府和人民分开来看，世界上没有一个政府能够百分之百代表自己的人民。一个国家在成长，人民也在成长。看看美国人民对待"9·11"态度的转变，我就懂得：过多的民族主义是杀人的。我们应该争取做一个世界公民，在看问题的时候必须有一个全球视野，从全球来看中国，从中国去看世界。由于现代通信的发展和创新，我们这个地球真是越来越小了，成了地球村。尤其是我做了一些国际组织的理事，去了很多国家，使我看到许多外国姐妹在做改变人、改变人的思想工作，而且很有成效。一旦人的思想改变了，他的态度和行为也跟着改变。因此我想我们一定要不断地用普适价值观来不断地改变自己和周边的人。这是一个过程，在前进的道路上会遇到很多的困难，但是是值得的。要一个人、一个人的去做！

问：您有一种很强烈的超越自我的意识，您是不是有这样的一种意念：您不是为了"我"？

答：我知道我是人，是一个女人，但是我在努力成为一个负责任的公民，我知道我的权利和责任。而每一个人又是社会的人，得到其他人的帮助，又要回馈于社会。但是一个人的力量是微薄的，而团队精神的力量是无穷的，我知道我的理想靠单个人是什么都做不成的，只有跟大家在一起做，才可能做成。要把中国变成一个民主、自由、法治、透明的国家是大家共同的事业。比方说像我们，1984年就开始有一些女教师组织一些活动，然后慢慢走入正轨。后来我离开那个小组是因为它只限于讨论，没有实际的行动去改变现状。我参加了世妇会前的各种培训活动，通过活动我认识了国际和国内的一些妇女组织；通过行动，认识的人也就多了，不少人找我去做培训。这就是改变，这就是行动。我要做事情，不是光坐在那儿说，光"说"是不能改变什么的。

经常有人说领导"说话不腰疼"，这个"说"字是"言"字旁边一个兑现的"兑"啊！说话要兑现的。"话"呢？是人旁边一个舌，舌头是在每个人的嘴里，所以每个人说的话都不一样。因此要好好地去听。繁体字的"聽"字，我是这样解释的：耳朵大王也得听，就因为每一个人都有他自己的意见，有不一样的意见，那就要带着十五颗心去听，"十""四"加"一"嘛。繁体字的"愛"字有心，要用心去爱人，爱大自然。再看"人"字，"人"其实就是站在两条腿上，头往左倾斜，为什么往左，因为人的心在左。我们必须倾听自己的心语，人还是要有良心。"信"字是"人""言"，人得说真话，人才会信。和谐的"和"，"禾＋口"，人人有饭吃；"谐"，人人有发言权。所以在一个家庭、一个学校、一个国家，在联合国，如果都是这样，这个世界才可能和谐。而汉语里面又是"真、善、美"，它为什么是这样的一个顺序？为什么不是美、善、真；善、真、美；善、美、真？因为只有真才可能善，只有善才可能美。我现在到处在讲这些字。

问：从您的人生经历来看，包括您讲的从"文化大革命"到现在，我想问您一个问题，我们缺的是什么东西？

答：现在回过来看，生活在这个土地上的人的人性被严重摧残了。这几十年来，历次的政治运动都对人性、对自由和民主不断地进行批判，结果把人变得很功利、很自私，人变得没有人性了。我们缺的是人性，对人的尊重和爱护，对大自然和生命的尊重。现在很多人缺的是良心，很多人没有良心了。人们为了自己的利益什么都做得出。人性没了，道德底线没了，人被毁了。

所以我现在到处在讲自己的历史，我妈妈对我的教育。如果我们不说，不发出声音，我们还是人吗？现在很多人变成了物质的奴隶。太危险了！

问：还有一个问题我想问您，您对未来有信心吗？

答：我有。为什么呢？因为人民的法律意识越来越强。我就是从每一次人民代表接待中发现人民已经开始用宪法和法律维护自己的权利，我每次都跟他们说去找《宪法》，依法维权，他们逐渐懂得用非暴力的手段依法维权了。不少人感到这个社会对人很冷漠，他们自愿组织起来做改变人的工作，尤其是青年人在参与，这就是希望。

问：您这个信心来自于您觉得这个社会在觉醒？

答：对。人民在觉醒。这里包括政府官员，党的干部，党员。

问：您觉得在做人方面要有哪些原则？

答：我觉得人活着就要有目标，做事要有原则，这个原则就是普适价值，自由、平等、博爱，尊重人、生命和大自然，要有世界公民意识，办事情要依照宪法和法规，要讲道德，不说假话、空话、大话。而道德是有底线的，这个东西很重要。这是父母教我的，他们也是这么做的，要守住底线。但我在"文化大革命"中被逼得说了假话，害了人。当时在北外我经历了近八十多场大大小小的斗争会，目的是要我说我们支持的前党委书记支持武斗，实际上他因病早已退了。我们的宿舍门口有人看守我，不让人与我接触。红卫兵不仅抄了我爸爸和妈妈的家，也抄了我的家，他们随时来揪我去被批斗，让我到学生宿舍去住不许回家。我儿子才两岁多，是学校托儿所的全托孩子，他一周回家住一夜，半夜他多次做噩梦哭醒。他说老师说他的姥爷、姥姥和妈妈都是黑的。他被吓哭了。我心疼，实在忍受不了了，没有守住道德底线，没有坚持说真话。我说了假话，这时他们才停止了批斗我。所以我就觉得说假话太卑鄙，当时我就是为了自己能够不挨斗，孩子能免遭恐吓而说了假话。实际上说了假话就更痛苦了，因为我没有骗过人。于是，我立志再也不说假话了。要说话就说真话！说真话，人才信。这是做人的底线！

所以我在民间组织里面，在任何事情上都有一个底线——不说假话。我要全说真话，我到哪儿都说真话。

访谈印象

我是吴青老师的粉丝，堪称"青丝"。在大学时代，我听着她的广播学英语，走出了校园，知道了世界。后来我出国，在联合国的国际会议上见到优雅的吴青，她精彩的发言博得阵阵掌声，我用相机拍下那感人的瞬间。在民院的教授宿舍楼里，她指点母亲的遗物和父亲的旧照给我。这里是冰心和吴文藻，两位中国现代大家的居室，也是吴青生长的环境。望着这朴素平凡的地方，听着她娓娓道来的故事，我感受到这位书香才女深厚的文化底蕴和她骨子里强烈的民主情怀。

　　吴青老师的人生境遇大起大落，悲喜交集，她的内心世界却平静如水，透明如冰。访谈结束后不久，她随我去长沙参加一个动物保护的国际研讨会，她像孩子一样谈起家里那只可爱的猫咪，那份浓浓的爱已超越了人类！暑期，她与先生游览新疆，发一个微博给我，这一个关怀让我感动久久！访谈成稿后，她不顾旅途劳顿，带着书稿飞越大半个地球反复修改，给我们提出许多中肯的意见。我知道这个访谈太短太仓促，远不能记下她人生中更多的精彩，期待由此唤起她周围更多年轻人的关注，用一样的口述史方法，再现吴青老师更加丰富的人生史。

五 吴登明 谈重庆绿联

吴登明先生

访谈吴登明先生

访谈题记

吴登明先生，1940年生于四川嘉陵江，2013年7月19日病逝于重庆，享年73岁。吴先生20世纪80年代中期以志愿者身份从事民间环保活动，1995年创办重庆绿联，任秘书长，后为会长。

重庆绿联，全称为"重庆市绿色志愿者联合会"，由吴登明等人于1995年发起成立，是一个以绿色文明为理念，大力推进公众环保运动的民间志愿者组织。其宗旨是：团结社会各界人士，保护环境，倡导绿色文明，推动环保运动，促进西部社会和经济的可持续发展。成立以来，重庆绿联在吴先生领导下，秉持"少说多做，身体力行"的行动准则，深入江河大川、深山密林开展环保调查，为保护江河、防治污染奔走呼告，推动全民环保。吴先生先后获得福特汽车环保奖、中国环保地球奖、全国学雷锋志愿者先进个人等荣誉，被公众举为"绿林好汉""护林英雄""重庆环保第一人"等。

吴先生的口述史访谈主要分若干阶段进行。前期主要于2006年、2007年、2009年在重庆和北京约谈多次；2013年3月底，我们来到位于重庆大学的绿联办公室，与先生进行了深入交流。访谈录音整理完成后不久，惊悉先生不幸去世的噩耗，令人悲痛不已！未经先生审阅，是我们口述史研究的一大遗憾。谨以此稿，告慰先生在天之灵并深致谢忱！

1. 个人经历与环保的缘起

问：请介绍下您的个人经历和重庆绿联成立的缘起？

答：在20世纪60年代末期，我就对西方的环保运动有所了解。当时我在重庆铁塑钢厂工作。铁塑钢厂是一个老军工企业，是20世纪30年代，抗日战争爆发以后在重庆建立的。起初它为抗日战争制造炮弹和提供军事用的钢材，新中国成立后它是我国军事工业重要的钢材供应生产基地，是全国八大铁塑钢厂之一。"文化大革命"时期，这个厂实行了军事管制，当时我在部队，被选派到这个厂做军代表。1968年，我主管生产，了解到很多关于西方现代工业文明带来的环境问题和现代工业革命的一些新的观念、技术和信息，包括日本、德国、美国等发达国家一些先进的工业化理念、技术、人文，以及工业化带来的环境问题等。

这引起了我的一些思考，诸如资本主义国家工业化带来的环境问题，会不会是我们中国实现四个现代化的明天？我的观点遭到了批判，差点被开除军籍。我又提出：科学技术没有阶级属性，被批评为诡辩，还说我的这条路线斗争没有调和的余地，一切路线必须符合阶级斗争。整党的时候，我被处理为"缓登记"，后被调离。我亲身见证了新中国成立后十多年来生态环境的变化，看到森林被砍伐，以及由此造成的生态环境恶化、水土流失、土地瘠薄等问题，特别是嘉陵江的中上游、川北和川东北那一带。当时我所在的工厂，"三废"对环境的污染已经很严重了。

问：您能具体谈下新中国成立后十年来生态环境的变化吗？

答：1958年"大跃进"以后，我参加了全国大炼钢铁运动，当时土高炉的主要燃料是木头，许多地方砍了大批古树，拆了不少木质结构的院落，那一年可以说是国家生态的大浩劫。我们那个年代的人对共产主义、对社会主义、对共产党、对毛泽东思想是顶礼膜拜的。那个时候的社会风气很和谐，人们的思想、文化都很融洽，我们对共产党、毛主席，对社会主义制度是无上的崇敬。我们那代青年不仅仅具有爱国主义思想，更准确地说是具有民族主义思想，甚至到了具有民粹主义思想的阶段。我自己评价那时的我就是一个典型的民粹主义者。

1958年实行农村合作化，建立人民公社以后，搞改天换地，叫"人有多大胆，地有多大产""天上没有玉皇，地上没有龙王，我就是玉皇，我就是龙王"。还有虚报浮夸，本来地里只产500斤，却虚报为1500斤。当时贵州毕节县一个农村的稻谷，上报说产了15000斤。当时我就很怀疑，因为小时候我出生在农村，我知道田能产多少，15000斤简直不敢想象，于是我就去亲眼看看。到了那里，我看到他们是把好几块田的谷子集中在一小块田里，甚至用风车在田边鼓风，风都进不去，可以想象到谷子的密度有多大。"浮夸风"就是从那个时候开始的，直到现在还有，只不过没那么明显了。

问：1958年的"大跃进"？

答：对。1958年"大跃进"、人民公社总路线、"三面红旗"、大炼钢铁运动以后，1959年自然灾害开始了。起初我们还没有认识到人与自然发生了矛盾，1958年的时候还是一种丰收、大好的景象，到了1959年就开始连续三年的干旱。在那三年灾害中，人们思考了许多，意识到了破坏自然会遭到大自然的报复。那时候出现了很多违反科学的现象：第一，造土高炉，消耗大量木材作燃料；第二，办公共食堂，人们把家里的小锅小灶都送进去炼钢铁了，很多家庭除锄头作为生产的工具以外，其他的铁器基本上都没有了。

1959年以后，我们的生产工具、生产关系受到了很大的破坏，人们都盲目地集合在一块儿，凭着一种热情、一种理想、一种追求，但违背了客观规律。1959年灾害以后，口粮减少，人们一下子茫然了。为了解决饥饿，许多人甚至于连种子都不放过。然后就开始实行紧缩政策，口粮开始限量，像我们重庆的城镇居民只有24斤口粮，中专生、大学生34斤。到了1960年，形势就更加严峻，人人感到自危，为了生存，甚至连普普通通的一锅米饭都到了你争我抢的地步。

问：您当时对这种现象的认识是？

答：1959年，我开始学习毛泽东《湖南农民运动考察报告》，下农村去进行调查，发现很多灾害并不是自然现象造成的，而是我们人为造成的，是由一种主观的、违背科学的、违背客观的思想和行为造成的。当时的长官意志占了绝对的领导地位，谁不服从长官意志，谁就是反革命，就是和共产党背道而驰，谁就要挨批斗。这些政策、长官意志以及社会形态引起了我的一些思考。盲目的崇拜使我产生了怀疑，所以我对当时一些政府官员和他们所强调的一些政策是很怀疑的。可以说当时的"自然灾害"与我们的政策有关，而真正的自然灾害只占到很少的一部分。大炼钢铁、"大跃进"、人民公社带给人们思想的危害甚至一直延续到现在。

那个时候党中央、毛泽东的话一言九鼎，到"文化大革命"的时候这个现象达到最高峰。1958年以前，社会风气相当和谐，为何之后会出现如此大的社会紊乱？为何长官意志能主导社会？这些问题只有同学之间在一块儿议论，我当时就说共产党再不纠正的话，恐怕要出现农民起义。但是人们为了生存，即使年轻气盛也不敢大声说，因为还要吃饭！

问：您当时的处境怎样？

答：1959年我们学校在当地沙坪坝开了一次公判大会，当时我没有入团，也不是积极分子。因为我的言语比较激进，一些思想也反映出来了，所以我的思想就被批为有点"落后"，有点"反动"。幸好我是工人阶级出身，并没对我有什么过分的处罚。可为了杀鸡儆猴，凡是镇压反革命、宣布判刑、打击所谓不法分子的活动，学校都要我去参加，要我们这些表现不好的学生去参加，名为"受教育"，实际上就是警告这些青年说话要谨慎。我们只好说些"形势大好"之类的空话、假话应付过去。

1960年毕业的时候，我被分到部队。那个时候的部队，打仗的时候可以吃饱，不打仗就没饭吃。我分析了当时的社会现象，由于新中国成立后10年时间，共产党给人们好处的时间相对比较长，所以人们对共产党的好处还是记得比较多，尽管肚子饿，也还能忍受。新中国成立后，政府为了镇压反革命，一些人被投进监狱、被镇压，虽然人们政治信仰里开始出现怀疑，可为了生存，人人都不敢乱说乱动。

再后来我就到纺织学院当军代表，看到纺织产生的问题，特别是印染废水对嘉陵江的污染，于是我就与人讨论如何治理。我们建了个污水处理厂，用污水处理沉淀池做污水处理实验。当时那个试验的处理技术虽然很落后，在国内却是超前的，算是一次尝试。

问：您是什么时候进入纺织厂做军代表的？

答：1971 年。那时我对环境意识、环境思想、环境文化和理念、西方环境现代化都有了进一步的了解。1975 年我转业，到重庆大学教政治经济学和哲学，但不到一年，我就被批评思想太反动，把学生引到了邪路。

我采用讨论、探究的方式来教我的学生，比如提出问题，探讨我的观点，然后让学生来质疑我，采用老师教学生、学生教老师、学生教学生的方式。一些讨论引起了学校高度重视，说我对社会制度进行了批判，所以他们就不让我教了。后来我负责行政管理工作，与学生关系比较密切。到了 1985 年，我在学校成立了一个"精神文明志愿者服务队"，这个"精神文明志愿者服务队"是我创办的环境保护组织的前身。

问：您能简要介绍一下"精神文明志愿者服务队"吗？

答："精神文明志愿者服务队"集合了一批骨干，以大学生和大学教师为主。我们学校有一位从德国回来的老师叫田达生①，他的西方思想理念，对我们组织的思想准备起了很大的作用。我们的主要任务是开展社会公益环境活动，比如在校内外、歌乐山②植树，宣传保持校内、社会环境卫生的意识，包括不要乱扔垃圾，节约资源的习惯，保护城市园林，保护公共设施，还有监督同学们公共道德的行为规范。当时我们学校开展"五讲四美"活动，培养"四有"新人，这与我们国家宣传社会道德行为规范相一致，对学生个人的思想、行为、品德进行教育。

当时我也是在投石问路，看看这个组织会不会遭到校方还有政府方面的责难。因为以前官方会将这种小团体批为反动组织，很多小团体活动在我们国家都是不允许的。没想到当时学校很支持，于是我们从 1985 年一

---

① 田达生，1937 年出生，毕业于北京大学德语系，时任重庆大学德语系教授，与吴登明共同创立绿联。

② 歌乐山，地处沙坪坝区中部，距重庆市中心 16 公里，因大禹治水，召众宾歌乐于此而得名。素有"渝西第一峰，山城绿宝石"之美誉，是重庆市两大"肺叶"之一。

直坚持到 1991 年。

问：1991 年以后呢？

答：1991 年我就开始促使这支"精神文明志愿者服务队"走出校园，走向社会，宣传"五讲四美""植树造林"，宣传公益性的行为道德规范，如节水节电、不要乱丢垃圾等，并打着"绿色志愿者"的旗号首次开展活动。

问：1991 年就开始用"绿色志愿者"这个称呼？

答：对，当时我们的活动主要是宣传保护环境、注意卫生等。我们还到森林公园、车站、码头、河边去清扫垃圾，到歌乐山去植树，到各个地方去宣传，社会反响很好。参与我们的青年志愿者越来越多，我们就以沙龙的形式每个月或每一周召集大家在一块，讨论下一周或者下一个月我们组织的活动主题。

问：在 20 世纪 80 年代中期的社会情形下，除官办机构外，其他民间组织是一个什么状态？

答：那时没有志愿者组织。"志愿者"这个词语都没有。这个名称实际上是从西方发达国家传过来的。

2. 成立绿联

问：绿联是什么时候登记的？

答：1995 年，当时我们觉得条件和经验已经比较成熟了。虽然之前经过很多磨难，但我算是摸爬滚打、披荆斩棘地过来，也磨炼得比较成熟、比较坚定了。那时候，全国还没有一个像我们这样的，在提出来建立的时候就已经取得了法人代表的资格，并且是在民政局注册登记的公众组织。可以说，我们也是当时唯一一个真正由公民自治、自主、自立建立起来的 NGO。我们的会标是六片叶子，这六片叶子代表着有人居住的六大洲，这个"树"字就代表着一个团结的轴心，轴心上的地球便是我们生活的地球。我们的口号就是"全世界人民联合起来，保护我们共同生活的地球家园"。

问：1995 年注册的时候是挂靠在重庆市环保局？

答：是的，一直挂靠在重庆市环保局。

问：当时自然之友也刚刚成立？

答：对，自然之友比我们早，是 1994 年成立的。但自然之友不是一级法人，而是挂靠在中国文化书院下的一个二级法人。

问：你们当时在民政局登记的是一个什么性质的组织？

答：登记的是非营利性的联合性社会团体。当时登记项目还没有分类，给我们定性为联合性社团。当时他们还很为难，只好将我们挂靠到环保局。之后，环保局承诺活动都由我们自主，他们不会干预，给我们充分的活动空间。

问：登记时有没有遇到什么困难？

答：我们当时提交申请材料的时候遇到了注册资金不足的问题。我们都是青年志愿者，拿不出什么钱。当时有个青年志愿者叫何明胜，他原是重庆铁塑钢厂的一个技术员，平时参加活动就积极，建会时他筹备了三万元。所以我们当时请他来当会长，我是副会长兼秘书长，田达生做副会长。

1995 年 3 月，绿联成立后，我们商定三大活动领域：第一个是自然生态保护，第二个是环境教育，第三个是动员公众参与环境保护。大家约定，开展活动的时候遵从"自觉、自愿、自费"的原则。

问：您觉得绿联登记前后的主要差别有哪些？

答：成立以前我们的组织是松散型的，没有具体的项目。成立以后，我们规定项目要具体到人、时间和经费，要走专业化的道路。当时正好国企改制，钢铁、重工业等产业不景气，很多人下岗，生计都成了问题，所以参与活动的人越来越少。何明胜要到北京去寻求发展，把原来投入的资金都抽跑了。大家各自谋生。绿联遇到了生存危机。那时候，几个主要负责人都坚持不下来了。最后就只剩我和田老师两个人。为了办下去，我就提前退了休。

问：您什么时候退休的？

答：1997 年。退休前，我们把绿联的办公室设在原先我做行政工作的办公室，学校对这个意见也很大，为了避免一些非议，我辞去了在学校的职务。退休后，我就集中全部力量来做绿联的工作。但那时没有资金支持，后来连办公室都被学校收走了。我只好把办公室挪到家里，在家里待了两年。当时我们的主要成员都是青年人，大家为了生存先后都离开了，只剩下我和老田还在坚持。老田还要上课，精力也没有我这么充沛，加上没有行政和社会工作的经验，几乎全部的活动都是我一个人承担下来的。

问：那段时间很艰难吧？

答：是的。

问：从 1985 年"精神文明志愿者服务队"成立，到 1991 年走出校园，再到 1995 年成立绿联，您为什么选择环境保护这项事业？

答：成立初期，我们选择环境保护是因为其风险小，并且是一个中立的、不带有任何政治风险的领域。当时我们关注自然生态保护，是因为保护自然生态、天然林是以社会利益、公众利益为导向，和个人没有任何利益关系，这些工作需要个人勇气和个人付出，更需要靠个人觉悟。

问：您最初的想法主要是想为社会做事，结合自身的环保理念和经历，然后逐渐形成了组织的宗旨，对吗？

答：对。环境问题是一个世界性问题，它既是一个社会问题，又是一个科学问题，是一场革命，是社会、政治、经济、文化、哲学、思想各方面全方位的一种变革。

问：您能谈谈您创建组织的想法吗？

答：我希望通过环境保护提高人们的社会责任意识，树立社会公德、社会责任与人文意识。有了公德意识后，我们才有社会责任感；有了社会责任感，才会关注社会，为社会贡献自己的力量。我想通过环境保护组织宣传、教育、提高公众维护自己权利的意识，树立社会公德意识，产生社会责任，推动民主与法制的建设。我认为中华民族如果没有人文的复兴，就谈不上中华经济的复兴、社会的复兴。

3. 保护天然林

问：绿联最初的环境保护主要做什么？

答：我们主要做自然生态保护、天然林资源的调查和保护。我一年基本有三分之二的时间在对长江上游的四川天然林、云南天然林、贵州天然林进行资源调查，宣传资源保护。我们调查的目的只有一个，就是保护长江上游天然林资源，促成长江上游天然林资源的禁伐。我们一方面调查天然林资源，另一方面宣传野生动物的保护和珍稀物种的保护，并进行调查。比如从植物来看，有红豆杉、银杉；从动物来看，有金丝猴、黑叶猴、金钱豹、华南虎等。

问：当初最大的困难是什么？

答：我们遇到最大的困难就是缺少人才，没有人愿意来做这个事情，做一次可以，两次、三次他们就坚持不下来了。因为做天然林资源的调查，首先要能吃苦，要徒步背包到人迹罕至的地方去。其次是随时都会遇到饥饿，遇到毒蛇、猛兽等，还会遭遇自然灾害的威胁，比如狂风暴雨等，还有可能遇到滚石，随时都有被砸死的危险。所以好多人都害怕，就不愿意参加。我徒步跨过岷江、大渡河、乌江、金沙江进行调查。这个时候有零星的志愿者来陪我调查，但多数时间是我一个人。

有一次我在森林里调查了七天，可我准备的只有三天的干粮，结果走迷了路，七天才走出来。如果没有毅力，那就死在森林里面了。在川西天然森林里，生物多样化，气候也复杂，地势地貌也很复杂；进去以后又没有道路、没有村庄、没有人烟，生活条件很艰苦；识路靠指南针，有些指南针失灵了，只好凭借地图。假如没有一点经验是走不出来的，因为我在部队当过侦察参谋，所以我有丰富的野外辨向经验，能够比较顺利地进行野外调查。

问：您对人才有什么样的标准？

答：第一是要吃得了苦，做这些活动是有风险的；第二是要有时间；第三是要有金钱的支撑，毕竟要考虑生存的问题；第四是要有知识；第五是还要有好的体魄。我们很多青年人把环境保护描绘成风华月貌，他们想的很理想，后来他们受不了就纷纷离开了。在 1995 年 11 月，也就是组织成立了半年以后，由于社会环境的变化，大家遇到了生存难题，组织就散伙了。这个时候我发动了学校的一些学生去参与活动，但他们不能走远，只是在学校附近搞一些环保宣传活动；只有少数人利用寒暑假跟我一块儿去调研，可他们的活动经费又是另一个难题。

问：当时您是不是想方设法去克服这个难题？

答：是的。为了筹集活动经费，我们到每个地方都要游说当地官员和砍伐森林的部门以及企业。那个时候相对而言，我们已经有一些影响力了，但是人家对我们这种行为很不理解；而且当时我们没有什么法律依据，没有什么法律保障，甚至有人认为我们是非法的，不敢与我们接触；所以我们当时去游说政府或企业，他们根本不理睬我们。与当地老百姓交谈后，我发现很多贫困的人住在岩洞里，要靠砍树和捕猎来维持生计。"生存"与"保护"谁是第一位的？当然生存是第一位的。所以我们保护环境不仅仅是单纯的保护，它是一个比较深层次的社会问题。

但后来我们调查发现，在生活富裕的地方，环境的破坏也很厉害，这便不再是"生存"与"保护"的问题，而是"生活"与"保护"的问题。我们认识到，环境保护是一场革命，也是一种新的文明、新的文化。为什么这些富人解决了温饱问题之后还要破坏环境？这就是思想、观念的

五

吴登明

谈重庆绿联

问题，这就是教育、文化的问题，所以我们提出"保护"与"发展"的观点。人的生存问题解决之后，保护与发展也应该并重，要具备"积极环保"的思想。我认为原始森林是很宝贵的，就像一个"绿色银行"一样，树木、森林就是这个银行的本金。他们光凭砍树木就把本金吃掉了，应该把本金保护好，然后开展森林资源以及原始森林旅游资源的综合利用，这便是"吃利息"。"生存"与"保护"间，生存是第一位，而"保护"与"发展"要并重。

问： 这是 1998 年以前的理念？

答： 对。

问： 能不能再具体谈谈保护天然林的工作？

答： 就在 1998 年这一年，我们的活动受到了社会广泛的关注，《中国环境报》、重庆各报都对我们的活动进行了大量报道。我利用"自然之友""地球村"的品牌，宣传保护川西天然林项目。我们写了一个联合起来保护长江上游原始林的调查报告，这个报告送到了朱镕基的手里。北京电视台、北京广播台、中央电视台、中央人民广播电台都采访了我。

1998 年春季，我们组织了一次大规模调查川黔渝的活动，活动范围是重庆市、云南、贵州三省市交界处的天然原始林，这片原始林被砍伐得很厉害。为了制止这片原始林的砍伐，我们做了两个多月的专题调查。调查过后，《中国环境报》记者和我们一起写了一份综合性的报告，在《中国环境报》头版头条登载，这篇报道的冲击力很大，引起中央和四川省的高度重视。

重庆电视台搞了一部六集新闻连续报道专题，片名叫《与绿色志愿者同行》，向市民展现了我们绿色志愿者参与环境保护活动的具体过程，这在重庆市反响很大。有一定知名度之后，我们宣传环保活动时就越来越有底气。1998 年 9 月 29 日晚上，中央电视台对我们保护长江上游川西天然林的活动做了一个特别新闻报道。这个报道是我们配合中央电视台揭露洪雅县①违背中央的指示砍伐天然林的一个爆炸性新闻。

问： 您能具体谈下这个过程吗？

答： 8 月底，中央电视台就跟我联系，说中央决定要保护长江上游川西天然林。9 月 13 日，朱镕基到成都视察，询问四川省领导川西森林的保

---

① 洪雅县，地处四川盆地西南边缘，位于成都、乐山、雅安三角地带，属眉山市管辖。全县现有林地 168.1 万亩，森林覆盖率达 67%，因山川钟秀、资源丰富，享有"绿海明珠"的美誉。

护情况。省领导作了假情报汇报，说他们封了山、封了木、封了锯，一棵树都没有再砍了。朱镕基表扬了四川省，说四川省决心大、动作快，以锲而不舍的精神保护了长江上游天然林。我看到了这个假消息后，很气愤，我赶紧联系中央电视台递上一个紧急报告，说四川省仍然在砍伐川西森林。9 月 19 日中央电视台跟我联系，他们请示了国务院办公室，说要来进行秘密采访报道，到重庆来跟我们会合。于是，我们配合中央电视台，到川西洪雅县进行秘密采访，拍到很多砍伐森林的镜头。9 月 29 日晚上，朱镕基亲自批示，播放了这个《川西狂伐天然林》的新闻。这个新闻播出以后引起了全国的震动，迫使四川省召开紧急会议，被迫做出从 1999 年 10 月 1 日开始全面禁伐天然林的决定。

问：这是 NGO 参与环保很成功，也很经典的案例，这个新闻对四川省产生很负面的影响，对您个人也有很大影响吧？

答：对。四川省省委书记、省长看到新闻后大为恼火，当时他们就责成洪雅县公安局，采取威胁我人身安全的行动。当时出于我和家人安全的考虑，我就到外面去躲避了。

问：一般人遇到这样的情况会动摇，甚至放弃，您有没有想过放弃？

答：我想过。躲避的这段时间是我人生中最凄凉、最痛苦的一个阶段，我确实动摇了。但这个时候，我的一些朋友鼓励我说："吴先生，你在乎什么？"我说："我在乎这个结果。""对了！现在这个目标达到了，天然林保护下来了，四川省做了全面禁伐天然林的决定，你为中华民族立下了一个不朽的功劳！"他们的鼓励又重新坚定了我的信心，我最终得出一个结论：彻底的环保主义者是无所畏惧的！

问：当时您家人对您的工作持什么态度？

答：生活是很现实的，在我做天然林保护工作时，我把家里的积蓄全花光了，家里的生活直到现在都很贫困。老婆有意见，孩子有意见，亲戚朋友有意见。我感到最大的内疚就是我欠我亲人的情，不只是情，还有亲人的利，这些我没有办法弥补。我们从事天然林保护工作，虽然经历了十多年的磨难，但取得了成果，而这个成果则是我们组织成长坚实的基础。

问：您最满意的地方是什么？

答：当时我虽然经历了很多痛苦，但是我最满意的也是最得意的是：我保护了森林，我的努力、我的奉献得到了回报；四川省出台了全面禁伐天然林的决定，川西森林、长江上游森林被保存了下来。为了这个目标，哪怕我要付出生命的代价，也是值得的。

问：天然林保护工作的成功对绿联也有很大影响吧？

答：是。国内外新闻大量地刊登了我们保护天然林这件事情后，我们组织的社会影响力就更大了，很多人纷纷来加入我们的志愿者队伍。在2000年3月，北京召开了纪念地球日国际大会，大会上他们介绍了我的事迹。2000年6月5日世界环境日，在中央电视台，我和解振华①局长一块儿做了一个直播节目——《我们共同面对》，其中有一部分是关于长江天然林的保护。这个节目播出后，我与绿联的知名度在环保界提高了很多。天然林保护这个事做成功以后，我们在青年中也有了广泛的影响。1999年，我以天然林保护这个案例为基础去教育青年人，我们组织"重庆大学生绿色营"到原始森林去，让他们亲身感受我们天然林保护行动的成果，并扩大我们的成果，去帮助林区人民发展经济，解决他们的生存问题。

4. 重新登记

问：当时绿联已经很有影响力了，2000年重新登记注册是怎么一回事？

答：因为我们每年要年审，1996年审了，但1997年、1998年、1999年我们都没有参加年审。因为一方面，年审需要钱，年审要审查财会，需要三四千块钱，我没有钱；另一方面，我们觉得公益事业，每年花几千块钱去年审、财务审查和登记比较麻烦。我们的工作比较单一，基本以我和田达生还有吕乐三个人为主，我们就着重做天然林资源、长江上游川西天然林资源的保护和调查工作，所以调查保护期间我们的花费也很大，每年都需要花几万块钱组织志愿者。再就是我们人手不够，那时候我们考虑的就是怎么去影响当地政府、当地林业部门和当地老百姓来保护长江上游脆弱的生态环境和森林资源，不让长江成为第二个黄河。我们内心焦急，没有时间、人手和精力去参加年审。所以1997年、1998年、1999这三年我们都没有参加年审。所以民政局便准备将组织注销了，我们自然不希望这样，于是告知民政局我们要求重新登记。

问：当时组织运行已经很困难了，重新登记的资金来自哪里？

答：重新注册前，一个环保企业的老板来到组织里担任秘书长，并表

---

① 解振华，原国家环境保护总局局长、党组书记，现任国家发展和改革委员会党组成员、副主任兼直属机关党委书记。

示他愿意出房租及注册资金，这便是注册资金的由来。因为没有固定的办公场所不能登记注册，所以我们就在重庆市妇联租了一个办公室作为登记注册的地点。

问：组织算是走上正轨了？

答：还没有。当我发现这位老板是以营利为目的来对待组织工作后，我必须使组织脱离他的管理，保证组织的公益性。后来我们拿到加拿大公民社会项目，得到经费后，我立即核算了组织近来的开销，一并把房租和注册金还给人家。他离开后，我们的房子也还给了他，2001年，我又回到家里办公。

问：您能谈谈加拿大公民社会项目吗？

答：1998～1999年天然林禁伐政策在我们的促动下实现了，我们组织有了成绩和影响力，得到国际组织普遍认可。加拿大国际合作署主动和我们联系，2000年我们就拿到加拿大公民社会项目的援助，这时我们的工作重点也转移到环境教育上来。

问：这个项目经费有多少？

答：一万美元。

问：项目具体怎么操作的？

答：我们用这一万美元开展了重庆市中小学环境教育师资培训项目，在重庆市的中小学推进环境教育，同时也推进"绿色学校"的创建活动。

问：工作重点转移至环保教育方面？

答：对。2001年下半年，我又得到世界银行的援助，我用这些经费举办了6期环境教育师资培训，剩余的钱用来租办公室，而后又聘了3位专职人员。

问：当时社会组织登记是一件很困难的事情，您是怎么找到挂靠单位的？一般的单位不愿意担负这个责任。

答：可以这样说，如果没有我的社会资源，是登不了记的。我们业务对口单位是环保局，而当时的环保局局长，我以前就认识。此外，我不仅是重庆市冬泳协会副会长，还是重庆行为科学学会的副会长，这使我能够结识一些层级较高的人。这些人都知道我的为人，不少人在注册时也为我提供了必要的帮助，使我基本没有遇到障碍。

问：是不是按照程序走下来就可以了？

答：嗯，是按程序走下来的。

问：2000年重新注册的时候，这个注册的性质有没有什么变化？是民办非企业还是社团?

答:重庆绿色志愿者联合会,名称我们一直没有变,我们还是民办社团,社团的性质没变。我们重新制定了章程,确定了我们的职责、任务和宗旨。我们的宗旨是"宣传绿色文化,倡导生态文明,推行环保运动,促进可持续发展"。我们的工作准则是"少说多做,身体力行",不能仅靠说教,要靠行动,用行动来唤醒和影响公众。同时,我们的工作领域、工作范畴也固定下来,主要是自然生态资源保护、环境教育、公众参与三大方面。

5. 环境教育与公民参与

问:能不能请您介绍一下环境教育工作是怎么开展的?

答:从1999年开始,我们就把中小学和公众的环境教育放到了首位。我觉得人的觉悟是第一位的,人的觉悟靠什么?靠教育,环境保护的根本在教育。教育分三个方面:第一是中小学、幼儿园;第二是大学生;第三是公众。我们把大学生和中小学生的环境教育放在最突出的位置,所以从1999年我们就开始办中小学环境教育培训班,推广中小学环境教育。我们还办了一个杂志,叫《绿色学校通讯》,目的是推进绿色学校的建设。

问:具体是什么方式?

答:我们开展了中小学环境教育师资培训,通过师资培训在中小学中推行环境教育。重庆市教委给我们发红头文件,再组织各校教师,由我们来进行资格培训。我们还开展环境教学、"绿色学校"创建活动,就是通过环境教育,创建绿色学校,把环境教育理念体现到学校各个工作领域和环节当中。这取得了巨大的成功,我们把它叫作"1+1=x"效应,环境教育通过一个学校,教育一个学生,影响一个家长,然后影响一个社会。所以我们把中小学生环境教育作为"1+1=x"效应来推行。到现在我们总共培训了六百多名环境教育教师。

问:对大学生是怎么做的?

答:1999年我们成立了绿色营志愿队,主要培养大学生的环保思想、环保理念,并栽培环保活动的骨干。2000年开始,我们成立了重庆大学生绿色论坛,一年举办一届,目的是协调组织重庆市各个大学开展环境保护活动,影响社会。重庆大学生绿色论坛得到了重庆市教委、重庆市环保局的认可,每年都有领导参与其中。现在重庆市把它联合成"大学生校园之春"，每年 4 月 22 号也就是世界地球日那天，我们举行集中型的论坛大会；在论坛大会期间或之前，我们会举办一个重庆市大学生校园环境文化活动周。中央电视台《东方时空》栏目对这些进行了报道。2003 年我们又开始了"重庆大学生可持续发展领导型人才"的培训项目，这个项目是培训重庆大学生环保社团的骨干、负责人，从 2003 年开始一直到现在。

问：这个项目只是在重庆范围内实施的？

答：开始是在我们重庆几所学校进行，现在已扩展到全国。2007 年的大学生绿色营有 5 个重庆市以外的学校，包括北京师范大学、华东农学院、华南理工大学、福建闽江学院，还有兰州大学，我希望今后能将活动范围扩大到世界范围。

问：天然林禁止砍伐政策出台后，在自然生态资源保护方面也开始做其他的工作了？

答：对。我们对天然林保护的工作转为对自然保护区和森林公园的保护。因为有些人利用自然保护区、森林公园来进行开拓、牟利，所以我们与对自然保护区、森林公园的开发行为做斗争。

问：有具体的案例吗？

答：我们最成功的案例就是保护南川金佛山国家自然保护区和重庆缙云山自然保护区，这两处国家自然保护区遭到开发商的破坏和当地政府以发展经济为目的的破坏。我们的努力制止了当地的恶性开发。

问：绿联下面有个活动叫作公民参与环境创模？

答：对，环境创模。我们的观念是把环境保护责任落实到个人，强调自然人的作用。现在我们强调的是环境权利，比如我们把治理问题和责任都推给政府，很少与个人责任义务联系起来。所以我们倡导将环境权利、环境责任、环境义务和个人联系起来，将个人的意识和行为联系起来。一方面加强公众的知情权、参与权和监督权，另一方面强调公众的自我约束权。所以我们认为公众既是环境权利的享受者，也是环境污染的制造者和环境污染的受害者。

问：这个观念公众是否接受？

答：公众都能接受。因为环境保护要靠你、我、他，从自身做起。因为一个人有了行为责任就会影响到整个社会。改变环境就要改变个人，只有个人行为改变，人文改变，环境才能得到真正的改变。所以我们将环境创模、建设美丽重庆同公众的环境权利、责任和义务合并在一块来推动。

问：从大学生层面扩大到了社会？

答：嗯。就像我们绿色志愿者联合会从一开始的重庆大学精神文明志愿者组织走向社会一样，后来逐渐发展扩大。因为我觉得我们社会的进步离不开教育，教育是社会进步、促进我们中华民族复兴的根本。现在我们给人的感觉看起来是欣欣向荣的，看起来抓得很紧，但其实我们的教育走偏了。我们只注重才的教育，没有注重德的教育，教育应该是德才兼备的。我们现在这个可持续发展领导型人才培训班主要就是重视德的教育，培养可持续发展的人文意识，可持续发展的人文领袖。

6. 自我发展

问：2003 年以后您就没有再向外界申请项目援助？

答：嗯。我摸索出了一套用自己的力量来解决组织发展问题的套路，主要用于解决经费开支、确定工作方向这两个问题。

问：上次我看到你们参与了一个关于中日友好的项目，您可以跟我们说一下这个项目的具体情况吗？

答：那个项目是 2003 年以后我们和日本合资设立的，闲杂事务及经费由他们负责，我们负责组织教师培训，走我们自己的发展道路，解决组织生存、建设和发展的问题。

问：您为什么不再向外申请项目援助呢？

答：我们组织成立的最初几年，从世界银行、加拿大拿过项目后，也在不断培养自己的造血机能，培养我们的生存能力，也算是打下了一定的生存基础，有基础之后就觉得自己可以站起来独立行走了。总的来说，有两个原因：一是我希望提升组织的独立生存能力；二是接受其他组织的资助会降低我们组织的个体能动性，凡事总是受资助方牵制，而且资助方有不确定的目的性，这些都是弊端所在。我在《NGO 实践探索》中也写道，中国 NGO 要走自己的发展道路不能光靠钱，而是要有一种保护环境的志愿、一种坚持不懈的精神才可以把这项工作做好。所以后来有人问我，我们这个组织缺什么，我说我缺的是人才。有了人才就一切都有了，没有人才就什么都没有。就算有再多资金，没有人才这些资金也会流失。

2003 年过后，我发现有些国内外的组织以 NGO 的名义、以个人为单位从事一些活动，我发现他们把 NGO 的活动和环保活动当作一种实现个人利益、目标和名利的途径，很功利。环保 NGO 不能有钱才做事、无钱不环保，穷则思变。现在还有很多环保人士可以说是真正的环保斗士，是苦行僧，所以要摸索自己发展的道路。我凭自身的知识、智慧去企业、政府担任咨询顾问，和他们建立一种合作关系，用我的智慧换取劳动所得，同时又帮助政府和企业解决了问题。

问：这样的例子也不少吧？

答：是的。例如重庆有个美联现代技术有限公司，这是一家高科技的生物制药企业，以天然的红豆杉为原料提取其中的抗癌成分紫杉醇。目前疗效最好的抗癌药就叫紫杉醇，这是美国和印度科学家研究了二十多年的一项成果。这个药物在欧美市场十分抢手，原料就是来自于生长在我国云南、四川和西藏南部的红豆杉。红豆杉这个物种极其稀少，提取紫杉醇的同时会大量破坏我国的红豆杉资源。该制药集团之前主要是靠剥天然红豆杉的树皮来提取他们所需的成分。因为紫杉醇在树皮中的含量很大，但树被剥皮以后就会枯死，所以他们的这一行径严重破坏了我国的天然红豆杉资源，尤其是云南省被破坏得相当严重。所以我们为了保护红豆杉，就向企业提出了抗议，也进行了游说，我们希望他们减少对天然资源的依赖。同时，我们也帮助企业解决红豆杉原材料资源问题，因此我们提出发展红豆杉生态种植基地，用科学的方法培养生态资源，这样就大量减少了为生产抗癌药物而对天然红豆杉资源造成的破坏。

问：具体过程是怎样的？

答：为了保护红豆杉资源，我们发起红豆杉保卫战，2002 年就开始了。我们对该企业进行游说，并经中央电视台曝光，它就陷入了困境。我们没有坐视不管，而是去帮助这个秉承儒商传统的企业老板。我们给他提了很多建议，他最后采纳了：自己在洪雅县开辟了一个红豆杉生态林场基地。当时投资了两千多万元，既解决了洪雅县林业产业的发展问题，又解决了红豆杉这个稀缺的生物制药资源问题，他后来一直建到拥有五千多亩红豆杉的林业基地。该企业老板不仅自己获得了巨大的商业利益，也使我们的生态保护获得了丰收，所以也不需要再砍红豆杉了。这个企业的发展是一个成功的可持续发展的典型案例，我当时还写了一个报告，向国家金融办介绍这个企业的成功经验。所以这个企业接受了我们的批评和帮助后，还成为我们的朋友，并主动注册成为我们的会员，它每年都会给我们组织解决一部分经费问题。

还有一个企业叫环亚建材集团，这个企业主要是在重庆主城区的歌乐山上开山采石。由于它的工艺很落后，多采取野蛮的生产方式，产生大量的灰尘，而且开山采用炮炸的形式，造成地质、地貌结构的破坏，以至于空气中的含尘量相当高，当地居民反映也十分强烈。我们去现场了解情况以后，就根据环境保护法规中的相关规定，对这个企业进行劝说；也请中央环保总局进行调查，并严厉执法。同时，我们也帮助它整改，我们给它提出整改的建议和具体方案，将原来的干法作业，改为湿法作业。虽然湿法作业会增加成本，但仍比环保局的处罚金额少。这样做不仅保护了环境、节省了开支，还体现了企业对社会责任的承担，产生一种社会责任效益，对企业将来的发展也是大有裨益的。后来这个老板采纳了我们的建议，一个半月就全部整改完毕了。我们就把这个企业作为一种环境友好型企业向上级部门进行推荐，它在重庆市也是第一家用湿法作业的环境保护模范企业。

问：这是哪年的事情？

答：是2004年的事情。这家企业后来也对我们平时的活动给予一些支持，给我们解决一些开展活动的费用问题。我们的大学生绿色营活动基本上都是靠企业支持。

还有一个企业，它是一个水泥厂，这个水泥厂存在粉尘排放和二氧化硫排放两个方面的问题，因为它是劣窑生产，工艺落后。初期这个企业因为依仗地方的保护条令，对我们的劝说毫不在乎。当我们请来电视台对其进行报道的时候，企业老板才做了让步，也觉得跟我们交朋友有好处就同意整改了。我们规定这个水泥厂要增添除尘设备，同时要净化生产过程中产生的污染物。这个企业老板就自己出钱开辟利用工业危险固废垃圾生产水泥的试点，在我们的帮助下，两个月内就购置了除尘整改设备。整改后这个企业老板尝到了甜头，以前经常因为排污不达标被环保部门要求停业，而现在生产经营就比较稳定了，而且其在老百姓中的声誉也变好了。后来这个企业也在我们困难的时候给予资金支持，2012年便为我们捐赠了开展绿色营所需的费用。

另外，我们还帮助一些企业打造成为环境友好型企业。虽然我们国家也有不少环境保护方面的法规，但是很多企业的社会责任意识不强，所以对环境保护工作就不支持。我们利用自己的资源优势和我们的影响力，积极地说服、协助政府创建环境友好型企业。创建成为环境友好型企业之后，政府就会给他们一些政策上的优惠，这样能鼓励企业支持环境保护。

重庆还有个大型的水泥企业，而且是一个很有名的企业，但是这个企业原来的设备很落后，厂址又位于主城区。后来它就在市民的强烈要求下，迁出了主城区，还跟法国的一个叫作拉法基①的大型水泥公司开展合作。从矿山、原料场、烧结到最后出产的整个生产过程，我们对它进行帮助和监控。这个企业在创建环境友好型企业当中表现突出，我们就积极推荐它参与环境友好型企业的评审，最后通过了重庆市环境友好型企业评审，被授予"重庆市环境友好型企业"，重庆只有六家。我们帮助它提升了企业形象，这个企业很感谢我们，我们就跟他们建立了良好的关系，所以2007年这个企业也资助了我们的大学生绿色营。

另外，我们还跟一家大型民营食品生产企业——重庆华生园食品公司的老板合作建立了一个海石生态园。这个海石生态园就是在一个石漠化的荒山上恢复植被，恢复生态建设。我们还把这个海石公园作为重庆市治理石漠化荒山、恢复石漠化生态建设的一个示范基地。像这样的例子还有不少。

还有另外一个圆桌对话是对重庆化工厂，它是重庆市嘉陵江最大的污染源，对长江流域造成严重污染。但是，重庆化工厂是重庆市企业的50强。我们开展了十多年的艰辛抗争，调查期间还挨过打。后来中央电视台的《焦点访谈》《经济半小时》来报道，我也把问题反映到环保部和市里的发改委，最后提到了全国人大，才促成这个厂的环保搬迁。重庆化工厂从一个污染典型，通过我们监督，到现在变成了环境治理的好典型，是目前我们国家无经验企业中环境保护做得最好的一个：实现了零排放。它的经济效益好了，治理也好了，我们跟化工厂，原来是冤家，现在成了朋友。

问：你们通过与企业的合作来支持活动的开展？

答：对。总结来看，我现在就是以宣传和帮助它们推进创立环境友好型企业这样一个契机，不断地与更多企业建立广泛的联系与合作，赢得它们对我们活动的支持。第一个就是跟它们一块儿开展项目活动，比如我们开展大学生绿色营，2006年和2007年我们主要以拉法基、瑞安公司的名义来办这个大学生绿色营。第二个是我们想创立大学生可持续发展领导型人才培训班，我们也准备通过和企业合作来推进。我们帮企业培训德才兼备的大学生人才，然后向企业推荐，这样企业会获得人才并带来经济效益。第三个是我们准备办公众环境维权培训班，这个培训班我们也请企业

---

① 拉法基集团：1833年在法国成立，世界财富500强之一，在水泥、石膏板、骨料与混凝土分支方面均居世界领先地位。

方面的人员来参加。让他们来参加培训班的目的是使企业树立维护公众权利和保护环境的法律意识，使其能够自觉地担当起保护环境、维护公共利益的社会责任。

问：这个培训班是专门针对企业的？

答：不是。不仅有企业方面的代表，还有法律方面、环保方面和公众方面的代表。我们准备做这样一个长期的规划，旨在最后形成一个环境对话的机制。这个对话机制由政府官员、企业代表和公众代表三方组成，建立企业、公众和政府三方面友好协调的合作关系，使企业能够在环境法律的规范下和国家法律法规的规范下行使自己的权利，同时公众也能对企业的整个运营过程进行参与和监督。

问：您是今后打算长期来办？

答：嗯，现在就是这样一个设想。因为美国就是这样做的，所以我打算把这个经验借鉴到我们国家来。通过这样的对话机制，我们就可以跟企业建立一种良好的关系。我们的指导思想是，我们不但要提出环境问题、要批评企业的环境不友好行为，同时我们更要帮助企业、帮助政府解决好这个环境问题。在解决环境问题的过程中，处理好企业、政府和社会公众之间的利益关系，"保护"与"发展"的矛盾关系。我们要寻求环境、社会和经济的共赢，我们的目的是解决问题，而不是制造问题。比如前面我们提到的中梁水泥厂，它这个关系就处理得比较好。

问：就是您提到的第一个水泥厂？

答：嗯。因为水泥厂产生的灰尘对周围的空气造成了污染，我们介入过后，该污染得到了解决，群众对我们的工作也比较满意。还有铜梁一个碳酸锶化工厂，这个碳酸锶化工厂排出的废气、废水、废烟、烟尘和二氧化硫对空气污染影响很大。我们就联合当地政府官员、市环保局官员、记者和公众一起，与这个企业展开对话，指出该企业有哪些错误的行为，并提出解决方案。这个厂开始和公众的矛盾很大，公众在这个厂的周围，到处都写一些反对这个工厂的标语，而当地政府出于自身利益考虑，维护这个企业的利益，损害当地公众的利益。所以当地的公众跟政府的情绪也非常对立，政府多次对当地反对比较激烈的公众进行打压，把人关起来进行拘留，跟群众发生斗殴。后来经过我们的积极介入，集合政府、媒体和专家的力量，以及当地群众的不断上访，这件事情终于得以缓解。企业不仅对自己的污染进行了整改，还对老百姓造成的损失进行了赔偿。政府也改进了对公众的态度，政府还对关押等对群众造成的损害损失进行了赔偿，这是很少见的。在其中，我们主要就是做一个调停的工作，支持公众正义的维权行为，同时也积极地游说政府和企业，帮助他们出谋划策来化解这个矛盾。这件事情是做得比较好的。

问：您是通过这种方式造血的？

答：对。我们做事是有原则性的，也不是无功受禄，我们既批评也帮助整改，所以我们在企业中的公信力也越来越高。好多企业主动上门来找我们做生态顾问，但是我都没拿工资。因为我觉得我要有一种社会责任感，我不需要有个人报酬，我只是希望他们能够和我们组织一起来为环保事业尽一份力。

问：您刚才讲到的组织资金来源有两种模式？

答：对。第一种模式就是利用我个人的讲学、培训和提供咨询服务所获得的资金来维持组织的运转；第二种是依靠和企业的这种合作关系，通过他们来赞助协会的活动。我们现在还积极协助政府开展环境保护方面的一些宣传活动和环境保护的中心工作。我们主要在以下三方面协助政府开展环境保护工作：第一个是我们在政府组织创建环境友好型企业过程当中发挥我们的作用；第二个是在政府组织创建全国环境模范城区活动中，我们积极游说；第三个就是在一些政府不好管、不便管的领域，我们去开展一些活动。

问：协助政府开展环境保护活动的费用来源是？

答：我们帮政府出主意，政府支付给我们一定的购买服务费，就是说事情做成以后，政府根据实际情况支付费用。因为我们进行了调查付出了成本，所以购买服务费实际上是对我们开展活动进行的一种成本补偿。但政府支付的这些费用其实远远不够我们活动一年的费用支出，但也算是得到一点回报吧。

问：与政府还有哪些合作？

答：比如我们在重庆开展森林资源保护。重庆由四座山脉组成，缙云山①、铜锣山②、钟梁山③、明月山④。后来改革开放，政府和企业相互利

---

① 缙云山：位于重庆市北碚区嘉陵江温塘峡畔，古名巴山，总占地面积76平方公里，海拔350～951米。
② 铜锣山：川东平行褶皱岭谷区的第二条山脉，全长260公里，宽5～10公里，一般海拔600～1000米。因长江横切重庆市以东的山岭，形成铜锣峡，峡中江水击石，有如铜锣之声，故名铜锣山。
③ 中梁山：位于重庆市九龙坡区。
④ 明月山：位于重庆市垫江县西北部边缘，东西长约28公里，南北宽约4公里。

用，打算在山上建森林别墅，卖个好价钱。我们知道后就发动市民，进行石山保护行动，保护重庆的"肺叶"，主要就是制止在重庆的四座山进行房地产开发。我们做了大量的工作，除了批评政府、企业家，我们还游说政府在重庆市召开了一个"保护城市森林，促进社会和谐发展"的研讨会。此次研讨会有这几方面的人：政府官员、企业家、公众代表、专家学者，还有媒体代表，这五个方面的代表在一起开会。这个会旨在达成统一保护重庆森林生态环境、保护重庆生态环境与促进社会和谐发展的共识。共识的目的就是为了制止在城市森林公园圈占林地，开发房地产，破坏自然生态，剥夺我们生态福利权的行为。我们当时很响亮地提出维护市民的生态福利权利的主张，并在会上进行了讨论，最终达成了三个方面的共识：也就是为了保护城市生态环境和维护市民的生态福利权，已经开发了的项目要进行生态补偿，正在开发当中的项目要进行调整，没有进行开发的项目要停止开发。整个会议的组织工作费用都是政府出资，但整个会议工作的组织、实施由我们来负责。这次研讨会开得很成功，有七十多个来自各方面的代表与会，重庆市沙坪坝区的区长、副区长，以及重庆市林业局、重庆市环保局和重庆市旅游局里的主要领导都参加了。

问：这个会是哪一年召开的？

答：2005 年。

问：您当时提出一个"生态福利权"的概念？

答：对，当时我明确提出"生态福利权"，后来演变为重庆环境保护活动中提到的四大基本权利之一。

问：基本权利是何时形成的？

答：是 2003 年提出的。四大权利是宏观概念，却能微观地涉及每个人切身的生存利益，所以它能被人接受、被社会接受。第一个是清洁呼吸权，第二个是清洁饮水权，第三个是食品安全权，第四个是生态福利权。这四大最基本的权利，实际上是最基本的人权。回顾以前，我们面对中国社会现状，心里都想改变，但老是抱怨、批评。实际上抱怨、批评起不了作用，所以现在我们就用实际行动来推动环境保护。当时我成立绿色志愿队的目的，就是希望在环境保护上，能有一个安全的组织来组织行动。

环境保护是中性的东西，它不分国家、不分信仰、不分制度、不分文化、不分种族，体现了公平。所以我们先提出公民的四大基本权利，然后再放大成为后来我们开展的抗污染维权行动。这些行动可以改变社会，通过抗污染援助对话，缓解了社会冲突，促进了社会和谐。我们摸索了很多经验，也做了很多成功案例。

问：还通过哪些方式来获取资源？

答：我们也开展了一些国际合作。比如2012年，我们和英国驻重庆总领事馆合作开展了一系列应对全球气候变暖的活动。我们在重庆组织了应对全球气候变化专家论坛，应对全球气候变化重庆大学生论坛和应对全球气候变化重庆公众论坛；而且也做一些应对全球气候变化的广普宣传、科普宣传。这个过程中，英国人出钱，我们来协助活动的具体组织、实施和安排。他们也参与组织过程，但我们分工明确，各自该担负的职责都十分清楚，然后共同促进这样一系列活动的开展，共享活动成果。这些活动都搞得相当成功，而且2013年、2014年我们还要继续合作。

问：这相当于是国际合作？

答：对。另外，我们也开展一些针对国际项目的有偿服务活动。比如，我们给世界银行担任在重庆的贷款项目咨询专家。我们就组织我们的志愿者对国际上的一些贷款项目开展有关社会责任和环境影响的调研，调研过后我们提交调研报告，使他们明晰贷款项目的社会影响责任和环境影响责任的表现，那么他们需要购买这个报告并支付一定的费用。比如2012年我们跟亚洲开发银行接触，开始给他们做一些调研项目，他们用五千块钱买了我们给他们做的达万铁路的调查报告。达万铁路是达州到万州区的铁路，这个铁路就是他们出贷款投资建设的。

问：调查的都是和社会、环境效益相关的？

答：嗯，对。现在我们就准备建立这样一种机制，比如，世界银行聘请我做咨询专家，我可以获得一定的报酬，我可以用我的这个报酬支持我的组织。像从2012年到2013年，我们组织的开支就是用这个钱。

问：这种有偿服务的调研报告，其专业性如何保证？

答：我们这个报告的水平比较高。我们是要跟它们签协议的，按照它的要求、它的规范文本来做这个报告，也符合它们提出的技术要求。

问：这个报告具体由谁来执行？邀请专家？

答：会邀请专门的专家来做，我本身也是专家。比如环境咨询公司委托我们做环境污染方面的专题调研活动，这个委托就必须要考虑以下三点：第一是我们能做下来；第二是我们这个委托不能损害委托单位或者委托地区的利益；第三不能有我们不能接受的附加条件，如果有，我们就不干。所以如果是友好型项目，我们就承担下来并按照国际惯例签订合同，签订合同后我们就开始开展项目活动，他们提供活动经费。比如，我们与国际环境资源公司合作，它委托我们搞一个中国的锰业生产当中的环境影响调研报告，我们就签订了合同，它们提前给我们支付了挺大一笔费用，最后我们也按照它们的要求给它们提交了报告。另外，还要提交实物样本、数据和资料照片，甚至整个过程的录像，都要给它们。这一次也做得比较成功。

问：总结起来一共有六种资金来源模式？

答：对。第一个是靠我个人讲学，靠我的资源，比如开会、搞评审、提供咨询服务；第二种是和企业建立关系，由它们来资助我们开展活动；第三种是协助政府开展活动，比如搞一些宣传，做一些实际工作，政府来提供费用；第四种是和一些政府单位合作帮助它们处理政府内部的事情；第五种是开展国际合作；第六种是提供一些有偿服务，包括为世界银行，为一些咨询公司提供一些服务。大概就这六方面。

问：这些费用都用于绿联开支？

答：对。这些报酬都用于协会开支了，有时候我的工资也会贴进去。

问：您说2004年到2006年要划分为一个阶段，为什么要把2006年也作为一个分界点？

答：因为2004年到2006年是我们很艰苦的一段时间：一个是经费比较欠缺；另一个是人员也比较少，只有一两个专职人员，而办的公益活动又比较大。所以这段时间我们的整个活动领域就没有那么宽，只有固定的几个活动：大学生绿色营、大学生绿色论坛、大学生可持续发展领导型人才培训班、自然生态保护以及公众维权这几个方面。办这些活动我们利用了两个组织，一个是我们在重庆渝北区的办事处，另一个是重庆绿色志愿者联合会渝西服务队，分别简称渝北办事处和渝西服务队，这两个办公机构都是单独运行的。所以我也就把我的任务分解到了这两个办事机构，我的工作担子就逐步减轻了，费用压力也减轻了。

7. 志愿者动员

问：刚提到做有偿服务，但你们专职人员少，这个问题您是怎么解决的？

答：我们主要是聘请相关方面的志愿者专家。比如在生态环境保护方面，我们给福特汽车公司做的关于他们建厂对自然生态环境影响的调研报告，就是请自然生态环境方面有资质的专家来做的。当时请了重庆自然博物馆的两个研究员，他们主要来承担这个事情，当然我也参加，我也有资质，我也是研究员。

问：他们是志愿者身份，给他们酬金吗？

答：是志愿者身份，但我当然得给他们一定的补贴，但不是按照专家的标准来给，因为我要节约一点费用留给我们组织用。

还有一个例子，中梁镇要搞一个绿色生态平台建设规划，就请我去做。我组织专家来帮助他们，因为请了专家所以要象征性地跟他们收一点费，因为我们进行论证报告要花成本。最后我们就把其中一部分钱给专家作为补贴，剩下一部分节约下来留给组织。现在通过这几个方面，我基本上为组织的发展道路铺垫了一定的物质基础。所以2003年以来，我们就是靠这种方式生存下来的，不但生存得很好，而且还有发展，生存的路子越来越宽。我们的年收入都在逐年增加，现在我们的设备全部进行了更新，我们的办公条件、办公环境也有所好转，志愿者也越来越多了。

问：在常规活动运作方面，从活动的决策到实施，从骨干到志愿者，整个过程是怎样的？

答：我们内部有几个负责人，分别负责三大块内容：比如李心成[①]负责大学生这一块，整个大学生的活动都由他来负责，包括活动的确定、规划和设计等；第二个是自然资源生态保护这块由张小蓉[②]负责；第三个是公众参与这块由余剑锋[③]负责，会员联络、会员管理这些工作由吴虹[④]负责。至于大的方面，一些宏观上的管理问题，比如跟政府打交道、跟企业联络，这些都是由我来协调。另外，一些大的合作项目包括对外合作项目也是由我来负责。我们所有这些项目定下来之后，都要召开办公会或理事会来讨论决定（我们有个理事会，但日常工作就由办公会来确定）。讨论决定之后，主要是由主管方向的主管人负责去实施，协调就由办公会来协调，我也会负责协调一些事情。项目实施后就总结，最后由会里形成汇报成果展示。整个财务开支的情况是这样：每个项目都要做预算，每个项目都要有项目预算报告，然后根据这个预算报告，并针对实际开支去审核。

---

① 李心成，《华龙网》新闻部主任。西南政法大学本科学历，兼任绿联会秘书长、常务理事。负责绿联会对外宣传、媒体联系。

② 张小蓉，绿联会会长助理，负责协助政府开展生态资源和小环境保护。

③ 余剑锋，注册会计师、评估师、审计师，绿联会常务理事、财务总监，负责绿联会财务管理。

④ 吴虹，2006年至今从事环保NGO工作，负责绿联会外联和财务工作，处理日常办公事务。

我们的宗旨是以最少的钱办最多的事情，不花钱还要干事业，要尽量节省费用。

问： 像审核这些（工作）都是办公会来确定？

答： 嗯。确定之后，我们有会计支出，由我来签字，然后按照我们的财务制度进行报销。虽然我们有财务制度，但并没有规定得那么明确。因为目前我们没有钱来设定一个标准的工资制度，所以我们就以津贴的形式发放工资，分为生活补贴、通信补贴和交通补贴三项。我们有条件的时候，会给自己做工作餐作为生活补贴的一部分。我们平时没有其他任何福利，没有医疗保险，什么保险都没有，因为我们没有实行正规的工资制度。但是我们有个工资标准，按这个标准记账，有钱就补发，没钱就不发。有些项目活动资金不够我们就自己想办法把钱垫上，当然大多数时候都是我这样去做。把钱拿走之后就当作是借，以后有钱就还，没钱也就不还了。对于每年的酬金发放，我们也有一个标准，按考勤天数来补发。因为作为专职志愿者，虽然工作标准不高，但他们也要承担一部分职责，也要生存，所以也要给他们发放一部分补贴。其他志愿者参加活动，如果有能力我们就帮他们解决一些交通费、饮料费和食品费。这些费用由会计出纳开支过后再来结算。所以我们每一个活动都有一个经费使用情况的结算报告。另外我们每年都要进行财务审计。虽然按规定三十万块钱以下不用审计，我们现在一般每年的费用大概也就十三四万（元），但我们每年都要做审计。每年审计费两千多块钱。

问： 你们的项目活动是如何动员志愿者的？

答： 工作确定以后，根据专项负责人提出的计划去组织动员志愿者。比如我们做长江三峡这个库区生态环境的调查，我们就组织了十九个志愿者。这十九个志愿者有重庆大学的生态学教授、法律教授，有南京大学、贵州大学学生物、法律方面的学者、研究生，我们是在网上发消息征集志愿者的。另外我们有以主要骨干志愿者和专家为主的这样一个网络，我们经常邀请他们一起来，开会研究某个计划，如果可行，就进行分工，然后具体地确定执行计划、实施计划。

问： 用已有的网络来动员志愿者？

答： 嗯，所以我们平时就得有几个能聚集人气的团队。比如我们下面的"夕阳红自行车队"有近两百人，"夕阳红环保合唱队"有三四百人，"绿色文明宣传队"有上百个人，我们还有个管乐队，我们都可以组织一场大型的文艺演出了。我们下面的一些志愿者基本都有团队。因为很多时候那些大型活动需要团队集体参加。比如重庆市开一个环境纪念活动，我们就要出一个方队，这个方队至少要两百人，而且要求服装整齐。

问：这些队伍是如何发动起来的？是通过绿联的会员制度来发动？

答：不是，我们是通过他们的志愿者活动把他们召集起来的，然后我们有意识地引导，来增强集体效果。比如自行车队的最初几个人是我的朋友，也是我的志愿者，他们有这方面的爱好，我就请他们来一起发展，然后成立一个车队。合唱队也是这样发展起来的。就是团结、组织在这方面有一定爱好的、有热心的人加入到我们公益活动中。

问：能不能详细介绍一下那些队伍是怎么参与到环保工作中的？比如"夕阳红自行车队"。

答：嗯，他们就经常跟我们参加一些环境调研，因为他们是自行车队的，哪些生态环境好，哪些生态环境有问题，他们都愿意去调查。比如哪个地方水污染，请他们去看一下；哪个地方需要动员公众行动就请他们，比如帮忙清理河道、清扫街道、清扫一些公园，或者是做一些配合爱护环境的宣传。

8. 绿联的组织架构

问：最开始成立组织的时候，人员及组织结构是怎么安排的？

答：当时我们急于成立，只是把组织架子搭了起来，简单地起草了章程。章程里面规定了我们的宗旨，宗旨也很简单，就是"动员公众参加环境保护，促进社会进步"，活动领域是开展环境的宣传、教育，用自己的行为来唤醒公众的环保觉悟。

问：当时组织结构是怎样的？

答：我们有会长、副会长，那时没有办公室，后来有办公室了，才聘请的秘书长。

问：历年来组织的专职工作人员、骨干、会员的规模和来源，您是否有这方面的资料？

答：现成的资料没有，我们没有建立人事登记表。协会最早时候的工作人员只有我一个人。

问：最早的时候？是1995年吗？

答：对，那时只有我一个人。后来有吕乐负责财务事务，吕乐和田达生1998年加入我们，都是兼职人员。

问：兼职副会长？

答：是的。

问：田老师进来以后主要做哪方面的工作？

答：他主要是负责宣传教育工作，同时也与我进行一些生态资源的调查工作。后来我们的组织又逐渐增添了几个专职和兼职的工作人员，他们大多数有很好的学历，但主要的工作还是由我负责。

问：他们有的人本来有职业，后来才到你们这里来做专职的？

答：嗯。

问：那个时候的志愿者由哪些人组成？

答：大多是社会各阶层的青年和青年学生。

问：您是如何去发动他们的？

答：都是自愿结合。多数人是因为好奇来参加的志愿活动，也有一部分人是抱着保护公共环境的积极思想来的。

问：通过你们的宣传，这些人自愿地参加志愿活动？

答：随着活动数量的增多，活动时间的增长，组织内部产生了许多核心成员，我们尝试去举办活动，得到了批准，志愿活动便这样进行了。

问：当时已经开展了您刚才说的那些活动吧？

答：思想准备是在20世纪80年代和70年代，然而这种思想的萌芽在60年代末就有了。成立初期，我们对新的思想和事业方向还不确定，而重新注册后，我们的思想成熟了，也找到了组织的发展方向和事业重心。

问：1995年创办时，志愿者大概有多少人？

答：一百人左右。

问：骨干成员有多少？

答：骨干成员就七个人，有社会青年以及知识青年，但真正长期坚持做下来的只有三个人。因为那个时候大学生社团都没有成立，成立后我们就把组织的重心放在了大学生身上，我们在大学里成立环保社团，将其作为组织发展的基础，到2000年，我们的主要活动力量是大学生。

问：但总的来看，到现在为止，绿联还不是很规范？

答：对，规范化不够。主要的原因还是我们经费上的问题，要规范化就得聘专职人员，聘专职人员需要花很多钱，所以如果我们有钱管理就比较规范一点，没钱的时候只能这样。恐怕全国NGO都是这个现状，其他比如"自然之友"和"地球村"还算稍微有点钱的，规范化还好一点，所以说这些都取决于经济。

问：现在是一种比较灵活的管理方式吗？

答：对，但相对来说还是比较规范化，虽然没有完全按照规范化的模式来。因为一方面是没有经费，另一方面是全职志愿者的这方面人才欠缺。真正的全职志愿者是有公德心、有信仰的志愿者，虽然追名逐利说不上，但他们总需要有一些物质保障，这是普遍的需求。没有物质保障就很难坚持下来，所以说做志愿者，最关键和最根本的还是在于志愿者的思想、信仰和人格。

问：除了志愿者，还有没有专家顾问团？

答：有。我们的专家顾问团，有高级职称的都是教授、研究员以上的职称，而且这些专家至少在重庆地区有很高的知名度。

问：专家顾问团的主要作用是？

答：它主要是作为我们环境保护的一个技术支撑。比如生态专家、动物专家、林业专家，这些都是必需的技术支撑，没有他们，我们写东西就没有权威性。另外，我们还有律师团。

问：除了专家顾问团和律师团，还有其他的支持团体吗？

答：我们还有一些友谊组织，比如重庆红十字会，我们会跟它合作；还有重庆行为科学学会，我担任行为科学学会的副会长，行为科学学会的会长、秘书长又在我这里担任了职务，担任副会长。行为科学学会又有很多专业委员会，比如青少年专家工作委员会、环保专业委员会、企业工商专业委员会，所以我们把它叫作一支友军力量。还有重庆自然博物馆、中国林科院都是我的友军和支撑力量。

问：协会分为内部和外部，律师团算不算外部？

答：不算。律师团、顾问团也应该都算内部的，因为其中好多成员都是我的会员、骨干，但他们不是专职人员，需要的时候就请他们来。

问：我之所以定义为"外部"，是因为这些团体不是内部的专职人员，只有在需要的时候才召集到一起。

答：那也可以算作外部团体。

问：友谊支持团体除了刚才提到的，还有其他的吗？

答：嗯，外部支持团体还有重庆市环境宣教中心，它是一个政府方面的环境宣教中心。我们双方经常在一起配合做事情。除了我刚才说的这些，还有个协会——重庆绿色志愿者新闻工作者联谊会。

问：这个和您刚才说的律师团队差不多？

答：嗯，差不多。新闻工作者联谊会，为新闻工作者提供力量支撑。还有绿色志愿者教师联谊会、绿色志愿者企业家联谊会、绿色志愿者大学生服务队。他们都是以沙龙的形式参加我们的活动。比如需要他们统一写通告，统一对一个问题进行报道时，就会请他们来，统一参加一些活动可以加大我们活动的新闻影响力度。

问：绿联有没有设立分支机构或办事处？

答：嗯。有渝西志愿者服务队和渝北办事处这两个二级工作机构，是我们所领导的工作机构。

问：这两个机构是在什么时候形成的？

答：就在 2004 年到 2006 年形成的。因为我一直在寻求一种自我发展的模式，为了达到这个目标，我交了很多关于这方面的企业朋友，然后就建立了渝北办事处和渝西服务队。他们成立后靠他们自身的力量来开展工作，就减轻了我的工作量。而且我的企业朋友大部分也都是在这个时候建立起关系的，资金筹集的渠道也是在这个时候建立起来的。2006 年以后，我们的资金就相对比较充足了。2006 年 8 月和 12 月，我们开会正式确定了我们今后三到五年的工作目标，而且重新确定了今后的工作重点、工作领域和工作方向。比如大学生领导型人才培训班要提高、巩固，要重新建立比较规范化的大学生领导型人才培训的工作班子，我们成立了大学生可持续发展领导型人才培训的学术委员会（S-leader），确立了正副校长，成立了一个管理委员会；大学生绿色营，就是按照规划要长远地办下去；还有将我们的绿色论坛办到社会上去，我们现在的绿色重庆环境论坛就已经包含了大学生论坛、工商论坛和社区论坛。

问：当时为什么会考虑在渝北和渝西成立办事处和服务队？

答：第一个原因是渝北区离我们主城区比较远，这个地方会员比较多，基础比较好。但当时也是应当地政府的要求成立了这个办事处，以便于他们管理，还能支持他们的工作。因为当时他们要创环境模范城区，需要我们的志愿者帮助，所以当地政府就支持我们在那边创立一个办事处，创立的经费、办公室都由当地政府提供。办事处成立以后给他们的工作提供了很大的支持，我们在那个地方开展了很多有利于树立他们形象的工作，为他们创建环境模范城区起到了积极的作用，所以当地政府很感谢我们。担任我们办事处的领导是他们的政府官员，但他接受我们的领导和管理。

问：这些政府官员还服从联合会的领导和管理？

答：嗯，要服从我的领导和管理。它们的办公室主任由我们任命。

问：那渝西服务队呢？

答：我们在渝西有两个污染较严重的县，一个是大足县，一个是铜梁县，所以我们就把当地的志愿者、积极分子组织起来，成立了渝西志愿者服务队。因为渝西地区是城市污染向农村转移相当突出的一个地区，受污染后，当地民众在污染受害当中纷纷觉醒，要求加入我们志愿者联合会，到我们这儿来寻求援助。我们因此就发动群众，吸收了很多农民会员，为了便于组织、管理和规范他们参与环境保护的活动，就在他们的要求下成立了渝西服务队。服务队专门常年对周围的环境保护进行监督。经过这些年的努力，服务队和政府的关系处理得很好，政府也认可了他们，还给他们发放义务环保监督员的证书，帮助他们名正言顺地开展环境监督工作。所以这是个比较典型的案例。

问：主要是在农民的要求下成立的？

答：嗯。成立当时也跟当地政府进行了协商，政府也欢迎我们在那儿成立服务队，所以我们在成立这个渝西服务队时，也得到了当地政府的支持。当然这个过程也经历过斗争，开始的时候当地政府说我们是反革命组织，这些队员是反革命，所以经过了很多斗争；后来政府看到我们确实是在做正义的事情，我们确实是在帮助它，后来也就同意了。

问：这两个二级机构（渝北办事处和渝西服务队）也需要挂靠主管单位？

答：不是，它们只是我们的二级工作机构，不是一个二级机构，二级机构是需要经过民政局批的。我们实际上打了个擦边球，把它作为直接管理之下的二级工作机构。

问：那边的会员，包括负责人都是当地农民？

答：嗯，负责人也是他们自己选举出来的。

问：他们的活动现在开展得怎么样？

答：开展得很好，那些农民很积极。他们积极进行环境维权，打官司，好多农民都由一个鲁莽农民变成了一个打官司的环境法律专家了。农民环境觉悟越来越高，跟当地政府斗争得很激烈，甚至跟当地政府发生过极端的对抗。他们把警车都扣了，弄到政府去，把警察都赶跑了。

他们团结起来以后，政府拘留了几个人，这些人在监狱绝食、自杀、威胁、抗争，出来了以后又告政府，现在都还在打官司。我还亲自到监狱里面去营救他们，亲自找到县长讲道理，当然最后政府也对我们会员进行了赔偿。

问：还有其他机构吗？

答：我们还有项目机构。

问：项目机构有哪些？

答：大学生领导型人才培训班、重庆大学绿色营和重庆大学生绿色论坛都属于项目机构。我们还有一个基本的活动机构，比如重庆绿色志愿者夕阳红环保自行车队，它就是一个活动机构，经常开展一些活动；还有重庆绿色志愿者夕阳红环保合唱团和重庆绿色志愿者联合会环境文化宣传队。

问：所有的这些活动机构都是会员群体？

答：对，一个活动型会员群体。

问：项目机构方面也是专业的吗？

答：有专门的学术委员会、管理委员会。

问：绿色营其实就是一个项目？

答：嗯，因为它是长期的一个项目，不是一年、两年，所以每一年我们专门有个项目负责人。

问：像这样的长期项目，除了S-leader、绿色营、重庆大学生绿色论坛，还有别的吗？

答：长期的项目在大学生这方面没有了，就这三个。我们还成立了一个环境维权服务中心。

问：它是举报中心？

答：不是，现在统一叫环境维权服务中心。

问：它其实和这个项目结构也差不多？

答：对。现在我们还打算成立可持续发展教育培训中心、野生动物保护救助中心，这样的话总共就五个了。

问：所有的这些中心有没有挂牌？

答：这些中心都要挂牌。它们就是具体推进相关方面的项目活动的。我们还准备成立珍稀野生物种资源保护中心。本来这个都成立起来了，但因为地方政府和一些企业、商人的阻挠，我们没有钱，就没有发展起来。

问：这是一个相当复杂的结构？

答：是一个相当复杂的系统，我们就靠这个系统的支撑来做。它现在包括六个中心：环境维权服务中心、野生动物救助中心、珍稀野生物种种植资源保护中心、S-leader、绿色营和绿色论坛。S-leader就是要发展成为可持续发展教育培训中心。

问：现在组织的负责人换届是五年一届？

答：五年一届。

问：二级机构的负责人呢？

答：二级机构负责人由它们自己选举产生，由我们来任命确定。原则上由它们自己所在地区的会员担任，像渝北办事处、渝西志愿者服务队，它们都相对地独立工作，主要接触我们的领导和项目的报告。我们只对它们的工作进行指导，不具体参与其中。

问：资金也是自筹的吗？

答：它们自筹。我们和它们只是一个指导和管理的关系，它们的活动要向我们报告，并经过我们的同意。

问：它们的选举、换届有没有统一的要求？

答：它们都得按我们这会里面的要求，也是五年一届。

问：你们组织从 1995 年成立至今（2007 年）已经 12 年了，1995 年进行了第一次选举吗？

答：没有，我们 2000 年选了一次。1995 年以前不开会员代表大会，是会员大会，那时候人少就完全是开会员大会来选举。会员代表大会只开了两次，会员大会开了一次，1995 年开了会员大会，2000 年第一次开了会员代表大会。

问：这些专职人员和兼职人员的招聘或招募是以什么方式进行的？

答：我们一方面在网上发布招募信息；另一方面靠社会推荐，有些社会单位如我们的友谊团体会给我们推荐；再就是个人推荐或自我推荐。我们自己也会在社会上物色一些人才，比如我们组织里的向春，就是我们从社会上物色到的。我们也会搞招聘，像余剑锋就是我们招聘来的。还有一些专业项目，都是自己报名来的，自我推荐，然后我们直接确定、委任。

9. 治理与运营

问：您能谈谈理事会吗？

答：我们的理事会属于一个工作型理事会，是由各个区的会员选举出来的一个最高决策和权力机构，也是唯一的最高决策机构。

问：理事会是由会长、副会长这些人来构成的？

答：嗯，我们会长、副会长是由理事会来产生，会长又是理事。理事里又分常务理事，常务理事里只有几个主要负责人，会长、副会长是常务理事。我们按不同地区、不同领域来划分理事，我们一般一年开两次理事会。

问：理事会里面都包括哪些成员？

答：理事成员就是某一个区域、某一个领域的代表，我们有教师联谊会、新闻工作者联谊会和绿色志愿者企业家联谊会，由他们来产生某一领域的代表。比如还有农民志愿者代表，渝西志愿者服务队有农民志愿者代表，还有社区志愿者代表；某个区域，比如沙坪坝区有沙坪坝区代表，铜梁县也有他们自己的代表。

问：理事会规模多大？

答：理事会由 15 个人组成。理事会主要决定我们会里的大事，审查我们的财务和工作，确定组织主要的人事变动。比如夕阳红自行车队领导人的任命，环保合唱团负责人的任命，渝北区办事处的任命，还有内部领导人的调整都由理事会来决定。我们还有个会员代表大会，理事会成员是由会员代表大会选举产生的。

问：每一届理事的任职时间是多长？

答：五年！从成立到现在只换过两届。开始成立的时候有一届，中间一届。我们每一届会长和理事都是连续五年。

问：这个会员大会大概会有多少人参加？

答：我们会员大会根据人数来确定，一般都是三十多个人。我们第一次是二十多人，第二次是 35 人。不能太多，因为这么多人来了之后我们的食宿都不好办。所以我们要求少而精。

问：15 个理事都是从会员代表中选出来的吗？

答：当理事的不一定是会员代表，我们下面还有特聘理事和会员推荐的理事，所以真正通过会员代表大会选举的理事只有八九个人。会员代表是由各个下属的团体往上推荐的。我们在每个地区、每个领域有一个召集人。我们实际上有一个隐性的活动小组，因为我们不敢公开地承认活动小组，只是隐性的一个活动小组。因为如果说有活动小组，容易引起党和政府的猜疑。因为我们社团不准成立二级机构，二级机构必须经过政府批准。

问：会长是由理事会来选举产生的？

答：对。会长、副会长和秘书长的产生都由常务理事来选举。

问：常务理事有几个人？

答：我们常务理事有 5 个人。

问：秘书长和会长的区别？

答：秘书长是实权，是具体负责活动执行的一个"管家"。但我们现在是会长分工负责制，我当会长，由我来负责。

问：如果有项目，通过办公会来决定这个计划具体该如何施行？

答：嗯。现在我们还建立了一个具体的工作办公室，办公室有个负责人，具体负责处理日常工作事务。

问：联合会的会员制度具体是怎样的？

答：我们有专职人员负责会员管理，包括会员的入会登记、会员的一些活动管理，还有会员的学习，也负责收取会费。最开始的时候普通会员会费是 30 块钱，学生会员、失业工人和农民会员会费是 10 块钱。

问：那是在什么时候？

答：2002 年以前，后来我们就没有再收取了。但是那个时候也是部分收取，当时我们有三千多人，很分散也就很难管理。一天发个信、打个电话的成本也是很高的，所以后来我们就不收取了。当时每个团体会员收 500 块钱，后来我们也不收了。比如现在的美联集团、歌乐山的中梁水泥厂，都是我们的团体会员，因为它们帮我们解决一些路费等费用，我们也就没有收取会费。所以会费我们现在基本上都不收。

问：最初绿联的会员数具体有多少？

答：有一千多人。到 1998 年初就只剩十几个人了。我们做这件事需要坚定的意志，要有信仰的支撑才能坚持下来；再一个就是要选对人群，我们选择大学生群体。因为（我认为）大学生群体是人类社会当中最优秀的一个群体，是人类社会的中坚力量，这个群体会影响整个社会，甚至是人类社会的现实、未来，所以要把这个群体抓好。我在重庆大学成立了一个"绿色家园"学生环保社团，这是重庆最早的一个学生环保社团，这个社团的前身就是我们"精神文明志愿者服务队"，我一手把它扶植到现在；第二个是西南政法大学的学生社团叫"绿色和平之友"。我在这两个社团中培养了两个骨干，一个是 1998 年加入的西南政法大学"绿色和平之友"的会长李心成，当时他还是学生；另一个是 1996 年加入的重庆大学"绿色家园"的李志峰。我们通过他们影响其他大学，比如，我发动他们成立了"重庆大学生绿色营"，它是绿色志愿者联合会下设的一个学生活动项目，重庆二十三所高校有二十多位大学生参加了这个绿色营的活动。活动结束以后，他们回到各自学校纷纷成立了学生环保社团。1999 年以后，我们重庆大学生社团就风起云涌地成立起来了。

问：我们的会员除了大学生，还有哪些人组成？

答：以前我们的会员不分知识和学历结构，只要他们自己有这种环保觉悟，愿意参加这种活动就可以成为会员。但2003年以后，我们就开始注重学历结构，学历一般要求是初中以上，主要还是大学学历以上。职业构成主要以知识青年、新闻工作者、大中小学学校教师、政府官员和工程技术人员为主。从2005年以后，我们本着少而精的原则，着重在工程技术、科技工作人员当中来发展会员。因此进行了两次会员整顿，三次重新登记。

问：会员整顿？

答：会员整顿就是将不合格的会员请出，合格的会员继续保留在会里。从2007年开始，我们准备建立会员注册登记制度，进行会员注册和会员志愿者活动登记，就是说参加了志愿者活动就要给他做活动记录、志愿者活动的事迹登记。登记制度和志愿者注册制度，每年都要登记注册一次。此外，我们还整顿了志愿者注册证。

问：联合会一开始只有志愿者，后来才有会员，是从什么时候开始划分的？

答：从2006年开始划分的，会员需要进行登记注册，志愿者就不需要。

问：入会程序有哪些？

答：第一要写申请，第二要填表，第三要注册登记。

问：先要注册登记，然后过一段时间再审核？

答：我们每年都年审。年审就是把那些已经退了或者已经不活动了的会员，从会员名单里面删除掉，然后把新的会员加进来。

问：现在会员参加活动也要登记？

答：项目方面的活动，如果我们邀请这些会员来参加，他们都要进行活动登记。如果某些会员没有能力不能参加，我们当然不勉强。但如果一年或两年都不参加活动，我们就除名。一般是一年不参加活动我们就除名。

问：这些制度都是有文本或书面的东西？

答：不是，这些制度还没有形成文本。

问：若多参加活动有没有什么激励的措施？

答：我们每年都要评活动的积极分子，会授予我们组织的这种荣誉，另外每年参加的活动都要在注册证上记载。

问：这些激励制度是从 2006 年以后开始实施的？

答：嗯。但现在完全固定了。

问：以前的管理是比较松散？

答：以前我们的骨干志愿者管理是比较集中的。多数的志愿者，我们只是组织他们学习，参加一些项目活动，开展一些学习教育，让他们去影响周围的志愿者，由他们去建立一些志愿者活动小组。比如夕阳红合唱团、自行车队，还有一些社区服务小组，还有在农村开展一些调研活动和一些促进当地监督的活动。

问：联合会的会员规模如何？

答：我们以前最多的时候有三千多人，大概是 2003 年的时候，那时候都叫会员。后来我们 2003 年、2005 年分别进行了两次重新登记，登记的会员大概有五百多人。

问：您怎样评价会员管理？

答：我们进行的是会员规范化管理，管理的还是相对不错的。但我们主要是靠骨干来带动会员，在骨干方面，我们就有一个紧密协作的工作团体，他们在各自负担的领域内组织志愿者。

问：现在有几个专职人员？

答：有 5 个专职人员。

问：李心成老师还在吗？

答：李心成不在了，他去重庆华人网做新闻中心主任了。

问：绿联会开展活动还是很困难？

答：现在比过去好多了。基本上筹集经费还是一个比较困难的事情，现在我们这些人都只能解决温饱。这一两年，我们在项目活动中走上了良性的发展道路，我们采取环境诊所、环境咨询，还有圆桌对话，帮助解决社会矛盾，促成政府购买服务。

问：是购买服务？

答：对，购买服务。像 2011 年政府给了 10 万元的购买服务费，2012 年给了 15 万元。

问：是重庆市？

答：对，重庆市政府，有环保局，也有发改委，针对一些社会矛盾让我们去排忧解难。比如说项目的科学认证，政府是为了经济目的，只要拿钱就能够通过，当然群众会产生一些质疑。我们去认证发现问题就要提出，甚至是抗议。现在我们还搞科技环境会诊所，提供科技服务，收取咨询费。

问：这个会诊所里还有一个环境影响评价研究所？

答：嗯，这是我们重庆大学的。

问：绿联会和他们有合作？

答：没有合作，只是有时候我们监督他们。他们是甲级营业单位，是效益机构，大项目环评都要找他们，所以每年收入很高。在公众参与环评中我们常主动参与，但他们都不主动与我们合作。因为我们参与过后要进行监督，他们的一些事情就不容易做成。现在很多地方的环评都变成一种企业行为，具有商业性质，是在进行交易。我们组织的理念是"积极环保、促进多赢"，跟他们性质不一样。

问：现在绿联的主要业务内容包括哪些方面？

答：我们主要的工作内容是环境调查、环境监督、环境诊断，以及法律服务、科研咨询。

问：绿联在运营过程中有没有设立短期和长期目标？

答：我们开展工作有近期、中期和远期的目标，我们要始终沿着这个目标前进。我们的终极目标是推进社会进步、促进可持续发展、推动国家发展、提高公众觉悟，所以我们把环境教育、维权放在终极目标之中。这有利于民族发展，我们一切工作都是紧密围绕这个目标进行的。虽然这个过程很缓慢，但我们的成果体现了，公众觉悟和公众责任在不断地提高。

问：绿联会目前发展的最大障碍是什么？

答：目前资金基本不是问题了，最大问题还是人才问题，主要是个人价值观的体现。我们起码要有一个公德心，因为我们的行动准则是身体力行，这样才能赢得社会的诚信。2007年以前，不仅很多老百姓不认可我们的工作，更别提政府官员了，他们认为"人不为己天诛地灭"，哪有像我这样为工作身无分文的。到现在我还是过着很清贫的生活，住在学校20世纪70年代末修的房子里。英国BBC电视台、日本电视台、德国和法国电视台到我这儿来拍电视，都喜欢到我家里来，我都觉得没什么。我做环境保护，是我这辈子对人生价值的追求。

10. 与政府的关系

问：对于NGO和政府的关系您的观点是？

答：没错。政府不是对立的敌人，政府是朋友、伙伴，我们不是对抗者。就环保而言，政府是环境保护的主体；企业是治理环境的主力，因为他们有钱；而我们公众只是推动环境保护的一个社会力量。重庆市一些重大项目的开工，我们都积极介入，帮助政府解决问题，比如我们参加了重庆水电站建设。

问：这些观念很早就已经形成了？

答：是逐步形成的。但我们坚持的原则是一开始就定了的。一是公益性原则，我们是一个公益性组织，这一点必须坚持；二是独立性原则，我们这里面没有政府色彩，也没有政府来干预我们的活动；三是兼容性的风格，各行各业的人我们都可以吸收。这些思想、原则对一个组织的确立和稳固是十分重要的。

问：您说绿联和政府是朋友、伙伴，而不是对抗关系，能不能举个具体例子？

答：对，我们是朋友、伙伴，还是参谋。前几年，重庆市政府开了一个民间组织座谈会，肯定了我们做的很多工作，认为我们的圆桌对话会议能为政府排忧解难，消除对抗。比如说重庆石柱修一条高铁公路需要征地，但涉及两个村五百多户农民的利益。拆迁后，农民的利益得不到补偿，房屋得不到安置，只能到外面租房子住，在那个三九寒天，农民没办法就发动起来围攻工地，不准施工。因为修的是高铁公路，影响很大，政府派警察去抓人。高铁公路是向世界银行贷的款，而我是世界银行贷款监督委员会主席，我知道情况后就准备去村里。当时，县里设置障碍不让我下去，我就徒步走了两个小时赶到现场，看到农民跟警察发生冲突，那么多人，有些我认识，村民们看到我，争执的声音就更大。这个时候县长看到我就把那些警察喊回去。我就帮县长问村民为什么要组织活动，村民就说他们已经搬出来两三年，现在快到春节，想置一个房子回去过年，但是政府不解决他们修房的地基问题，他们要求政府给一块地基好修房。我对马县长说："你现在在这儿，说说能不能解决，表个态。"马县长说："政府一定给你们解决。"我问："什么时候解决？"马县长就说半个月。村民就说："以前也说给我们解决，哄了我们好多年，吴老师可以做证。"第二天我没去，但县政府解决了地基问题。过了十天我去村里看，结果村民房子第一楼都修起来了，所有村民都很满意。

我实际上就是组织县里开了一个圆桌对话，把村民的具体要求以及政府基建、合体工程拆迁问题统到一块，找一个村民代表，跟县里对话，通过这种方式解决了冲突。

又比如，荣昌那个合体工程，农民围攻静坐了半个月，也是警察抓人了。我们去了后，也是进行圆桌对话，把农民的要求归纳起来：哪些问题能解决，哪些不能，跟农民解释清楚，然后直接兑现。其实这些问题都很好解决，关键是官员有官本位思想，认为他们是来管老百姓的，不能做到好好沟通。比如南川合体工程引起的搬迁问题。问题一发生农民就向我们投诉，我们去调查的时候矛盾还没有激化，我们就把政府拆迁的相关政策印成小册子，发给每家每户一本，政策公开透明让农民知道。结果一点事都没有闹，解决得很好。其实中国的农民很听话，很朴实的。

再比如，2003 年重庆在九龙坡的主城建 30 万千瓦的发电机组，建起来后，排放的硫化物、粉尘散落，穿的白衬衫都变成了花衬衫。我们就组织四川美术学院、钢铁专科学校、电力专科学校，还有重庆工学院进行讨论，组织市民和各单位一起反映，到底建发电机组好不好？以前那里有 5 座 4 万千瓦的发电机组共 20 万千瓦，现在要建一台 30 万千瓦的。当时环保局感觉到压力很大，环保局和发改委因为是市长工程不敢反对，他们就把这个消息透给我，给我提供资料和方案。我们从中运作把这个事情取消了。九龙坡环保局把我们这个实例作为公众参与环保的一个典型案例来进行宣传。因为那是市长工程，按说是换不掉的，但我们还是把它换掉了，我们与环保局的关系也有所缓解，政府很多部门就是长官意志，环保局利用我们来消除长官意志。

问：您是以朋友和伙伴的角色协调解决民众与政府间的冲突和矛盾，那参谋扮演的角色是什么？

答：我们不但要提出问题，还要提出解决问题的办法，给政府出主意，真正发挥参谋的作用。举个例子，重庆杨公桥要建一个 11 千伏安的变电站，变电站建在一个几千户人的小区附近，这个电磁辐射对小区造成了影响，小区居民就找到我们来反映，请我们出面来跟政府交涉，去游说政府停建这个工程。但是这个工程也是为小区用电服务的，小区居民既是受益者，又是受害者，怎么来处理这个关系？作为群众和政府间沟通的桥梁，我们向政府提出了变更电站厂址的建议，同时也和小区居民进行协调。经过我们调查研究，提出了一个科学合理的建站地址，政府采纳了我们的建议。政府和居民皆大欢喜，这是一个成功案例。所以，在处理跟政府的关系时，不能光挑刺，要解决问题。我们要当好政府的参谋。

问：绿联与政府合作是有经验的，您在这些方面有什么心得？

答：环境污染直接受害者是老百姓，政府官员要政绩，企业老板要利润，环境治理的成本就转嫁到社会，因此我们做事要讲策略。我处理组织和政府问题的原则是"帮忙不添乱，尽职不越位，参与不干预"。还要把握三个指导原则：一个是要依照党的法规；二是要遵从党的政治观点；三是顺应党的领导人、中央领导人的思想。我结合中国国情和重庆市的地情，利用我们组织自身的资源优势和风格，确定活动领域。在这一点上，可以说我们国家好多 NGO 思想不成熟，直到现在很多组织都没有我这种成熟的思想。所以这些原则我们就把握得比较好。

问：如果当地政府不配合，怎么办？

答：可以找中央政府解决这类问题，例如以报告的形式呈递上去。另外，工作策略也很重要。我们对此有一套系统的思想理论。我们跟政府也是这样，比如跟沙坪坝区政府合作，开歌乐山研讨会，政府出资，我们对沙坪坝提出批评，也提出建议和整改方案，最后很顺利地解决了问题，也提升了政府形象。

问：您可不可以谈谈很有影响的一些事件？

答：2005 年，我们发动铜梁县河水村九百多名农民集体抗污维权，把那个厂包围了，县政府出动六百多名警察进行镇压。我就把情况跟重庆市政府反映，因为是群体事件，就引起了重视。我们又组织大学生去声援他们，同时我们跟组织联系，先派出宣传代表到北京去组织新闻发布会。这样就捅破天，政府立即采取措施，警察和城管的这些干部，把打伤的农民送到医院去治疗，同时派人到北京新闻发布会去把农民代表接回来。

然后我们组织召开圆桌对话会，包括村民、企业、官员，还有专家、学生，我们五个方面的代表参加圆桌对话，目的是解决问题。为什么我们农民要围攻那个厂？农民都说因为厂建了之后，污染了土地，污染了水源，开矿把山上的地下水破坏了，没有水吃，房子塌陷了，森林死了，这都是污染造成的。污染造成环境问题的成本不能让农民来埋单啊！企业就说，我们把钱给了污染池，也交了很多排污费，村民反映的这些问题，他们都出了钱去解决，是政府没有解决啊，钱到哪儿去了？政府就说，我们当时钱很紧张没用到治污上，现在也拿不出钱，怎么办呢？我们就跟市政府反映，市长王鸿就从他的市长经费拿了 75 万元来解决老百姓吃水问题。圆桌会开完了以后，矛盾基本解决了，我们就继续监督这个厂进行治理、整治。这个事情反映到国务院，中央电视台来了，中国环保联合会马勇他们也下来调查。

问：后来的进展如何？

答：我们在开展公众圆桌对话时，针对环保会诊专门成立了一个重庆市高教高科技工作协会，组成的顾问团、专家团有三千多老专家，取名为环保诊所。通过会诊找出企业造成环境污染的主要原因。后来发现许多企业主要存在三个方面的问题：第一，科技含量不高，设备比较陈旧；第二，对于环保的投入不高，因为企业受利润最大化等各种错误观点的约束；第三，管理方面存在一些问题。发现这三大问题，我们想可不可以治理？事实是可以治理。那么他们愿不愿意治理，有没有决心治理？其实因为环境问题引发的社会利益冲突，都是不难解决的事情，关键是看政府、企业他们愿意不愿意去做，有没有人去处理。

11. 与资助者的关系

问：您能谈谈绿联与资助者的关系吗？

答：先讲一下和资助者的关系。资助者只是资助，对我们的独立性没有影响，就算政府资助我们，我们的独立性都没有受到影响。但是我们的独立性，我们的决策要和政府保持一致，不是跟当地政府官员保持一致，而是跟我们国家的法律、法规和中央政策保持一致，当然我们也会跟地方政府的某些方面保持一致。

问：他们资助你们，对你们的活动有没有要求？

答：我们在接受外国人的捐助时，项目的运作完全按照我们的国情、按照我们自己的思想和思路来进行。我们不受资助者的影响，也不要他们来参与，他们就是起到一个提供资金的作用，我们最后把项目的执行情况报告给他们就行。他们的观念、要求我们都不接受，申请项目时我们不接受任何附加条件，他们也只要结果，不管我们用什么形式来做。

问：您很早就意识到机构要有独立性？

答：我们一开始就有独立性，这一点我一直是注意的，所以成立之初我们就把组织的独立性、公益性和兼容性提了出来。在国际合作阶段，我们就开始践行这个原则，所以在接受比如加拿大公民社会项目时，我们就谈到不能有任何附加条件，有任何附加条件我们就拒绝接受。加拿大公民社会项目、世界银行都是主动找我们的，因为他们觉得我们组织能为他们提供帮助。所以我们就是根据项目的执行情况做一个报告，这个报告完全按照我们的意思来做，他们没有任何其他的要求，只是给我们提供资金援助，他们只要一个结果。

问：具体操作层面呢？

答：我们都跟他们提前谈好，按照我们的思路、想法来，所以我们在这个过程有完全的独立性。但后来我们就不向他们申请了，因为它第一次能满足我的要求，第二次就不一定了。比如我们的一个大学生组织，"地球之友"给他们提供了2000块钱的资金支持，而他们得到的回报远远不止这个数目，大学生按他们的要求进行实地考察，提供报告。我就对他们大学生说，不能为五斗米而折腰，不能为了2000块钱就违背自己的想法按照他们的要求去做。

问：您是出于什么考虑不对外申请项目？

答：一方面考虑到一些机构为了国际组织提供的一点资助，就给他们提供任何他们要求的技术报告和情报等，而给这些组织提供情报都是违反国家安全条例的。比如给美国大自然保护协会、国际生物多样性保护联盟提供报告，某些情况下他们还获取一些经济类的情报和我们国家对他们所谓有用的信息。所以看了这个以后我就觉得，拿了别人的钱不能按照自己的意志来做决定，那就干脆不要。另一方面，考虑到我这个人的民族自尊心很强，我觉得我们需要外援来壮大自己的实力，而不是靠外援来养活我们自己。我的这个思想在同行中是很鲜明的，他们就比较反感我这种思想，说我自己不想要资助，他们还想要呢，不愿意让我批评他们。所以我个人的态度是很明确的，跟国际组织合作是要跟他们谈好条件的。再者，我觉得我能够引入他们来发展壮大我自己，我要自己摸索、靠自己，靠我们中国、靠我们自身的优越条件来支撑这条路，这样我们在国际上说话就更有力。

所以这次我到美国访问我就知道我们的很多思想、很多做法比他们先进。虽然他们有很优越的社会条件、经济条件和人员的知识条件，但他们做不出我们这样的事迹来。为什么？因为他们缺这样的思想。这次我去美国，有一个美国职业外交家，叫爱德华，他在很多国家做大使，这个人写了一本书叫《可持续发展革命》。我从他这个《可持续发展革命》中得知他的一些观点，我觉得他的这个观点和我的观点比较接近。他是一个比较有思想的外交家，我很敬佩他，我们两个很谈得来。所以我就觉得美国的很多环保组织没有我们这样的思想，而我们中国很多环保组织也没有这种思想，都是讲大话，人文思想不够。所以如果是友好型的合作项目我可以接受，有附加条件的一概拒绝。唯有保持思想独立，才能够站立起来。这上面讲的是跟外国组织的关系。

还有跟企业的关系。我们对企业进行了批评，也给他们提供了建议、方案帮助他们。比如前面提到的美联现代集团，我们帮助它建立了生态资源基地，帮它树立了企业形象，我们也得到了一定的报酬。但我们不允许企业拿我们做幌子去外面宣传。

12. 其他的外部关系

问：绿联和大学生社团是一种什么样的关系？

答：重庆好多大学生社团都是在我们影响和指导下成立起来的，我是很多大学生社团的指导老师。后来由于我们业务的扩大，很多工作我们都顾不过来，所以我们就成立了大学生绿色论坛、大学生可持续发展领导人培训班和大学生绿色营，联合他们来指导和协调大学生开展环境保护活动。现在参加我们这三种项目的大学生，好多都是大学生环保社团的负责人。我们就和这些负责人建立了一种比较紧密协调的联系，我们就用这种联系、这种方式来团结、联合和协调高校大学生之间的一种合作。就是这样一种关系，事实上是一种比较直观的关系。

问：绿联就是对他们进行一些培训和指导？

答：对。比如我就是重庆大学任命的环保社团的辅导员。现在还有一些中小学邀请我担任环境辅导员。所以我们和大学生、大学生社团的关系实际上就是通过动员、组织和发动这个过程来确定这些组织的。这些组织基本上是在我们这个绿色志愿者影响下建立起来的。

问：您对待媒体在绿联开展工作过程中的评价是？

答：就我们组织的社会影响而言，媒体起着至关重要的作用。所以2000 年我们成立了一个重庆绿色志愿者新闻工作者联谊会，会员都是一些新闻工作者。我们的新闻联谊会是以沙龙形式举办的，互相通报新闻，写新闻通稿。这样我们就有了一定知名度，国内外许多知名媒体都对我们的组织进行过报道，而后我们的媒体联络工作还找了专人来负责。

问：您对媒体所持的基本准则是什么？

答：我们要求媒体是公正的，要真实、客观、公正地对我们做过的活动进行报道。我们不做炒作性报道。

问：您对高层次的媒体有没有偏重？

答：我们认为地方媒体报道的思想性、人文性的深度不够，中央媒体则做得好很多。

问：您对媒体报道的期待是？

答：我对媒体报道的期待：第一个要客观、真实、公正；第二个要有利于社会公益，有利于促进政府整改，有利于我们去解决问题，问题不要提出来让人反感。

问：能不能请您谈一下绿联和其他NGO的关系？

答：虽然我们NGO的形式多样，但我们总的目的和要求是一样的，我们NGO应该是个大家庭。中国NGO具有多样性，主要是指它的功能多样性、名称多样性、工作方法多样性、风格多样性、形式多样性、渠道多样性以及策略多样性。我对所有的NGO有三个建议：资源共享、信息共享、经验共享，因为我们的目标一致。我在北京一次NGO会议上很鲜明地提出过这个观点。

问：您基于一种什么样的背景或境遇，提出的这三个建议？

答：我们整个中国NGO有一个致命的弱点，就是合作的贡献意识比较弱。为什么我要提出资源、信息、经验共享？2000年以前，我在北京找过很多成立较早的NGO，比如"地球村""自然之友"，我多次去找过它们，可以说有时候是苦口婆心地哀求它们，能不能够告诉我们，比如筹资的渠道、获取信息的渠道、跟人家合作的渠道。但是，它们都不告诉我，还受到人家的冷落、讥讽，说我不会外语，没有和国际打交道的经验，只回我原来那个地方搞好就行了。这对我刺激很大，也成了我的动力，所以我力求靠自己去闯。我去拜见它们，被踢出来以后，我也不气馁，我学着脸皮厚一点，因为我觉得也没什么丢人的，我是正大光明地做事情。后来，我多次尝试不同途径，终于靠我自己的努力成功了。我当时就说他们很多NGO是拿着外国人的钱在向我们自己人炫耀，而我是靠我自己的钱闯出路子、创出成效。

可以说我们国家很多这些老的NGO，很多这些大的所谓NGO都是靠外国人来支撑脸面的，不是靠自己的努力、靠自身的奋斗来的。我是靠我自己把家里的家产都垫光了来建立这个组织，我们组织的成长可以说基本上不是靠外国人的钱。针对这些情况，我就觉得我们NGO大家庭应该做到资源、信息和经验共享，荣辱与共。

问：NGO之间关系有两个方面：一是合作，二是抗争或分歧。您能谈谈与其他NGO之间的合作关系及其途径吗？

答：首先我们要尊重其他NGO。因为天下环保是一家，一个人的力量很小，联合起来才能拯救世界，所以我就主张 NGO 大家庭应该共荣共辱、共同发展，建立一个共同促进的机制。NGO 应该走联合道路，但不是组织上的联合，而是理念上的合作、共荣，朝着我们共同的目标努力。

基于这一点，我们和其他 NGO 都保持着一种比较密切、相互尊重的关系。所以对环境 NGO，比如汪永晨①、"地球村""自然之友"，包括国际 NGO 在内，我们没有把他们看成外人，我都毫无保留地把我们的经验、我的信息告诉他们。像南京的"绿色之友"、湖北襄樊的"绿色汉江"这些组织，很多是在我的影响下成立的。我把我自己的经验毫无保留地告诉他们，特别是怎么来加强国际合作；而且主动地把他们介绍给国际 NGO 组织，比如向世界银行介绍"绿色之友"，他们都获得了这方面的资助。现在他们有的地方比我做得好，但我并不嫉妒他们，相反我由衷地感到欣慰，起码我的实践行为产生了很好的效果。所以在资源、信息、经验共享这一点上，我们 NGO 应该团结起来走合作的道路，只要我们合作就能产生更大的社会效益。

问：您觉得 NGO 之间是要以支持与合作为主？

答：对，我觉得中国 NGO 要走联合道路，这方面我们中国就有很成功的例子。比如，我这个天然林的保护，正是因为有"自然之友"、专家学者、政府官员的支持，我才有胆量坚持做下去的。我感到后面有一大帮队伍在支持我，有一大帮理论在支持我，我才有底气去实施天然林保护的项目。我非常感谢他们。所以我觉得，合作是很有必要的！我也希望我们全国环保 NGO 一定要联合起来，"天下环保是一家"，应该携起手来做到资源、信息、经验共享，促进我国 NGO 的建设。所以我很想跟大家分享我的一些 NGO 理念、策略等的经验。

问：对于 NGO 之间存在竞争和分歧您能不能举个例子？

答：比如环保领域建立全国 NGO 合作网络。我很支持廖晓义②他们、"自然之友"他们搞 NGO 合作，建立 NGO 的合作网络。但是实际上，他们多次为争当 NGO 领袖，想出风头，斗争得十分激烈（合适吗?），我就感到有点沮丧，我觉得我们 NGO 不应该这样。

问：这个网络是一个什么样的网络？

答：是指一个合作、联系的网络。

---

① 汪永晨，民间环保组织"绿家园志愿者"召集人。

② 廖晓义，重庆人，北京地球村环境文化中心创办人兼主任。著名环保 NGO——"地球村"创始人，"地球村"村长，她曾获得有诺贝尔环境奖之称的"苏菲环境大奖"。

问： 不是指电脑上的网络吧？

答： 是指电脑网络。

问： 就是一个电脑网络平台？

答： 嗯，网络平台。关于这个网络谁来建、建在哪儿、涵盖哪些组织，我们进行了多次讨论。我们每年还要开一个 NGO 联席会，增进我们 NGO 的合作、交流与联系。原来是"自然之友""地球村"每年组织召开，大家都觉得很好，都希望这种形式能够继续下去，但这两年没有了。可能大家有些说法吧，而且有的组织也想争这个风头。比如有一个中国国际民间组织合作论坛，每年举行一次，刚开始还不错，但后来会议就越来越流于形式，没什么内容了。像这些问题都需要去解决，我们国家不承认这样一个大的联合的组织形式，这是由我们社会环境决定的，但是我们可以建立一个全国性的 NGO 联络、沟通、交流平台。

问： 最近几年，国内 NGO 之间交流、合作多吗？

答： 不多。2005 年以前是比较好的，那个时候有廖晓义、吴方笑薇[①]、"自然之友""地球村""香港地球之友"来参加，他们是我们国家公认的一个全国性的 NGO 领袖的个人和单位。但是现在又涌现出很多新的组织，纷争就多了，我觉得这是一种发展当中的不正常倾向。

问： 这是一种竞争关系？

答： 对。第一个是竞争成立，第二个是竞争得到国外的援助，第三个是在国内 NGO 中当老大，就是功利追逐，这是我的看法。反映到 2002 年以后的一些新崛起的 NGO 身上，特别是青年人身上尤为突出。一些新崛起的 NGO 急功近利、浮躁，不踏踏实实做事情。所以我就写文章谈到过，环境 NGO 不是作秀，不是追求时尚，更不是贪求名利，必须有公德心，有人格风范，有无私奉献的精神。纵观我国环保先锋廖晓义、梁从诚[②]等人都是一些高风亮节的楷模，他们是苦行僧。我们第一代 NGO 可以说都是苦行僧，都是一步踏着一个脚印走过来的，而且组织还发展壮大了，也发展得很好、很光辉。他们每个领袖都拿得出自己所做出的傲人成绩，都有一些让人信服的，而且影响很大的一些事迹。现在的这些 NGO 哪个能拿得出来？所以我觉得我们 NGO 应该是更多地踏实做事情。所以要以"少说多做、身体力行"作为我们的行动原则，我们要用行为来改变环境，

---

① 吴方笑薇，香港人，香港"地球之友"总干事。

② 梁从诚，祖籍广东新会，生于北京，"自然之友"创办人。梁从诚先生的口述史收录在《中国 NGO 口述史》（第一辑）。

来推动社会。

所以我们都希望我们 NGO 能够像过去那样，能够恢复到 2005 年以前，像廖晓义、梁从诫那样，像我们这老一代人物那样，公益心强、公信力强。现在就是因为中国 NGO 良莠不齐，发展很快，而多数都是没有经过注册的，政府也没有管他们，属于乱世出英雄，所以泥沙俱下、鱼龙混杂。所以对年轻人来讲，要像老一辈英雄那样承担起 NGO 联系交流的这个平台，他们也感到困难，感到力不从心。所以我说这个问题应该研究一下，建立一个大家相互联系、资源共享的 NGO 平台，把它作为一个发展的基石。现在中国 NGO 虽然很多但仍然很幼稚：思想不成熟、组织不成熟、策略上不成熟、理论上也不成熟。

问：您怎么看待 NGO 领袖人物的作用？

答：NGO 领袖人物在很多方面发挥了很重要的作用。像廖晓义、梁从诫、香港的吴方笑薇这些人都是一些很有影响的 NGO 领袖人物，我很崇拜他们。我这个组织发展到今天，与吴方笑薇的帮助有很大的关系。1998 年我到香港访问，去造访了吴方笑薇，吴方笑薇把她的一句格言，就是那句"少说多做，废话少说"送给了我，已经十多年了，我还一直保存着。我们要用行动来唤起、团结、影响公众，我能做什么，公众他们就能做到什么，我们就这样来发动我们的组织，这就是经验。吴方笑薇就很不错，她是一个比较开明的 NGO 领袖。可以说，我们组织的发展壮大，与很多 NGO 的支持与合作是分不开的。

13. 可持续发展与接班人

问：您能具体谈谈组织的可持续发展吗？

答：首先，组织的可持续发展规划关键在于人的可持续、志愿者骨干的思想和行为的可持续。其次，我们组织能力的可持续，也是培养团队、打造团队的能力。用思想、智慧和知识支撑我们组织的可持续，这一点我们一直很关注。而且我们已经有了一个团队，这个团队有三大部分，每人负责一部分，我只是在给他们一个演绎自己、表现自己才能的平台，这个平台是一个组织性可持续的平台。再次，我们还有生存的可持续性，包括两个方面：第一，不能离开我们的国情、我们的地情、我们的社情；第二，不能离开我们自身的风格和资源基础，自己的能力基础。

问：您对绿联的可持续发展是怎么考虑的？

答：我们要根据我们自己的能力量体裁衣，来决定自己的行为和走向。要明确四个方面的内容：第一，我们的工作方向是自然生态保护、公众环境维权，还有环境教育。第二，我们要把与政府的关系处理好，跟政府的关系是政府的朋友和参谋，关系定位要准确，要体现我们自己的风格，要以我们的资源来决定我们的工作目标、工作方针。我们要清楚地认识到政府是解决环境问题的主体，企业是解决环境问题的一支重要力量，公众只能推动环境保护。所以，政府是朋友，要去尊重它，我们的组织才可能持续，不然会被政府取缔。第三，制定正确的方法和策略，好的策略可以说是组织的生命，政策法律没有研究好，这个组织就可能被取缔。第四，自己要有造血机能来解决物质生存问题，要有自己的物质生存途径。当然我们除了开展国际合作，还要跟国内的企业、政府开展合作。因为我们是做慈善事业的，我们不可能自己去办商业活动，但是可以通过慈善产生社会效益，发动社会各方面力量来支持我们，从而解决自己的造血和生存问题，以此来解决可持续发展问题。

问：您也提到可持续发展离不开人的可持续，您对未来的接班人是怎么考虑的？

答：我希望有一个团队来接我的班。因为目前还没有像我这种拥有非常丰富的个人资源优势、具有全面的知识和能力，以及有实践的沉淀和经验积累的接班人。

问：您对接班人有什么具体的期望和要求？

答：以前，我对接班人的期望要求有点过高，他们达不到，但是我现在也调整了心态，我不要求他们跟我一样能够达到我要求的信仰。比如重庆市宣传部长跟我说："吴老师，你这种精神我们做不到，不可能像你这样。"

问：您能不能从可持续发展的角度谈谈对于接班人有哪些培养措施？

答：对于接班人，目前来讲就是培养、锻炼他们的能力，把我自身的一些资源优势转化到他们身上，特别是我的理念、我的知识、我的智慧、我的意识和我的胆识，还有我几十年经验的积累。我转化的主要方法就是言传身教，亲身带他们去实践。通过实践、做事情来锻炼他们的能力，提高他们的理论素质，用理论来指导他们的实践，再用实践来丰富他们的理论，特别是他们的人格、人品和他们的思想意识、信仰。如果一个人没有人品、信仰，没有追求，他就不会有责任。拿我来说，就是因为我有高度的信仰，所以我才能够劳其筋骨、饿其体肤、拂其心志。我经常组织他们学习老庄和孔子的哲学思想。

问：您对接班人的培养有没有具体的例子？

答：有，比如今天我们分立了几个项目，以便往专业化道路发展。比如在环境法律方面，我们建立了一个服务中心；另外还建立了一个公众环境对话平台，保证企业、官员和NGO、公众都能对话，参与环境影响评价、环境听证、环境调查、环境建议以及环境游说，这些都由向春来负责；还有野生动物保护、生物多样性资源保护；等等。我让他们一个人负责一方面，靠自己的思想、自己的行动、自己做的项目设计来养活自己，实际上就是锻炼他们。

问：您对自己今后的接班人有信心？

答：目前来说，还是有信心的。但是我也有忧虑，忧虑什么呢？因为人是最难掌握的，人的思想行为都处于动态当中。存在决定意识，社会条件、社会环境对于培养我这种思想有很大影响，但是我对这个社会环境有一些忧虑。一是我这种思想得不到社会环境的充分认可和支持；二是现在的物欲社会对年轻人影响很大。比如说年轻人出去不能吃苦，就想打的，不想骑自行车、坐公共汽车、走路，他们就想方便；再比如勤俭和艰苦奋斗的意识他们还没有，比如我们办公室不开空调，他们就受不了；还有，生活上的俭朴，他们受不了。现代人的消费对他们青年人的诱惑和影响很大，但是这种诱惑和影响就需要物质基础，而我又没有充分的、多余的、丰富的物质基础来满足他们的需求。三是受现在社会浮躁思想的影响，很多年轻人做事就想一举成名，没有十年磨一剑的意志和毅力。

所以还有很多事要做，因为培养人是一个艰苦的过程。他们说"十年树木，百年树人""学而知之非生而知之"，在环境保护方面，不管是自然科学知识还是社会知识或者专业知识，只要基础理论学得扎实，就可以举一反三，这是一个知识长期积淀的过程。现在的社会环境有很多负面的东西来影响他们，我从正面来引导他们，但是往往负面的物质诱惑胜于我们正面的说教。说穿了就是一个字——钱！我这儿没有年轻人所追求的利益，只有追求的一种精神和责任。所以在现在这种物欲社会选择我这个事业，能够坚持下来很难。像李心成，我一个月给他一千五百块钱，但他要结婚要成立家庭要买房子，买不起。所以我让他做兼职，于是他放弃了做专职志愿者，改做兼职志愿者。这样，他在会计师事务所工作，一个月四五千块钱，房子也解决了、婚也结了，只用了三年时间。余剑峰，做兼职志愿者之前，他家里老婆、父母的亲情压力太大了。他虽然有房子，但还想再买套房子，他老婆每个月一万元左右的收入，还要买汽车，他在我这儿都没有办法实现，老婆要找他离婚，孩子要他养。所以理想很美好，现实很残酷，这些年轻人我也都理解他们。他们不像我，我现在什么都有了，我有退休工资，没有负担，所以我才能倾注所有精力，否则我也实现不了我的理想。所以理想要有一定的基础，一定的可观条件。这些人是否能够坚持下去，目前我也没法说。

作为一个领袖人物，不能全身心地投入，没有物质基础和保障、没有一点儿清心寡欲、没有毅力和意志是做不下来的。就像我，一天周身都是汗臭，这么热的天气，我要把我的利益奉献给社会，但是社会给我的是荣誉回报，没有物质的回报，我出去坐车吃饭、喝水都要花钱。一个人长期这样下去，没有坚定的信仰，是没法支撑的。青年人在这个千变万化的物质世界、客观环境的影响下，可能禁不住诱惑，要让他们接班，他们要能够有真正的意志、大无畏的理想、能力。所以我觉得我这儿最缺的是人才，有了人才我什么都有了。

问：这种觉悟是很难达到的？

答：对。我也是到了 50 岁才悟出来的。所以总的来说，我们的思想基础，要舍得放弃，比如说放弃亲情、友情、物质和爱好等。我自己还住在一个破旧的房子里，一般人做不到，他们顾虑面子，顾虑社会名誉。很多朋友都说我总得把家庭搞好点儿舒适一点儿。我说我基本的享受条件都有，空调、热水器、电视、电脑我都有，只不过是房屋宽敞一点、舒适一点给人感觉要好一点，但是这个感觉是凭自己的生活方式、生活理念来感受的，他认为舒服我认为不舒服。比如说，我这次到美国去，坐林肯加长车，人人都觉得这是个豪华车、很气派，都想有这个车坐，但是我就觉得没有坐面包车和吉普车好。所以我感觉要把我这个团队真的培养好，还要付出相当大的艰辛和努力。能不能够打造我认为理想的团队我也无法预测，只能说是尽力。

14. NGO 的发展与外部环境

问：您能系统地谈谈关于整体 NGO 发展障碍的问题吗？

答：我们国家要建成一个成熟的公民社会，这是我们国家实现现代化、中华民族复兴的一个根本保障，特别是要有民主与法制、科学与宪政的根本制度保障。既要讲究科学，又要讲究由宪法来促成宪政，要进行法治、尊重民主，不能搞人治、搞强权，更不能搞专制。

问：您什么时候就有这种高度的思想的？

答：其实我一直有忧国忧民的思想。从20世纪60年代初，我就有一些忧虑，对我们共产党、我们国家的一些制度、一些建国理论都有一些疑问。后来到了七八十年代，这个疑问越来越清晰。特别是在我们共产党七大以前，我觉得在抗日战争、解放战争的时候，我们中华民族真正有复兴的希望！后来在新中国成立以后，我感到这种希望已经在现实中浮现，所以我五六十年代对共产党、对毛泽东很重视，这种追求甚至达到顶礼膜拜的程度。但是从"文化大革命"以后，我就开始有一些不解了，尤其是随着知识、智慧的增长，疑问加剧。

我就想自己做点事情，为人民、国家、公民社会做一点贡献。所以在20世纪80年代我就想成立一个组织，但是那个时候知识上不成熟，社会环境更不成熟。所以后来我逃避政治敏感，在环境保护这个领域比较合理地、比较有正当的光环地来实现我推进民主与法制的目的。通过几年的打造，我有了一定的声誉，成了一个社会公众人物，因此也就有了一定的群众基础、思想基础和组织基础，所以现在我开始转变到环境维权方面，从发动环境维权入手，来唤起公民的一种维权意识和维权的自信。现在很多人缺乏维权的自信，缺乏一种方法，我就用我的实践来告诉他们，通过我们自己的努力可以维权。但维权是个人的，要想从根本上解决维权的问题，还是需要推动法制。民族兴亡，人人有责，我也是为了我们中华民族的兴亡，为了我们国家的强盛。

这次我到美国去，让我感受最深的是，只有两百多年历史的美国为什么成为世界上最强大的国家和世界上经济最繁荣的国家？这就说明当初华盛顿选择的那个民主社会是非常科学的，实践也证明它是合理的，它是一种先进的制度。而这现在也已经普遍被西方国家接受，它们都变得民族强盛、国家强盛；亚洲的日本、韩国，包括我们的台湾，都走在我们前面。像美国的联邦环保局，它成立几十年了没有一桩贪污腐败，没有一件环境的违宪案件发生，它的工作人员是敬业、遵守法律的，没有开后门拉关系的现象。人家普遍的社会道德给人的感觉都不一样，所以人家的社会很和谐。人和动物的区别就在于思想，人有思想，事在人为；人有情感就能够正确理解人与人、人与社会、人和自然的关系。所以要用我们所得到的知识，这种辩证法来指导自己的行为。

问：您经常会把这些感受和志愿者们一起分享？

答：经常给他们讲。告诉他们要有正义感，要有点人性，人不能像动物那样；要正确地看待社会现象，不要人云亦云；要敢于批判社会的弊政，但要提出具体建议。我遵守社会基本的道德，遵守法律。任何一个国家的法律都有它的正义性。我们国家的法律都说好，就是没实施。中国法律比美国法律还多，但是中国实施法律的效果就不如美国。这是因为中国还是人治而美国是法治。我的基本思想就是这样，通过这种形式来达到我的目的，有了这种高屋建瓴的思想、观念和追求这才能如此地支持着我的事业，激励着我自己的行为。

问：您认为 NGO 应该如何发展？

答：没有一个好的社会制度，NGO 就不可能生长，因为缺乏适合 NGO 生长的土壤。现在由于环境滋生了一些贪污腐败，其实根本就是制度问题，制度是腐败的根源。NGO 之所以得不到发展和壮大就是因为制度不允许 NGO 发展，所以说现今的中国缺乏一种生长的土壤条件。当然这个土壤条件也不是说没有一点突破，比如我们 NGO 在重庆这个土地上就发展得很好。

问：您能具体谈谈制度环境的内外部两个方面吗？

答：外部的障碍在于一些条件，内部的障碍在于发展质量。制度改变了，我们自己的能力，自身的信仰、责任、追求才可能有所进步。另外还要有物质基础，没有物质基础这些都是空话。发达国家的物质基础好，一些人有了钱以后就想做善事，而很少去贪婪、享受、奢侈。比如外国基督徒，他进教堂是为了忏悔自己做的事情，所以忏悔之后得到放松；而我们进庙是为了烧香拜佛，让菩萨保佑他不要受灾祸。我们国家面临物质基础这个问题，当然这是个转型时期，随着我们国家国力增强、物质文明增强、现代文明意识增强，今后中国 NGO、公民社会的发展总趋势是光明的。

问：您觉得社会环境怎么样？

答：我觉得我们国家还缺乏 NGO 发展的社会环境。我们自身缺乏发展的思想、智慧、意志和奉献的胆识，还有社会公众的觉悟也不够。有教育名家说"普遍的教育是社会的基础，普遍的良心是法律的基础"。我们现在就缺乏普遍的道德和普遍的良心，人们都是只顾自己的利益，从政府官员到老百姓，哪个不是为了自己的生存而忙碌？现在的诈骗、贪婪、奢侈、腐败、虚伪那么多。人们都只知道为自己、为钱，缺乏公德意识和社会责任。所以很多人对我们的行为不理解，因而也就不可能支持，甚至是反对、讥讽、嘲弄。

问：但您还是对 NGO 的发展充满信心的，是吗？

答：是的。斯大林以及苏联共产党、苏维埃不是牢不可摧吗？不也是一夜之间瓦解了？蒋介石的独裁不是也一夜之间就瓦解了？现在我们国家提出民主与法制建设、政治文明建设，提出以人为本构建和谐社会，我觉得这些都是在向好的方面迈进，所以我们中国制度上这种禁锢早晚趋活，但也要靠我们来推动。今天我说了人的作用，我们公众维权就是这样，我们不靠上天皇帝，我们靠自己，法律和制度的进步也要靠我们去推动。从这几年实践来看，我们国家的社会制度经历了翻天覆地的变化。比如说把人权写进了宪法，现在又提出要保障民生、关注民生、重视民生、解决民生。制度进步要靠我们公众来推进，而公众的觉醒还得靠教育，所以我们要把教育放在重要位置。我自身的力量就是从受教育中获得的，如果没有受教育，没有那么多知识，我就不会有这种力量。

15. 环保事业与人生价值

问：去年（2012 年）11 月，您检查出白血病后，有没有感到紧张和后悔？

答：我没有紧张也没有后悔。

问：您能谈谈当时的心境吗？

答：我已经七十多岁了，我的一生够了。我觉得我这一辈子为社会、为环境保护做了实实在在的事，我感到特别欣慰。比如我们冒着生命危险保护长江上游的天然林，花了十七八年的时间推动了全国天然林保护工程的启动和天然林禁伐法的施行，当时中央电视台还特意请我到北京做了节目，给予我很高的评价，把我称为"涪陵英雄""绿林好汉"。尽管我不是名人，也不是专家或者富翁，我作为草根能够走到今天这个地步，推动国家层面一些政策的出台，给社会做了贡献，我感到很欣慰。

问：您患白血病是不是跟做环保有关系？

答：嗯，就是长期接触污染物引起的。有一次到秀山调查汞污染时，我就昏倒了，很多时候的环境污染防治项目，我都是用鼻子去闻，我对企业的一些人说："你们说你们的污染处理做得好没用，得问我的鼻子。"

问：您现场昏倒了？

答：对，当时直接送到医院去了。

问：您家人对您从事环境保护工作导致您生病怎么看？

答：他们之前是抱怨，现在没有办法啊。家人一开始就反对我从事这种工作，因为这种工作存在很多风险，这里面有很多利益抗争，特别是与官员的利益抗争，实际上是一种正义与邪恶的抗争。我们环境保护是一种社会正义的东西。

问：您怎么看待公益领域存在的一些问题？

答：关键是价值观。一个人做好事并不难，难的是一辈子做好事。几十年如一日，相当于向着理想去追求、去奋斗，孜孜不倦，无怨无悔就很难。

问：您刚说到有些同志到了四五十岁了，经验和财富积累也差不多了，回过来才悟出道理，发现人生真的想做的事情不是挣钱，也不是当官，而是做自己想做的事，是这样吗？

答：嗯。实际上我是 50 岁过后才悟出这个道理。如果没有一定生存的物质基础和价值观来做公益，那是不行的。

问：您还打算做多久？

答：我可能要活到老学到老，活到老做到老，直到我生命最后一息可能就停止了。

问：您还是每天都来办公？

答：不每天来，体力不行了，但我每天在家里办公。关系到我的和组织的决策由我来定。当然遇到关键性的问题，比如说需要我出面调研的，我还得去。我们重庆的电镀污染是个大问题。上星期到荣昌，那里搞了个电镀工业园区，它那个污染设备的管理以及技术是不是很规范？我得亲自去。

问：您觉得从事 NGO 的人最需要的品质是什么？

答：我们 NGO 人最需要的是勇气。我们 NGO 人有这种 NGO 思想，要把思想转化成实践的人还是太少，我们实践者自身的知识、智慧、勇气和能力还比较欠缺，没有一种革命者的勇气。"砍头不要紧，只要主义真；杀了我一个，还有后来人"，没有这种革命勇气不行。我们不靠天不靠地，就靠我们自己。虽然自己要有觉悟，觉醒后自己还要有革命的胆识才行。因为我长期做保卫工作、社会工作，我知道社会政治环境的严酷性，个人必须有一种舍得的勇气，最初我就有进监狱的准备。我觉得革命先驱者的付出是必然的、必要的，我愿意做开辟这个事业道路上的一颗沙子、一个奠基石，他们把我碾得粉碎，我觉得都值得。

所以我成立这个组织冒了很大的风险，在发展过程中肯定要去排除很多险阻，这就要靠坚定的意志。信仰坚定，意志才坚定，行为就会一往无前。我经历了暗杀的威胁，经历了家庭、亲情和爱情的压力，至今我老婆都埋怨我，我两个女儿还在失业中。对处理好家庭、亲情和社会各方面的矛盾，个人都要做好具体的思想准备，需要一定的处理能力，一定的知识和智慧。所以要开辟这么一片天地，一定是披荆斩棘，要有二万五千里长征的思想，要有当初列宁坐牢、毛泽东几起几落及一些前人古人奋斗的精神，现在我们 NGO 中的很多人缺乏这些思想基础。我在《NGO 实践探索》那篇文章里也说，做 NGO 都是苦行僧，这一辈子可能以苦为乐。

访谈印象

　　整理这篇访谈文字时，吴老已撒手人寰。他的音容笑貌萦绕，矍铄睿智依然。从录音笔和记忆之河里流淌出来的，分明是活着的吴老！

　　2013 年 3 月底那个阳光灿烂的春日，我们如约来到位于重庆大学环境资源科学学院 2 层的一个房间。那是一座不大的旧楼，装修后略显典雅，天井高得像清华的主楼。吴老早已守候在那里。已患白血病的他，看上去还是那么热情洋溢。他从座位上起身，我们亲切地双手紧握，互相凝视。寒暄过后，他向我们展示备好的厚厚一叠资料，就着浓浓的茶香，开始讲述他的环保故事。在不知不觉过去的三个多小时里，爽朗的笑声不断，那古旧高挑的办公室厅堂里，充溢着我们在话语交流之中达成的默契与坦诚，流淌的则是他用全部热情、勇气和智慧书写的环保人生史。分手时，我向他承诺尽快完成文稿的整理并请他审阅。傍晚，斜阳送走他的背影，我在内心默默祈祷。

　　7 月的一天，我在从昆明转赴青岛调研的路上，惊悉吴老不幸去世。我在诧异悲哀之余，深幸能够在他生前进行最后一次深入的访谈并留下了精彩的记录。同时也倍感懊悔：假如我们整理文稿的进度能快一些，或许他能亲自审阅这一段属于他的人生故事呢！

　　几天后，吴老的告别式在重庆石桥铺殡仪馆九龙墓园举行，我请李勇博士代我出席并送上我题写的挽联，以表达对故人的景仰与哀思：

　　"登冥堂吴老一生拼环保伟业感天地，明至理先生始终行公益大德留人间"

　　愿吴老在天之灵，能够安息！愿他体谅我们的哀思和懊悔，为这一段永远属于他的人生史的记录圈阅。

六 李宝珍 谈向阳中心

访李宝珍老师和向阳中心

访谈题记

　　李宝珍女士，1954 年生于台北市，20 世纪 70 年代在台北市从事特殊教育，参与发起台北双溪启智文教基金会，任教学主管。1996年和丈夫方武先生到重庆市江津区省亲期间，感慨大陆特殊教育的缺失，在亲朋好友和当地民政部门的支持下成立致力于特殊教育的公益机构——向阳儿童发展中心。

　　向阳中心，全称为江津向阳儿童发展中心，主要面向 3~16 岁中重度智能障碍儿童及多重障碍儿童提供特殊教育服务。在李宝珍和方武两位老师的领导推动下，他们引进台湾的特殊教育理念及经验，强调特殊教育个别差异的原则，努力提升教师的公益使命、专业能力和敬业精神，在实践中不断开发特殊教育的课程模式，探索本地化的特殊教育规律，致力于为特殊儿童提供公益的专业化个性服务。十多年来，向阳中心得到当地党政部门、儿童家长及社会各界的大力支持，先后成立了特殊儿童玩具图书馆、特教师资培训部、动作教室、青年部等，在专业化、个性化特殊教育的道路上默默耕耘，努力将特殊教育的园地经营成适合每一个特殊孩子健康成长的温暖家园，让人性中美好的一面在特教的领域充分发挥。

2007 年 8 月至今，我们对李老师前后进行了五次访谈。李老师在百忙之中欣然接受访谈，非常支持与配合我们的工作。访谈笔录完成后，李老师认真审阅并提供了修改建议。在此，谨向她和方武老师致以深切的谢忱！

1. 创办向阳中心

问：请您介绍一下创办向阳中心的过程？

答：好的。我和我先生方武之前一直在台湾，当时（1996 年）到重庆江津办向阳中心真的是纯属偶然。我婆婆的家乡虽然是重庆江津，但其实她离开家乡已经五十多年了，这五十多年里她也根本没有回去过。不过，我和我先生很早就与大陆有接触，1991 年的时候就与张文京①老师和许家成②老师他们有了联系，回去省亲的时候经常带很多特殊教育的资料给他们，然后给他们做介绍、办研习。

问：那时已经将台湾的特教理念引进到大陆了？

答：是的，许许多多有关于特殊教育的观念是我们引进来的。但当初引进的时候我们都没想到自己会用得到，比如 IEP，就是个别化的支持计划；环境生态分析，还有所谓的动态性评量；然后在就业方面我们也引进

① 张文京，女，1948 年 7 月出生，民盟成员，重庆师范大学（招生办）教授，特殊儿童心理诊断与教育技术重点实验室副主任。
② 许家成，男，1956 年出生，学士，教授，享受政府特殊津贴专家，北京联合大学特殊教育学院院长，中国残疾人康复协会副理事长，中国残疾人康复协会智力残疾人康复专业委员会主任委员，中国教育学会特殊教育分会秘书长。

了"支持性就业"的观念。

问：当时并没有想到要创办向阳中心？

答：完全没有想到。我们刚开始把这些资料带过来给张老师和许老师，是因为我们认为学术界传播得最快，他们在学校教学的时候也会用。但我觉得他们自己要有临床经验，所以就鼓励他们设立一个儿童中心，后来也就设立了。我们觉得这个儿童中心是一个很好的样本，如果它的特殊教育做得很好，就可以作为全国各地的一个示范点。所以我们当时也一直在支持他们这个儿童中心的老师，给他们很多资料和资源。

后来胡德培①老师刚好跟我们谈到有个场地空着。我们确实也想，如果有我们自己的学校，就可以把我们过去的经验、想法，还有技术，完全由我们自己应用到特殊教育的工作中；而且老师工资对我们来讲也不是太重的负担，所以我们很轻松地把它接了下来创办了向阳中心。没想到一接就这么久，还变成这么大的一个摊子。

问：中心是 1996 年成立的？

答：其实是 1995 年就已确定在江津办向阳中心，年底的时候招聘的老师，招聘好后我们就做了师资的培训，然后我们才回到台湾过年。过完年回来，1996 年的 3 月 1 日就正式开学了。

问：您和方武老师在台湾也是从事特殊教育的？

答：是的。我们 1976 年毕业以后先在别的机构工作了 4 年，然后就在台湾创办了双溪启智文教基金会②，主要是为 0～3 岁发育迟缓的婴幼儿提供早期教育服务。

问：创办向阳中心后就退出双溪基金会了？

答：基本上是这样。那是一个比较小的基金会，在台北的业务很少，业务量也非常小。而一直以来我和方武是基金会的主要推动者，当我们把大部分的时间放在向阳的时候，就算是退出那个基金会了，不算那里的职员，而是全职在向阳工作。但是这个基金会还存在，主要工作都还在做，比如为零到三岁孩子的服务，工作人员的培训等都一直在做。

问：当时除了您，还有没有其他人也是从台湾过来从事公益的？

六 李宝珍 谈向阳中心

239

---

① 胡德培，前江津县教委督导室副主任。

② 由李宝珍夫妇于 1982 年在台北市成立，基金会以推动一切有关促进智能不足福祉的工作为目的。主要服务内容为从事有关启智工作的研究发展，为智能障碍者的家长及工作者提供咨询服务，出版有关启智教育书籍及期刊的著述与翻译，举办学术性演讲、座谈及定期办理启智咨询教师工作营，筹建福利生产设施，提供智能障碍者工作机会。

答：这么多年了（2008 年以前），我们还没有遇到第二个像我们这样来大陆办一个公益团体的专业人员，好像我们一直是唯一的。因为像向阳这种公益机构，大陆都很少有人这样做。台湾人到这边来办的类似机构也有，但我觉得他们还是带有营利性质的。比如有一家是台湾商人来做的，他们做的不是公益事业，只是把器材卖出去，训练别人怎么用这个器材，然后就可以办一个训练中心了。我们在台湾也都认识他们，可是我们不觉得他们到这边来是办公益事业。另外有些台湾的同行，虽然我们认为他们办的是公益活动，过来讲课之类的，但不像我们这样扎根在这边。因此，算来算去长期扎在这边正式办一个公益机构的就只有我们。

问：作为台湾人来大陆创办的公益机构，相对于本土的公益机构有没有一些优势？

答：我觉得还是有一些优势，这点是不可否认的。一开始登记的时候，并没有说不能登记，只是说法人代表一定要当地人士，我们不能做法人代表。对此，我们很高兴，因为我们根本不想当法人代表，只想做专业教学。后来到任何地方去，我们很少说自己是台湾来的，很多人也不知道，不过只要知道的人，一般对我们还是会优待一点。比如开会，如果作为一般人，人家不会看中他的发言，或者根本不会安排他发言，可一知道我是台湾来的，就肯定会给我安排发言的机会。再举个例子，在还没有办向阳的时候，我们跟北京的机构就有些联系，然后去参观，就会见到国家教委的人、中残联的人，还有中央管特教的研究室主任。如果我只是平常的一个中国老百姓，估计是见不到的。可能是那时候来大陆的台湾人也比较少，所以就有很多人接待我。我也是这样认识了国家教委特教处的处长，他对我们也特别友好。后来我们办了向阳中心也告诉了他，他最近（2008 年）来这里考察随班就读情况，也来看了我们。这就说明，作为从台湾来的人，还是有一些好处的。

问：有没有遇到一些阻碍？

答：创办机构的时候没有，之后有一些比较敏感的事情我们不去碰就行了，这倒不是一个真的阻碍。比如，当初中残联委托张文京老师和许家成老师编一个训练大纲，要发给中残联下面的康复机构。最开始我们两个人参与了他们的讨论会，在会上他们也很乐意听我们的意见。可是到真正开会的时候，要编大纲的时候，就不让我们参加了。

还有，全国特殊教育课程改革会的时候，因为一件事情，我们跟特教处的关系搞得不是很好。改革会之前，特教处有一个处长说欢迎我先生方武有空去参加一下。方武就把这个口头话当真了，回到江津后马上就报名，但他们觉得一个台湾人要来参加他们的课程改革会是不行的，就给了一些推托的理由，后来又打电话说，他们那个会取消了。方武觉得特别纳闷，因为他把飞机票都已经买好了，结果他就只好到南京去看他的亲戚。到了南京以后，他就特别打电话给杭州那个学校的校长，问那个会有没有在开，结果那个校长说在开，那个处长也去了。方武就特别冒火，从此就不再理这个处长了，因为他觉得受到一些排斥。不过这个对我们来讲，好像也没什么大碍，我觉得从台湾来这件事好像还是帮助大一点，阻碍少一点。也许有一些私底下的阻碍，但这个我们就不知道了。

2. 开展服务

问：中心开办以后就开始接收智障①学生了？

答：一开办的时候我们主要收脑瘫②学生。当时大陆很少有学校愿意收那些脑瘫孩子，而我们在台湾就教过这样的孩子，所以就接收了当地的脑瘫小朋友。

问：对他们开展了哪些服务？

答：当时对那些脑瘫孩子我们只能做一些基本的训练，物理治疗我们是没有办法做的。直到 2003 年的时候，有一位从台湾来的很好的物理治疗师叶仓甫③到我们这边来讲习，讲习后他发觉大陆的这种脑瘫小朋友跟他们的家长都很热心也非常认真地在学，他就特别地感动，所以很乐意来帮助他们。后来他就经常到我们这边来讲课，训练这些小朋友和他们的家长，这些小朋友的动作进步也很快。我们也发现脑瘫小朋友的动作训练确实很重要，就开始发展一个新的项目，就是专门针对脑瘫小朋友的动作康复训练。

问：那时候就开始做物理治疗了？

答：是的。之所以敢做了，一是因为叶仓甫老师可以做技术支援，二是我们也确实知道有太多的脑瘫家庭需要帮助。决定做之后，我们就到处

---

① 智力障碍，简称智障，又称智力缺陷，一般指的是由于大脑受到器质性的损害或是由于脑发育不完全从而造成认识活动的持续障碍以及整个心理活动的障碍。

② 一个用于描述一系列以随意动作受损为特征的运动失调的术语，是由于产前发育异常或围产期或发生在五岁以前的产后中枢神经系统损伤。

③ 叶仓甫，台湾资深运动康复治疗师，拥有超过 20 年的物理康复治疗经验，现任台中信望爱智能发展中心物理治疗顾问、台中市脑性麻痹协会常务理事。

去找资源，最后买了个房子作为动作教室。

问：动作教室是 2003 年成立的？

答：是 2004 年，因为 2004 年 10 月我们才买到的那个房子，然后就开始正式运营动作教室。接收了整个重庆地区的脑瘫孩子。

问：整个重庆地区？当时的师资力量够吗？

答：是整个重庆地区，因为江津地区的脑瘫孩子没那么多，整个重庆地区的脑瘫孩子就比较多。而我们的动作教室很大，有点像公寓式的，一共有六套房子，孩子还可以住在那里，家长要住也是可以的。

动作教室买下来以后，我们又训练了四个老师，就是让他们跟着叶老师专门学脑瘫孩子的动作训练。除了叶老师，我们又找到了一位台湾最资深的物理治疗师林丽琴①老师。他们两人轮流来提供密集的训练。在那三年期间，每年他们要轮流来三次。每次他们来的时候就办研习，让全国愿意来学脑瘫物理治疗技术的老师或者康复人员都来参加培训。同时我们有大量的个案，家长可以带着他们的孩子来，叶老师和林老师免费给他们做评估，并给他们设计一些动作。就这样，那三年，两个老师总共来了二十次左右，不但动作教室的小朋友进步蛮大，还给我们中心培养了四位老师，另外也给几个重点的医院培养了一些。比如新桥医院、三峡中心医院，它们都有这种康复部门，都派人来学，做得都还蛮不错的。

问：动作教室接收了多少个脑瘫孩子？

答：我们是这样的，一期是一个月，每期大概十五个。因为我们一共才四个老师，其中两个是比较资深的，另外两位是比较新的，训练的时候一定是一对一，就是一个老师只能训练一个小孩，每次训练都需要一个小时，所以一个月能够训练的小朋友差不多就十五个。每期结束后又来新的一批，所以每年来学的家庭还是比较多的。

3. 成立青年部

问：动作教室运转正常后就又成立了青年部？

答：是的，青年部是 2005 年 9 月成立的。为什么说我们办了那么多年，毕业生已经有好几届了，2005 年 9 月才办青年部呢？是因为青年部主

---

① 林丽琴，台北市私立心路儿童发展中心主任，"内政部"社会司专业人员培训计划审查委员，"中华启智工作人员协会"候补理事，台湾地区物理治疗学会永久会员暨社会福利特殊教育委员会委员，台湾省社会处研习中心讲师。

要收我们的毕业生，就是说如果不是在我们向阳中心毕业的基本上不会被吸收入青年部。向阳中心本身只收几江镇①的学员，尤其我们收的是重度智障人员，就更少了，所以我们收十几个、二十几个，差不多就满了。然后慢慢地毕业生就会越来越多。但事实上每一年没几个毕业生，有时候两三年都没有一个毕业生。而且我们收 3～16 岁的孩子，很多家长把孩子送进来以后一直让他读到 16 岁，中间很少有离校的。这样，我们就很少能增加新的学生，每年能新进两个学生就算了不起了，要想增加学生除非要增加老师。

问：后来增加老师了？

答：是的。后来我们就慢慢增加老师，然后就增加一点学生，但也不能增加太多，因为即使增加一个学生对我们来说负担也还是比较重的。这样，毕业生慢慢累积，差不多有九十个的时候，我们就想是不是应该给他们做点服务。因为看到他们毕业后不是在家里面，就是在街上走来走去，虽然这也没什么危险性，在家里多少也可以帮忙做点家务，但总觉得他们的生活太贫乏。他们确实也找不到工作，我们是从小看着他们长大的，不忍心他们就这样无所事事。同时也在想如果他们从小接受到我们的这种教育模式，他们长大以后的生活会是怎样的。我们就想试试看是不是可以带给他们比较丰富的生活模式。

问：接下来做了什么？

答：刚好有一年暑假我们办了戏剧研习营，专门从台湾找了一个专业教戏剧的导演来教我们的老师。学的过程中我们发现，这种小剧场的方式挺吸引人的，刚好可以用来教我们那些年轻的毕业生。然后我们就把他们组成一个童剧团。一开始好像才四个毕业生，我们就开始教他们演戏，效果还不错。第二年我们又把这个老师请来，教我们进阶的。她就教我们整个舞台的灯光效果和美术制作，还教我们怎样做偶戏。我们学了以后，觉得弄个小剧场，其实还是蛮吸引人的。

以前一个特殊学校的特殊学生演的戏，一般人看了之后觉得不是很好看，就好像去看幼儿园的学生表演，反正觉得他们很可爱，但是不想再看第二次，即使想看第二次但不会再想看第三次，有时候只是友情赞助看一下而已。我们就想一定要把这个戏弄得很精彩，让人家觉得很想一看再看，不但剧本要编得好，舞台、灯光效果都要陪衬起来。因为我们学生本

---

① 位于江津市北部，长江南岸，距重庆市 44 千米，江津市政府驻地。

身确实也不太容易演好，所以我们要让旁边的东西把这个戏烘托得很专业、很精彩，这样就会吸引我们左邻右舍的人来看。

问：实践的效果如何？

答：果然看过的人都蛮喜欢他们演的戏，因为我们有搭配。我们把向阳中心的一个教室变成了一个小剧场，那些灯光、幕布统统都设计好。小剧场平常是我们学生的游戏室，演戏的时候就变成一个小剧场，我们这几个青年部的学生在里面表演。演戏的时候是正式公演，我们用学来的那些专业方法运作，比如出海报、发请帖、送票等。小剧场可以坐差不多四五十个人，我们先把它划座，然后观众到了再对号入座，全部跟正式的公演一样。开演的时候，灯光一打效果就全部显现出来了。

另外，当地的人很少进剧场，所以剧场对他们来讲还算是有吸引力的。后来我们就把这些年轻的学生训练成会演戏的人，集训的时候就送他们到受评山庄①并住在那里，做演员的那种体能锻炼什么的。同时，我们也考虑演给山上的农民和小孩看。因为山上农民更少看到这种表演，我们在他们赶集、赶场的时候，就可以搭台戏。这样的主要目的是希望这些年轻人可以跟社区居民有一些很好的互动。因为我们觉得戏剧是一个很好的桥梁，可以通过戏剧让学生跟社区居民有机会融合在一起。演的时候，要不然就是我们走过去演给他们看，要不然就是他们走进我们的剧场里面看，这两种方式都是蛮不错的。

问：这些孩子表现得怎么样？

答：他们表现得很棒，让我很感动。在舞台上那一刻他们就好像变了一个人，为了那一刻，之前他们会很努力地去学习、练习。后来我们就特别安排了两个老师给他们，每个星期一、二、三他们就要到受评山庄去住下来。住在山上就有点像过剧团的生活，每天早上很早就要起来锻炼身体，跑步、打太极，然后练声音等。除了这个之外还要练练他们的手艺，比如做一些手工、做一点道具，所以他们在山上有一个小小的工作室。另外，山上还有些地，他们可以种种菜。最重要的是他们整个生活必须自理，因为在山上没有爸爸妈妈帮他们洗衣服、煮饭，所以他们就必须早上去赶集买菜，然后到厨房自己做饭吃，吃完饭收拾好以后，下午就可以锻炼一下，或者做一点道具。

---

① 受评山庄，位于重庆江津临峰山，由台湾特教老师方武、李宝珍于 20 世纪 90 年代所建，主要是一个特殊教育师资培训基地，每年都有来自全国各地的特殊教育老师来此学习。

问：他们都是青年部的学生？

答：是的，他们星期四和星期五下山。白天到向阳中心剧场去排戏，晚上就回自己的家去住。我们一般找重要的节日让他们演戏。比如圣诞节、春节、"六一"儿童节都可以排一些时间给他们演戏，这样就会有比较多的观众，因为如果没有观众，演员也就会觉得没有一点意思。

问：现在还是由两位老师带他们吗？

答：目前加了一位老师。因为我们2007年多了一个毕业生，原来是五个，这样就是六个学生了，所以现在是三位老师带他们。这个新老师本身是有社工背景的，青年部也需要多跟社会接触，比如演戏的时候，社工必须要去做宣传。另外，还有很多休闲活动是在社区里开展的，我觉得社工也可以去开发一些社区的资源。比如，电影院可以去接洽，健身房也可以去接洽，办些价格优惠点的年票等。这样我们的学生，在社区里面就会有很多休闲场所，就不会无所事事，整天逛来逛去。

问：这些学生在青年部会待很长时间吗？

答：从我们的观念来讲，我们可以一直支持他，但支持的量跟频率会越来越少，我们必须逐渐撤掉我们的支持。因为我们希望有一些社会支持，比如在他住的地方邻居也许就可以帮他。举个例子，他可能晚上睡觉的时候会忘记锁门，只要拜托他邻居晚上的时候去帮他看一下，确定他的门锁住就可以了，这样就不需要一个老师去陪他住。有时候我们的服务给他的干预跟协助太多，不仅没有很好的效果，反而浪费了我们的人力。拿另外一个同行来讲，他们现在的模式是不管这个学生的能力怎么样都给予全面的支持。他们的制度是，比如他有三个住宿家庭，然后就有三个家庭妈妈，三个妈妈做的事情一模一样，比如早上都要去买菜，买菜回来以后带孩子一起择菜、做饭，然后晚上要帮孩子洗衣服，或者做些别的事。如果从特殊教育节约成本的观点来看，每个学生的独立程度是不一样的，应该依据他独立的程度提供相应的协助。如果他不需要家庭妈妈跟他一起住的话，就不需要安排人跟他一起住。比如：可能他们只是不会煮晚餐，只要有个人去帮他们煮晚餐就可以了，其他时间全部都可以自理；甚至到后来不用帮忙煮晚餐，可以让他们从外面叫菜吃；或者让他们学会去外面吃，就是用各种各样的方法教会他们去解决自己这一顿饭的问题，只要他自己能够解决，这个人力我们就可以撤掉。

问：目前为止，青年部运营效果怎么样？

答：运营时间才一两年，还不是很成熟，但看起来还是挺不错的。不过我们想让他们更独立一点，所以想再去募两个场所、两个公寓。之前他们星期一、二、三都住在受评山庄，通过对他们这三天的训练观察，我们发现他们在山上的独立情况还不错，但是毕竟有两位老师一直跟着他们。我们现在就想试试，如果在山下有两套公寓，他们在里面居住，刚开始还是有老师陪着，然后慢慢撤掉这些老师。在这个过程中，教会他们自己管理自己的家，完全不需要别人陪着住了，这样他们才算真的独立。（山下的公寓于2008年成立）

4. 向阳宗旨

问：中心成立时候的目标和宗旨是怎样的？

答：其实，应该说是一个动机吧。现在有很多的单位，一开始就要全体员工共同探讨组织的目标、使命以及策略等。像在台湾，"内政部"对我们这种民间机构，尤其针对这种服务身心障碍的机构，隔一年就有一个评鉴。去评鉴的时候对组织的宗旨、制度和架构也会有些要求。2005年刚好全台湾的这些机构都接受完"内政部"的评鉴，之后，我们就带着一批大陆的学者到各个机构去参观。参观的时候，他们就给我们做简报，每一家的简报都很精美，简报的第一张通通是写我们的愿景，然后再是使命、服务的内容，千篇一律。

但是，当初我们在从事这个工作的时候，并没有按照这样一个程序去想。我们想做一些事，想做的事是什么，要把这个事做到多好，用什么样的方法做，大概只是这样简单想一下，觉得可以做就去做了，没觉得是因为理想、愿望啊，而是纯粹站在过去的工作经验上去做事的。这个是我们本身的经验，还有我们的技术和资源，我们都会觉得其实这件事做起来是不错的，也会觉得对我们来讲应该是很有趣的一件事情，纯粹就是这样一个心情把它开办起来的。所以一开始并没有愿景和使命。

另外，当初要这样做，一个很重要的原因就是我们知道特殊教育对这些特殊孩子是很重要的，而且特殊教育确实是有功效的。我们也深深知道在大陆这些特殊孩子是非常可能没有学上的，因为他们是智障。在大陆当时的经济发展情况下，我们确信特殊教育也没有真正地开始，所以我们觉得是去做一种拓荒的工作，是蛮值得的。因为在一个地方做一个别人没有做过的事情，我想大家都很难有这种机会。而我和我先生正好有这样的技术和知识可以做，又刚好有时间，但问题是我们如何去感召一批人愿意和我们一起做这个工作。

问：从一开始你们就希望办成个模式以便推广？

答：对，一开始想的就是一个模式而不是说为了解决当地这些孩子上学的问题。我们一直很清楚，这些孩子受教育是政府的责任，民间的力量不太可能管一个孩子一辈子受教育的事。但是对孩子来说，不是只要有经费、只要给他盖个学校，或帮他在教室里面聘几个大人来教就可以了。这个学校到底要怎么设计，要教他什么，课程要怎么设计，教师必须具备什么专业知识，这些都很重要。特教的关键不是钱，特殊教育的老师和课程才是比较重要的。

我们向阳中心在当地就可以去慢慢探索，去探索出到底江津当地的这些孩子课程设计应该是怎样的，江津当地的这些年轻人是不是可以被我们培养成很好的特殊教育老师。我们向阳的老师都不是学特教专业的，他们都是当初我们在当地聘请的女青年，他们可能是本科毕业、专科毕业、高中毕业，只要他们愿意学习、有心，还是能够做的。

问：向阳中心并没有文字性、书面化的宗旨之类的？

答：对，其实我们的宗旨都是教育宗旨，教育宗旨相对来讲很重要。如果一个老师她进到一个特殊教育的学校，那这个学校的教育宗旨是什么，她可能要很清楚，甚至每个老师都要有自己的教育哲学观。通常我们的教育宗旨一定会先标举出来。

问：向阳中心就是通过这种理念让这些老师留下来的？

答：向阳有很多老师，他们留下来有很多原因。比如他们是当地人，可以同时顾到家庭和工作。但是我觉得还有很多很重要的原因，比如我们一直在不断地灌输给他们老师的使命感。中国确实是太需要这种特殊教育的人才了，只要他们愿意又能努力去做，特殊教育这方面一定会让他们在这一生中绝对不被淘汰掉。因为从人口比例来讲，这个 2% ~3% 的比例确实需要很多很多的专业人才。我们一直从这个精神层面去鼓励他们；另外又从专业方面去帮他们，给他们提供很好的进修环境，包括提供书、录像，请外面的人进来培训，或者让他们出去参加一些研习等，创造各种各样的机会。我们也很希望他们可以去帮助其他一些机构，当他们到别的机构去帮助别人的时候，对他们自己来讲也是一种锻炼。

5. 向阳精神：公益和专业

问：您可不可以概括一下向阳的精神？

答：我们从事这个工作的目的就是希望发挥这种公益精神。我们觉得公益精神对一个 NGO 是很重要的，因为整个社会的发展肯定是走比较功利的路线，都很强调个人的需求。欲望是整个人类文明进步的动力，这确实也没有错，人类有了需求才能不断地进步，对人类确实也有一些帮助，但从另一个方面来讲它并不一定完全都是正面影响。因为如果全部那样，我们整个人类文明会丧失掉一些很重要的核心价值，好比我们一向都是人性本善。人本来都是应该有爱心的，对别人、对这个社会、对地球是有责任感的，可是有的时候为了这种利益的驱使，这些价值就被忽略了。

比如现在电视上可以看到很多"名嘴"在教人家怎么推销，然后怎么创造产品的一些附加价值等，这些都是朝人性负面的一些方向去发扬的，这个好像就是推崇推销员或者企业经理人，把人性的弱点运用到最极致的时候他的产品就能够得到最大的市场。这样就会变成很多的消费导向，给我们人类造成了很多贪婪、消费，然后大家都向这种赚钱的行业去看齐。这样的话就会失去人的本质。一个人的价值到底在哪里？我觉得还是要有一部分人关注这个问题。当然我不是说这种利益导向对人类不好，但毕竟还是有负面的影响。如果一面倒，都在追求利益的话，整个人类的发展肯定挺可怕的，到最后可能就真的变成这种弱肉强食的社会，如果走在这样的社会上，人就比较难生存。

问：您对社会的弱者有怎样的情怀？

答：从正义公理的角度来看，这些弱者并不是天生的弱者。可能这种经济发展、经济制度，确实会让一部分人处于劣势，而智障者更是弱势中的弱势，他得到的资源比较少。如果我们整个社会的文明发展没有办法照顾到人群中这些比较弱势的人的话，我觉得这种发展是有缺陷的。所以我们也很希望参与这个工作，不去追求功利，而是追求公益，尽量集中做追求公益的事情。

然而，公益的事情我们还是要量力而为，并不会好高骛远。我们就是尽我们的力量发挥一点小小的作用，然后慢慢去影响这个社会，让它不只是一味地往一条路上冲。对我跟方武来讲，我们年轻的时候并不很清楚我们要做这种事，只是后来我们做下来以后不断地归纳总结，发现其实我们是抱着一种理念在做这件事。这样的理念越来越强烈以后，有了一点影响力，我们就去影响周遭的人，让周遭的人不要往功利的路走，尽量带动他们往一条比较公益的路走。比如不要一味地想逃避责任，因为人的一生当中会有很多无常的事，生老病死都是人生中的必然，如果老想去逃避责任，这一生都会比较痛苦。如果想让一生过得比较心安理得，要把人性当中善良的一面发挥出来才可以。所以，这个就是我们一直在追求的公益的价值。

问：您觉得公益和商业间的关系是怎样的？

答：当然有很多人说：NGO也需要很多精英人才加入才有办法让它更专业，所以必须也要有一点商业导向，采用企业管理的方法，比如好的人才必须要重金礼聘。如果这个NGO本身创造出很多价值的话，员工收入高一点或者说创办人的收入高一点也无可厚非，这样才能鼓励他们更加投入，才能吸引更多的精英加入这行。

追逐厚利的这种工作其实在商界，比如电子行业、科学行业等，很多人都在做；但我还是不相信所有的精英都是追逐名利的，肯定还有很多人是想静心去做公益的工作，很认真地去过他的这一生，然后很认真地去体会做一个人的本质，不被这些物质的东西迷惑。我想很多的人还是会有这种心态的，只是他没有这样的机会。所以作为公益行业，确实有可能为我们人类保留一个后花园。前面客厅很豪华很热闹，后花园肯定是比较寂静，还比较穷一点，这个主人在前面宴宾客很热闹，当他觉得很空虚的时候就到后花园来得到一点安慰。因为他只有在后花园才可以发现他自己本来的面目，不然的话就可能会迷失掉自己。所以NGO应该很好地去保留这个人类的后花园。所以我们一直觉得公益真的很重要。

问：专业精神呢？

答：当然，专业也很重要，但我很讨厌专业垄断。有一种垄断是不去分享给别人，而是自己用；另外一种垄断是，组成一个团体，然后制造很多的规范，甚至更可怕的是加上公权力，就变成了一种证照制度，如果不来考这个证就不能从事这个工作。当然，这个从某一方面来讲可能是对的，比如你是电工肯定需要这种专业证照。可另一方面，这种人文的东西，很难有一定的标准，很多东西都是辩证的，每件事都是在发展中的，所以很难说现在的标准就是正确的。只能是大家不断地探讨、对话，不断地去辩证，然后不断地去发展。我自己很讨厌用专业垄断的方法，专业是要追求的，但是要用在做公益上面。

问：这是您一直秉承的价值观？

答：对，这也是我们不断地跟我们老师谈的一些价值观。有时候我会看到，比如《中国发展简报》或者《NPO纵横》一直就有这方面的探讨，它们的探讨甚至还包括一些文化垄断，或者文化优越感，或者文化侵袭。

六 李宝珍 谈向阳中心

249

比如外国的资助者跟我们本土的受助方之间的平等关系；一个发达地区的资助者和不发达地区的受助方彼此的思想观念、习惯的互相影响，就会产生一种所谓文化侵袭的倾向。其实我觉得这种现象真的有，而且值得去关注。我经常用这种案例，拿来跟我们老师探讨，讨论这些观点是真还是伪，持这种观点背后的假设到底是什么，真正的用意是什么？为什么会特别遵从这种观点？可能这样的观点对某一群体的人是有利的，所以他就会持这种观点。

举个例子，我看到有一份教会出的刊物里面谈到基督教教了我们很多博爱的精神，教了我们怎么爱我们的邻居、爱我们的妻子等这方面的博爱思想。如果说这种教我们去爱别人也算是一种文化侵袭的话，那我愿意被这样的文化侵袭。然后我就拿这个案例来跟我们老师探讨，他可以赞同人家的观点，他也可以很信奉基督教的教义，去身体力行，可是一定要很清楚地认识到这绝对是外来的文化，中国的文化不是这样的。只能说我们很接纳他们把文化中友好的一面或比较优越的一面融合到我们的生活状态中或融合到我们的文化思想里面来。可是你不能说我很愿意被它侵袭。

我觉得 NGO 界也有一点这种倾向。比如我们的一些资助方，他们的一些理念、想法、想做的事情有时候会强加在我们的身上，他就觉得我们应该这样，可能久而久之就会觉得他们是对的，他们的想法比我们的高尚。但这些我觉得都是我们要注意的，从事公益，就要不断地接受别人的资助，资助者肯定会以一个比较高的姿态来要求。甚至我会觉得我们从台湾来，在早年的时候我对我们的老师也有种文化侵袭的倾向，例如很多生活习惯为了要适应我们，他们就必须不断地调整。比如在吃的方面，慢慢他们就变得不吃辣了，那我并不是说这样好或不好，而是告诉我们的老师必须很清楚地了解，这也是外来的文化。还有我们给他们的思想，自己要很清楚地认识到这毕竟是外来的，那他如果觉得很好，也很愿意从这个方面去考虑慢慢融合变成自己的，这也没关系。但这些现象必须要很清楚地去认识它。

问：这些与专业精神的关系是？

答：我只是举些例子，因为有时候就是要利用这些例子不断地让我们老师从里面做一些批判反思，慢慢建立这种批判能力。有了这种独立思考的能力，他们就能认清楚外面很多的广告或者很多别人赚钱的例子。因为我觉得他们跟外面的人接触的时候很容易动摇，这很正常。

比如这次我们去一个早教婴幼园，那个幼儿园园长看到我们的工作，前两天看不出个所以然，可是他越看越觉得我们这种特殊教育可行。而且他觉得我们做得比较细致，是一步一步把一个大的目标分解成很多小目标，所以他觉得他们应该也可以做特教。现在很多幼儿园都有比较善于经营管理的能手，这个园长就很有生意头脑。然后他就说，他就在那个某某幼儿园，现在生源不是很够，想弄两个班专门收自闭症的小孩，因为他们人手多一点，每个班专门配三个老师加一个保姆，跟家长每个人收两千块。于是他就开始找我们的一个老师，要一起合作。我就赶快提醒他，说这样不行，我们这个非营利组织肯定要注意到有些交不起学费的家长，他没有钱的话我们还是可以收他的孩子的。那个园长说那也可以，他那边收的是高学费的，交不起学费的就到那个老师的机构，双方可以技术合作，然后收来的钱就看怎样分。

当时我心里在想，这位老师他要经得起这个诱惑，自己要很清楚地明白这到底是公益还是私利。尽管这位老师不是我们中心的老师，但有些理念她慢慢地倒也知道，说这种工作毕竟是一个公益的、非营利的事业。但我现在不知道她后面会怎么做。但就以这个例子来看的话，外面确实有很多的别人以为很正常的一些行为，对我们来讲，我们老师就要比较清楚地认识它，去理解别人为什么要这样做，但要清楚自己要不要这样做。自己的立场要站得很稳，这就是我们的公益精神。

问：您或中心有没有遇到类似比较难做决定的事情？

答：有的。有时候也得退而求其次，就是说我们向阳中心的老师是不能营利的，可是外面来我们这里学习的学员如果要营利的话，那我们只能要求他们既然拿别人的钱就要替别人消灾。

比如现在外面有很多医疗机构、康复机构，甚至有一些民间机构也开办训练班，并专门标榜感觉统合训练①、物理治疗训练，但他们的收费是比较高的。感觉统合训练，就是专门帮助学生促进他们的学习能力，很多爸爸妈妈会带着孩子从小就去学，比如每天去一个小时。这样那些机构就会收好多费用，全国各地很多大都市都在这样做，他们把感觉统合训练推销得很广。

假如我们办感觉统合的研习班，我们会去找台湾有执照的训练师来办

---

① 感觉统合训练是指基于儿童的神经需要，引导对感觉刺激作适当反应的训练，此训练提供前庭（重力与运动）、本体感觉（肌肉与感觉）及触觉等刺激的全身运动，其目的不在于增强运动技能，而是改善脑处理感觉资讯与组织并构成感觉资讯的方法，正确的概念是"脑功能的神经功能"。

这个研习，这时我们就会考虑让不让那些机构的人来参加。因为我们很清楚地知道，这些机构的人如果来参加，他们马上就会把我们给他的结业证，拿去放在他的宣传单上，说他们是参加过专业培训的。他们以前做感觉统合只是依样画葫芦，做得不是很专业，可是依然还会有很多人去做，他们一样地赚很多钱。但是如果他们通过参加我们这种专业的培训，把技术做得更好一点，那不是也更好吗？所以我们现在也有点退而求其次。如果有人要拿这个来稍微营一点利，我觉得也是可以的，只是一定要把人家孩子的问题改善了。但就我们中心来讲，我们还是希望维持一种非营利的状态。

问：您认为公益和专业就是向阳的精神？

答：公益和专业，这两项确实是我们一直追求的核心。为什么我们又会强调专业？我觉得这个是一体两面的，一方面一直强调我们老师要有公益精神，另一方面一定要强调专业精神。因为确实公益的收入不是很高，不专业，收入就不会很高。这时候我们只好用专业来鼓励她，也许她不是一个很有钱的人，可是她会是个名师，这样她心理上会有一点满足。所以我们要强调她的专业性，她对孩子很有帮助然后家长选老师的时候肯定会选她，她出去也可以培训别人，还可以培训别的同行，这对她会有一种实现自我价值的效果。正因为她要不断地去培训别人，去指导别人，她自己也要不断地进步。所以我们也会跟我们的老师强调，他不是这个班上几个孩子的老师，而是所有残疾孩子的老师，要把自己成长为他们老师的老师。这样他的影响力才够，我们用这种愿景不断地去激发他们。那么多老师里面并不全都会真正能有这种作为，但可以成长出来几个，也算是不错了。

另外一种向阳精神就是我们要绝对地尊重家长跟学生。因为有时候家长在外面受到挫折的情况比较多，所以家长会普遍有一种心理，要不就是觉得委屈、要不就对别人埋怨。就像我们学生的家长虽然称赞我们好但也要说哪个地方不好，其实那个地方也不是真正的不好，只是正常做事，正常地对待，但他就觉得受到不平等的待遇，等等。这也表示家长在心理上多多少少有种自卑或者自怜自艾，需要得到别人更多的关注。所以我们有个很重要的精神就是要绝对尊重我们的孩子和他们的家长。

对孩子的尊重是从我们老师"约法三章"里面体现的。比如绝对不能体罚学生，呵斥或者奚落也是绝对不行的。同时尽可能地给孩子提供一些选择的机会。如果我们老师能够从内心真正地去尊重这些学生、这些家长，我觉得他们的专业精神就出来了，这个也是我们专业精神的一部分。

问：在解决问题方面，如何体现专业的？

答：在解决问题的这个部分，我们也会比较强调用专业的方法，而不是以个人的喜好和利益去对待。这里有个优先顺序，一是解决方案一定要符合个案的利益，就是对他的学习、成长有帮助。

二是符合家庭的利益。每个家庭的爸爸妈妈，本来都有自己的发展，只是因为生了这样一个孩子他们整个发展的路都被改掉、被转换了，我们就是希望他们尽量不要太受这个孩子的影响，他们还是可以去做他个人的一些发展。如果可以进一步的话，我们还可以去影响这个家长的发展。比如影响他对人生的看法或是对社会上一些事件的看法。

三是要符合我们机构的形象。因为对于一个机构的发展，它的形象是很重要的。如果一个机构的形象不好，我想它不可能对周边的整个人群发挥正面的作用。所以我们必须要一直维护机构的形象。比如我们向阳中心是非营利的，不跟家长计较钱，或者我们也不跟邻居计较钱。我们尽量把机构好的部分表现出来，这样别人就会觉得公益组织就是这个样子，因为别人有时候不相信我们组织是公益的，他们总会觉得我们带着某种目的。所以我们一定要把我们机构的形象做好。

四是老师的这个部分。个人的时间、个人的负担，这些都放在比较后面，然后我们管理人员个人的利益放在最后。这个其实用的一些方法是比较专业的，所以不能用个人的好恶去考量。比如这次夏令营，我们是跟幼儿园一样让孩子早上来吃早餐、晚上吃完晚餐才走？还是让小孩子不要来这里吃早餐？他们上午八点半才来，然后下午四点半就先回去，我们只提供这段时间的教学？针对这个问题我们就讨论。有的人就认为，家长可以带着孩子在这边吃晚餐，我们讨论我们的、家长吃他们的。我就觉得如果家长跟孩子一起吃晚餐的话，我们必须要有一个老师代表在现场，不能够完全让家长在那边带着孩子吃。因为我们绝对要负责的，万一出了什么事不能只是家长的事情，所以我们就要有一个人带着，这样我们开会就会少一个人。后来讨论来讨论去，最后决定让他们家长、孩子四点半走，他们家长当场也同意了。因为本来都是重庆市的人，又不是住在山上。所以这些就是比较专业的考量。

问：公益和专业精神还有其他的体现吗？

答：有的，就是分享，我觉得这也是蛮重要的。因为本来就是公益，公益就是希望受益人群更多，可是一个单位能做多少事？所以肯定需要更多志同道合的人，这样他们在各地都可以做这些事。所以一旦有好的技术、好的想法就应该分享出去，只要不侵犯到别人的智慧财产权就行了。

我们一直从台湾找一些专业人士来这边演讲。但台湾的专业团体有点专业垄断，这个不愿意给，那个也不愿意给，他们说这个是智慧财产权。后来我们慢慢地从台湾找到那些比较愿意分享的专业人员。可是，我们这次来的语言治疗师，他本身是某个语言治疗协会的，他要来演讲的时候，他们协会里面的理事长就会告诫他，要注意什么东西不可以给、哪些东西才可以给。他到这边来以后，有些东西就不给我们看，说是还没有发表，是他们自己用的，只能是语言治疗师才可以用，一般人不能用。我觉得这个挺可惜的，也才会有这种感慨。

我一直在比较，专业是为了公益的话，这个专业就很宝贵；如果纯粹是为了个人利益或者这个小团体利益的话，我觉得跟商业也差不多了。所以我们能够分享就尽量地分享，比如我们出的这些书基本上都是用成本价分享给同行的。如果我们办研习，这些书基本上是免费送给同行的。另外，一些方法或者智慧也都应该跟别人共享。很多事情我觉得不用自己去完成，而是自己的想法别人能够帮忙完成，我觉得也挺好的，所以尽其可能地把自己的这些资源分享出去。

问：对于向阳精神，您觉得是您和方武先生本身有的，还是在向阳的发展过程中积累形成的？

答：我觉得跟我们的个人信念确实很有关系。因为从台湾创办双溪，一直到这边创办向阳，我们都是抱着这样一个信念来做事。然后这种信念就会不断地去影响我们的学生、家长，还有我们接触到的一些人。比如帮我们做这套房子装修的那个设计师和那个工作室。在装修过程当中，我们就尽量跟这对从北京来创业的年轻夫妻接触。跟他们接触以后，我们就在跟他们的言谈中不断影响他们，我们这边现在有什么事就会找他帮我们做，学校有些什么东西坏了也是他们帮我们修，还不收我们钱，他们也变得有这种公益思想了。本来他们年轻人来创业，肯定还是希望获得更多利益的。

问：这种精神是怎么从您和方武先生传播到各位老师，然后进一步影响其他人的？

答：除了讨论一些话题、培训和分享，还给他们看一些书和具有人文精神的录像。比如给他们看黑泽明导演的《红胡子》，红胡子是日本的一个医生，他本身是一位人道主义精神医生，对病患非常照顾。然后有一个实习医生到他这个医院里面来实习，他本来只是想学一些技术就出去赚钱，可在他实习的这段过程中发生了一些事情。包括病人的事情、医院里面员工的事情，还有一个村子里一个比较贫穷的家庭因为太穷全家都自杀了，他们医院里的人全部都为这个孩子祈福，等等。很多的镜头展现出这个医生人道关怀的精神。我们老师看了都很受启发，他们就像这个实习医生一样，被这个老医生改造了，后来留在我们向阳中心。

问：您很注重人道主义的引导？

答：对。对于老师，虽然需要技术上的专业，但其实专业最高的层次是人道主义。如果不是一个人道主义技术人员的话，他的专业不会很杰出，也不会让别人很钦佩。所以要做一个值得别人尊敬的专业人员，本身就要具有很高的人文素养。对于这一点，我们老师也是慢慢才知道的。比如她去给别人讲课，如果没有那种很感人的事例或者她没有显示出一种很感人的道德情操的话，下面听的人是不会很感动的。

比如重庆师范大学特殊教育系的毕业生，张老师觉得一定要让他们上山来。因为他们上山来可以感受一下我们的向阳精神，我们山上的那种气氛，山上又有图书又有资料，充满了一种一直鼓励他读书、一直鼓励他学习的意味。另外，她也让我跟方武一定要给他们的学生讲话，因为她觉得我们的讲话可以激励学生，其实我们讲的也都是这些方法。但是我们在讲这些方法的过程中，会举很多社会上发生的事，对这些事情我们会做一些分析、做一些探讨，我们发觉这些分析、探讨无形地就把我们的一些观念带了进去。我们希望他们对一些事情的眼光可以更高一点，或者就这些事情他们可以用一种比较超越的眼光去看待。慢慢地他们就会感觉到，在看这个问题的时候我们是在用比较高的道德标准，或者用一种比较尊重生命的，或者用一种比较关怀人类的，或者用一种比较善良的、善解人意的精神去解释、去看待。

所以并不是我们有一些很好的专业技术去传授给这些学生，而是让这些学生感受到我们这个技术背后有一种精神力量，这样他们才会被感动。上过山的学生，我相信他们这一辈子都不会忘记，曾经有人这样告诉过他们，他们也应该是可以坚守这些岗位的。但我也相信，如果他们工作的场所没有这样的力量支持他们的话，很快他们就又开始随波逐流了。如果他们不断地参加我们的研习，就会一次又一次地感染到这种力量，回去后就可以有跟别人不同的一些做法。

问：中心的老师基本上每天都可以感受到这种力量？

答：是的。我们向阳中心的老师为什么比较行？就是因为我们一直在他们旁边。我们的言行一直提醒着他们必须要按照这样一种思想、这样一种价值观念去看待这些事情，所以无形中他们在做一些决定的时候，也会符合这样一种价值观。

然而，确实也很难保证他们内心真的是这样想的。因为环境在变化，可能影响她的人也不一样，那她是不是已经把这个内化成她自己的一个安身立命之道？这个我想应该是有，但我不敢确定。他们自己是不是能够提升自己，一直保有这种价值观念？我也没有十足的把握。但至少他们很多的观点会和他们同龄人或者同社区的人不一样。有些老师，尤其是我们第一批带的老师，就是这样。后面的老师可能会欠缺一点，比如主要负责后勤的老师，生活中我们就没有经常带他们。可是如果要当一位特教老师的话，我们会希望他可以接受到这些，所以我们就让第一批的老师一定要好好带他们。

问：在这个过程中，这些老师有没有抵触情绪？

答：抵触情绪他们倒是没有表现出来。我觉得人本来就有向善和求知的本能，只是他们没有机会和资源。好比过去，一般的农民会买书给他的小孩看吗？其实很少。所以那些很好的经典音乐、经典影片，他们从小可能也没什么机会看得到，但一旦接触到，他们本能地都会很喜欢的。比如像《红胡子》这种影片，以前肯定没有人叫他看，而我们给他们看了以后，他们每个人都很感动。

这个过程不是用灌输的方式，而是说这些东西本来就是很感动人的。只能说这些艺术家本来就有很多力量，会去创作出一些很感人的作品。我们人性中本来就有呼应它的意识，所以我一直在说人性本来就是向善的。

6. 中心的管理

问：中心成立以后有没有战略计划？

答：有的。在专业上，我们两个绝对是绰绰有余，可以带着这边的老师把整个教学做得很好。另外，我们也知道如何去结识学术界和医疗界的人，来帮助我们把学生教得更好。在经费上，我们要尽量让这个机构长期办下去，要对我们的员工负责，我们也一直对他们循循善诱，希望这个工作对他来讲也是一个长期性的工作。

所以我们那时候就想怎么立于不败之地，然后我们就在周遭找到二十四个赞助人，大多数人每个月捐给我们一千两百块新台币，一年是两万五千元新台币。我觉得对于一个台湾人，一个月花一千块钱其实是不痛不痒的，因为当时台湾人的薪水一个月三四万都是很平常的事情。尤其是我们很多朋友其实都算是比较有钱的人，很多我们的同行比如学校的老师，工资也是四五万块。

问：中心的管理架构是什么？

答：一直以来是胡老师管理行政和财务方面；在专业方面，我和方武负责整个设计和规划，然后带着老师一起想、一起做。

问：中心如何决策各种事情？

答：如果是大的事情，比如这次决定要买两套房子，我们肯定会跟负责人商量，像梁英老师是负责经营青年部的，我们就找她商量过几次，并达成了一致意见。其实很多事是酝酿出来的。比如这次的研习，我们请了台湾一个专门做住宿服务的老师，他专门到这边来给我们介绍他们是怎么做社区生活服务的，以及如何帮助学生拥有自己的家，等等。我们老师听了以后觉得对我们的学生也很有用。课讲完后我们一起聊天，大家就说我们也要像他们那样做。最后方武说这种事情可以做，然后马上就去找房子。很多事情有时候是酝酿很久，但到下决定的时候，大概都是我跟方武下决定，当然别的老师也会提供一些意见。

一般重大的事情，通常都有一些缘起。比如我们当时去研习过、参观过，或者跟谁谈了以后有了想法，或者刚好有机缘，于是我们就要去做这件事。然后大家就讨论，到要采取行动的时候，通常都是方武去做，他的点子比较多。然而，真要拍板去做的时候，通常执行得不够，会有很多顾虑，不过认真考虑过后，我们还是会认真采取行动的。

再比如我们十月一日要办一个培训，十月一日是假期，这时候大家就开始犹豫到底要不要在这个假期办。在上课时间就会影响学生上课，在假期就会影响老师休息，这怎么决定呢？这就没有办法民主决定，所以我们就讲几个原则。第一个原则是应该优先考虑个案的权益，第二就是考虑家长的权益，第三就是考虑机构的形象，第四就是考虑老师的权益，最后一个是考虑主管的权益。必须按照这样的优先顺序去做决定，然后就知道这件事情该怎么去做。大家都知道有这样几个原则，所以有的时候尽管有的老师不愿意，但他知道优先顺序是这样，也就慢慢习惯用这样的顺序去决定事情了。

问：民主决定的方式是大家投票？

答：通常是大家默认的，因为大家知道决定一件事情的优先顺序。以培训作为例子，通常是先看条件，比如，我们有没有条件在"十一"办？有没有条件在"十一"以外的时间办？首先要看讲师的档期。如果这个讲师，我们很想请他来讲，他只有"十一"这个档期的话，那我们就没有什么可选择的，就不会跟老师讨论。如果还有些选择的余地，我们就会把这件事情跟老师说，看看老师们的意见。如果每个人都有不同的意见，我们就会用那几个优先顺序的原则来决定。我觉得我们多少是用有点高道德的标准在要求老师。

问：中心有没有管理方面的规章制度？

答：刚开始，对这边的环境和人不是很熟悉的时候，我们想过要定一些规章，胡德培老师也以他的经验之谈告诉我们一定要有规章，比如老师的考勤制度、上下班制度，还有我们的物资使用制度。他把他们学校管理老师的那些方法告诉我们，比如在学校一学期只能发给老师一盒粉笔；也发圆珠笔，老师来换圆珠笔的时候，要把用完的笔芯带来。我们觉得没有必要管得那么细，那样做也有点把人往坏里去防范的意思。不过当时也觉得毕竟跟这边的老师不熟，所以也给老师制定了一些规章，比如对学生的态度、对家长的态度、跟同事相处的态度、接电话的礼貌、使用物品的一些规则等，还有请假的规则，如果没有请假会有什么样的措施，这些都会跟老师简单讲一下。其实，我觉得那些都是很基本的原则。

后来我们做事的很多方法跟价值观，老师也会慢慢感受到，慢慢认同，就都变得很自觉，自觉到我们觉得也没有必要去要求了。举个简单例子，原来我们规定老师，七点五十上班，四点五十下班，后来我们发现，他们会工作得很晚，根本不需要去要求他们七点五十到班。后来也就没有签到了，老师自己本身很看重他的工作，不需要用这种方法去卡他。还有我们中心一开始就知道老师的自我进修很重要，所以我们买了非常多的书。可那时候全中国，即使去新华书店买书，都是那种闭架式的，书都放在玻璃柜后面，要看什么书得请店员拿。但我们的书全部都是开架式的，甚至连编码都没有，当时就是用颜色来分类，课程类的书我们用红色的标签，评量类的书我们用黄色的标签，等等。老师们借了以后自动归还，只要自己登记借了什么书，还的时候再登记一下，归位的时候按颜色放好就行。用颜色分类也只是考虑到让老师清楚这本书应该放到哪里。

目前来看，中心的很多管理都是让参训老师们自己去做的，甚至我们受评山庄的图书，也都是开架式的，全部让老师自己借，看完自己还，并没有一个人专门去管理登记。相对来讲，我们比较尊重他们，他们自己也知道，也就很自觉。刚开始胡德培老师觉得这样做我们的书不久就会丢光，结果发现这些书根本不可能丢光。

问：受评山庄的书也没丢过吗？

答：丢过，我们大概在两年前统计过一次，那时候丢了五十多本，有登记的，但是找不到。我和方武很喜欢买书，很多是在台湾和北京买的，买了以后就寄回来，所以我们的书就越来越多，多到我们的书柜根本放不下，有的书也就来不及登记。所以要问我后来有没有丢书，我很难去掌握，因为有的书没有登记所以就找不到，会有这种情况发生。但是从我们的观念来讲，老师愿意去看书这件事情是很好的，要一直用借书的方式和手续来卡他的话，他可能就不愿意看书。

问：有没有稍微严厉一点的制度？

答：我们有约法三章，是绝对不能违犯的，但这个对老师来讲也不算什么规章。第一个是绝对不能体罚学生。包括罚跪、罚不吃饭，类似这种都是属于体罚学生，这是绝对不允许的。如果被我们知道的话，我们会规劝他，给他一次机会，如果说再犯的话，就请他走人了。第二个就是不能兼差。自己个人的时间也不可以兼差，比如不可以去当家教，或者利用寒暑假的时候去帮学生补课，收家长的学费，或者去找推销、保险工作，都是不行的。第三个就是不准收受家长的礼物。

其他规章倒是没有，很多是属于做事的方法，比如怎么样跟家长沟通，怎么去管理学生的行为，以怎样的态度对待学生。另外所谓的规章，我们有老师买东西申购的手续，但如果没有拿到收据的话，出货单就行。后来是因为要年审，我们自己也请了一个会计，这个时候要求就稍微严格一点，尽量拿发票，报账不能过一个月，然后还有对新老师要求一年要读十五本书，读完要写心得报告。但是慢慢地，我们就不再要求资深老师一定要读多少本书，只要他觉得有用就去读就可以了。后来也变成让他们看些录影带、电影，有些比较好的人文艺术修养方面的电影我们要求他们看，看了以后也要写观影心得。但是现在我们老师已经养成了阅读的习惯，也养成了看比较好的电影的习惯，所以我们也买了很多跟人文有关的影碟，让老师暑假来借，回家去看。

问：在教学方面对老师有没有系统的管理？

答：有的。作为老师，都要很清楚他们每天的工作、每周的工作、每个月的工作是什么。虽然我们没有条条框框的规章，但我们有严格的教学

259

要求，比如每天的教学记录要交，每天的联络簿要查。还有每个月的评估结果、每个月给家长的报表，他们都要写。再来就是每个单元结束的评量、单元活动设计，包括个别化教育计划的表格。可以说我们是在用一套表格系统控制我们的教学品质。所以他们做完一件教学的事就要填一个表，这些表填下来，就保障我们老师这些事都做了。比如他有没有及时跟家长沟通，就看他每个月给家长的评量报告书；有没有去做家庭访问，就看他家庭访问的记录，我们就用这些表格来管制我们老师的教学工作，但这样只能培养出称职的老师。然后加上我们日常的身体力行以及人文培养，他们可以成长为杰出的老师。

7. 服务的运营

问：中心对学生的服务收费吗？

答：刚开办的时候没有跟学生收学费，但他们家长会交伙食费。伙食费我们并没有规定一个定额，只是让家长根据他们各自的能力交，大部分家长一个月差不多交三十块。当时不管他们家里的环境怎么样，我们要求至少一天要给孩子出一块钱，象征这个孩子是他们养的。

中心开办五年以后我们就开始收学费，分 50 块、100 块、150 块、200 块四个等级，也可以申请免费，收费等级让家长自己去勾选。同时，请他们填了一个家庭环境调查表，包括家里的电器，房子是自己的还是租来的，家庭收入是多少，然后依据他们填写的情况来收费。每个等级的收费标准在两年前又涨了，目前的等级好像是 70 元、120 元，最高是250 元。

问：这个标准是按月收的？

答：对，一个月 250 元的学费，伙食费还是照旧，按照自己的能力来交，这是向阳中心的状况。动作教室那边，连吃带住，刚开始是 500 块，就是一个大人跟一个小孩吃住和培训的费用，一共是 500 块。这个费用也慢慢在涨，目前好像是 800 块。

问：家长和孩子一起在这个地方待一个月？

答：对，因为他们只有一个月，对一个家庭来讲，勒紧腰带待一个月是可以做到的。但我们向阳中心要维持成本的话，让家长陪同的政策是不行的。因为向阳中心的教育是长期的，比如家长每个月都要交 200 块，对一个家庭来讲是个比较重的负担，同时这个负担是长期性的。所以这也是为什么大陆有很多机构采取短期培训的原因，一期三个月或者一期六个月，就像一个疗程，这样家长还是可以把这个钱交出来。所以谈到教育，其实应该是政府来做，一般的民间机构办长期教育，机构和家长的负担都是很重的。

问：类似像中心这样收中重度智障儿童的国内机构，收费的平均水平是？

答：据我所知，一般在重庆的机构一个月收七八百左右，因为学校提供给他们场地，他们没有房租压力。

重庆还有一家机构收 16 岁以上的，启明星收 3 岁到 16 岁，他们所有的费用都是由家长出，他们本身没有什么基金会在支持他们。

问：他们的收入和支出基本上是持平的吗？

答：对。上得起这些学校的家庭还是少数，在重庆当地，有经济条件可以支撑每个月交七八百块的家庭不是很多，所以自然而然就有些孩子上不了。

问：有没有针对孩子的智障程度而定收费标准的？

答：一般都是看家庭经济环境，很少因为孩子很严重就多收。我们中心是让家长根据自己的经济能力来选择交费标准，有些学生还要给他全免。比如有个学生每天要有人背他过江，交通费来回五块钱，一个月一百五（十元）。他的交通费都是由我们学校帮他出的，这个孩子是完全脑瘫，不能因为他花费人力多就给他多收费。

问：给老师的报酬是多少？

答：工资十多年前是三百五（十元）一个月。后来随着物价上涨，各家单位员工的工资也都在调，我们也尽量跟着，也给老师创造更好的工资条件。但我们有个原则，做这个工作不可能有太高的工资，但是也不能让老师清贫。因为太清贫的话，会让别人觉得这个工作没价值，然后会用这种眼光来看待这种工作。我们在工资上面尽量保持中等水平，但维持这个水平确实有点辛苦，所以这是机构的一个难题。

在去年（2006 年）的时候工资是一千块钱，我们最资深的老师，今年已经到一千二（百元）了。新进来的老师是九百（元），每一个学期加五十（元），一直加到他们跟资深老师一样就不再加了。所有老师也都是统一的，没有说因为学历高，工资就稍微高一点。也没有因为负责什么，比如当一个小小的主管，就给加一点，只是因为资历才会有差别。

问：这个水平和现在的公立学校相比怎么样？

答：目前跟公立学校可能不容易比。像我们城里面的小学，老师的工资不是很高，可奖金比较高。可能跟乡下的老师还可以比较一下，跟城里的小学就不好比了。

问：我们中心的福利怎样？

答：向阳中心刚开办的时候，没有社保，但那时候有退休的观念，所以一开始我们就给老师们交退休养老保险，但是保费比较低，因为当时的工资就比较低。当时也没有医保，但我们每个月给老师 50 块钱的医药报销。只要老师有个收据，每个月都可以有 50 块以内的报销。如果没有买药，也没有看病，这 50 块就不花。老师们依据自己的需求来报。目前这个制度还在执行，只要有收据学校就给报，因为医保根本不负责这种小病。

后来慢慢又有社保、医保，我们就帮老师做这方面的投保。目前他们有医保，但社保对我们这种单位是不适用的，我们属于民办非企业，是一个残疾人的学校，不适合社保的投保条件。对我们管理层来讲无所谓，可是对我们老师来讲，他们确实还是有这种需求，所以我们让老师到自己的户口所在地，用他个人的身份去投保，但是学校帮他们出保费。按照国家规定，个人是 4%，单位是 10% 这样的比例，只要他们去办，我们中心就按比例给他们出。但他们目前还没有开始办理，因为他们必须要回到他们的原籍去办手续。

问：老师有寒暑假假期这块福利吗？

答：有，最重要的福利就是寒暑假。虽然寒暑假有事还是要到学校，比如进修、开会、讨论，或者布置教室、设计等，但毕竟不是教学。这个对我们老师来讲是一个可以稍微放松的机会，我们的寒暑假跟一般的学校尽量保持一致，但公立学校的老师没我们这么辛苦，但我们老师已经很满意了。

有时候休息本身也是个很好的奖励，比如一年十三个月的工资只工作十个月，在他们工作很疲惫的时候就可以看到一个比较长的假期，这样稍微咬咬牙就过去了。天天加班都觉得没关系，反正要放寒暑假了，寒假暑假好好休息一下就是了。所以就很容易一年一年地过去，好像上课没几个月就放假了，这点也是让人愿意在这个岗位上继续待下去的原因。有很多像我们这种机构的老师流动比较大，是因为他们每一天神经都是紧绷的，几乎没有什么长的假期。

问：很多针对智障儿童的培训机构的老师是没有假期的？

答：很多像我们这样的机构不敢放假，假期顶多轮休一下，比如一些人先休三天另一些人再休三天，这样就跟家长收一个星期的钱；或者各休半个月，跟家长收一个月的钱。这半个月里就把两个班上的学生放到一个班上来照顾，然后再轮换，他们不是真的把学生放了，把学生放了他就不能跟家长收学费。这样老师一年到头都没有一个比较长的假期，对一个人来讲就会慢慢觉得这个工作实在是太累了，所以一个长的假期对老师来讲真的很重要。但这样对民间机构还是有很重的经济压力的。

问：平时是五天工作制吗？

答：学生来五天，我们老师经常要来六天。因为要经常做教学活动设计，这需要老师集体讨论、设计，只有利用星期六，上半天讨论下半天备课。但我们是隔周的，大概隔一周要用周末的一天来做教学设计。

8. 师资队伍建设

问：您和方老师有没有一些特定的方法培养这些老师？

答：我们也不是刻意的，基本是顺着我们的感觉，顺着我们的个性做，我跟方武很注重这方面。同时我们觉得特殊教育工作是很值得我们投入的一个工作，在做的时候就很认真，尽心尽力地做。

我们很敬业，老师看到我们这样，她大概也觉得这个工作就该这样做。当我们1995年底在培养他们的时候就告诉他们如何给学生做评量，如何制订一个教育计划，而且我们真的把家长一个个请过来开会，这些新老师也就跟着一起讨论。最开始我们先招老师，给他们讲一些基本的概论，然后才开始招学生。学生跟着我们的老师一起生活一星期后，学生放假，我们的老师就开始给学生做评量、请家长过来开会、给学生订计划，订完计划以后，我就带他们设计活动、工作表、作息表，然后带着他们布置教室做教具。各自过完年2月底的时候我们全部回来，准备开学，开学第一天就是很正式地上课。他们当时根本不知道特殊教育是什么，只是因为我们这样带他，他就认为特殊教育应该这样做，很有系统很有程序地做，所以很认认真真、踏踏实实地做。

问：对老师的成长没有规划？

答：规划是有的。首先会对老师进行培训，在这方面我们很有经验，因为以前在台湾办了两家像向阳这样的机构，我们知道如何让老师在专业上成长，所以对老师的培训都是有计划进行的。比如新老师要先学什么，再学什么，有一些新老师要学的课程内容；然后就是读书，他们要先读什么书再读什么书，书目也要帮他们开出来。比如我们要求他们头一年和第二年分别要读十五本书，那书目就是我们开给他们的，然后第三年开始把他们分流。这个老师可能对家庭辅导比较有兴趣，就让他专门看家庭辅导方面的书；那个老师对语言训练比较有兴趣，就让他专门看语言训练方面的书。接下来我们就让他们以问题为导向，他们自己觉得对研究什么问题比较有兴趣，目前教学的时候遇到什么问题，就自己去找这方面的书。那时候他就是为了解决自己的问题去看书了，过了这个阶段以后他看不看书我们就不管了，因为他们已经养成阅读的习惯。比如有一位老师，她回到家里睡觉之前若不拿本书看看，觉得好像一天的事情还没做完。

问： 这些对老师会不会造成压力？

答： 当时虽然每年要求他们看十五本专业书，工作的时间也比较晚，但他们那个时候刚好都是单身，比较容易接受学习，所以压力不是很大。我们每天都在强调，他的名字后面有个"师"，就不是上下班打卡制的，应该是责任制的，也就是说如果觉得对明天的上课有把握就可以下班。但他们毕竟是新的老师，对于下一个单元要上什么课还是要花比较多的时间去备课。后来备课的时间越来越短了，因为越来越熟练了，所以他们就慢慢地在一个比较早的时间就可以下班。不过还有一点，因为我们学校提供晚餐，许多老师住得比较近，就愿意在我们学校吃晚餐，吃完饭去逛逛。所以我想这个也是个诱因，让他们愿意留晚一点。

问： 之前还提到过给老师看影碟，也是成长规划里的？

答： 是的，因为有很多很好的录影带看了以后能够让人引发一些思考。比如特蕾莎修女，她在印度的那些事迹做得其实很简单，就是把那些病人抬回他们的修院，给他很好地处理，然后天天守着他等到他死，死的时候就握着他的手看着他。她也不给他医疗，因为这个人根本活不了多久，她唯一的信念就是要让这个人有尊严地死去，就是这样一个使命而已。

她的这个使命也需要很多人力，但她的人力大都是志愿者。世界各地有很多人想要帮她，她说不要只捐钱，一定要来这边当志愿者，这样就有很多人去当志愿者，有大学教授也有很多大富翁，去体会一下这样的一种帮助别人的经历。这个修女并没有组织，仁爱传教修士会就是一个修会组织，她也没有成立法人组织，也没有基金会。原先有一个神父比较有经营观念，觉得逐步受到关注了，那么多人想捐钱，应该成立个基金会。然后他们就开会，会场上有人说，我们喝的水一瓶多少钱？开会的这个钱我们已经花了，要去登记一个组织要花多少钱？印一个宣传手册要花多少钱？修女说，算了，我们不要这个组织了。因为这些东西都要花这么多钱，或者说因为这样他们必须要花很多精力做那些事，那还是回到他们本来要做的事情上面，尽量地去跟那些人在一起，去关心他们，而不需要通过这些来服务他，然后修女就决定她不要设立任何的组织。后来她得到诺贝尔和平奖，并不是因为她那个组织在世界范围内有多大，全部都是因为她的这种精神，她的精神改造了很多人。

这个确实能引起很多人道主义的关怀，对人的生命、对人的这种生存状态的关心。很多事不是从表面上去看的，很多事情背面都有很多很深层的意义，所以像这种影片放了以后就可以跟他们探讨。

那个传记里面最感人的一幕就是，她在那些穷苦人身上感觉到，她做这个事好像就是在为耶稣做事似的。她也迷茫，因为她确实遇到过很大的困难，比如经费上有困难，然后又遇到很多人的责难，还比如说她不给那些人医治，只是把他们弄回去，有点沽名钓誉，她就很为难。后来她在街上遇到一个乞丐，也是病人，她就过去想把他抱回去，这个乞丐就问她在找什么东西，修女不知道回答什么就说是在找她的主。然后那个人就告诉她，只要她做的事情是主悦纳的，主就会看顾你。意思是只要做的是合乎人情义理的，这件事情自然而然就会水到渠成，自然就会有人照顾，不需要担心失去这个失去那个，害怕得不到谅解、得不到支持。我们看了这个之后，每个人都会觉得很放心，不用担心未来，只要我们尽我们的力、做我们的事，其他周围的事主自然就会有安排。

我们虽不是基督徒，但这种话对我们来讲也有一个很大的激励作用，冥冥中自然就会有这样的安排。

问：还有其他的吗？

答：有，我们也知道去给别人讲课比看书成长快。因为看书以为自己懂了，其实不然。而当去跟别人讲课的时候就要把理论技术的来龙去脉弄得很清楚，所以我们就开始让老师去讲课。刚开始只是让他们跟家长讲，再跟自己的同事讲。后来我们慢慢找机会，比如带那些实习生的时候，就安排他们去给实习老师讲课。这样越讲胆子就越来越大，也越来越有经验，后来我们办了些研习，讲师讲课的时候就让我们的老师介绍他们教学的案例。比如我们讲那个戏剧教学法，就将戏剧教学在特殊教育的应用这个小小的讲题派给向阳中心的周勇老师去讲。周勇就把他怎么做戏剧教学的，讲给所有的学员听，学员听了也津津有味。周勇老师就得到很好的鼓励，从此他讲课就很有信心了，那慢慢地他就变成一个被学员崇拜的对象，他就不需要自我振奋了。

同时，我们会经常让他们去支援别的机构。这对他们来讲是很大的成长机会。当时国内很多机构很需要别人的帮助，比如修女院，修女收了很多残婴，可是残婴收进来以后她们不知道怎么去教育。这些孩子慢慢长大，不教育他们也不行，有些残婴属于身体残疾，有的是脑瘫，这就必须要做一些康复训练。像我们的金容老师、胡菡老师①去做就绰绰有余了，可以去指导这些修女帮这些孩子做康复训练。顺便还可以教修女怎么给孩子上课，比如教语文、数学、美术、音乐等，这等于去帮修女建立出一套教学模式，只是教了一两个星期就走了，然后就留给那边的修女自己去运作。隔了一年以后修女又来求救说，教他们的那一套已经不够用了，再教一点东西，这两位老师就可以又去。

问：从 1996 年到现在老师的流动性怎样？

答：还是有一些流动。比如我们刚开办的时候有五个老师，开办一两年以后又陆续增加了两三个老师，他们都一直做下来了。差不多三年前有一个第一批的老师离开了，一直没有离开的第一批老师做得都比较久。到今年（2007 年）的寒假又有一个老师离开。

第一个离开的老师是他自己出去办了个幼儿园。这次离开的是周明老师，主要是因为她的眼睛快要失明了，她眼睛从小得了一种疾病，当时没有办法治疗，她的视力就会一直恶化。本来她是只有一个眼睛先恶化，现在两个眼睛都在恶化。在这之前，我们已经在为她眼睛看不到做准备，要找一种即使眼睛看不到也能做的工作，比如做家长的电话咨询，音乐课她也可以帮我们弹琴，如果她可以用盲人用的电脑，还可以帮我们管理一些文件资料，等等。

在 2006 年年底的时候她觉得必须要去治疗一下她的眼睛，所以就请了比较长的假，当时我们一直认为她治疗好了会回来。结果后来有一位家长支持了她的医疗费用，但给她一个条件就是不管医得怎么样，都要去教他的孩子，带他小孩一年。在这种情况之下，她就必须离开我们中心。现在听说她在重庆办了一个很小很小的工作坊带这个家长的小孩，同时这个家长又帮她介绍了一些家长，她就在里面教那些小孩。因为这个老师的个

---

① 两位老师都是向阳中心的动作训练师。

性比较喜欢跟别人交往，所以以前在我们中心学习的一些大学生，有几个知道她在做这个工作就跑去帮她一起做，现在好像有两三个人跟她一起工作了。

问：其他老师的具体情况如何？

答：有些老师一直做到现在。我们后来增加了一些人员，都是重庆师大的学生，一共有三个，可是他们工作了差不多一个学期后就都走了。他们其实都蛮喜欢做特教的工作，可他们都不是当地人，甚至不是重庆市的人，所以他们每天一早就到向阳中心来，太阳下山了才回去，回到自己的宿舍好像也都没什么朋友。因为我们很多的老师都结了婚，很少去跟他们聊天，假日的时候他们也没有什么地方可以去，所以他们觉得很寂寞。如果在当地有些朋友、亲戚，也许会稍微好一点。

另外，当时乡下的长辈觉得在私立机构是不稳定的，当老师肯定要在公立学校。所以他们家里人就会找关系帮他在公立学校找工作，找到工作就把他们叫回去了。有一个女孩子是因为她的爱人在攀枝花找到了工作，她就只好也搬到攀枝花。所以三个从师大特教系毕业的学生，都是没做多久就离开我们中心了。

这也促使我们找当地的老师。所以我们从去年（2006 年）开始只找当地的老师，来了以后一做就做了两年。虽然她是卫校毕业的，我们也觉得不错。然后还找了两位有幼教经验的老师，因为我们想慢慢发展幼教与特教的融合教育，他们也不错。

问：整个过程有四位老师离开？现在一共有多少老师？

答：是的。总共应该是 15 个，今年（2007 年）也没有来人。

问：这种培养方式之所以成功会不会与所选老师的家庭背景也有一定关系？

答：确实有。比如我们当初一开始聘的五个老师里面，有的是农村来的，她就比较淳朴，必须住在我们中心的单身宿舍，这样他们就跟我们日夜相处在一起，几个人吃过晚饭后就在这边看书、看报纸、聊天，然后一起选一部影片看看。对他们这些年轻老师来讲，没有其他的娱乐。但是住在城里面的，条件比较好的，父母亲都照顾得很好的，会给他们比较大的影响，他们的思想也比较容易受到家庭和社会的影响。

后来，我们这五个老师里面，一直没有离开过的都是从农村来的那三位老师。另外两位老师是城里面的，有一位曾经离开过半年，后来又回来了，因为她必须要照顾她的女儿，她的先生没有办法跟她一起分担，她的工作也是非常忙的。后来，因为他们的同伴、同事收入都很好，他们也必须要跟别人去比，房子越大越好，所以就负了很多债。她的这点工资不够，就需要到外面多赚点钱，所以有一阵子离开了我们中心。可是我觉得她内心是蛮热爱这个工作的，所以半年后她还是回来了，因为她觉得外面的工作虽然挣钱多一点，但钱并不是都那么好赚的。他们也知道，不值得为那么一点多的收入就去做一些跟自己的意愿和个性相违背的工作。

另外一位城里的老师，是独生女。我们记得很清楚，在所有应征的老师里面，她第一个问我，这个工作有没有前途。大概做了七八年以后，她就结婚了，结婚以后她婆家对她影响还是比较大的。她的婆家是比较有势力的，帮她买了一套房子，希望她能够去经营一个幼儿园。后来她就去做幼儿园了，就再没有回到中心来。那时候我们也鼓励她去做，因为幼儿园也可以搞特殊教育，我们就可以把学生送到那边去了。

问：当时选择老师的时候有没有一些特别的标准？

答：没有，当初也没有什么可以选择的，来报名、来应征的老师确实不多。但是我们也不特别去要高学历、相关科系的学生，我觉得学历高的话并不一定代表他有什么特别的，但至少代表他的学习能力可能会好一点，学习潜力可能会高一点，发展可能就会好一点，以后去主持一个机构的可能性就会比较高。但是以我们老师来讲，他们的能力确实还是有一些限制。如果要他们超越我的状况，确实是蛮难的。我现在在想，一个接班人她必须要超越我们现在目前的状况，超越我的观点，这个肯定很重要，因为本来一代应该是强于一代的。

同时我也知道很多 NGO 不可能找到真正有专业能力、人品又真的非常好、能力非常高、资质非常优异、学历又完全符合的人。

但是学历高和低各有优缺点，关键是我们要能用他们的优点。所以我们现在是充分发挥我们老师的优点，回避他们的缺点。在用人的这个部分，我也是很谨慎的。因为我觉得上帝很好，它在每个人的心里面都种下好的因子和不好的因子。刚开始选择的时候不知道他的因子是好的多还是坏的多，但要把握这个环境，使这个环境让他好的因子可以不断地发展，为我所用，然后避免他的短处。所以我觉得环境确实是蛮重要的，很多的中国年轻人从小到大，不管生活环境、社会环境，还是学校环境，很少有这些让他思考的机会。

比如音乐方面，一开始他们一定是听那些流行音乐，很少接触到古典音乐，但我们常听，他们也在旁边跟着听听，然后就听出兴趣来了。当然并不是说流行音乐不好，只是要平衡一些，听听各种类型的音乐，甚至连宗教音乐都要听，然后才会发现自己比较向往哪一种。但是别人问他的全是流行音乐，他就以为流行音乐好，然后从流行音乐里面找到稍微好一点的。这样对一个人的成长是不够的。因为人的内心有很大的空间，这么大的空间可以不断地去发挥、不断地去探索。只是很可惜，人终其一生，他的内心空间都只去开发了一点点，开发的这个部分大概都是迎合世俗的。

很多人其实很渴望知识，渴望一些比较美的东西，可是他们没有这样的机会，这种渴望慢慢就枯萎了。好比说，有个工作做了之后会让内心越来越狭窄、越来越坚硬，即使每个月给一万块钱，这样的工作也是不值得去从事的。如果这个工作可以让内心越来越充实，越来越丰富，能够认识更多的事情，能成长人生智慧，让这一生很自由，没有什么惧怕的事情，那这个工作就很值得去做。我觉得特殊教育恰恰应该就是这样一个工作。如果认真去做，应该会得到这样的机会；反过来，也必须要有这样的心情，才能够把特教做好。

9. 中心的筹款

问：您提到创办中心的时候是从台湾募款，能不能详细介绍一下？

答：早期我们需要的经费不多，因为那个时候向阳中心的学生很少、老师也很少，甚至只靠我们一个人的工资就够维持了，所以不需要大众募款。筹款对我们来讲也不太困难，所以也没花很多时间去募款，基本上就是把我们要做的事跟我们周围的人说一下，他们给的钱就差不多够了。比如我们自己的亲戚，以前跟我们比较好的家长、同事。因为我们在台湾毕竟做了二三十年，他们跟我们都很熟的，也知道我们为什么要到这边来做这些事情。而且当时台湾跟大陆关系比现在疏远，我们说要来这边办个中心，他们觉得好像我们帮他们过来为家乡做点事情一样，所以都比较乐意支持。

问：学生的学费也是他们赞助的？

答：是的。我们没有跟学生收学费，全部都是按照台湾助学金的方式赞助的。所谓助学金就是，比如我们找到一个朋友，他愿意赞助一个学生上学，我们就把成本告诉他，一个月就为这个学生捐一千二百块钱新台币，相当于人民币三百块，就已经够当时的一个学生一个月的费用了。我们一般希望他交一年，就是一年的学费都赞助了，差不多新台币一万多。

我们就用这种方式来筹款，差不多有二三十个这种小众团体，经常赞助我们的助学金。所以那时候我们寒暑假回去，就会跟这些人喝喝茶，聚餐一下。看到我们回来，他们就说应该交学费了。在喝茶的时候就会把钱交给我们。那个时候就很单纯，就这样把钱带过来了。

问：当时的环境是不是不太允许这样做？

答：是的。开始规模小还可以，后来我们这个摊子越搞越大，我们认识的这些朋友又介绍他的朋友来帮助我们，但我们不可能在台湾办任何的募款活动，因为在台湾办募款活动获得的钱如果拿到大陆来，这在法律上是不允许的。其实我们也是因为这样才离开双溪的，而双溪其实是我们创办的。

当初我们要到这边来开办中心，所有双溪的董事成员都是赞成的，所以那时候我们在这边的一些花费，比如乘坐飞机的费用都是在双溪报的账。但双溪是一个正式的基金会，受台北市政府的教育局管，每年还要接受教育局年审。年审的时候他们就问为什么会有去大陆的机票这个花费？台湾管得比较严，他们很认真地看年度计划、年度预算和财务报表。他们说基金会做的事情应该是台湾的事情，不应该去做大陆的工作，希望我们纠正，以后不可以这样。方武这个人是比较有骨气的人，他很生气，他说大陆这个摊子绝对不能放，因为那时候已经建立起来了，不可能丢掉。所以后来我们就干脆离开了双溪，不领那边的工资，不报账，双溪也就不会两难了。

问：当时是什么时候？

答：差不多是陈水扁在台北市当市长的时候。1996年我们刚开办，两岸关系就开始有点紧张了，应该是我们在这边差不多工作两年以后，陈水扁当上台北市长，对这方面管得比较严，头两年都还算是双溪的业务，第三年我们就绝对不能说是双溪的业务。所以那时我们特别强调，中心不是双溪办的，是我们个人来办的。现在又有点松，像双溪的纪政董事长也来这边看过，有的记者访问她，她也可以说，在大陆他们也支持特殊教育，办了一个向阳中心。当然以前我们的董事私底下还是很支持我们，比如有时候要募款，他们还是会帮助我们，但必须用他们个人的名义个人捐献，绝对不能用双溪的名义。

问：到现在，还是采取跟台湾的亲戚朋友募捐的模式吗？

答：目前都是这种模式。

问：现在花销应该比以前大很多了吧？

答： 比以前多多了，因为这边的物价涨得太快了。

问： 这个过程是不是压力越来越大？

答： 对，现在的压力确实是越来越大。所以我们也想慢慢地开发当地的资源，其实在几年前也曾经试过，还把它作为历史记载了下来。那是在2002年底的圣诞节，我们已经积累了很多家长资源，第一次用在台湾募款的方式，在重庆这边操办了一个募款餐会。我们包下了一个火锅城，然后就去卖餐券，一张餐券才25块，买一张餐券就可以去吃火锅。那天大家去吃火锅的时候，我们还让我们的学生去表演，主要是让更多人参与到这个工作中。结果那次餐会去的人很多，但我们是亏本的，没有达到募款的目的，倒是达到了宣传的目的。因为当时在重庆很多人没有捐款的观念，他们认为25块买了一张餐券，就是要去把这25块钱吃回来。那个餐厅也不认为这是一种爱心活动，餐厅的老板很"诈"，说一桌坐满八个人以后，自由点菜，不讲每个人最多只能点20块钱的菜，结果因为鳝鱼点得多了，每个人吃的东西都超过了25元。最后结算下来，我们那个募款餐会是亏的。

有了那次经验以后，我们就开始讨论下次我们要怎么来办募款餐会，怎么去跟餐厅谈，然后才不会被餐厅敲诈。可是到了第二年我们又想再重新办一次的时候，就开始有消息说，主管单位希望我们不要用爱心捐款的名义去办募款活动，所以第二年我们就没有办。

问： 消息是来自教委还是民政局？

答： 应该是民政局。因为他们说没有法令让我们可以公开做这种募款活动。

问： 在台湾的时候也是通过这种餐会的方式来募款吗？

答： 在台湾，这种餐会、义卖、义演挺多的，事实上政府不太干涉，但平常政府对年审、监督，都是很认真的。在大陆这边，到底怎么样去管理这些基金会或者怎样去管理这些公益的团体，或者怎么样去管理这些公益团体的募款活动都还没有明确的一个说法，所以我们觉得一开始最好先不要做这个事。

问： 对从台湾募来的款项使用以后，是怎么反馈给他们的？

答： 最初我们会写个很简单的报告，跟他们说明我们今年办了哪些事，包括教了多少学生，办了什么活动，然后再附上一点照片。在回去跟他们聚会的时候就把这些拿给他们看。不过我们回去的时候，很多朋友也不一定见得到，所以也不是去跟他们每一个人都做这样的报告。我们有时候会出书，就把书也送给他们，通过这种方式让他们知道我们在大陆做了哪些工作。因为我们很少出去宣传，到目前为止，我们向阳都没有很正式的简介，只有一张 A4 纸影印的很简单的说明。但我们慢慢觉得也需要正式一点的宣传，因此我们开始出《四季向阳》。

这有一件事情要说明一下，以前捐给我们钱的大多都是我们的亲戚朋友，所以我们也是很疏于说要有个财务报告。但是后来开始有辗转前来支持的人，其中有一位台商，他是双溪的董事介绍的，一听说我们在这边做这个工作，并且每年才那么一点经费，他觉得他可以负责。当时我们跟他讲的钱不是很多，所以他就一口答应，一年给我们五万块钱的人民币支持。我们也一直很天真，觉得他跟其他的朋友一样很信任我们，所以我们就没有给他很正式的财务报表。他们每年都很固定捐给我们钱，这样两三年后，有一年我们打电话给他的秘书，问是不是应该开始拨款了。那个秘书有点冷淡，说她还要再跟老板请示一下。过不久他就给了我们一个传真，说捐给我们那么多次的钱，从来都没有得到一个资金使用报告，所以从那开始他们就不再资助了。这时候我们才知道，原来财务报告对他们来讲是非常重要的一件事情。从此以后，就开始下定决心，我们做了什么样的事情，一定要让人家知道，所以我们才开始出《四季向阳》。我们就把中心到底做了哪些事、有哪些人员、服务了哪些人，甚至中心财务的大致状况都放在了《四季向阳》上。

问：什么时候创办的《四季向阳》？

答：是 2004 年开始的。在那之前，很多 NGO 应该遵守的规范我们平常都没有很在意。在台湾我们也很少给捐款人写很多的报告，但是最近台湾这些民间机构也发展得很规范了。十多年前没有这么注重，现在台湾的 NGO 也都越来越标准化，规模也越来越大。

问：在大陆筹集的款项，怎么反馈给捐款人的？

答：我们很少在当地募款，但我们一个家长给我们引荐介绍了华岩文教基金会①。当时基金会也是在找一些项目，那个家长刚好就跟他们提了我们，然后他们就派人来考察，总共考察过两次，最后决定支持我们这个项目。

---

① 重庆市华岩文教基金会是由重庆华岩寺方丈道坚法师于 2006 年发起创办的，是经市民宗委同意，在市民政局登记注册的非营利的公募性基金会，其主要工作是接受和管理社会各界捐赠的资金，用于扶贫、赈灾、助学、助残、文化传播、社会公益项目等领域，为促进教育和文化事业的发展，为构建和谐社会做贡献。

问：是什么时候开始资助向阳的？

答：我们正式签契约是在 2007 年的六月。签订契约之前，差不多有三四个月的时间是在沟通和考察。

问：捐款是在什么时间到位的？

答：六月二十九日的开学典礼上。

问：这是 2007 年一年的捐款？

答：对，到明年六月底看还会不会继续有 2008 年的。按照那个契约，我们希望每年都能得到赞助。

问：华岩基金会是一个怎样的机构？

答：它依托于华岩寺①，是一个佛教团体。

问：他们的资金来源于信徒捐钱？

答：它靠信徒捐钱。他们信徒平常也多多少少想做点善事，就捐给这个庙一些善款，或者香油钱。华岩寺本来在管理这些钱，但我估计政府对寺庙的管理越来越严格，所以要成立一个基金会来管理。既然是一个基金会，就要开始做一些事情，这样才有可能让更多人来支持华岩寺。所以他们就找一些他们觉得值得赞助的事情。当然开始谈的时候，他们想赞助我们办一个大的活动，他们信徒很多，希望我们每年春节的时候有个大法会，他们在法会上就可以当众发起捐献。但我们一直跟他们说我们每年都办培训，培训老师是最费钱的，因为我们不收他们一点培训费，但光是交通费、住宿费，也是要花很多钱的。我们就跟华岩寺提出建议让他们赞助我们的培训费，他们也就同意了。所以他们捐给我们的钱主要是用来办师资培训。同时他们又觉得资助的钱可以拿来用作参与培训的老师的教材教具补助费，没有具体的要求。

问：除了华岩寺，在大陆还有捐款吗？

答：基本没有。不过我们接受过一辆汽车，是苏州的台商捐的。所以说跟台湾还是有点关系，华岩寺完全算是当地的。

问：听说后来有一次健走活动？

答：是的，健走活动主要是为了帮助孩子过一个比较有意义的儿童节。而且我们也想利用这种活动唤起社会大众对这种儿童教育的关注，也让社区居民有点参与感，所以我们就去募一些矿泉水、帽子和 T 恤，我们

---

① 华岩寺又名华岩祖师庙、华岩洞，因寺南侧有一华岩洞而得名，位于重庆市九龙坡区华岩乡大老山，占地面积 16 万平方米，建筑面积 1.6 万平方米，是重庆近郊规模最大的寺院。

在帽子上打上他们的名号，然后再募一些小奖品。但我们并没有想利用健走活动募很多钱。以前让我们老师去练习做劝说，跟人家讲，我们需要学费，需要教材费，别人觉得没什么意思。可是换作我们要健走，想募点矿泉水，我们老师也比较好去说。2006年就没有这么成功，讲了老半天没有募到什么东西，矿泉水一瓶也没有募到。

问：2006年也尝试过？

答：对，2006年也尝试过健走活动，但效果没那么好。2007年效果就比较好，矿泉水募到了，一些小礼品也募到了，还有人捐了两千块让我们做T恤。

问：这次健走活动有多少人参加？

答：智障儿童大概有160多个。但是每个孩子后面都有个家长，老师还不算在内，这样算起来就有300多人。我们小孩一路要有家长跟，老师是领队，维护安全。健走结束后，我们就找到一家餐厅，全部聚餐，聚餐是我们向阳中心请客。我觉得最重要的是，这样有点社会宣导的工作，让大家有参与感，社会上任何一个人，只要有热心，只要愿意捐一点点的钱，都可以。再者就是让我们老师练习下怎样去跟别人开口募小钱。这就是我们健走的意义。

问：从一开始就有让老师去尝试募款的想法？

答：对，让他们练习一下，毕竟以后这个摊子还是要他们合力去维护。从我们过去的经验来看，靠自己的力量去说服周遭的人，让他们共同来参与这个事业，是蛮重要的。所以就必须要敢于去游说别人，把自己的理想去跟别人说，把别人捐来的东西好好地应用。所以我们想，如果中心要继续维持下去，我们老师就要有像我们当年那样去说服别人的能耐，不然的话没人赞助，事情就做不起来。

问：经费募款方面对未来有没有什么计划？

答：募款部分，我觉得我们老师确实还要学会很多不同的募款方式和方法。但是从我和方武的角度来看，我们的本质工作应该是追求教学专业，绝对不能让募款工作变成一种常态，把教学变成其次的。在台湾我发现已经有这种现象了，机构本来要服务的工作慢慢受到一些影响，甚至变成为了要迎合媒体、迎合捐款人的意愿而忽略了本身应该做的服务。比如他们要来拜访、来参观，或者要带学生出去表演等，老师要去义卖，要去上街头等。这个就会影响到真正的服务，或者真正的教学工作。所以我觉得这些都是问题。

另外，大陆现在刚好开始针对弱势群体有补助，不管生活的补助也好、医疗的补助也好、教育的补助也好，都才刚要开始有一些比较规范的做法。比如大陆以后也可能会有特殊教育法，目前对那些特殊儿童的特殊教育还是放在《义务教育法》里面的一个章节，没有很具体的措施，只有一个原则。像台湾的话，有一部"特殊教育法"，里面规范得很清楚。我觉得以后大陆这方面的投入会越来越多，也很可能在我们可见的未来，这些机构会得到政府的支持。所以现在我们老师最重要的还是要把他们教学的质量做好，怎么样去募款，反而是第二。

　　问：您对机构的经济来源还是持乐观态度的？

　　答：至少现在很乐观。如果一直带着一种有希望的心情去做，我觉得将来还是会有希望的。比如我们一直在鼓励我们的老师，这个工作很重要，按照人口比例来讲这个市场是很大的，只要自己有实力完全不用怕被淘汰掉。并且按照世界趋势来讲，我们这个行业应该是越来越有发展的。如果这时候跟他讲，民间机构生存不容易，经费压力太大，好像不能做似的，他们就会开始悲观了。我们还要让老师有能耐，只要努力，在特殊教育这个部分绝对有用武之地，当然用武之地不一定就是向阳中心。为什么我现在比较有信心？就是从我们那个周明老师身上看到的。周明老师眼睛都快看不到了，可是她绝处逢生，在重庆自己搞了一个小小的工作坊。她的收入已经比以前高很多。这样来看，不在我们向阳中心的羽翼之下，她也能够发展得很好，这就没有问题了。

10. 与政府的关系

　　问：您能不能谈一下向阳中心与政府的关系？

　　答：1996年我们开办中心的时候，就立案了。后来才发觉我们特别的幸运，很多民间机构到现在还立不了案。有些机构是在工商局登记的。后来也才知道是因为我们的胡德培老师发挥了很大的作用，所以1995年底我们就拿到了登记证明。

　　问：当时的主管部门是教育局？

　　答：是的，现在也是。登记是在民政部门登记的。

　　问：开办以后与他们有互动吗？

　　答：有的，应该是市教委跟我们最亲密，因为他是我们的主管单位。但市教委对我们在专业方面不太管，只是从法令上来通知我们，比如该交年审的资料了，等等。再来就是我们去找他，比如有人来参观，需要我们的上级（教委）出面。因此，基本上我们跟市教委的关系，保持有点相敬如宾的那种感觉。

之所以这样，一个是因为胡德培老师的关系。当初我们在申请的时候，其实市教委只有一句话，问我们每学期要收多少学费，胡老师说基本上不收学费，他们就觉得很放心。后来他们发现几年下来我们真的不收学费，所以就觉得我们在经费上没可疑之处，就对我们比较放心。另外一个就是我们提供给他们很多资料，比如我们要办研习班，也会给他们一份通知。此外，我们也会给他们一份《四季向阳》，他们也能从里面看到我们做的事确实也比较专业。

有些事情，我不知道怎么去解释。他们知道我们很专业，可是他们市教委想要办一些跟特教有关的事情时，就不会找我们这边索要一些资料或咨询我们。但是口头上又说，到时候他们办这个事的时候，我是专家，请我去提供意见。我就信以为真，但他后面就没有消息了，说明市教委只是随便说说而已。这可能是因为我们是民间机构，而且是从台湾来的。再举个例子，全国在选随班就读试点的时候，江津是其中之一，我就想可能是因为我们向阳在这边，所以江津才被选为试点。然而，当时我完全不知道江津被选为试点的事情，是有一次我们带一个朋友去市教委座谈，他们市教委才提到，我们被指定要做随班就读，到时候一定要帮忙。回来我就跟方武讲，以后我们要跟他们联系，因为这方面的工作很重要。但是左等右等，他们从来不找我们。后来国家教委巡视重庆市到江津来看，发现江津做得特别虚，那些随班就读应该具备的措施都没有。

对此，我觉得很惭愧。因为毕竟我们在这边，居然都没有去关心这些事情。可是也不知道要从哪里开始关心，市教委如果不主动找我们，我们也无从做起。当然我们可以很主动地去办一个随班就读研习班，我们可以请市教委派各个学校的老师来参加。因为既然我们要搞随班就读，相关的一些特殊教育的基本概念，还有些基本的方法，普通学校老师也可以来听听，这有利于他们接纳这种特殊学生。

其实我们很想这样去做，但是我们很担心，万一他们来听课迟到、早退，不认真听讲，我们自己就会气得半死。因为我们办研习对学员要求是蛮严格的，申请在我们山庄住下来就不准下山了，晚上也不能看电视。如果我去这样要求我们江津的老师，那些住在江津的，肯定半夜偷偷跑回家，不太可能认真学习。因此，我们不会自讨苦吃，但是我们每次办研习时，都把相关资料送给市教委，但事实上他们不会派老师来参加。所以，我们跟市教委的关系有点相敬如宾。

问：随班就读研习中心也就没有再做？为什么会被选为试点？

答：对。之所以被选为试点，我是听张老师他们讲特教处的处长下来看过。处长还特别想看我们向阳中心。当时刚好我们在办研习，处长就非要上来看看这些全国各地来的特殊教育老师，因为那是她的子弟兵。那天晚上还下雨，但他们还是来了。王处长上来，对那些特殊教育学校的老师也是一种鼓励。

问：王处长是国家教委的？

答：是的，国家教委基教处专门负责特教的。当时她也快退休了，我们是在开办中心之前去北京走访认识她的，已经十多年了，她也知道我们在这边做的工作。但很难得，她能到这边来考察随班就读。随班就读是国家教委这一两年抓的最重要的工作，因为到处设启智学校很花钱，随班就读就可以让每个学生就近入学，又可以让孩子融合在一起，跟国际的特殊教育理念是比较接近的。最重要的是它花的钱最少。这样肯定要有很多的试点，所以他们在重庆市选了好几个。

只是挺可惜，江津好不容易被选为试点，市教委居然没有好好把握，却把它变成应付差事，放着我们这个资源不用。

问：就近入学，是到普通班里吗？

答：是的。随班就读基本上是在很多的普通班里面推行。进去的学生可能是学习有障碍的、弱智的、身体有残疾的，聋生、盲生都有可能。总之要插一个这样的学生到班里，班主任就要管他，只是这个学生的成绩不列入老师的考评。

问：那跟残联也会有互动吧，关系如何？

答：有的，但跟残联的关系有点像鸡肋。一些地方的残联，我们认为他们没有把工作做得很好。当地残疾人的福利工作并没有做得非常到位，都是些官样文章。其实政府给残联很多的支援，比如一个企业有五十个员工，就要有一个员工是残疾人，如果没有雇用残疾人，就必须交罚款给残联。现在各地残联收了这笔钱，本应该用来发展残疾人的就业或者康复等，但是它们做的第一件事是盖大楼，残联的办公大楼盖得很漂亮，然后才拨很小的一部分用于残疾人的工作。

好比我们江津残联，我觉得它们的资源是不错的，但我不清楚它们为智障的学生做了哪些事。重庆残联有一笔钱拨给下面的残联，它们现在就搞一些社区看护站。江津的社区看护站就是利用居委会的场地空间，如果没有就盖一个空间，然后买了很多康复器材，可是这些器材该怎么用、谁会来用，它们没有做调查。我估计使用率不是很高。所以它们最近三番五次地打电话来说，重庆残联要来检查他们的情况，请我们把学生带到那边去用一用这些器材，给它们拍拍照。我觉得去那边做一些康复训练也不错，但我们老师就说，它们就是在照相，非要让我们的学生在上面做些这样那样的动作，然后做的那些动作其实都是很不规范的。比如治疗球使用要什么样的手法，这个我们动作训练的老师都知道怎么做，可是残联那边负责器材的人就不知道，它们就教我们的学生把那个球滚来滚去、推来推去，然后就拍照了。

所以我们现在有点矛盾，到底应不应该拒绝？如果我们拒绝，跟它们的关系就会变得很差。比如梁英说江津残联要选拔节目，我们就想选拔节目也不错，因为我们学生也需要很多这种舞台表演的机会，我们就去报，想弄得精彩一点，结果它们来看了就指手画脚，让我们按照它的要求改。梁英就很泄气，跟她原来想象的不一样。我就让她不卑不亢地跟残联讲我们不参加了，但她觉得这样会得罪残联。江津残联一直觉得，在江津当地智障这块就只能靠我们这块招牌。如果我们再不配合他，肯定恨死我们。得罪残联我想这个下场恐怕也不会很好。所以跟残联的关系有点像鸡肋，有时候好像确实需要它给我们一些支持，但有时候它给我们的要求又让我们觉得实在很不专业。

可是有时候它们偏偏又挺照顾我们，比如家长去申请残疾人证，一听说是向阳的残联马上就会批。如果我们跟它关系搞坏的话，以后我们的家长学生要去跟它们申请福利，就会设关设卡，那就麻烦了。可是事实上，它们对我们也没有经费的赞助。所以说，我们就维持这样的一个关系。

问：跟其他部门还有互动吗？

答：还有就是台办。中心一开办的时候，台办经常来关心，有两个台湾人来看我们做的事、收的学生，把我们收的学生名单抄去，表示这是台湾人在办的一个工作。第二年他们还会来看，又把这些学生的名单抄去。因为万一市台办来问，江津台办一点都不知道我们在做什么事的话，大概也说不过去。然后隔了很久没再来。2006年重庆的台商协会看到报上报道向阳中心的消息，他们大吃一惊，居然有台湾人在江津办了一个公益机构，他们就很想要来帮忙，然后就到我们中心来参观。这时候我们江津台办又出现了。它们来的时候就会对我们的工作开始关心，等等。我们就要给他们解释、照相，回去以后又没有消息。基本上我们没有遇到什么麻烦需要去找它们，大概是这样的关系。

问：政府部门完全没有资金资助？

答：如果智障孩子十六岁以上，家庭又比较贫困，残联会拨一点钱给他们。但这是针对家庭的，并不补给学校。

问：没有教育补助？

答：没有，市教委也没有拨钱给我们。只是比如我们办个游园会，有些义卖，它们就会来捐个两三百块，这个也是很少。

问：以单位名义来捐的？

答：是的。

问：当时政府对中心有年检吗？有的话，要求是怎样的？

答：有的，年检要递交当年度的一些活动，比如一共多少学生，办了哪些活动、哪些培训班等。

问：是交给民政局吗？

答：给市民政局，我们也会给市教委，还有财务方面要把资产负债表交给他们①。

11. 与家长和社区的关系

问：家长对中心的事务关心程度如何？

答：向阳中心的家长对我们的事务倒不是很关心，因为他们每个人都在过自己原来想过的生活，他的孩子跟普通孩子一样正常上学，所以他们不会特别关心学校的一些事务。我们学校的老师也觉得家长不是很关心他们孩子的教育，有时候就会要求家长在家里要教什么，但他们不太认真。不像一些残疾孩子的家长，因为孩子上不了学或者上学的时候遇到很多困难，所以必须要为自己的孩子着急，就会去参与学校的事务或者跟学校要求这个要求那个。

问：他们对中心的决策都很尊重？

答：是的，不过也有他们需要表示意见的地方，就是孩子的个别化教育计划会议一定要家长出席，出席的时候必须要发表意见，这也是我们要求的。甚至事先我们会去做家庭访问，先让他有心理准备，到了开会那天

---

① 后来有很大改进，李宝珍老师在修改此文时表示，只需提交给地税局即可。

他就有话说。不然请家长来开孩子的教育会议，没什么话可说，老师要教什么就教什么，这样对他的孩子很不负责。

基本上开会的时间是由学校定，家长很少来决定。早年我们受到以前观念的影响，认为开会的时间都应该由家长来定。所以我们那时候就会列出一些时间，请家长把他认为比较方便的时间打钩，老师工作就很烦，因为要选一个每个家长都很方便的时间很麻烦。后来我们就没有把开会的时间让家长去选择，就我们自己定了。

问：中心的其他决策基本上也不需要家长参与？

答：基本上没有什么决策去问家长。不过一般办活动的时候可能也要问家长，比如我们"六一"儿童节要办一个游园会，或者郊游，或者带孩子去比较远的地方，这样我们必须要得到他们的同意。另外，有时候我们教学活动的内容会希望家长参与。比如我们曾经有个单元主题，想办一个向阳超市。我们希望超市的顾客主要是家长，因为家长每天要来接送学生，每个家庭总需要买生活用品，我们就希望他们在向阳超市里买，这样我们的学生可以学习当小店员，或者是当算钱的人，就有机会参与到购买的行为中。这个时候就要征求家长的同意，征求了全部家长的意见后，就在我们的学校里面办了一个小型超市。他们要出股，一股好像是20块钱，我们就利用这点钱去买些货物，然后每学期都要结算，按照他出的股给他分红。家长对我们这个活动很积极，也很有兴趣，有的人一股，有的人就两股。这个讲起来还是跟教学挂钩的，我们学校的一些真正的重大决策基本上很少问家长。

问：中心和社区居民之间的关系怎样？

答：我们向阳中心在那边完全算社区里最老的居民，后来的居民都是我们的晚辈，因为大部分搬进来的时候，我们中心已经在那里了。所以他们对我们都是蛮接纳的。

当然偶尔也有一两户比较特别的住家，但大部分居民都比较欢迎我们住到那里，因为我们也为他们做了一些贡献。第一，我们中心一开始就把那个巷道弄得比较干净，当时那边没有物业管理，如果不是我们中心，整个巷道的清洁是没有人管的，我们就通过我们的教学活动把整个巷道整理干净。

第二，我们的巷道里面经常丢东西，比如脚踏车、摩托车。所以我们就想组织整栋楼的居民找一个守门的人，一方面可以维持清洁卫生，另一方面可以维持治安，但少数的几户人家不同意。胡德培老师认为那几户是租户，租人家房子的就不愿意每个月出那些钱。目前的做法是，我们请孩子的家长当守门人，不用居民出钱，全部由向阳中心出。所以大部分邻居都觉得我们在这边他们还是受益的。另外，我们也会经常搞一些活动，比如演戏给他看，楼上有一些退休老人可能没有年轻人跟他们住在一起，他们有些信件就被投放到我们的信箱里，我们就帮他们送上去。所以邻居跟我们相处得都还可以。

然后还有件很好玩的事，本来我们那个巷道以前是空空的，自从那个家长做了守门人，就去捡了一些沙发、小桌子放在那边，还做一些手工活，附近的太太就去跟他学。他们在那儿聊天，就变成了一个小小的聚会，变成了社区的一个交际中心。然后这些邻居就会从这个家长口中知道我们向阳中心的一些做法，就觉得我们中心是真正在办教育的机构，慢慢也就促进了邻居对我们的了解。

12. 与媒体的关系

问：向阳现在也是名声在外了，前来参观、采访的人多吗？

答：参观的人倒是很多，但媒体很少。基本上我们比较排斥媒体的采访。这跟我们过去的经验和背景也有关系，因为我们毕竟是从台湾来的。早年确实有些记者想采访我们，但他们着眼的是我们为什么会从台湾过来，比较强调我跟方武两个人的事迹，我们就比较反感。我们一直跟记者沟通，我们需要报道的是如何让特殊教育引起大家的关注，而不是去关注我们这两个台湾人。可是媒体认为我们才比较有卖点。所以后来我们就不太愿意接受采访。如果有人要来采访，我们都先跟他沟通，如果他不太愿意报道特殊教育而要报道我们两个，我们就开始教训他们，结果那些记者听了觉得没什么意思，就很少有人来采访我们了。

问：这样有关中心的报道就很少了？

答：是的，只是偶尔有，但是他们采访报道出来的东西我们不是很满意。去年《重庆晨报》的一个记者提到他们以前的一个编辑采访过我们。我对那个编辑有点印象，正好那时候我们也觉得向阳需要做一些社会宣传，不然以后募款就不是很容易了，所以我们有点放宽我们的标准。跟他们谈起来的时候，他们也觉得特殊教育挺重要的，感觉那些记者也不是把注意力全放在我们身上，所以我们就接受了那个采访，他们也拍了些照片。

但是登出来后，我不是很满意，因为里面还是特别强调这些孩子多可怜，经过我们的教育就变得生活自理。我觉得这样好像有点贬低我们的学生，来凸显我们教育的功能。有时候他们会故意想要挖掘一些比较感人的事情，用这样的事情来吸引读者的眼球。有的事情也不是很特殊、很感人，特别去讲好像还讲不出来。因为我觉得特殊教育就是一种工作、一种事业，每天都是这样子做，要特别去找一两件值得报道的感人事迹，确实是蛮难的。可是他们使劲要去挖这一点，我们就觉得接受报道是件很困难的事。所以从那以后我们就不接受报道了。这一年没有接受任何的报道，即使重庆的《巴山夜话》节目打电话来说要专访我们，我们跟他说不要专访人物，可不可以谈特殊教育的事情，但他们觉得还是应该谈我们个人的事情，谈谈为什么要来这边做这种工作，等等。我们就拒绝了他们的采访。

问：没有合作不错的媒体？

答：也有，跟江津电视台的《第二直播室》合作得不错。因为《第二直播室》有两个年轻人，还没有失去年轻人的热情和良知。虽然他们在媒体界那么久，但他们觉得江津有这样的机构没有得到特别好的关注，心里特别的不平。他们经常来探望我们，但不是为了报道，而是来关心我们的工作、我们的学生。他们跟我们很多小朋友互动得很好。他们来看学生演戏的时候，我们要求不能带摄影机，他们就真的没带。比如有几个学生要毕业，我们就问他们要不要来参加学生的毕业典礼，给学生们祝贺一下，他们就真的来了，还带着礼物，很真诚。所以我们对他们就特别信任，现在变得有点像朋友，也会配合他们的报道。

目前来讲，就是跟江津电视台的这两个记者关系特别好。如果我们有些活动希望报道，基本上就会通知他们。其他的媒体，我们一律抱着稍微排斥的态度，也不主动去找他们。

问：您怎么看待向阳中心的宣传？

答：宣传方面，如果不会去利用媒体的话，很可能就会没落了，这是这个时代不得不承认的事实。因为媒体确实具有很大的传播力量。虽然现在有各种各样的网站、博客，但传播的范围确实还是比较有限。所以说媒体，尤其是新闻、电视，这方面的力量确实是不可小看的。但从我跟方武自己的角度来讲，向阳目前的规模和对资金的需求，还不需要做那么大的宣传来得到很大笔的捐助。因为我们现在不需要把这个摊子搞那么大，所以就不需要花那么大的心力去应付媒体。我觉得真的是"应付"，因为他一来拍摄，我们就要花上一两天的时间去配合，但做出来的都是很肤浅的东西。

问：不宣传的另一个原因是媒体不用心？

答：是的。从他们的报道，观众只能对这个行业、这件事情有个表面的印象而已。对于真正需要深入报道的，能够打动人心的，很多媒体没有心情做。因为要做好，必须要做很多的事前功课，要读很多的书，做很多的研究，很花时间。但我觉得现在跟我们接触的媒体基本上都不太用功，不愿意去做这种长期深入的工作，真的很可惜。

目前跟我们接触的媒体，他们对特殊教育相关的事情不是真的很关心，他们来采访的时候基本上带着一张白纸来采访，问我们什么叫弱智儿童，弱智儿童大概有多少人口，我们都教些什么？都是问这种比较浅表的问题。老百姓看了以后印象大概也跟之前差不多，顶多只是知道社会上有这种机构。这些小孩子真正的需要是什么，基本上都谈不到这样一些深的层次。所以我们真的不需要花时间去应付这些。

但我也相信媒体一直在进步，比如《南方周末》《环球时报》等，它们有一些版面做得蛮有深度的，人家记者真的是花了很多的力量去做，那是真的很资深很有功力的记者。可是好像我们这种新闻的记者都是实习记者，不是很用功。

13. 与同行的关系

问：向阳与特教领域其他的机构交流如何？

答：我们与同行之间的交流大多是通过我们举办的研习和培训。另外，我们会派老师到他们机构去跟他们工作，或者它们干脆派老师来我们这儿实习。也有来我们这边只是参观、参访的。另外还有一种，我们经常会聚在一起，有时候是为了共同办一件事，比如这次共同讨论就是大家想一起来发展融合教育的问题。

办研习和培训的时候，我们就尽可能地通知国内的同行。在早年，网络没有那么发达，要想找到国内有多少特殊教育的学校很难，所以我们只能是知道一个就发一封信给他，他来了以后，就会告诉我们当地其他的特教机构。同时我们也上网去查，从中国特殊教育在线可以查到一些名单，就这样我们慢慢建立了很多机构的名单。然后我们要发任何的通知，就按照这个名单发。我们通过这样的方法跟很多的机构联系上，然后就邀请他们的老师来参加我们办的一些研习。

基本上参加过我们研习的机构，都很愿意跟我们保持联系。因为每次研习对它们来讲都是蛮及时的，刚好可以解决它们在教学工作或者康复训练工作中遇到的问题。另外，我们收的费用都是非常合理的，基本上都只收一点点伙食费，在早年有时候都不收费。所以它们知道向阳中心办研习不像有的机构是为了补贴它们的办公费用而办，而是真正地想推广一些专业的理念。我们办研习，管理是很严格的，包括对学员的管理，还有我们尽可能给学员多提供讲义资料，我们的资料都是很齐全的。这样，它们就觉得来参加研习，收获很大，所以它们参加过以后，就很愿意再继续派老师来参加我们的研习，向阳中心办的研习在整个业内是有口碑的。

另外我们也让我们的老师到别的机构去支援。刚开始我们是着眼于让我们老师有一些成长的机会，对被支援的机构来说，他们也会得到一些帮助，所以它们也会跟我们保持很好的联系。当它们机构有些变动或者制定了一些政策，通常都会告知我们，并征求我们的意见。

还有就是我们也提供实习，其他机构的老师可以到我们中心来实习一个月，在我们中心吃住等全部免费。最近这五年，我们已经改变了形式，实习时间是一个学期，我们不再接受短期的，在我们这里依然是吃住免费，我们还付他交通费，每年有两个实习老师的名额。

问：除了研习和实习，有没有其他的日常交流？

答：有的。我们经常跟同行一起交流，当地像启明星、天爱，还有南坪有一个残联，重庆儿童福利院，我们机构有活动通常都会通知它们，它们基本上也都会来参加。现在跟我们联系最密切的应该是重庆师大，就是张文京老师他们。有些事情需要有学术界介入的时候，我们就把张老师请来合作。比如我们这次要搞融合教育方案，就一定要把重庆师大放进来，这样融合教育的推动才会比较顺利一点。

我们也会请一些同行到台湾去参访，比如2006年暑假就请了几位同行到台湾去参访，去的机构有成都圣爱①、西安拉拉手②、广州扬爱家长俱乐部③、重庆慧灵④，他们各自派了一两个人。张老师他们也去过，重

---

① 全称为"四川圣爱特殊教育培训中心"，于1998年正式成立，主营残疾儿童教育康复、教员培训、护理员培训、残疾人就业培训。

② 全称"西安市碑林区拉拉手特殊教育中心"，成立于2002年元月，于2006年8月在碑林区民政局注册，是一家民办非企业单位。拉拉手秉承全人发展的理念，为自闭症、智障人士及其家庭提供多元化服务，推动家庭和社会的接纳以及支持。

③ 全称"广州市扬爱特殊孩子家长俱乐部"，由布恩·史德福博士夫妇创建于1997年。俱乐部通过提供多元化、多层次的优质服务，联合社会各界人士和特殊需要人士及其家庭，进行广泛的社区宣传，共建接纳、支持和谐社会。

④ 重庆慧灵的前身是成立于2002年的重庆心语智障人士援助中心，2006年更名为重庆慧灵智障人士社区援助中心，是在重庆市沙坪坝区民政局注册的民办非企业单位，主要致力于智障领域的研究和援助。

庆师大有好几个老师我们也都请到台湾去参访过；也曾经请过一批特殊学校的校长，还包括学术界特殊教育学系里的教授，让他们对台湾的做法有个了解；然后我们也会让台湾临床的那些人到这边来，进行交流。

在跟同行的交流方面，除了张老师比较密切，另外一个是北京海淀培智学校①，它们不是民间机构，但它们是一个特殊学校。早年我们刚到大陆的时候，其实我们是有点想到北京发展。但我们去北京后发现，第一，东西非常贵；第二，北京已经有很多的特殊学校，所以就没再想在北京做。但是我们跟海淀培智学校建立了一个比较好的关系，因为我们想，如果要在重庆做，北京肯定还是要有据点，所以我们就找它们作为一个合作伙伴。当时，北京的特殊教育资源也并不是很好，所以我们从台湾买了很多特殊教育的书送给它们。它们的图书室就充实了起来，但我们希望它们把这些资料分享给当地的同行，它们也就开放了图书室，当地很多的老师到它们那边去看书借书，那个图书室就变成了当地的特殊教育资源中心。另外它们利用那个图书室，也办了一些研习。有时候研习是我和方武讲，有时候我们会从台湾找我们认识的专家去讲，有时候也是它们自己学校的老师讲，有时候就请北京特殊教育协会的人去讲。海淀培智学校在北京还算是比较好的学校。因为它经常办研习，无形中也变成龙头了，所以到现在我们的关系都还是挺好的。

另外一个跟我们比较友好的同行是广州越秀启智学校②。它们的校长很重视老师的专业培养，她带领的都是比较年轻的老师，所以它们老师学新的东西也就比较快。当那边的老师来参加研习，把我们这边的资料带回去以后，校长看了觉得很适用，然后就请我们去给它们老师讲，带着它们老师做。每当我们回台湾经过广州的时候就到它们学校去，跟它们老师一起工作，一起座谈，它们也就变成我们很好的一个合作伙伴，所以越秀启智目前的教学模式基本上跟我们有很多的相似之处。

然后跟我们关系比较密切的还有慧灵、西安拉拉手、江西赣州慧聪园、上海的星语康健院等。因为它们经常参加我们的培训，然后就坐在一起聊天，互相沟通各自的理念，遇到什么困难都会讨论，相当于一个小小

---

① 海淀培智中心学校创建于1987年10月20日，是海淀区教委所属的智力障碍儿童少年教育训练学校，是义务教育的组成部分，承担海淀区内智力障碍儿童少年的义务教育工作。

② 全称"广州市越秀区启智学校"，一开始是一间仅有1000平方米的普校，在1985年开办第一个弱智班，当时实行一校两制，并逐年过渡，到1990年正式改名成立启智学校，同时挂牌成为广东省弱智儿童教育研究实验基地，是一家实行九年义务教育的智障儿童学校。

的沙龙。

所以我们觉得跟同行的交流还算蛮融洽的，同行有什么问题他们也很愿意来问我们。方武比较能够给人很好的建议，所以别人都很愿意跟他讨论问题。

14. 未来发展

问：中心有没有做过评估？

答：有。我们对老师学生每学期都有评估，但整个机构没有做过，所以我们不知道情况如何。

问：同行里有没有其他机构做过整体的评估？

答：北京残联好像针对几个民间机构有过两次评估了，残联请联合大学特教系的王梅老师设计的评估项目。我们在 2005 年底办了个民间机构的评估研讨会，把国内很多的民间机构请到了我们研讨会，主题就是机构的评估。我们也请了你们 NGO 研究所的老师，介绍在北京设计的一些项目。会上，星星雨①的田惠平②介绍了一下国外的机构给他们做的评估；慧灵的孟维娜③老师介绍他们通过了 ISO 9000 认证，大家都围绕机构评估相关的事项进行交流。

过去，我们都认为残联有这么多残疾人的康复事业、教育事业不去做，又不让我们民间做，好不容易有一笔经费它们就宁愿自己做，也不愿意把那个经费拨给民间。我们觉得它们就是那种政府部门的心态，不愿意扶持这些民间机构。这次北京残联评鉴这些民间机构，说明它们想先看看民间机构的实力，我觉得这个不错，表示它们开始做点事。现在最怕的就是残联把那些资源全部自己占着，不分给民间机构，然后它们做的事又很少，没有真正服务到这些残障人。假如社会被逼急了，很多残疾人需求的声音它们听到了，它们会自己做，这样资源还是控制在自己手中，比资源分散到民间放心点，这就是我对残联的印象。

举个例子，几年前我去北京某残联看，它们的办公大楼都挺漂亮。我

---

① 全称"北京星星雨教育研究所"，在一名孤独症儿童家长的努力创办下，成立于 1993 年。在中国它是第一家专门为孤独症儿童服务的教育机构。

② 田惠平，北京星星雨教育研究所创办人。

③ 孟维娜，中国慧灵智障人士服务机构创办人。一直致力于推行智障人士社区化服务模式，在中国北京、天津、西安、青海、兰州、长沙、广州、清远、重庆、万州、香港等地相继开办了慧灵智障人士服务机构。

们就问他们，它们区下面的某个民间机构经济很困难，为什么不扶持它们？残联就说，学生家长不愿意去，它们的老师也不合格，初中毕业的老师，又没有训练、又没有器材，哪像这边设备这么好？家长一看都愿意把小孩送到这边来培训。但我觉得就是因为它们老师不合格、没有培训、没有器材，所以才要帮忙培训他、给他资源，让他变成合格的老师，它的设备不好可以帮助它把设备弄好一点，这样家长才愿意去。本来就是应该把资源给它们，帮助它们，让它们条件更好，结果没给任何的帮助，还说它条件不好，然后就形成一种恶性循环。不过，我觉得它们现在也在慢慢改变观念。

问：对于中心的未来，您是怎么考虑的？

答：目前，我们发觉这些老师确实是立志要长期做这个工作了，所以我们现在也有责任让这个机构长期维持下去。我们也是慢慢去培养我们的老师，让他们以后自己去成长，使其拥有发展这个机构的能力。比如我们现在也需要很认真地考虑未来接班的事宜，所以帮他们组成一个真正的董事会。我们本来是希望我们的老师可以接班，但他们接班的能力还不够，毕竟他们还是受到一些限制。因此，我们必须认真考虑，要去物色理想的人选，寻求真正认同这种工作的人，然而这些必须要有一个董事会来帮助他们完成。这个董事会的成员必须是很真诚的，不能流于形式，或者只是作为他的一个名誉。以前我们也想组建过，只是在当初，人们的观念中认为做这个事情都是要赔钱的，当了董事以后都要捐钱，所以基本上没有人愿意来当我们的董事。最近这几年，我觉得大家思想比较开放一点，我们向阳的名气也稍微好一点，所以我想如果认真地去找，应该还是可以找得到合适的董事人选。

问：您已经在着重培养这些老师做未来的接班人？

答：我们也不是着重地去培养，主要看我们老师有没有这种意愿。曾经试探过他们，也轮流让他们担任领导的角色去负担一些比较重的责任，不只是让他们看到自己班上的事务，而是慢慢能够看到整个学校的事务，让他们慢慢去练习，然后每一年就有一个人出来担任组长的角色。

但是，我觉得每个人的发展都会有他的局限。比如他可以很好地担任一个班级的老师，可当他作为一个群体的领导人去组织一个机构的时候，就会受到某些限制。可能是因为他在某些方面存在一些不足，所以让他扮演一个领导人角色的话，目前还是有些困难。目前，我们想到的办法就是，到时候可能会分很多部门，每个人负责一个小的部门，然后我们支持他，让他在这个小部门去发展。到时候自然而然，如果能够发展得很好就自力更生。现在，像我们那个动作教室，有自己所服务的对象，他们从所服务的群体中获取收入，可以支付他们大部分的工资，慢慢就可以自给自足了。

问：您对他们使命承接或管理上的期待是什么？

答：第一代的创始人愿意独断独行地去做，是因为刚开始时有理想，想要去做。当想要用一个比较高的道德标准感召别人的时候，需要有影响力的人去左右这个团体。不然要是一开始就很参与式的、很民主式的，很可能原来的这些理想都会消失掉，因为人性本来就有一些弱点，大家都可以躲在民主制度之下，好像自己不是很自私，可是群体会变得很自私，这时候机构的宗旨就会被磨灭掉。所以一开始就很自然地是独断独行的决策模式。但我也觉得一个机构走到某个阶段后，需要一些独立思考的人接班。

这时候应该算是第二代了，他肯定有他的理念，也许他的招牌也叫向阳，但很明显就不是向阳了，每一代人都应该为他所做的事负责。比如我们是创始人，为我们的所作所为负责的方式就是带着我们的老师往我们觉得比较高的理想去走。后来，第二批人怎么做？如何用他们自己的方法理念去做？我们就不能为他负责了。再后来就变得很有制度了，比如说董事会换届变得制度化，等等。

问：到第二批人领导的时候，您觉得就不是向阳最初的使命了？

答：我们希望他们沿着最初的使命发展下去，但使命应该与时俱进。因为我们的学生会改变，家长也会改变，社会的经济、政治和法令制度都会改变，等待他们的社会环境是不一样的。所有的东西都在不断地改变，只是我们有一些核心的价值、核心的观点，是希望不要改变的，比如我们一直希望保持公益，追求专业。其实我认为一个志愿者组织也应该专业，但像我们这种特殊教育机构，如果没有专业，还不如志愿者组织了，所以第一，我们一定要坚持专业。

第二，我们还是强调专业不应该用来赚取私利，而是要拿来做公益，可以用专业糊口但绝对不能用来获取暴利，这个是我们第二个核心的价值。我很反对现在有些NGO说，如果工资不够高，很多好的人才不愿进到我们这个行业来。那我就想，这个人有专业的才能，可如果他把专业当作获取私利的工具，就失去NGO的精神了。NGO本来是公益的，可以去追求专业，可是专业的追求是为了公益。当然他可以获得一些合理的工资报酬，我们不是说一定要变成志愿者，一定要变得很清贫才算 NGO。

这两个价值是核心的，不管使命怎么改，这两个是不能改的。如果到后来，比如第三代、第四代，他们说向阳很专业，所以要收取很高的学费，进到向阳来的老师，就看他收多少学生就给他分配多少奖金，奖金也高得不得了。如若那样的话，我觉得向阳就完了。如果一个人本身没什么力量，也没什么专业，那也不太可能去爱别人。所以从这点来看，有些志愿者组织，针对它们所服务的对象必须要投入很多的学习。我看过一个很有名的志愿者组织，它们办活动有很多盲人参加，可当这些志愿者在引导盲人的时候，方法都是错的。引导盲人的方法是让盲人扶着我们的手走，而不应该去拉盲人，拉着他，他就会特别没有安全感，这些都是很基本的引导盲人的手法，可他们都不知道。

现在，我们很忧心，也很矛盾。因为我们一直吸引不到很好的人才，所以我们的专业能力也没办法很好地飞跃和提升，这的确是个问题，也是种两难。

问：确实是两难，那您对中心的经费是怎么考虑的？

答：经费对向阳中心来说问题不大。因为我们本身在江津跟重庆有很多的房子，虽然这些房子都不是向阳中心的名字，但我们可以继续使用。所以再不济，我们可以把房子出租，租金可以帮助向阳中心维持基本的营运。以后假设经费确实有困难的话，学费可以稍微收高一点，也可以开始收一些外地的学生。因为我们专业能力好、教学效果好，很多其他地方的家长就会把他们的孩子送到这来，付一个稍微高一点的学费来支撑这个机构。我想可能有一天会变成这样，但那是不得已的情况，我不希望发展成这样子。当然中心还是要保持非营利的性质，只是不能像我们现在这样收很低的学费进行运作。

问：您对中心的可持续发展的想法是什么？

答：大家都在谈可持续发展，认为必须存在千年万年才叫可持续发展，我倒不觉得是这样。所谓"可持续发展"，不是说这个机构可持续发展，而是这些弱智人群的生活、康复和他们的就学、就养才是可持续发展。我们机构能不能可持续发展，根本就不用太在意，我们尽力去做我们该做的事就好了，自然就会有一些事情发生。因为我觉得每个机构都有使命，都有它阶段性的任务，当一个阶段性的任务结束以后，就应该有别的机构或者别的更符合时代潮流的东西来替代它。如果有一天我们没有生源了，也许代表社会进步了，国家都把这些特殊孩子教育得很好了，就不需要我们这种民间机构了，所以我们看得挺开的。

但就从业人员而言，他自己有很好的出路，继续走他特殊教育的路，也是挺好的。到时候可能没有向阳，也无所谓。那时候老师分散到各个地方去继续发挥他们的效用，有的可能是到公立机构去了，有的可能是到另一家更大型的民间机构去了，有的可能自立门户办了个服务的机构，有的人可能用他自己的特点，再去创造一点资源出来。总的来说，对于老师的未来，各种各样的可能性都会有。专业的发展，比机构的发展更重要！

访谈印象

宝珍和方武两位老师是我心中的公益偶像。第一次见到他们是1998年底，我和国胜冒雨赶到江津，在那个不大的教室兼书房里，两位老师讲述了他们离奇的创业故事，令我们深深感动。夜里，我们有幸参加了孩子们精彩的新年联欢晚会，感受到这个特教之家的温暖。从那以后，我们的团队多次造访向阳中心，我也在许多场合见到两位老师，包括一次在香港转机时的偶遇。每次都于匆匆中感受到他们的忙碌和敬业，每次都在不多的问候和相互鼓励中体会彼此的关切。我也在越来越多的业界朋友那里得到关于他们的口碑和赞美，更在每一次访谈后为他们的坚守与成就喝彩。

七　张开宁　谈云南健康研究会

访张开宁先生

访谈题记

　　张开宁先生，1949 年生于湖南，成长在云南。上海第二医科大学医学硕士，英国剑桥大学和利兹大学访问学者。1993 年留学回国以来致力于生殖健康的跨学科研究及社会实践，1994 年发起成立云南健康研究会。现为昆明医科大学社会医学与卫生事业管理教授、博士生导师，中山大学健康与人类发展中心副主任、客座教授。

　　云南健康研究会，全称为云南省健康与发展研究会（YHDRA），是国内最早关注生殖健康的 NGO，原为一家二级社团，后正式登记注册，是一家在国际 NGO 支持下由一批学者自发成立的草根 NGO。张开宁先生以其独特的学术境界、公共精神和人格魅力吸引了一批多学科的优秀学人，团结进取，合力开拓，使之成为在国内外有广泛影响和公信力的著名 NGO，为中国贫困地区的生殖健康和社会发展做出了积极贡献。

　　张先生的口述史访谈于 2009 年 8 月在云南进行。他在百忙中安排整块时间接受访谈，并答应日后安排时间继续深入交流。种种原因导致后续访谈憾未如约。访谈笔录完成后，张先生认真审阅并提供了修改建议。在此，谨向他深表谢忱！

1. 留学归来，创办学会

问：能不能先介绍一下您留学归来的经历？

答：我就按着时间顺序说吧。早年我是凭借中英政府技术合作奖学金出国的，而后被告知访问学者不能读博士学位。但是我们一批访问学者中不少人拿到了 Fellowship，陆续开始攻读博士学位。我在剑桥很快发表了一篇有质量的论文。导师为我找到了奖学金，我也就开始攻读博士。我在剑桥读的是一门前途很好的新兴专业，叫作社区健康。我是 1993 年从英国回来的，但我的博士学位并没有读完。之后我在不经意间和一批朋友创建了一个 NGO，不过当时国内根本就没有 NGO 这个概念。

问：您是 1992 年去做的访问学者？

答：是 1991 年，我去剑桥大学做访问学者，之前先到北京语言学院学习了半年语言。

那一年我刚刚在上海完成答辩。回到昆明，学校告诉我有一个去英国留学的机会，但是必须到北京去参加考试。当时云南能参加考试的人并不多，学校让我去考一考。我一考，就过了初线。然后就让我写出去做什么，当时我想到哈佛去学我的医学统计，但是阴差阳错，就调到英国去了。不过那里的老师还是比较喜欢我的，也可能是因为我比较愿意挑刺。当时，英国人对中国非常傲慢，我就对他们做的研究找出错误，并说出个一二三，结果老师反而很看重我。

问：您是怎么想到回国后研究生殖健康这个领域的？

答：1990 年底，有一次我去英国南部的一个小城市 Brighton 开会，讨论的内容是中国农村的生殖健康服务研究。这个会的发起人之一是当时在上海医科大学，现在在复旦大学的教授，他同时也是我国卫生部专家委员会的主任委员，人非常好，是我国卫生服务最有影响力的学者之一。我原来在上海听过他的课，他不是我的研究生导师，但却一直把我当作他的学生培养。看到会议通知，我觉得比较新鲜，在英国怎么会有一个关于中国农村生殖健康的会议呢？因为生殖健康是我在留学的时候就一直想深入研究的一个学术制高点。我在剑桥大学图书馆系统阅读了世界卫生组织关于生殖健康几乎所有的资料。在当时，即使是在英语世界里，reproductive health（生殖健康）也都还是一个全新的概念。

我回到云南后，据说是彭佩云①派人从北京过来找过我。她可能看到我发表过一篇论文《生殖健康及其对人口研究的影响》，她奇怪这样的作者怎么会在云南，在这种边缘的地方长期搞生殖健康？当时我国政府急于了解国际社会提出生殖健康概念和理论的背景与原因。她觉得我应该在北京搞，于是就派人过来看了看。这从另外一个侧面说明我看这个点是看准了。而在当时，因为我出去时是学校一个教研室的副主任，我需要努力寻找这样一个高一点的、新的学术制高点，然后回到国内能够带个团队进行研究。

问：您觉得当时的会办得怎样？

答：参加那个会，第一是因为研究生殖健康的人不多，在英国却有一个这样的国际研讨会，这点让我很好奇；第二，既然讨论中国农村的生殖健康，那我作为一个中国留学生，应该去听听。

结果一去那儿，出乎意料，碰到了上海的老师顾杏元教授，还有一个哈佛的博士 Joan Kaufman。另外，我那个时候才知道福特基金会已经同意顾教授和哈佛的那个博士一起合作，做有关中国农村的生殖健康服务研究，研究服务的经费投入、服务的提供、利用等。顾老师一看到我，就请我站起来，马上和那些外国朋友说我是他的学生。这样一来，开会的时候，我就不能够待在后面了，我也要讲一些话。那个研讨会结束以后，大家提了各种问题，说这个设计该怎么样、怎么可以更好、应该怎么做。最后问到谁回来参与课题研究，顾老师就问我能不能回国做。

问：您当时是怎么考虑的呢？

答：我想了很多，原来确实不愿意。因为在英国发展得蛮好，特别是读了剑桥的博士以后，在国际上找一份工作是很容易的。我特别想在联合国系统工作，在一些国际组织里工作。按我当时的个人发展趋势，应该是没有问题的。但研究课题毕竟是由原来的老师领衔，而且哈佛的那个博士人也特别好，很诚心，她说："你看我们要到你们中国做研究，结果呢，合作者都是老的教授和不懂英文的年轻人，中国应该有像你们这样的年轻人回去！"一夜之间我就决定要回去。

---

① 彭佩云，1929 年 12 月出生，湖南浏阳人。原全国人大常委会副委员长，全国妇联主席。1993 年至 1997 年任国务委员兼国家计划生育委员会主任、党组书记。1997 年至 1998 年任国务委员兼国家计划生育委员会主任。1998 年 3 月当选全国人大常委会副委员长。1998 年 9 月当选全国妇联主席。

当然，回来前，虽然顾教授是我的老师，我还是和他提了些条件。我跟顾老师说："上海医科大学是国内名校，我放弃继续读博士了，个人损失也很大，只有一个要求，我们昆明医学院的公共卫生系，要作为顾老师您的合作者参加这个项目。"顾老师做过很多卫生部的课题，我也比较了解他的做法，他还是比较喜欢全面负责的。

我就说我很有信心，对于生殖健康的研究，我已经在英国关注了几年，也一直在读生殖健康各种报告。我还说："顾老师您领衔，但我必须是昆明医学院项目的一个合作者。"他们和福特基金会立即同意了。于是1993年我就回国了，回来后就带了一个比较大的课题，哈佛、昆医①、上医②三家合作，而且昆医还排在前面。因为在昆明这个小地方还是比较看重这样的机会，虽然我们特别地尊重名校，但是我放弃读博士这个代价也够高的，这样我回去后就能和校长有个交代了。

问：这个项目当时的规模有多大？

答：三年，几十万美金，这在当时已经是一个不小的课题了。

问：对昆医来说是一个最大的项目？

答：是很大的项目。就昆医来讲，当时留学的人很少有回来的。得知我回来的消息后，我们昆医的梁立权校长就说："你是第一个。很多人出去了，都没回来，你是带着项目回来的第一个。派出那么多人，回来的就两三个。对回来的人，有人说是在国外混不好才回来的。而你是带着哈佛的项目回来的，与他们不同，并且在这个项目里昆明医学院排在上海医科大学前面！"后来我的一大批学生也受到了影响，出国后又都回来了。

问：1993年，高校的硬件条件应该都比较恶劣，所以您当时回来，应该说是很不容易的？

答：是的。就说个细节，卫生部给了顾老师一个和贵州医学院合作的项目，复印一张纸8毛钱，贵州都要跟上海那边请示，给顾老师打电话，说我们要复印三页，经过上海同意，贵州才能复印。所以您说得对，当时条件很差。启动这样的项目，无论从影响来说还是经费方面来说，对学校都是一个很大的支持。所以梁立权校长在我一回来时就跟我说了上面那些

---

① 全称"昆明医学院"（2012年经教育部审批，更名为昆明医科大学），位于云南省省会春城昆明市内，是云南省省属重点院校。学校创建于1933年，尊"崇德、精业、团结、奉献"八字校训，是云南省最大的集教学、科研、医疗于一体的高等医学院校。

② 全称"上海医科大学"，创建于1927年，于2000年4月与复旦大学合并，于2001年成立复旦大学上海医学院。

话，并说："你要好好做。"

问：他没有给您一些特殊政策？

答：没有。他与我讲话就已经是特殊的政策了，因为医学院是很注重职务级别的，一般地位的人，想见校长并不容易，梁校长却很快就找到我并与我谈话。当时我的职位只是讲师，不久就升为副教授，后来又升为教授。我做 NGO 的时候，他也给了很多支持，比如活动地点就是他特批的。

问：您晋升得很快，可以说还是有政策支持的？

答：有政策，但是没有许诺，梁校长并没有说我回来就给我这些。

问：他没有向您许诺？

答：对，相反是教育部给了我 2 万（元）人民币作为启动资金。还有我回来时，伦敦大使馆安排了奔驰车送我，那是我生平第一次坐奔驰车，而且又是大使馆的。到北京后，北京也马上给我办了留学人员的经费启动手续，然后我就买了第一台笔记本电脑。

问：从当时来说，您回来本身是需要极大勇气的。

答：是的。并且当时梁校长说我们这个资助的单位是福特基金会，非常敏感，搞得不好会出大问题的。

问：当时便这样认为吗？

答：对的。我的教研室前主任说过，曾经有国家安全部门的人找过梁校长，校长吓得手都抖了。那个时候和国际 NGO 合作是非常敏感的，虽然说这并不是福特的第一个项目，但却是最大的项目，特别又是和哈佛、上医合作，在昆明医学院的历史上是没有的。那段时间安全部门也找过我，问我做什么项目，不过他们很客气，我也不怕，反正我不是校长，我是从海外回来的，而且是国家派我去的。

问：后来是如何开展这个项目的呢？

答：这个研究给了我们足够多的经费，而且还包含了我今后继续读博士要用的费用。项目为期三年，主要在云南省开展，在 3 个县进行研究，正式开始做是 1995 年、1996 年和 1997 年，后来发表了一系列的论文。

总而言之，这在当时是比较罕见的。研究的问题是中国乡村的生殖健康，那会大家都不明白什么是生殖健康，世界卫生组织也刚提出来不久。我是 1993 年回国的，1994 年 9 月才召开的"国际人口与发展大会"。在那个大会之前我又去过英国，项目资助方就说，我若想回剑桥，就去读博好了。越是这样讲，我越不好意思，到英国只是做了短期的研究，之后到开罗参加完了"国际人口与发展大会"就回国了。从那之后，我就再也没有时间延续我的博士学习了，很可惜。

问：刚回国时您有想过再回剑桥继续读博吗？

答：有。因为当时我认为这只是一个三年的课题，我也已经得到了很多关键的数据，然后就可以回到剑桥完成学业。没想到这个研究还有很多需要协调的事情，非常繁杂。首先你要明白什么是生殖健康，其次是为什么要提生殖健康这个概念，包括我们国家的计划生育、妇幼保健、艾滋病的防治、性健康，等等。这就需要经过省卫生厅，还有省计划生育委员会的同意才能到下面开展研究。我们那时候研究的问题也是挺敏感的，顾杏元老师他们最想研究的敏感问题是中国为什么把计划生育和卫生系统单独分开，分开了效率是不是低了？这是当时国内外一直在争论的问题。国家计生委认为不管怎么样计划生育是国策，我们应该有一个独立的系统。但是哈佛和上医，特别是顾杏元教授就质疑这是不是浪费了公共资源？

问：您到基层开展工作的时候顺利吗？

答：还比较顺利的。第一次我带着顾老师到当时的省计划生育委员会，找到省计生委主任，主任一开始并不愿意让我们做，但谈话中发现她还是非常开明的领导，说出过"学术无禁区"这样的话，就觉得肯定会让我们做。但条件是研究结果出来后还要和国家计生委商量能不能公开发表，有这么一个小小的条件。顾老师和我觉得这样也可以，反正是在基层做，而且这个研究本来就是一个非常传统的公共卫生课题。

也就是从这个研究开始，我才重新用新的视角去看农村。1969 年我就下乡了，种了三年地，自认为对农村还是很熟悉的。但是，在剑桥学了社区健康后，就有了些新的学术观点。另外，这些研究还是很有挑战性的，特别是计生系统不一定会给我们数据，等等。

问：您是怎么克服这些困难的？

答：在下面做研究的时候，跟最基层的妇幼保健人员、卫生人员和计划生育人员成为朋友以后，他们讲了很多真话。包括这个系统是怎么运作的，有些什么问题；老百姓怎么看计划生育、妇幼保健；为什么不住院分娩；等等。里面有很多是跟老百姓的认识和文化有关系的。

然后每次下乡回来，我就去省社科院，找到原来的知青朋友请教，像郑凡、邓启耀等。郑凡原来是在云南大学学中文的，受的学术训练并不是社会学的范围，但是后来国内社会学界有很多人都认郑凡。而邓启耀后来成为中山大学的人类学知名学者，他做过中山大学人类学系的副主任。两个人的学历虽然只是本科，但是他们靠自己的勤奋好学，靠自己的一种悟性，做出了很有影响的学术成果，出过很多著作。

我每次下乡回来一有疑问就去找他们，比如不同民族的人讲得就不一样，比如傣族和彝族。他们就说我们搞医的人很外行："老张啊，你不懂，这个傣族和彝族是不一样的，居住的海拔不一样，生活习惯也不一样，他们宗教不一样，想法不一样，这是很正常的。你知道吗？彝族有很多地方还有公房，就是未婚的男女青年就在那个地方唱歌跳舞同居，以后要有了孩子才能结婚，结婚的时候不知道这个孩子是谁的。但是大家不在乎，这些可能是因为过去必须这样，这个种族才能延续。"

他们讲得头头是道，我听得云里雾里，也才知道原来一个非常典型的公共健康问题也需要社会科学的解读。后来下乡时就干脆请他们也去看看，凡是我们去过的地方，同样的座谈会，他们的看法就不一样，讲出来的东西也非常精彩。我觉得这样不同的学科交织在一起非常有意思，就想要做一个学术沙龙，他们也觉得非常好。这样我们就有了一种非正式的学术沙龙，比如像这样坐在一起喝喝茶、聊聊天。

问： 学术沙龙开展起来后就成立学会了？

答： 这时候其实还只是一种纯粹的学术研究，就好像我们做了一种尝试，双方的感觉都不错，都能从对方那吸取一些营养，而且能解决问题。于是，我们就想干脆组织一个学术讨论会，但这个时候，校长又跟我说："张老师注意啊，你做的这个项目是国际合作项目，是福特基金会支持的，很敏感，你们自己不能随便组织什么活动的。特别是不同单位的人在这里谈，你们能够把握住基本原则吗？你们研究的结果会不会说中国就不要计划生育系统了？"他有点担心。

后来我就想注册不就合法了？但当时没有想到民间组织，更不知道什么非政府组织（NGO），我只是认为这是个学会。本来，最方便的就是到中华医学会云南省分会下面注册，因为他们也了解我。不过通过和这批朋友的交往，我对人文社会科学有一种非常敬仰的感觉。这些好朋友很了不起，他们的知识领域和我的截然不同，提出来的东西却让我耳目一新。所以我觉得不能到医学会注册，不然就是以我为主了。然后我就找社会科学相关的部门，但他们说："你们是做健康研究，我们是做社会科学研究，不相关。"最后我就找到云南省妇联，因为听说妇联下面有一个妇女理论研究会①，但当时这个研究会其实没有做多少理论研究。当时我们迫切地想找一个合法的组织能够接纳我们，使我们的学术活动可以合法进行。

问：就在妇联下面注册成了学会？

答：是的。我认为自己有一种特质，就是凡是自己想做的事情，就一定要做到。就拿我申请到的中英政府技术奖学金那个事来说，明文规定一个人只能去一个研究机构。我就找英国使馆，说我要去两个研究机构，我要去剑桥大学，也要去利兹大学的东亚研究所。使馆的人就说："不可能，你看到我们的规则没有？"我就把哈佛的录取通知书拿给他看，我说："如果不是学校要我放弃哈佛，我是不会去英国的。"反正我就跟他们理论，讲了各种理由。最后，我就去了这两个研究机构。类似的事情发生过很多，我自己想做的事情，不会轻易放弃。

后来我找到妇联的领导，说我们要做一个项目，希望争取做她们的分会，名为"云南生育健康研究会"。然后又讲了什么是生育健康，为什么我要做这个领域，对妇女有什么好处，最后她们只是让我们先回去。然后就派人来考察了。听说，她们觉得我们这批人还不错，为妇女办实事，还了解到我还是一个共产党员，就让我们注册了。

问：当时是二级学会？

答：是二级学会，但是一级学会对我们的管理很宽松。本来二级学会不应该叫"云南生育健康研究会"，因为乍一看这个名字就觉得是个一级学会。但是她们主要是把政治关，我们既不反对政府也不是为了挣钱，她们就没让我们改名称。事后我们知道，因为她们叫"云南省妇女理论研究会"，所以需要出研究成果，正好我们是做研究的，研究成果也都按时报给她们，而且据说成果还很不错，妇联就比较满意，于是就一直到现在。

2. 学会的运作机制

问：一直到现在都是二级学会？

答：不是，我们现在是一级学会了。是这样，当时对新成立学会的控制还是很严格的。但我们云南生育健康研究会在当时已小有名气了，因为我们的研究成果很多，而且学术气氛浓厚，是真正地在做研究，而且我们

---

① 全称"云南省妇女理论研究会"，是经云南省民政厅民间组织管理局批准于1991年11月成立，由省社科联进行业务指导、具有独立法人资格、从事妇女问题研究的群众性学术团体，是中国妇女研究会和省社科联的团体会员。

还把研究成果报到了国家部委和省政府，省民政厅也就听说了我们。后来我们就找到省民政厅，说我们要重新注册，他们就同意了，所以我们重新注册了一个"云南省健康与发展研究会"，不过我们并没有终止原先的二级学会。

问：二级学会是什么时候注册的？

答：1994 年 2 月份。我记得 3 月 7 日，我们就在昆医一个很简单的教室里开了个成立大会。当时也有很多人认为是不是应该到酒店或者更好的地方举行？我说做学术研究的在教室里面是最好的了。当时参会的人员里就有省社科院的、云南大学的，等等。

问：学会注册时已经有理事会了吧？

答：有的，我们理事会一开始可能有六七个人，我记不太清了，不过档案里可以查，慢慢人数就越来越多。我有一个缺点就是太包容，后来也知道学会是民间组织，所以不大开除人，因为也没有坏人，这样人数就不断地在增加。一旦觉得这个人特别有见解，我就和大家商量要不要请他入理事会，我喜欢做这种协调工作，这也是为什么理事会的人数越来越多的一个原因。人多了，理事会也就有了各个不同年龄阶段的人。

问：您能不能介绍一下理事会人员的学科背景？

答：我觉得学会需要有各个学科的带头人。正式注册之后，我们就开始花精力给研究会寻找人才。虽然当时我们已经有社会学者、人类学者了，但我总觉得这样不够。医学界我很熟悉，也可以找到合适的人选，最困难的就是找人文社会科学背景的人，因为我熟悉的朋友仅限于省社科院的几位学者。不管怎样，我一直都在乐此不疲地找学科带头人。

举个例子，社会学方面，虽然我们有了郑凡，我始终也觉得他相当不错，我很钦佩他的学问和悟性，但还是觉得人不够多。所以有一次例会，当我一听到邢薇是北京大学社会学系毕业的，就明白她会有很多长处值得我学习。会后我就马上找她。她很感动，因为她很年轻，而我在当时已小有名气。我就跟她谈："社会学当然有很多很多的方向，不过我有一个建议，你既然到这个学会了，以后是不是多来一下？以我的看法，生育健康、生殖健康方面，也有很多社会学要解决的问题，只靠医学界，解决不了的还有很多很多问题。"她让我举个例子。我就给她讲了一个在村里如果没有女村医，农村妇女往往不愿意去做产前检查的例子，我觉得只有与人文社会科学合作，才能真正解决这些问题。就这样，邢薇决定经常到研究会来。她后来就成了学会很好的一名骨干，并围绕女村医发表了很多论文，最后还去了加拿大。

当然，寻找到的这些人不一定都成为理事，有的也只是普通会员。

问：您觉得学会或者您的什么特质吸引了这些不同学科背景的人加入？

答：我个人并不重要，但研究会形成了一种独特的平台，可以为一批做学问的人创造机会。这一批人里大多数是讲师和副教授，他们也正在寻找新的研究方向和学科里新的制高点，这样研究会与他们彼此间可以资源互补。

另外，我们能做到的就是真正地尊重人。比如那位邢薇，我不在乎她年龄多小，有没有名气，只要一听是北大社会学毕业的，虽然我对社会学本身不懂，但我明白她学科的不可替代性。我非常尊重她，也倾听她的想法。也因此，我们还在学会里成立了一个青年学苑，专门给青年人一个空间，使他们不受年龄限制，畅所欲言，同时有自己的资源。

这就是我们创办学会最初的一些理念。当时我的研究生经常批评我，他们说老师每天在电话、访问、谈话方面浪费了很多时间，我应该把这些精力放在研究上。我当时也觉得他们说得有道理，不过近期我发现研究会出现了一些问题，让我意识到当年我们的那种工作方法，虽然浪费了很多时间，但是它是有道理的。人和人之间的这种交流和信任是非常重要的，还是说那位邢薇，后来她就经常下乡，我们商量课题时，她说的东西也很有见解。

问：刚才您提到例会，是定期的吗？

答：对。学会成立后不久就开始组织每个月一次的例会，这也是我无意间想到的。那个时候我就觉得一个学会要真正地有名有实，一定要有活动，每月一次的例会就这样定了下来。

当时我就建议在省社科院①办一次，在云大②办一次，然后在民院③办一次，这样轮着办。会议的花费虽然是从我负责的课题经费里出，但在例会中，我希望大家相互尊重、平等发言，而不是突出我个人或者我的团队。会内的选举也要注意学科的代表性、单位的代表性以及性别的代表

---

① 全称"云南省社会科学院"，成立于 1980 年，是云南省唯一的省级综合性社会科学研究机构。
② 全称"云南大学"，1922 年建校，是中国西部最早建立的综合性大学之一，是中国西南现代高等教育的奠基者，也是在国际上有影响的中国著名大学之一。
③ 全称"云南民族学院"，后更名为云南民族大学。

性，这样有利于会内的团结。当时我没有任何经验，就只想办好这个会，不要最后弄成了我自己一个人的课题会，让大家围绕着我的课题来讨论。事后想，这一点还是很重要的，它给学会的氛围定了位。

问：例会的主题是怎么定的？

答：每月一次的例会就是圆桌会议的形式。每次的主题都不一样，有时候讲国际上为什么会有生殖健康，目前北京怎么样，上海怎么样，我们云南怎么样。我认为这一点给学会一种比较大的精神动力，因为平时我们跟北京、上海的发展相差二三十年，总是北京、上海已经做得差不多了，然后就有人去学习，回来传达说北京、上海现在做什么，做得怎么样，我们应该怎么做。不同的是，在生殖健康方面，我们一开始就站在了比较高的起点上，有很多话题讨论。

问：例会的效果如何？

答：通过例会，这批朋友果然想出了很多新的点子，比如省社科院的朋友就提议我们还是要为未来留下点文字的东西。因为开会讲的东西都很精彩，并且都在点子上，但是同时应当考虑出书——研究生殖健康的书。当时国际上讨论比较多的是生殖健康应当以"妇女为中心""社区为基础"，这些是全球性的话题。我们就围绕着这些问题展开讨论，并出了一套丛书。省社科院的朋友坚持要在中国社会科学出版社出版，当时我不知道这个出版社，只知道人民卫生出版社是我们这个领域最好的出版社，而他们坚决认为我们研究会的书就是要在中国社科出版社出，才站得住脚。回头看，他们是正确的。

总之，我觉得，诚心对人，人家也会认真对你。再举一个例子，就是我们对赤脚医生做过研究。当时下乡看到赤脚医生有的年龄大了，有的人搬新房了，他们原来用的药箱等工具和宝贵资料就丢在老房子里，需要抢救。后来我们在例会中讨论这个现象，就觉得再过几十年，让外国人来研究中国的赤脚医生，还不如我们现在行动起来做这样的研究。多学科背景的人在一起开例会的价值就这样体现出来了。

之后我们还成立了学术委员会和丛书出版委员会，在大家的努力下，学会慢慢走上了正轨。

问：刚才您也讲到，学会在运作的过程中，更多地是采用一些沙龙性质的、比较松散的一种机制，有没有更紧密一些的机制？

答：我认为是有的。我们学会是会员制，入会需要有会员介绍，还要填表，我们也有章程，是学人文社科的那些朋友制定的。我负责和民政厅、妇女研究会打交道，我告诉他们，我们的学会研究的是妇幼保健、计划生育，不是为了赚钱，也不做违反法律的事情，从而得到了他们的信任。

另外，我们一月一次的例会是从来不停的。这么多年来一直坚持，风雨无阻，大家也都做到了不用通知，有空都会来。我个人觉得这也是一种比较紧密的机制。最后，我们还做了通讯。

问：你们还做了通讯？

答：是的。我们有通讯，是内部的，会不定期出版。我们还有译丛，就是翻译国际上生殖健康领域发展情况的文章。后来又建立了网站。当然，研究会更多地是通过项目在联系人，因为研究会有很多项目，并且大多数项目都需要各个学科的人参与。

另外，有好多次，大家也提出一些新的机制，比如缴纳会费。我不希望会费变成一道门槛。我个人担心，如果一来这里就必须交 50 元会费，一些很好的学者就可能因此不来了，这会是一笔很大的损失，不同意。后来缴纳会费的事情也就不了了之。还有另外一个机制叫小组，一直坚持到现在。

问：您能不能详细介绍一下这个小组机制？

答：学会越做越大，我担心在这里很多人没有实际的发言权，所以就成立了小组，让每个人都能发言。这些小组组建的原则之一是必须跨单位，同一个单位的几个同事不能在一起组建小组，要跨学科，联系纽带最好是有一个长期的、共同的兴趣，这个兴趣最好和健康有点联系。后来学会在申请福特项目的时候，就在经费里加入了这些小组活动的费用，因为长期做下去还是需要一定的经费。

问：现在学会有多少个小组？

答：数量总是在不断增减，有的在形成，有的在消亡，一般保持在 16 到 18 个之间，其中有六七个小组相当活跃，一直很有创意。有一些小组还成立了独立的 NGO。举例来说，有一个小组过去一直做健康教育，后来申请到一个有关控烟的大项目，而且还是可持续的。他们觉得在这个学会民主的成本有时候很高，然后他们就注册了一个机构做控烟，一直做得都还不错。还有一个例子，李春瑞老师，原来是工青妇干校的，她参加学会的小组以后，自己注册了一个流动妇女姐妹的研究中心，也就有了自己的项目，做了很多好事。当然，平时研究会有什么消息也通知她，比如北京10 月份（2009 年）召开亚太会，我们很早就告诉她让她申请。还有，赵捷是省社科院的研究员，她后来完全按照研究会的一些模式成立了一个工作室，并申请了很多经费。只不过她的效率更高。因为往往讨论有精彩的时候，但也有浪费时间的时候，赵捷可能觉得这样的民主代价太大，所以她在省社科院单独成立了一个工作室。她自己也说，是研究会孵化出了她们的工作室。

其实我们特别希望研究会成员能够独立出去，注册成立新的NGO。不过实话实说，更多的小组往往是讨论得多，但让他们独立，单独注册，行动得还是少。毕竟在研究会里，各种硬件设施以及经费都已具备，不用大家再操心，但若独立出去就要事事自己操心了。

问：您刚才也提到学会有很多项目，能不能详细介绍一下？

答：好。学会正式成立以后，我们就向福特基金会等资助机构询问了有关申请项目的事宜，才知道我们学会是可以申请的。从那以后，我们就不断地申请项目，应该说项目是我们的核心。我在设计项目的时候经常问资助方，这个项目人文社科的朋友能参加吗？医学的人会觉得有价值吗？研究会希望能让更多学科的人参与到好的项目中来。我们每两到三年就申请一个大项目，这些项目中也有集体的讨论会，会中的精彩言论我们就记录下来编书出版。这也是社科界的朋友教会我的，因为我们都有单位考核，需要有论文、书籍等成果。

学会一直在不停地做项目。当时只觉得有项目别人才愿意加入，所以我就不断地思考：现在生殖健康方面国内发展到什么程度，国外发展到什么程度，我们需要研究什么。比如有时候要和扶贫结合起来，有时候要和妇女发展结合起来。后来我们也发现了孟加拉的乡村银行模式，我就到北京找福特基金会办公室的代表，那位负责人虽然不管生殖健康，但当我跟他谈到可以与妇女发展以及社区发展结合在一起时，他觉得这正是他们需要的项目。回来后，我就找到几位研究妇女发展领域的人一起参与，成功申请到了项目。

问：您在选择项目人员时有什么考虑？

答：我个人有一种想法，就是任何一个研究必须有学医的和非学医的，有男的和女的，有老的和少的，这样才比较好。举个例子，我到日内瓦开会时发现：世界卫生组织（WHO）要在全球建六个生殖健康的培训中心，我想我们应该申请。当然我也知道，在亚洲也就只建一个，当时菲律宾的亚洲管理学院、泰国和马来西亚的知名大学都在申请。那些大学可真是人才济济。但我是那种看到好项目就想争取的人，于是我就不断地写申请。WHO需要了解我们很多方面，比如我们有什么特点和条件，我们未来要做成什么，我们的承诺是什么，出现了没有经费的情况我们怎么办，等等。然后我们就不断地进行交流，结果居然是我们胜出了。

这虽然只是一个培训项目，但我们毕竟成为世界卫生组织的全球培训中心了。我坚持认为要有一个长期的战略性规划。世卫组织的培训有六个单元，我就建议每个单元一男一女，一个社科背景一个医学背景的学科带头人做项目负责人。

问：当时有没有反对的声音？

答：当初对我这种想法不少朋友挺反对的，大家认为我小题大做，太刻板。于是我们就决定投票，投票结果显示大多数人还是同意按我说的那样做。有的人就认为老张自己想好要做什么就坚持做什么，看起来很民主，最后还是我说了算。但我真的很尊重大家的意见，对于反对我的那些朋友，我很愿意和他们诚心诚意地谈。比如云南农业大学的李新然，他是搞社会发展学的，喜欢对任何事情进行批判，但很少有建设性的意见。大多数人对他比较排斥，但我喜欢听他讲，他的认识极其深刻，看什么事情都一针见血。到现在我们依然是非常好的朋友。他也知道我是诚心听他讲话，并且认为我很有原则。举个例子，他原来一直建议将学会引导上"正规化"的道路，强制性地要求每一位会员都参加一个小组。后来从北大政治学专业毕业的普红雁认为学会既不是解放军，也不是政党，NGO就是NGO，不需要"正规化"。我觉得他说得也很有道理、很有水平。两个人的我都听，并不会因为李新然讲得难听，另外一个人讲得好，我就远离新然。

回到WHO培训中心这个事情上来，后来我们十年回顾的时候，觉得在设计方面动些脑筋才能让多学科互相结合起来。对于当初看起来很刻板地要求学科、性别结合起来的这种做法，后来大多数人还是认可的，因为每个人都发挥了自己的长处和价值。

问：您对于学会是否需要正规化是怎么看的？

答：对于NGO，我个人觉得宽松一些更好。最好能通过一些机会和宽松的氛围，而不是强制性的要求来吸引人才。

在研究会，大家也喜欢辩论，也正是这种氛围吸引了不少人。其中有一部分人在做事当中成就了自己，现在都是博导和教授了，部分原因就是他们在学会的时候在中国社会科学出版社出版了若干专著，这在当时还是很有分量的。

另外一部分人是被宽松的氛围吸引的，大家可以畅所欲言，有时候大家也讲得很偏激，但也慢慢形成了一些规则。比如昆医的李燕副校长，我只是昆医健康研究所的所长，是她的下属。平时我对她还是很尊重的，不过在研究会，若她开会迟到，我绝不会看她一眼，我们继续开会，这就是学会的规矩。李燕副校长尊重这种规则，看得出来她也喜欢这里，因为在这里她做的国家课题里的一些问题能够得到解决，有一批朋友给她指点迷津。

3. 正规化改革及其带来的困扰

问：据了解学会还是进行了正规化改革，能不能谈谈这个过程？

答：是的。十多年来，学会内部也一直有争论，有的人不断地说我们要正规化，就像刚才提到的云南农大的李新然，他认为学会已经这么多年了，应该正规化。还有当时好多人认为我们应该成为一级学会，因为十多年以来我们一直围绕着"生殖健康"做研究，不应该仅限于此，而应该将研究范围扩大到"健康与发展"。我们也采纳了他们的好多意见。

在注册方面呢，我的责任很大，因为我觉得妇女理论研究会在我们困难的时候接纳了我们，我就不忍心跟她们一刀两断。学会一直有人劝我，我却拖了很久才开始讨论。

问：那是什么时候注册的一级学会？

答：我记得是 2007 年初。原来是想把那个名字改过来，但我本身性格也不愿意得罪人，并且人家对我们那么好，我觉得不好意思跟妇女理论研究会提，但研究范围扩大必须要重新注册一个 NGO。我们就开始向民政厅申请，然后一步一步通过，很快就注册成功了。但民政厅的人要求我们必须开成立大会，必须按部就班地来，我们也就按照他们的要求做了。虽然是一级学会，但还是原来那些人。

问：注册之后就开始正规化改革？

答：不是。你说的正规化改革，我们叫战略规划，大概是 2003 年就开始的。研究会有很多管理学的专家，他们认为管理要分层次。后来得知温洛克①有一个 NGO 能力建设的项目设在中国农业大学，我就到北京去找

---

① 全称"美国温洛克国际农业发展中心"，是一个非营利性的国际组织，是专业的项目发展机构。于 1997 年在北京成立温洛克常设中国代表处，致力于中国农村地区发展事业，无偿为中国农村及"老、少、边、穷"等地区的发展培养了大批高级管理人才。

他们申请，我跟温洛克民间组织能力开发项目主任朱丽亚（Julia）说，研究会运行了多年，有一些成绩，也有很多问题，我们是诚心想参加他们的能力建设项目。当时负责接待我的项目主任朱丽亚了解以后，就说："好，你先回去，我再和你联系。"

后来，她主动到云南找我，说她觉得 YHDRA（云南省健康与发展研究会）很适合参与到温洛克那个能力建设项目。我们合作得非常愉快，个人也成了好朋友。后来，朱丽亚离开温洛克去了其他机构，她还时不时打电话过来询问，她一直很关心我们研究会的情况。据我的理解，她认为研究会是她们 NGO 能力建设项目做得最认真的机构之一。参加那个能力建设项目时，她给我们机会，我也跟她郑重承诺，就是不管我们讨论出什么结果，不管我个人的意愿如何，研究会都会按大多数人说的做。比如，如果大多数人说要正规化，虽然我反对正规化，但我也会同意。如果大家说要取消理事会，那我们就取消，即便大家要开除我这个理事长，我也一定会服从集体的决定。

后来温洛克派了北京的很多专家来给我们进行培训，像张菊芳①等。张菊芳和我们一起讨论，整个培训持续了三天三夜，最后制定出了学会的战略规划。通过那个战略规划，我们找到了学会发展的思路。最后大家都同意执行战略规划，就是要有一个独立的机构，并且设一个 CEO 职位等。第一任 CEO 上任的确切时间我记不太清了，到现在已经是第三任了，根据这个推测，应该是 2003 年前后开始招聘第一位 CEO 的。

问：CEO 是对外招聘？

答：是，公开招聘。当时研究会里也有好多人报了名，但是到了最后一刻都没来，最终我们就聘用了一位曾经当过校长、开过公司的人。筛选的过程我们真的非常用心，请了研究会里说话最直率的人，大家也都很有信心，觉得这样筛选出来的人，一定会给学会带来很大的发展。

问：这位 CEO 以前担任过校长？

答：是的，领导素养很高，说话非常有水平，他叫成诗侠。他有很多优点，比如办事讲究原则不讲情面，做事得体等。但也有一些缺点，比如我们理事会花了大量的精力和他沟通，跟他强调研究会是民间组织，一定要尊重来的每一个人，不管年龄大小。跟他讲了很多次，他也尽很大的努力去做调整，这样过了几年，大家觉得还不错。当然我们也已经有了正规

---

① 组织能力建设专家，高级培训师，现为倍能组织能力建设与评估中心执行主任。

的管理架构，它下面设了项目部、对外联络部等，我就负责筹资。

在这个过程中，我很敬佩那些研究会的老成员。因为最开始正是这些老成员一起创建的学会，他们大多数也都是理事会的。老会员把研究会当成了自己的家。现在突然从外面来了一个人，做了大家的领导，要是换了另外一群人，大多数情况下是很难接受的。比如说熊源发[①]，也是当年的创立者之一，但现在只负责一个小部门，结果就成了成诗侠的下属。他本身也是处长，管理学的行家里手，但他很负责地干起了新的工作。这个事情我还是很能理解，也很钦佩他。他对生殖健康那么熟悉，还是国家人口计划生育委员会的专家，结果突然来一个人，不太懂生殖健康，却还成了他的领导。最后经过协调大家还是能继续合作，我发现在这里面我仍然发挥了调和剂的作用，就这样摸索着干了下来。我们的战略规划应该说有得也有失，总体上大家觉得还不错，但也花了大量时间和精力"学习"和讨论一些我们本来就很擅长的东西。

问：看来正规化也给您带来了一些困扰？

答：是的。有得也有失。虽然我们做了十多年的NGO，也仔细读过许多这方面的著作，但是这次发现我们确实没有从理论上认识到NGO是怎么回事，也不知道自己做的就是NGO。最早的时候我觉得就是有一帮朋友在一起做研究，但是政府要求注册，我们就注册了。之后有几个像温洛克这样的国际组织就来帮助我们走向正规化。

同时，坦率地说，正规化也给我们带来了很多困惑。一直到现在我们都还在探索。学会已经换了两届执行主任了，里面有很多的酸甜苦辣。朱丽亚给我打电话了解这方面的进展时，我也如实跟她说："实施战略规划以来，设立CEO职位以后，正面的影响也有，负面的问题也不少。"

比如原来我们这帮人，大家一起干公益，没有任何报酬，现在必须花时间和精力考虑相关人员的报酬问题了。对我而言，这比筹资复杂多了。另外，有了CEO这个职位后，我也花了很多时间和每一位老朋友谈，问他们是不是来竞争一下这个岗位。有的老会员一听说要竞争，就说："我不来，凭什么要竞争？研究会是我们大家一起干起来的。"后来，有一些老会员就总是与新的CEO格格不入。

---

① 男，汉族，1951年2月生，云南省计生委科技处原处长。主要研究方向为生殖健康服务、健康促进、计划生育优质服务等。1996年荣获全国"计划生育科技先进工作者"称号，2007年被国家人口计生委评为国际合作先进个人。目前为国家计划生育优质服务专家和中国/联合国人口基金生殖健康/计划生育项目专家。

两边的问题我认为都有，一个是专业的 CEO，对所谓的行政管理很专业，但是他对健康并不专业，特别是对 NGO 的管理其实也不专业。而我们虽然只是一批 NGO 的实践者，但是非常强调平等，无论是男女老少，还是来自不同的民族，不管自己的学科是什么，在国际上的水平和地位如何，即便他一无所知，或在高校根本没有职称，大家也都是平等的。但是这三任 CEO，没有一个能够真正领会这种精神。所以我个人不是很满足于所谓的 NGO 正规化或者行政化。

还有 CEO 这个职位和研究会文化的冲突。例如，我们过去没有人领工资。如我就历来不领工资，每天工作十多个小时，这么多年了，没有周末，没有节假日。CEO 可以领着很高的工资，但到点上班，到点就下班。这也是应该的，但研究会就有点像个"单位"了，到点上班，到点下班。而我认为研究会历来是追求一种精神，大家在一起做事儿要有精神支撑。另外，也有一种人，他们在其他单位的岗位上干得挺好，比如在红十字会，都是几十年的处级干部，从所谓的对共产党的忠诚方面来讲，他们也都是好干部。但是到我们 NGO 来做事，我觉得差距还是很大的。

问：能具体说说吗？

答：NGO 行政化，就有一些人认为，我们付工资让他们来做事，就是按时上班按时下班。结果往往就是领工资的人是一批人，他们领了工资，下班后就走了，然后补台①的是另外一批人，主要还是我带着自己的学生补台。可能是我自己没学好理论，国际上强调管理要透明，要有一个管理机制，管理要分层次，这些说起来都很容易，但是我觉得很难解决公益领域的实际问题。就像我们，因为推行正规化，按部就班做事，已经痛失了很多在学术领域发展的机会，一些我看好的学术领域课题，按部就班做事，一直推动不起来。

让我困惑的还有，现在我的"80后"和"90后"的一些学生，一再劝我说："张老师，现在不是您那个时代了，你们当时可以那样做，我们现在不能这样了。"我就很困惑究竟在现在这个情况下，是不是原来研究会的那套办法就不行了？这是我非常想继续讨论的问题，也希望在未来的十年当中继续再探索。

今年（2009 年）12 月 8 日我就 60 岁了，我打算退休了。学校专门又跟我谈过，因为我还是博导，让我继续做一些学校的工作，但我自己有一

① 设法帮助以使事情成功，与"拆台"相对而言。

个追求，学校是体制内的，到时间我就想退了。对于NGO，我还想尝试解决刚才困扰我的这两个问题。特别是现在是不是世道变了？新一代年轻人不再可能像我们当时那样凭着一种学术的氛围，凭着一种尊重人的气氛，凭着一些学术的高点，就能够带领一些人过来？我现在打几个问号，所以我很想在未来的十年当中，再探索这个问题。

4. CEO 的是是非非

问：刚才您也提到您会里的 CEO 已经是第三任，每一任都是不同的人，他们不能连任？

答：可以连任，但是连任必须要重新竞聘。就像第一任成诗侠主任，他对这个学会已经非常有感情了，也表示想再连任，但到竞聘的最后一刻，他却没有来。所以我觉得这个竞争机制还是让研究会失去了很多优秀的人，一些优秀的人没有像我们想的那样愿意参加公开竞争。

问：每一届都要有竞聘？

答：对。

问：这个机制是温洛克给你们设计的，还是您提出来的？

答：是我提出的。可能我们学会的大问题之一就是我讲话大家还比较尊重我，其实有时候主意不一定好。批评我的人都说我有很多想法是很幼稚的，但结果往往还是按照我的想法做，对此我也比较纳闷。举个例子，比如我建议例会要在不同地方开，虽然反对声一片，但大家投票选择的时候，结果又是大多数人赞同我。可能是他们觉得我要做的事真的会用心去做，我估计有的人会是因为这个，而并不是觉得我的主意好，只是想反正我是为了这个学会。这是一个教训，所以我觉得我必须要学习 NGO 的理论。

问：您有没有考虑过根据情况适当调整？

答：也有。当时理事会有人说："老成做得不错了，是不是就让他连任？"我觉得规则已经制定好了，并且第一任的时候就已讲过，不应当随意改。大家就又投票，结果是反对改，还是完全通过了我的意思。

问：最后第二届 CEO 选出的人选情况如何？

答：是我们精心选的一个叫左旌的女士。先是精心挑选了一大批优秀的考官，再由这二十多个人讨论来讨论去，最后大家都觉得左旌太合适了。她，云南大学毕业，前一份工作是在 NGO，人很聪明，很机灵，又做过社工，有爱心，又有能力。那个时候我们已经懂得 NGO 了，考题里都有什么是 NGO，为什么要到 NGO 工作？她都说得头头是道，当时大家认为唯一的风险就是她是不是真的想到我们学会来，她认为我们学会有发展前途，是这个吸引了她。我们觉得她说的是老实话。但是来了不到一个月，她就辞职了，我们很奇怪她为什么要辞职，因为她一直表示对 NGO 很热爱。

问：来了仅一个月就辞职？

答：我记得是不到一个月。我们就问她是不是对谁有意见，她说不是，是因为我们这个学会太多样化。我认为她说的是实话，所谓多样化就是要做的事情太多。因为她原来工作过的 NGO，做女童教育就是做女童教育，做扶贫就是做扶贫。而我们这里既要做研究，也要做培训，还有小组活动。她担心自己做不好。事后我们理事会就想她可能是觉得工作负担过重。实际上，我们给的报酬当时在云南还是比较高的，每月 3000 元，当时教授一个月的工资也达不到 3000 元。

我们后来再回头看，云南其他的 NGO，还真的就是做扶贫就是扶贫，参与就是参与。左旌之前的工作比较单纯，搞扶贫建房，就是贫困地区的建房。到我们学会以后，一下就有七八个项目，有的项目是做民族的相关研究，有的是做青少年的性健康，有的是做老龄健康，等等。这个左旌，我认为她确实是考虑再三，在学会虽然对她的发展是好的，但是有那么多的事情，她压力太大，上班八个小时以后，她还要继续做工作。不管怎么说，这个事并不是因为她的人品不好。后来我们就把她这个事情当作一个案例。

问：然后又继续招聘？

答：她走了以后，为了赶紧解决 CEO 职位空缺这件事，我们赶紧利用网络招聘。后来招聘到一位我们都觉得很合适的人，他是云南一个国际性 NGO "云南发展培训学院" 的校长，四川人。

当时看了十多份应聘简历后，我们一眼就看上了他，他的背景是国际 NGO，不但能筹资，外语也不错。我记得他原来是云南交大的老师，但他做了 NGO 以后，一发不可收拾，连婚都离了，我就赶紧到玉溪去找他。问他为什么对我们感兴趣，他说他想放弃原先那个 NGO 了。那个学校在他去之前已经摇摇欲坠了，他去后筹了很多款，尽管现在他在那儿做得很不错，但是他觉得很辛苦，并且觉得玉溪不如昆明，就到昆明来了。

然后我就邀请他去东南亚开了一次会，在会议上他发言很积极，让我高兴得不得了，我觉得 NGO 就是需要这种带头人。回国后，我马上把我在医学院的宿舍腾出来给他，然后给他一个月 8000 元的工资，我的几个助手都说工资过高，担心今后资金不够。我说吸引人才需要特事特办，找人才就要这样。理事会成员也劝我再考虑考虑，但我就是看准了这个人。后来理事会投票，可能大家觉得钱是我筹的，最后的结果还是同意了我的意见。

但他来了以后的结果却出乎意料，到现在对我们来说还是一个谜。比如开一个圆桌会议，为什么这个气氛就那么死气沉沉？我说句心里话，我来主持的时候气氛不是这样的。我主持的时候，年轻的研究生、年龄大的学者，大家都能吵起来，各个学科都吵。他来主持的时候，这个气氛完全就不是这样了。我心想他拿那么高的工资还做成这样，心里就不高兴，于是就不断写字条给他，让他不要多讲了，让大家自由发言。

问：那他收到字条后没有改进？

答：没有。他特极端，要么就是他一直在讲话，要么就是不作声。总之，我觉得他主持的会吵不起来，热闹不起来，就出不了成果。后来，大家对他也有各种说法，普遍认为他不大作为。他拿那么高的工资，没有像我们想象的那样会从早到晚在这里干，他干也干了，但是没有见他有能够将各个学科的会员调动起来的"三把火"，更不要说筹资了。基本上是，工资是有人领了，困难的工作还是在我手里，还是我在负责。直到现在我还觉得这是一个谜，可能是我的问题，没能让人发挥出来。不过，大家都认为他不称职，希望他离职。

后来我找他谈话，告诉他，学会决定让他离开。我一般是说不出这种话的，但我内心有一条底线，就是为了这个 NGO，我不能做的事儿也要做。我从小到大不大得罪人，就是和我夫人吵架的邻居，我也不愿和那个邻居去吵，因为我总觉得吵架解决不了问题。同时，我还会给那个邻居点利益，就因为这个，我夫人很生我气，认为我没有原则。但是在让这位 CEO 走的这件事上，虽然大家不懂得博弈，我也不愿意吵架打架，但为了研究会，我不愿意做的事情也能做出来。

我就直接跟他说，大家还是觉得他一定要走。他问："为什么？"我说："大家觉得你不太合适，没有作为。"他就说："如果不是你来找我谈话，我肯定要和你们打架。"最后，他就提条件："我离开可以，你们给我1 万元损失费。"那段时间，其他的理事都不愿意谈这个问题，只有我培养的两三个学生说要为我两肋插刀，就怕他万一想不通，要打架动刀什么的。这位 CEO 就坚定地说他不走，我们觉得已经明确说他不合适了，他已经很没面子了，怎么还每天都来？他就说他要 1 万元的损失费。

问：那这个事情后来怎么处理的？

答：后来他也没有和我打架，他就把自己用的那个电脑的硬盘拆走了，并坚持让我们给他 1 万元。我怕他自杀，我比较担心这个，因为我的学生有过自杀的，人好好的，突然就自杀了。我为什么对他比较担心？当时他已经准备要重新成婚了，本来是一个组织的 CEO，可能在他组建这个家庭时对他是很有面子的，突然间一下子就没有了，我当时担心他受不了这个打击，但是他必须离开。

对于他要的 1 万元损失费，我本来不愿意，我觉得筹资不容易，容易的话早就把那 1 万元给他了，但理事会觉得反正他也不合适，息事宁人就给他吧，然后就给了他。离开学会以后，听说他做得还挺好，他还是以前那套做法，就是他弄一笔钱来，弄一些人，把这些事情做完了，剩下的钱都是他的。听说现在他又到了海口工作，这次在德国有一个会议，他仍然以我们学会的名义去申请项目。他要小聪明，就说他是云南一个 NGO 名为 YHDRA 的，做了哪些事，然后人家就又批准他了。

问：他在职多长时间？

答：几个月。可能大家老是拿他和我对比，用 NGO 领导的标准去要求他，其实他出去以后还挺好的，听说后来他到海口又成立了一个 NGO，他很有能力。对于他，我一直觉得就是一个谜，以后你们也可以研究一下他。

发生以上这些事情，我就想我们的研究领域比较多，是不是也是学会运作的问题之一？同时我个人要求很严，对研究生也是这样，比如这个地方不应该是逗号，是句号，我就一定要让研究生改过来，然后还和他讨论为什么是逗号。后来我想可能这样也不大好。

问：这位 CEO 离开以后，你们又招聘了新的？

答：他走了以后，我们就说再不公开招聘了。这次是内部推荐，我们列出了一些条件：熟悉 NGO，对 NGO 有感情，做事认真负责，工作年限比较长，健康基础理论和知识起码也要了解。我们就根据这些条件寻找，然后就锁定了红十字会的一位女秘书长张霞，五十多岁，做了很多年的秘书长了，在红十字会的口碑也很好。

然后我就找卫生厅原来的老厅长，请老厅长去给她做工作，让她来这里。她来了以后，工作做得很好。她也觉得自己做得很辛苦，也很尽力，连她老伴心梗她都没发现，老伴差一点就没命了。这些我们都知道，也很感动。但是我对她整点下班有看法。她觉得她是整点来，整点走，没什么不对的地方。我就觉得她怎么能那样一直坐着看表准时下班？我对张霞主任的优点看到了很多，但是对这样的细节特别不舒服：原来那批创业的理事哪有看着表到点下班的？只有在讨论的时候，一看表已经下班了，时间不够用了，就叫盒饭，吃完饭接着讨论。张霞就觉得她要做的事情都已经做完了，就该走了，只不过时间还没到，就不停地看表一直到下班。

说实话，自从设立 CEO 以后，正面的作用有很多，负面的也不少，但确定的一点就是我比过去还要辛苦。它并不像你们想象的那样，设立CEO 以后，我就可以高枕无忧了。

访谈印象

开宁比我大，堪称我的长辈。但和他在一起，总觉得话很投机，谈着谈着就亲如兄弟般不分彼此了。我们认识了很久。在那个忌谈 NGO 的时代，这个医学专家见了我兴高采烈地说：我们就是 NGO，欢迎你们来研究我们啊！我纳闷：一家学会，也能算 NGO 吗？去了云南，见了他的团队，了解了他们的工作和工作方式，我开始相信：这是一家本土生长的具有公共领域特征的草根 NGO。用"摸着石头过河"来形容他们走过的这条路是再恰当不过了。20 世纪 90 年代前期，在国人还很少有人知道何为 NGO 的时候，开宁放弃了难得的深造机会闯进了这个世界，他和伙伴们左冲右突、乐观前行，居然蹚出了一条生路来。回首望去，尽管眼下遍地英雄，但当年的先知先行者何在？历史，说到底属于先知先行者。开宁便是我眼中极少数具备先知先行经验和能力的创业者。

开宁的这个访谈做完后，一直等我约他下一次。但总是不巧。我怕耽搁太久，想想还是先整理发表为妥。好在我们所谈已很尽兴，从中可见开宁的人生境界及其致力于草根 NGO 实践的公共精神。期待在他已经开始的人生第三阶段的某个时候，我们能有再次口述访谈的机缘，相信会更精彩。

八　陈金罗　闲谈结社法起草

访陈金罗先生

访谈题记

陈金罗先生，1938 年生于江苏镇江。1965 年毕业于北京大学法律系。曾任民政部社团管理司负责人，结社法起草小组组长。现任北京大学法学院客座教授，非营利组织法研究中心执行主任。

结社法，全称为《中华人民共和国结社法》，其起草工作是中共十三大以后党中央国务院确定的一项重要立法工作。时任民政部社团司负责人的陈金罗先生受命主持这一工作。在五年多的时间里，起草小组查阅了大量国内外文献，召开了数以百计的大小座谈会，十易其稿。最终却因种种原因未能通过。

陈金罗先生的口述史访谈从 2008 年开始多次相约，但陈金罗老师总是推辞，直到 2013 年 8 月才得以进行。访谈中，陈老师尽可能忆及当年情景和相关信息。访谈结束后，陈老师对笔录稿进行了非常认真的修改。在此，谨向尊敬的陈老师深表敬意与谢忱！

1. 个人成长经历

问：您能否先简要谈谈个人的出生和经历？

答：请允许我在我们正式谈话之前说明一个问题，王名老师早在几年前就约我，让我谈谈起草《结社法》的这段经历，但是我总是推辞。因为这个问题很难说，一是由于水平所限，有许多问题说不清楚，说得不深、不透；二是由于我当年参与这项工作，是一位具体工作人员，有许多环节说不到位，达不到大家所期盼的指数。我现在也只是勉为其难，提供一点信息，如果有误，敬请谅解。

我现在开始回答你的问题。我出生在江苏省扬中市。我一直生长在农村，住在长江一个小岛上。高中毕业之前，基本上没有离开过那里。后来，我考入北大法律系读书。北大毕业以后，分到了全国人大常委会工作。

问：您什么时候考进北大？

答：我是 1959 年考入北大。

问：您毕业以后怎么分配到全国人大常委会？

答：对于这个问题的释疑，对我们这一辈人来说，有一个规范性的答案，即，在我们退休以前，我们所在的每一个岗位和每一项工作都是服从组织的安排，个人的选择，只能服从于工作的需要。我于 1965 年从北京大学法律系毕业后，被分配到全国人大常委会工作，这在当时来说是一件非常荣幸的事情。对于我来说，到人大常委会工作也是战战兢兢、如履薄冰，因为全国人大常委会是我们国家的最高权力机关，要求严格，对于一个刚刚参加工作的学生来说，也是讳莫如深。当时全国人大常委会在人民大会堂办公，政治条件和其他条件要求都非常严格，与其说是我选择了全国人大常委会，倒不如说是全国人大常委会挑选了我。因为在我们毕业的前夕，学校让我们每个人都填报了自己的愿望，据我现在回忆，我当时填表的第一志愿是服从国家分配，第二志愿是到边疆工作，第三志愿是回江苏原籍工作。像全国人大常委会这样的机关，在我的志愿中没有填报，因为我也不敢想象到这样的机关、这样的地方工作。

问：您是因何种机缘来到民政部工作？

答：1975 年因为机构改革，人大常委会精简，我调到中国社会科学院法学研究所工作。1978 年恢复民政部，需要工作人员，于是就把我调到了民政部。

问：您能谈谈您在民政部工作期间的工作经历吗？

答："文化大革命"以后，1978年民政部开始建部，由于工作需要，组织调我到民政部工作。民政部是一个行政管理机关，也是民政行政管理的最高行政管理机关，其职责，除了行使民政行政管理工作，还承担民政行政法律、法规的草拟工作。我调到民政部以后，参与了多项民政管理工作和法律法规的草拟工作，如：早在1986年我就和孙伟林同志一起到江苏省张家港市锦丰蹲点三个月调查研究社会保障经验；参与了在民政部办公厅主任孟明达同志领导下的福利彩票的法律、法规酝酿的最早方案；等等。

问：其中最值得回忆的工作有哪些？

答：要说最值得回忆的，第一，直接参与起草了《全国人民代表大会代表和地方各级人民代表大会代表选举法》（以下简称《选举法》）。因为当时改革开放以后，要进行包括宪法、刑法、民法、刑诉、民诉、选举法等在内的七个法的起草工作。当时民政部负责《选举法》的起草，我就参加了《选举法》的起草工作。《选举法》通过后，我参与了七个法的《法制宣教班讲授提纲》的撰写，其中我撰写了《选举法讲授提纲》《法制宣教班讲授提纲》，由群众出版社出版。

第二，参与了《村民委员会组织法》的起草工作。《村民委员会组织法》通过后，于1985年我与刘辉同志共同撰写了《农村基层政权与村民委员会工作问答》，由农村读物出版社出版。于1986年与李宪周同志共同撰写了《民政行政管理》，由山西出版社出版。

第三，参与了《中华人民共和国结社法》（以下简称《结社法》）和《社会团体登记管理条例》（以下简称《社团条例》）等法律、法规的起草工作。

问：您是如何参与到起草《结社法》的工作的？

答：1986年底，部里组织21人到井冈山挂职锻炼，进行扶贫工作。我作为民政部第一批扶贫蹲点的副团长，在永兴县任县委副书记。1987年底，在挂职结束回到部里后，我再没有回到政策研究室工作。崔乃夫部长跟我说："你和部里的另外两位同志组成《结社法》起草工作小组，你出任组长，户头单列，你可以列席部长办公会议。"在崔乃夫部长谈话之后，部里以书面文件的形式正式通知我。这就是我们开始筹备参与起草《结社法》的由来，这也开始了我的社团工作九年之旅。

我国社团管理工作是在1988年改革开放以后开始的，改革开放为社团提供了自然生长的土壤和条件，社团的兴起和发展已成为经济和社会发展的需要，人民结社权利已成为党和国家关注的重要问题。因此，当我们接受这项工作时，是以公民结社自由权为切入点。当时参与这项工作的学者也仅限于宪法学和行政法学，我们授命的第一项任务就是起草《中华人民共和国结社法》。

问：可否简要回顾一下，在这九年之中，您主要做了哪些工作？

答：在我从事社团管理工作九年之中，主要做了以下几项工作：（1）起草《中华人民共和国结社法》，十易其稿，无果而终。（2）起草了《社团登记管理条例》，并于1989年由国务院颁布实施。（3）筹备并组建了民政部社团管理司，正式开始履行社团管理工作。（4）开始复查登记了一批社团和基金会。（5）草拟了一批与社团相关的政策法规。（6）在全国培训了一批社团管理干部。（7）组建了社团研究会，推动和鼓励社团理论研究。（8）由法律出版社出版了我的《社团立法和社团管理》一书等。

2. 组建社团管理司

问：社团管理司最早是什么时候成立的？

答：社团管理司是于1989年《社团登记管理条例》颁布以后，根据条例的规定，并经国家编制委员会正式批准成立的。当时，由我负责筹建，社团司成立后由我负责。由于我们当时对社团管理的模式和方法都处于探索之中，因此对社团管理司的组织架构和职责也只能根据当时实际工作的需要，设立了三个处室，即登记处、地方管理处和政策研究室。其职责是：（1）负责全国性社团和基金会的登记管理；（2）负责对地方社团登记管理工作的调研和指导；（3）负责社团政策法规的研究和草拟工作；（4）负责对社团的违法查处。

社团管理司的成立，不仅是民政部门增加了一个行政管理职能和一个职能部门，反映了中国社团管理机构载体的变化，导致中国社团管理模式的转换，而且必将对社会团体的生存和发展带来新的机遇和挑战。

问：当时民办非企业单位（民非）有没有纳入到管理之中？

答：关于民办非企业单位管理的问题，在社团管理的起始并没有提上日程。因为改革开放前，按照我国当时的体制规定，事业单位统一是官办的，没有民办的事业单位。改革开放以后，开始有了民办的事业单位，如什么研究所、研究院、出版社等。随着改革开放的深入，民办事业单位也越来越多，由于民办事业单位的兴起和发展，开始出现了新的情况和新的问题。这些新情况和新问题的出现，引起了党和政府的关注，开始提上了议事日程。但根据当时我们国家的体制和相关部门的职责，国家编委只管官办事业单位，民政部门只管社团和基金会，民办事业单位处于无主管单位的状况。为适应改革开放后的新情况、新问题，经中央研究决定，民办事业单位改为民办非企业单位，由民政部主管，并由民政部社团司草拟《民办非企业单位登记管理暂行条例》，经国务院批准，于1998年颁布实施。在《民办非企业登记管理暂行条例》（以下简称《民非条例》）颁布后，经国务院批准，将民政部社团司更名为国家民间组织管理局。至于在社团司改名为国家民间组织管理局的过程中，以及前前后后，有过一些议论，也只是议论而已。

社团管理司名称的变化，是必要的、及时的，将民办非企业单位划到民政部主管。如果从社会分工的视角来审视，是社会的分类管理，是同类职能合并，这符合机构改革和精简的精神，既可以避免政出多门，也可以大大节约管理成本，提高管理效能。

问：您怎么看当时对社团的管理？

答：这是一个宏观的大问题，不是三言两语能够详尽的。政府依法对社团进行管理，是世界各国通行的一个原则，但是由于各国的具体情况不同，立法的规则也是千差万别。因此，各个国家对社团的管理，也不尽相同。在我国，民政部门依法对社团进行管理，是民政行政管理工作的一项职责。民政部门依法做好对社团的管理，对促进社团的发展，对促进社会的稳定都具有积极意义。但如何做好对社团的管理是一个实际问题，管什么？怎么管？这个问题，可以说，从社团司一成立，就是我们研究探讨的重要议题，直到现在仍然是一个没有解决的热门话题。

问：当时您怎么看待这个问题？

答：关于这个问题，我在十多年前，就积极倡导首先要依法管理。在我的《积极探索具有中国特色社团管理运行机制》一文中，就这样表述过："现代化的社团管理，应是利用法律法规进行调控和规范的宏观方式，这也是时代发展的必然要求和趋势。如果面对众多的社团，政府以有限人力去进行事无巨细的具体管理，则只能会处处显得无能为力，同时，这也是一种不科学的、落后的人治表现。""由于这种落后管理方式本身所具有的主观随意性，很容易造成某些人为的混乱，不仅不能使社团得到健康的发展和保持有序的运作，而且还会引起许多意想不到的社会矛盾。"①

①　陈金罗：《社团立法和社团管理》，法律出版社，1997，第104页。

当时，我们还认为，无论是社团的发育，还是社团管理都还很不成熟。在这种情况下，想要做好社团管理工作，必须抓紧制定以《结社法》为主体的各项法律、法规，完善法律制度，只有建立系统的、完善的法律体系，社团活动才有法可依，才能保障社团正常、有序地运作，才真正具备了宏观管理的前提。

问：在具体操作层面，当时对社团的管理还有哪些重要的方面？

答：当时我们认为，对社团的管理还应实行分类指导，这是我们的基本工作方法之一。分类指导，就是对不同性质的社团采取不同的管理模式，不能一刀切。当时社团分为学术性社团、行业性社团、专业性社团和联合性的团体，其人员构成、经费来源、组织结构、活动情况都存在差异，因此不能用一个标准、一个模式去衡量、去指导社团。根据不同类型的社团，积极引导，这是我们一项重要的工作方法。

同时，我们还积极提倡社团管理应由行政性管理转为服务性管理，树立为社团服务的思想。社团管理的对象是公民结社的产物，它涉及社会各阶层、各领域，即全方位、多层次的对象，因此可以说社团管理是民政部门的窗口。这项工作做得好坏，不仅会影响民政部门的形象，同时也会影响整个政府的形象。因此，各级社团管理机关都必须树立"寓管理于服务之中"的指导思想。采取灵活多样的服务形式，为社团的生存、发展创造外部环境。

我在《社团立法和社团管理》一书中曾经说过："社团的登记管理机关，是政府的一个职能部门，履行国家行政管理的职责。但是，我们不能把这种职责仅仅理解为一个'管'字。我认为，首先要有为管理对象服务的思想，从这个意义上说，我们也是第三产业。社团来登记，找到我们应该热情接待；人家提问题，应认真解答。我们有些不懂的东西，也应虚心向人家请教。从而建立一种新型的国家机关与工作对象的关系。这是搞好社团工作的重要条件。"[1]

3.《结社法》的起草背景

问：您能谈谈当时起草《结社法》的背景吗？

答：任何一项制度的变迁都是社会、政治、经济发展的需求和反射。

---

[1] 陈金罗：《社团立法和社团管理》，法律出版社，1997，第100页。

20 世纪 80 年代后期中国的改革开放如火如荼，各种诉求同样折射到公民结社这个领域。组织上找我谈话让我担任《结社法》起草工作小组组长的时候，据现在回忆，其大意："现在结社没有任何的规制，自发组织越来越多，也没有机构去管理。改革开放要发扬民主，但法制工作必须抓紧，很多事情没有法规，没有办法来规制。地方政府也提意见，逐渐增多的自治组织也没有规定可循。同时，外国人在中国要求结社的呼声也很高。因此法制建设就要重建，不能没有规制，不能想怎么搞就怎么搞。但法律的制定一定要严格，不能违宪。"

新中国成立以来，我国的四部宪法都规定了公民有结社的自由，同时规定公民在行使自由和权利的时候，不得损害国家的、社会的、集体的利益和其他公民合法的自由和权利。由于我国长期以来一直没有调整公民结社的法律，现实当中，宪法关于公民结社自由的原则主要是通过法规形式实现的。1950 年政务院曾颁布《社会团体登记暂行办法》，这个法规在历史中，对加强国家在社团方面的调控，将社团的发展和管理纳入法制轨道起到了重要的作用。但这个法规已经不能适应改革开放以后社团发展的需要了。

问：当时我国社团的发展状况如何？

答：随着我国改革事业的深入，各类社会团体迅速得到发展。据统计，当时已有全国性社团 1400 多个，地方性社团 20 万个。这些社团已然成为社会主义事业的重要组成部分，它们在社会中的地位作用、权利义务等需要根据宪法确定的公民结社原则，通过基本法律的形式予以明确，以便真正使其成为独立的社会组织，在社会中发挥出应有的作用。但是现实中由于国家尚未有调整公民结社的法律，既不利于社团的规范发展，也不利于加强对社团的管理。特别是港澳台地区居民和外国人在境内结社因无法律规范，社团管理机关无章可循，很不适应改革开放发展的要求。

党的十三大报告提出抓紧制定结社方面的法律，使公民行使结社自由和社团开展的活动建立在法律的基础上。这不仅可以拓宽人民民主的范围，丰富人民当家做主的内容，而且对于推进社会主义法制，提高公民的法制观念，具有积极作用。在当时认为，尽快制定公民结社方面的法律，切实将社团发展和管理纳入法制轨道，对促进我国各项事业的发展，推进我国民主与法制建设尤为重要。

问：为什么把《结社法》的起草交给民政部？

答：民政部按照国务院指示和党的十三大报告关于抓紧制定结社等方

面的法律要求，于1987年底接受起草《中华人民共和国结社法》的任务。这是改革开放以后，国务院授予民政部的一项新的工作职责。但社团管理也是民政部门的一项固有工作。早在革命时期，社团管理就是民政部门的一项很重要职责。新中国成立以后根据1950年中央人民政府颁布的《社会团体登记暂行办法》规定，也是由民政部门主管社团工作。另外，我认为，公民结社是宪法规定的公民的一项基本权利，这项工作从内涵来说与民政工作有着关联性。由民政部门主管，对于保障公民结社自由的实现，促进社团积极作用的发挥，促进社会的稳定和谐发展都具有重要意义。

问：当时是否觉得很有挑战性？

答：从一般意义上讲，要做好每项工作都具有挑战性，尤其是在改革开放以后。但我们在开始接受这项工作时，我们作为工作人员，对这项工作的难度和风险都估计不足，只是感到这是一项很庞大、很复杂、很宏观的工程，有难度。但是随着这项工作的进展和深入，我们才逐渐认识到，这项工作的复杂性和它的深远意义，这项工作挑战的难度远非我们当时所能估计得到的。

问：您当时怎么看待这项工作？

答：对于这个问题，可以从两个层面来解答：首先，我们作为一位国家工作人员，这是我们的工作，做好这份工作是我们应尽的职责。其次，随着这项工作的深入，我们也逐步认识到这是一项政治性、政策性极强的工作，做好这项工作，对推动公民结社自由，对促进社会团体的发展，对民主的发扬，都有着重大意义。因此，对这项工作更增加了一份责任感。

问：当时你们做了哪些准备工作？

答：作为工作人员，我们做了多方面的准备。当我开始接受这项工作时就认识到，这不仅是一项具体的行政管理工作，还具有很强的专业性和理论性。因此，我们尽可能地：第一，收集国内国外的资料；第二，请教专家。当时我们主要聘请的是宪法学、行政法学专业方面的人才，向他们请教，向他们学习。第三就是调研，了解社团发展的真实情况和各种诉求。

问：当时你们遇到的最大的困难是什么？

答：当时遇到的困难是多方面的，首先遇到的是理论和知识方面的困境，因为我国长期的计划经济，对结社问题的研究几乎是处于空白状态。专门文章与专著也寥寥无几。不像现在，研究这个问题的专家学者很多。当时我们对结社、结社自由、社会团体等问题的研究寥寥无几。其次，我们当时遇到的困难，不仅如此，我认为我们当时遇到最大的困难，更多地来源于思想层面，来源于政治层面，来源于社会舆论的层面。

问：当时为此是不是召开了很多次座谈会？

答：当时在《结社法》起草的过程中，召开了很多的座谈会。究竟开了多少次？现在也记不起来了。当时，我们公开地征求意见，征求各个部门的意见，也到地方调查和征求意见，这也是起草工作必须遵循的程序和原则。

问：是否参照过国外的相关法律？

答：是。

问：当时起草过程花了多长时间？

答：从1987年开始到1994年，前后七年时间。当时还制定了实施细则。1989年《社团条例》颁布以后，我们这项工作也没有停止。

问：总共有多少稿？

答：一共起草了十稿。

4. 起草《结社法》的原则和主要内容

问：《结社法》草案共多少章？

答：《结社法》草案共分十章，包括：总则，结社的条件，结社的程序，社会团体的权利义务，社会团体的组织机构，社会团体的经费，社会团体的终止，监督管理，法律责任，涉外条款，附则。

问：当时讨论的主要分歧是什么？

答：在结社法起草过程中，我们多次邀请法学界的专家学者、中央有关部门的相关负责人、地方上的负责人以及社团相关人士，就《中华人民共和国结社法》（草案）进行讨论。据回忆，争论的问题很多，但主要争论的问题有5个。

问：能否具体谈谈？

答：好。

第一，关于保障与限制的关系。实践证明，保障和制约的均衡是当时制定《结社法》的主要支撑点，既是衡量结社法律公平正义的基本内容，也是制定结社法指导思想的具体体现。关于保障与制约的关系，从立法一开始就有三种不同的主张：第一种认为，结社的概念非常广泛，广大公民应享有最广泛的结社自由。从立法的角度说，主要是保障结社自由，而不应该是限制。我认为：保障条款是具体体现宪法规定的结社自由的法律化，通过法律条文的规范能不能实现真正的结社自由，这是制定结社法的精髓，也是评判结社法的核心。

第二种认为，法律本身就是对少数人滥用结社自由行为的限制，鉴于我国目前社团的情况，需要通过立法加强管理，限制性的条文应该是制定结社法的重点。

第三种认为，保障与限制是辩证的，是对立统一的，而这既有区别又有联系。立法的目的是保障公民结社自由的权利，为了更好地保障这种权利，同时要对某些违背这一目的的行为加以限制。因此，既要有保障性的条款，也要有限制性的条文。

问：在当时条件下，对社团的权利和义务的规范有没有不同的认识看法？

答：这是大家重点关注的第二个问题。从法律上明确社团的权利和义务，是制定结社法的核心问题。一些同志建议，应明确规定社团有进行科学技术研究、文学艺术创作和其他言论自由的权利；有依法集会和出版刊物的权利；社团成员有选举社团负责人、讨论宗旨和决定重大问题的权利；有进行经营活动取得合法收入的权利。

在是否规定社团有经营并取得合法收入问题上，有两种截然不同的意见：一种认为，非营利性社团不能进行经营活动，如开展经营活动，即有了企业法人的资格，应与原社团脱钩，不再成为结社法的调整对象。

第二种意见认为，官办是我国社团的一个特点。从改革方向上看，允许社团进行符合宗旨的、不以营利为目的的经营活动，并取得合法收入，有利于社团和党政机关脱钩，也有利于社团的发展。没有经济来源的社团难以生存，也不现实。

问：听说当时在对待社团登记的具体路径上有着不同的思维考量？

答：是的，这就是关于追惩制和预防制的问题，也是我们当时考量的第三个问题。有的同志认为，对公民结社的态度，有的国家采取追惩制，有的采取预防制，有的两制并用。当时，有些人提议，根据我国的实际，社团可以采取预防制与追惩制相结合，以预防为主，追惩为辅的原则。经登记的社团，它的合法权益受法律保护，它的违法活动受法律制约。这实际上就是预防与追惩的综合。但在社团登记问题上，有两种不同的认识：一种认为，我国非营利性社团又可以分为能独立承担民事权利和义务，具备法人资格的社团和不具备法人资格的社团两种。如果都进行登记，便于管理。第二种认为，不具备法人的社团，可以不必登记。它的权益不受结社法保障，其违法活动可由其他法律制约。

问：当时怎么研讨关于社团的诉权问题的？

答：这是我们有争议的第四个问题。关于诉权问题，大家认为，对违反结社法规定的社团进行处罚是必要的。但在是否规定社团有诉讼权问题上，有两种不同意见：一种认为，社团不应有诉讼权。因为，对社团的处罚是行政性的，再无行政法院的情况下，由执行处罚机关的上一级机关裁定就可以了。如规定社团有诉讼权，执行处罚机关必然要应诉，这样不仅会增大民政部门的工作量，而且也会因各种原因，造成应诉困难。第二种意见认为，要允许社团有诉讼权，这是社团的权利之一。结社法应明确规定，不服从处罚的社团，经复议仍不服的，可向当地人民法院申诉，人民法院应在规定日期做出裁定。人民法院的裁定为最终裁定。这样规定有两个好处：一是法院的裁定具有强制性，便于处罚机关执行；二是不给行政机关过大的自由裁定权，有利于民政部门自身的建设和工作人员提高政策水平、业务素质。

问：当时你们对社团应采取何种管理体制有没有不同的认识和看法？

答：这是我们当时争论比较多的第五个问题。当时大多数同志认为，随着改革开放的深入，社团将会继续发展。因此，只靠民政部门一家管理是不行的，也难以对数量众多的社团实施有效管理。同时，业务主管部门了解情况，熟悉业务，便于对社团进行指导和管理。因此，实行双重管理体制符合我国的实际情况，另一种意见认为，在法律上规定民政部门是管理机关后，社团应逐步与党政机关脱钩，依法安排自己的内部事务和开展活动，只接受民政部门依法管理，任何其他政府部门无权干涉。

问：当时的立法指导思想是什么？

答：我们当时起草《结社法》的唯一依据就是宪法，因此，我们认为当时起草《结社法》的指导思想还是比较明确的，这就是以宪法为根据，以结社为切入点。因为当时除社团和基金会外，其他民间组织还没有提上日程。我国《宪法》第三十五条规定，公民有结社的自由；第五十一条规定，公民在行使自由和权利的时候，不得损害国家的、社会的、集体的利益和其他公民合法的自由和权利。宪法的规定，既明确了公民行使结社自由是公民享有的一项民主权利，又明确了公民行使结社自由应以法律的许可为前提，划清了依法行使结社自由与滥用结社自由的界限。

当时，我们经过学习，在思想上认为结社自由是我国广大人民行使民主权利的重要体现，是广大人民参与社会管理的一种重要形式。社会团体是党和政府联系人民群众的桥梁和纽带，是建设社会主义的一种重要力量。用法律的形式保障我国公民的结社自由，保障社会团体的合法权益，是我国社会主义制度所决定的。但是由于我国曾是一个几千年封建统治的国家，从总体上看，我国公民的民主意识和法制观念还比较薄弱。因此，对结社自由这一人民民主权利的法律规范，应与我国现阶段的基本国情相适应。我们是社会主义国家，国家的、社会的利益和公民的利益在根本上是一致的，对滥用自由的行为进行限制，广大人民的民主权利和根本利益才能得到保障。因此，结社立法，一方面应确定社会团体的法律地位，充分发挥社会团体在社会主义建设中的积极作用；另一方面要限制滥用结社自由的行为，加强对社会团体的管理，以维护我国社会的稳定，推进政治、经济、科学文化事业的发展。

当时，从文字上概括制定结社法的指导思想是，根据宪法的精神，保障公民结社的自由，保护社会团体的合法利益，加强对社会团体的管理，发挥社会团体在社会主义建设中的积极作用。

问：当时结社的条件有哪些？

答：结社条件似乎是一项具体的规定，没有引起大家足够的重视，但实际上结社条件是衡量结社自由的重要尺度。现在回顾，我认为，在当时起草的《结社法》草案里，对结社的条件规定的还是比较适度的。第一，没有业务主管部门，可以直接登记。第二，所有的社团，不管大小，一律平等，都得登记，包括工青妇组织和体制内的社团，也包括非法人社团。我认为，上述亮点是保障实现结社自由的重要体现，也是我们到目前为止一直为此努力、呼吁和倡导的问题。第三，依法被剥夺政治权利的和无民事行为能力的除外。第四，对结社的具体要求：有一个章程，有 20 位以上的成员，有负责人，有组织机构，有固定的办公地点，有一定数量的活动经费。

问：当时是如何设计对社团的管理的？

答：双重管理体制有着强烈的时代烙印，如果用现代视角来论理：双重管理体制已成为阻碍社团发展的重要因素，这已经是大家的共识。最近全国人大通过的关于国务院机构改革方案，明确规定四类社会组织已经取消了业务主管部门，可以直接向民政部门进行登记。可以说，这是深化改革的重要成果。

关于双重管理体制，在起草《结社法》的过程中，多数同志认为，实

八 陈金罗 闲谈结社法起草

325

践已表明设立业务主管部门，各部门在审理和管理中容易形成部门意识，增加社团的官办色彩，同时公民在结社中由于找不到业务主管部门也难以成立社会组织。而且各部门的职能没有这项业务，实践中也无暇顾及这项工作。因此，在立法中最好不要沿用双重管理体制的做法。实际工作中，登记管理机关可内部征求有关部门的意见，这既有利于促进政社分开，使社团成为独立的法人，也有利于加强对社团的管理。在《结社法》的草案中，就是按照大多数人的意见规定，即公民结社、成立社团，不再进行前置性的审批，可以直接向民政部申请登记。但是，由于《结社法》草案没有成为法律，这种设计的方案没有变成现实。但后来在起草颁布的《社团条例》中，还是沿用了以往的双重管理体制，《社团条例》再次修改时，双重管理体制得到了进一步强化，这是后话，但也是历史的符号。

　　问：《结社法》为何最终没有进入立法的下一步程序？

　　答：对于这个问题，没有哪个部门，也没有哪个人，对这个问题进行过说明或进行过系统或规范化的总结和分析。现在要回答《结社法》为何没有进入到下一个立法程序，让我来回答，只能是一种忆想而已。

　　我认为，原因可能是多方面的。从我们工作方面来忆想，首先，我们对当时改革开放和社会的转型理解不透、了解不深，对起草《结社法》的困难估计不足，反映了我们的能力和水平赶不上当时社会的发展，也说明了我们的准备工作不充分，半途夭折是很自然的事。第二，当时为了工作需要，我们又同时起草了一个《社团条例》。这个条例把当时社会急需要解决的一部分问题解决了，即登记问题解决了。所以《结社法》的出台就不是很着急了。真正需要从法律上去解决的一些难题，就可以从长计议。第三，当时《结社法》草案确实不完善，不周延。当时，我曾经说过，1989 年的《社团条例》是一个应急之作，有一定的仓促性，有很大的局限性。《结社法》搞了五年，在当时条件下，虽然对一些基本问题有了规范，但是从现在来看，对许多问题的规范，也只是蜻蜓点水，它的出台是不可能的。第四，结社自由是宪法赋予公民的权利，但当时社会稳定是我们国家的头等大事，是改革开放的保障，没有社会稳定这一条，结社自由也得不到保障。这一阶段正好是我们社会发展比较快，社会各种思想价值观变动比较大，人们的需求各方面反映也比较多的时候。因此，在这个时候，制定这样一个大法，时机不成熟。当时，我们已感到有许多因素不能支撑这部法律。

　　问：您怎么看待制定出来的《结社法》草案？

答：现在回想起来，在《结社法》草拟的过程中，经过大家的调研，经过学者的探讨和研究并经反复征求意见，从我们当时起草《结社法》的具体过程和内容来看，我认为《结社法》还是有许多可圈可点之处。如：第一，立法指导思想比较明确。邓小平同志说过："我们党的十一届三中全会的基本思想是解放思想，独立思考，从自己的实际出发来制定政策。"当时，草拟《结社法》的目的就是为了规范、治理、发展社团。具体地讲，就是为了实现宪法赋予公民结社的权利，保障广大人民参与国家和社会管理的渠道畅通，并为政府进行行政管理提供法律依据。第二，调整的范围比较适当、边界清楚。任何一部法律都有其特定的调整对象。关于结社法律调整的对象和范围，世界各国都不尽相同。当时在《结社法》中规定，在法律面前，任何社团不论其大小和属性都一律平等，应适应于一切非营利性社会团体。我认为《结社法》的这种规定无疑是具有里程碑意义的。第三，关于非法人社团问题，《结社法》规定，所有社团都可以到政府登记，包括法人社团和非法人社团，这就为非法人社团即所谓的草根组织提供了生存的法律保障。第四，关于社团成立的程序和时效问题，《结社法》对社团的成立程序要求比较简单，不需要经过筹备阶段的审查，也不需要主管部门的审批，其目的之一就是为了缩短审批时间，提高审批效率。

问：当得知《结社法》不能出台时，你什么感受？

答：在任何一个时期，对任何一个工作人员来说，参与一项工作，最后出了成果，都会很高兴的。但是，现在回想起来，不管《结社法》最后是否出台，《结社法》的起草，是我们这项工作的起点；它的启动，对于推动人们思想的活跃，推动社会的发展都具有积极意义；同时，对未来我们国家制定结社规制的模式的选择也同样有一定积极作用，不管《结社法》能否出台，我们能够参与其中，都是幸运儿。

5. 转向起草《社会团体登记管理条例》工作

问：当时在制定《结社法》的同时为何还要制定《社会团体登记管理条例》？

答：我们在起草工作的过程中，逐步认识到《结社法》是一个基本法，政治性强，比较敏感。当时我们对国内公民结社法情况摸得不透，对外国结社方面的法规和实际情况了解也甚少，以及立法程序比较复杂，估计要在短时间内拟定一个比较成熟的文本让全国人大通过是比较困难的。

我记得北京大学法学院沈岿教授在一篇文章中说过："从一个传统的观念出发，制度调整或变革的基础必须由立法予以首先奠定，行政、司法部门只有在立法所确立规则框架内活动才具有正当性。然而，行政权运作现实并没有也从来没有接受这种观念的约束。"① 在当时改革开放的形势下，全国各地成立了很多新的社团。民政部门如何对社团实行管理，当时无法可依。对社团的管理需要有法律依据，所以大家就提出先制定一个《社会团体登记管理条例》，把当前社团的登记问题解决以后，其他问题再另行商议。因此我们在进行《结社法》起草的过程当中，同时也在起草《社会团体登记管理条例》。当时还有一些同志提出，"结社法"是实体法，"管理条例"是程序法。由于新中国成立以来一直没有结社法，因此，管理条例不能只是程序性的法规，它应该是实体和程序相结合的行政法规。这样既可以适应我们工作的实际需要，也能够从行政法规的角度确认社会团体的法律地位，保障公民结社自由的权利。在管理条例试行的同时，应继续抓紧对结社法主要问题的探讨和论证。

问： 是同一班人马做的？

答： 是的，同一班人马。因为当时是形势需要，行政管理工作也需要。由同一班人起草《社团登记管理条例》，这有利于加速《结社法》的起草工作，也有利于在《社团登记管理条例》的起草过程当中，延续和体现《结社法》的基本思想。

问： 这种延续主要体现在哪些方面？

答： 《社团登记管理条例》对《结社法》主要精神的延续，主要表现在：一是指导思想的表述基本上和《结社法》一样；二是登记的边界也比较清楚，沿袭了《结社法》规定的社团在法律上一律平等的主导思想，包括工青妇、贸促会，所有的官办社团一律都要进行登记。

问： 官办社团都要登记？

答： 根据 1989 年由国务院颁布的《社会团体登记管理条例》，所有社团都必须到民政部门进行登记。但是当条例颁布以后，工青妇和官办社团很多都不愿意到民政部来登记，实际上也没有进行登记，当然这有体制和历史沿袭的原因。过去这些社团有些是在战争年代成长起来的，当时它就

① 沈岿：《我国跨世纪宪法的理论与实践经验——纪念现行宪法颁布 20 周年》，载《江流有声：北京大学法学院百年院庆文存之宪法行政法学·刑事法学卷》，法律出版社，2004，第 127～128 页。

承担了党和政府的一部分工作，实质上已经成了党和政府的一个部门了。这样，它的法律地位就不需要民政部登记确定。在当时的体制下，也不需要民政部给它登记。后来1998年的《社团条例》在法律上做了可以免于登记的规定，这是后话。

问：还有延续其他重要的规定吗？

答：有，关于非法人社团问题的规定。对于非法人社团，当时在《结社法》草案里规定所有的社团都可以登记，不管你是法人社团还是非法人社团。这个思想也落实在1989年的《社会团体登记管理条例》里面。当时规定，所有的社团都要登记，当时有两种登记证书，一种是法人社团证书，一种是非法人社团证书。登记的条件也都有了具体的规定，后来由于各方面的原因，再修改《社会团体登记管理条例》的时候，非法人社团就不能登记了，不但不能登记，还成了非法社团。

问：把"人"字给去掉了？

答：非法人社团成了非法社团，不登记了就是非法。民政部后来还出了一个通知，对这个问题进行了规范。但实际上执行起来还是比较困难。

问：您怎么看待条例的颁布实施？

答：《结社法》的起草和《社团条例》的颁布与实施，许许多多关心此事的专家学者都已发表过许许多多的认识和看法，如果说现在再阅读他们的文章和讲话，我认为，有许多仁者见仁、智者见智、评论各异、各有千秋的智慧。我相信《结社法》的起草和《社团条例》的颁布是改革开放的产物，它们的发展肯定会越来越完善，肯定会物遂人愿。

问：您为什么在20年前就积极呼吁进行理论研究？

答：关于理论研究问题，我们从《结社法》立法一开始，就提上了日程。我们早在《社会团体登记管理条例》颁布以前，于1989年8月就在全国成立了"中国社团研究会"，并且在全国有条件的省、市、自治区积极倡导成立研究组织，开展理论研究。当时成立中国社团研究会，其目的之一，就是企图把各大院校的有这方面专业知识的专家学者，如北大的肖蔚方、魏定仁，人民大学的王向明、皮纯协，政法大学的曹海波、孙炳珠、朱维究，公安大学的吴杰等同志以及社会上有志于从事社团研究的人才组织起来，搭建平台，创造氛围，让大家对社团立法和社团管理中遇到的主要课题，集中研究、共同探讨，借它山之力，以适应社团立法和社团管理的迫切需要，为社团立法和社团管理提供依据。

在《社会团体登记管理条例》颁布以后，我在《加强社团理论研究，积极促进社团登记》一文中就这样说过："要进一步加强社团理论建设。自 1989 年《社会团体登记管理条例》颁布，民政部门开始承担社团管理工作以来，通过各级民政部门的共同努力，我国的社团管理从分散转为集中，由无序走上有序，初步纳入了法制化的轨道。然而，从实践情况，我们对处于发展过程中的社团和社团管理的许多问题，特别是对于一些基本概念、基本范畴还未作出科学的界定，对社团发展规律及其内涵也未做出科学的概括和阐述。社团理论作为一门学科，近几年来虽有一定发展，但到目前为止，社团理论研究落后于社团工作实践。从这一角度讲，我们目前的社团管理工作，还未真正走上正轨。为此，加强理论建设是我们今后一项很重要的工作内容。社团科学理论研究并不是单纯的学术研究，为研究而研究。古今中外的一切科学理论研究都是为了认识世界和改造世界。社团科学理论研究作为社会科学的一个分支，需要我们经过长期不懈的努力，才能逐步建立起自己完整的科学体系。我们从事这项研究的目的，就是为了理论联系实际，为了指导实际工作，为了社团工作服务，为社团管理工作服务。为建设具有中国特色的社团体系服务，充分发挥社团在社会主义事业中的积极作用。"[①]

现在回想起来，毋庸置疑，从我们开始介入这项工作，对许多问题是准备不足的，当时对许多主要问题仍处于必然王国。同时，当时社团立法和社团管理，面临十分艰巨的任务，不断遇到各种新问题、新情况，当时，要求得立法和社团管理中的矛盾妥善解决，其中的重要一条，就必须加强学习，必须加强科学理论研究，就必须把理论研究提上日程，摆上重要位置。这只是当时的一点意向而已，也是实践的需要。

6. 清理整顿社团组织

问：为什么《社团条例》颁布以后，马上就对社团组织进行清理整顿？

答：你说的是 1989 年《社团登记管理条例》颁布以后，为什么紧接着就要进行清理整顿？为什么要进行这次清理整顿？后来人们演绎成许许多多的说法和版本。我现在回想起来，在 1989 年《社团条例》颁布以后，进行清理整顿的初衷，一方面是为了弄清情况，摸清底数，为社团登记和以后的管理做准备。《社团条例》颁布以后，要进行登记。登记以前，对

---

① 陈金罗：《社团立法和社团管理》，法律出版社，1997，第 71 页。

社团的具体数，对社团的状况，如是科技类的、文化类的等，以及对社团的规模，都要做一些了解。

另外一个方面的考虑是，当时社会上确实有些社团，包括某些官办社团，有的单位叫作一体化，有的单位叫小金库，有的叫作分流干部，这些反映也很多。这些方面的情况需要搞清楚。首先各个部门要摸摸底，通过清理才会有数。这些考虑也是为了使这些社团有更好的发展环境。同时，对一些违法的社团，也要进行清理。

据我现在的回忆，通过这次清理整顿，社团的数量比以前的统计数据翻了十倍。为什么会有这么一个增长？因为通过清理整顿，第一，很多未登记社团可以名正言顺地进行登记，这些社团由不合法变成合法了；第二，特别是通过清理整顿，确定了非法人社团的法律地位；第三，对违法社团的处理，只是极少数。

问：社团编制是什么时候提出来的？

答：关于社团编制问题，大家知道，关于编制问题无论是计划经济时代，还是在改革开放初期对任何单位都是至关重要的。按照民法通则规定，机关有机关编制、事业单位有事业编制、企业有企业编制，四大法人中就是社团没有编制，这就严重制约了社团工作的发展。为了解决当时许多社团在用人问题上的困境，我们和国家编委于1991年联合发文，制定了社团编制这种用人形式，在当时条件下，这是用人制度的一种创新，也是扶持社团发展的一项措施，这对许多社团还是起了积极作用的。当然，后来由于人事制度的改革，社团编制这种形式也就完成了历史任务。

问：重大事项报告制度是什么意思？

答：现在回想起来，我认为这个制度设计的初衷，既是出于管理的需要，也是扶持社会团体独立发展的一个具体措施。因为当时对社团的管理既有主管部门也有登记机关，按当时的做法，社团的所有活动都必须上报。当时社团要不厌其烦地什么都报，社团自己麻烦，我们也麻烦，因此，我们召开了多次研讨会，上上下下，会内会外，反复征求意见。在这个基础上设计了大事报告制度，就是大事要报，小事就不要报了。什么是大事，什么是小事自己决定，强调自主原则，这就是大事报告制度设计的初衷，但后来就变成种种说法。

在这些问题上，我们从走过来的这一段历程来看，从《结社法》的起草到《社团管理登记条例》的颁布实施，到后来的管理工作当中，许多问题都是处于探索之中。立什么法？建立什么样的中国社团管理模式？管什么？怎么管？一直都是有争论的问题。这其中，有经验、有教训，但对我来说，一切都成了历史，但这些难题，仍然存在，我想后来者一定会科学界定，越来越好。

7. 转型学术

问：当时是什么样的一个机遇让您到北大去工作呢？

答：我大概是 1998 年退下来的。因为现在像我们这样的年龄退下来有多种选择。第一种选择是完全退下来，回家带孩子、抱孙子，颐养天年。

问：做"指挥家"什么都不干？

答：对，颐养天年。第二个选择就是去一些协会，去一个半休半退的地方，依然是走班，依然是掺杂担任一定的职务。

问：是不是有那种做官的感觉，但是没那个做官的权力了？

答：肯定是去一个官办的协会，还是有官方身份，人家也认可，就是到一些地方也有人接待，没有完全脱离官场的那一套。第三个选择是去一些法律机构。因为我有法律背景，也有一些机构有意向雇我去做法律方面的顾问之类的职务。这个工作我当时自己也有考虑。我认为我退休以后去从事这类职业，虽然我有法律背景，但是我要真的介入这样具体的现实社会生活中还是会有一段距离，有一定困难，要有所为，肯定要付出艰辛的劳动。

问：您家里人对您退休后的生活有没有什么期待？

答：我们家里人是比较平淡的，包括我在位的时候，也没有更多的奢求。我们都是从农村来的，现在的生活也过得挺好的，还是比较满足。因此，家里人对我退下来以后，也没有更多的奢望。他们希望我心情舒畅，能够平平安安就好。后来我为什么去北大呢？我想这里面既有偶然的因素，也有必然的因素。偶然的因素就是当时正值北大 100 周年校庆，我回去了，当时魏定仁老师同我讲，你快退休了，他让我退休后，回北大，协助他一起搞研究。

问：当时正好是 1998 年？

答：对，我当时没退下来，我到 1998 年 10 月份才退休。魏老师是我当年的老师，我在位的时候，也一直拉着魏老师在中国社团研究会做研究。当时还有肖蔚云①，我们关系都非常好。他们都说让我回来，咱们搞

---

① 肖蔚云，北京大学法学院教授，曾担任北京大学法学院副院长。

一个阵地，我当时就答应了。

问：何种缘由使得您最终选择退休后去北大工作？

答：我在退休以后，从政府转到学校，不仅是机遇使然，也是我自愿的一种选择。我讲了在我退休之前工作完全是由组织安排，我退休以后，我就可以自由选择了。因为我多年从事社团管理工作，使得我对社团方面的研究产生了兴趣，所以已经成为我的一种爱好。在民政部退休以后，我到北大，有这么一个机会、这么一个平台，也可以继续进行我在位时候的一些工作，可以延续和发展它，所以最后我还是选择了北大这个平台。

从我的经历来看，我从学校毕业到全国人大常委会工作，基本上是搞法、搞一些文字工作。在民政部工作的时候，我们就负责起草法律文件，撰写文字报告，基本上也是属于秘书、搞文字这样一类的工作。在做好本职之余，也忙里偷闲做一些研究，这对当时工作也是一种促进。我退休以后能有机会到北大做一点研究，也是一种幸运。

问：谈谈您到北大以后的内心感受？

答：从我选择北大这个平台开始，我心知肚明，我退下来后，因为研究的最佳时期已过，不可能成为什么学者、什么研究者。因为对我来说，功名利禄已成为过眼云烟，在当时的背景条件下，我只是希望我退休后，能继续做一点工作，所以就像我当时说的，我到北大是打工者，是敲边鼓的。

问：北大非营利组织法研究中心成立的背景是什么？

答：现在要我说一说北大非营利组织法研究中心成立的背景是什么，我现在回想起来，还真说不出有什么特大的背景。但是当时这个组织为什么能够顺利地组织起来，持续下去？我个人认为可能有两个方面的因素。第一，改革开放的深入、市场经济的发展、各种形式的非营利组织的发展如火如荼，方兴未艾。但当时各大专院校和科研院所专门从事非营利组织研究的机构和人员还是比较少。我当时在工作岗位上就已感到实践需要理论的支撑，也去不断呼吁。我们这个中心于 1998 年成立，可以说生正逢时。

第二，我们中心的成立得到了法学院诸位领导的鼎力支持。院领导召开了专门会议，对我们这个中心的成立进行了研究，同时还聘我为客座教授。

问：北大非营利组织法研究的重心在哪里？

答：本中心自成立之日起，遵守其宗旨，一直致力于中国非营利组织法律制度的研究。

问：具体开展了哪些工作？

答：本中心成立不久，早在 2000 年 4 月，就承担了全国人大常委会科教文卫委员会起草的《民办学校促进法》草案的任务，并圆满完成任务。之后，又陆续参与了《中国慈善法》的起草，《社会团体登记管理条例》《基金会管理条例》《民办非企业单位登记管理暂行条例》的修订工作；并受地方政府相关部门的委托，代为草拟地方性的非营利规章制度或参与了地方性法规的研讨和修订工作；等等。这些参与，为本中心开展非营利法律制度的研究提供了很好的资源，并历练了我们的心志。

问：你们研究的核心理念是什么？

答：本中心对中国非营利组织法律制度的研究，从起步开始就着眼于从基础工作做起，从头开始、从零开始，即以《中华人民共和国宪法》为依据，以中国社会实践和社会诉求为依托，借助外国的先进经验。据此，我们第一个课题，即选定为《中国非营利组织法律模式》研究，我们认为非营利组织法律模式问题，是研究非营利组织法律制度最基本的问题之一。于是我们从 2005 年开始，用了两年时间，对中国非营利组织法律模式进行了专门研究，于 2006 年提交了《中国非营利组织立法模式》的研究报告，提出了统一立法的主张。具体而言，即在宪法之下，制定统一的非营利组织法，作为非营利组织领域的基本法，规范整个非营利组织设立、登记、内部治理、监管等相关问题。另外，我们出版了《中国非营利组织法的基本问题》和《中国非营利组织立法模式论文集》两本书。

问：此后，你们还有不少成果吧？

答：对，我们在非营利组织立法模式研究的基础上，又用了两年时间完成了《中国非营利组织法专家建议稿》（以下简称《建议稿》）的起草工作。为此我们还翻译了三十多个国家的非营利组织领域的法律，并出版了《外国非营利组织法译汇》两本书。在此基础上，我们从 2011 年开始结合中国社会实践的发展，又对《建议稿》进行了再研讨。并对条文做了说明和引用了立法例，正式出版成书。同时，我本人也在不同的期刊和研讨会上发表过相关的文章和论述。

《建议稿》我们拟定为我国非营利领域的基本法、组织法、促进法。其目的是保护公民结社自由和公民财产权利，保护非营利组织的合法权益，规范非营利组织行为，促进社会公益事业的发展。整个《建议稿》贯穿以下三个精神：一是宽松的设立环境，二是规范的治理结构，三是严格的监管制度。为此《建议稿》还将现有的社会团体、民办非企业单位、基金会整合为社团法人、财团法人，并根据它们各自的特点，规定不同的治理准则。

中国非营利法律制度建设，仍是当今中国社会关注的话语，是中国法治建设不可或缺的重要组成部分，是一项复杂而艰巨的工程，需要全社会的关注和努力。《建议稿》仅仅是从学者的视角提出的一种选择、一种倡导，提供的仅仅是最基础的知识资源，但是我们相信，我们所耕耘的这片园地，随着中国社会的进步和发展，经过同人的共同努力，一定会开花结果。

问：为什么您一直坚持对社会组织进行研究？

答：我从事民政工作有 17 个年头，其中有 9 年从事社团管理工作，如果算上我退休之后到北大的十多年，我从事社团方面的工作已有二十多年。我的感知和良心告诉我，民政工作，其中包括社团管理工作是一项人干人爱的工作，是值得为之奉献一生的一项伟大事业。17 年像过眼云烟，匆匆而过，回首审视往日所为，我可以这样说：工作的勤奋和对职业的热爱，是我对党和人民对我培养的回报，我从 20 世纪 60 年代参加工作以来，十分注重所从事的每一个职业。我这一生没有特别的求盼，没有惊人之举，也没有传世之绩，但是我热爱、我安于、我精心于我所从事的每一项工作，民政工作、社团管理工作令我一辈子魂萦梦绕、牵肠挂肚。当然，我也从每一项工作中领略了人生的价值，创造的艰辛和幸福。

我在退休以后，能继续对非营利组织进行研究，是因为社会有了这种氛围，同时也是一种机遇，更是一种幸运。

问：你为什么坚持对《非营利组织法》进行研究？

答：我为什么要积极倡导对《非营利组织法》的研究？我在《中国非营利组织法专家建议稿》的前言中，有这么几句话。"目前，我国建设和谐社会和小康生活的不断提高和发展，呼吁着中国公益慈善事业的进步和升华，这已经引起了党、政府和全社会的关注，这是社会的进步，是中华民族精神价值的体现，这种热度必将得到持续发展，这是社会发展不可或缺的精神支柱，也是人们不可疑虑的价值所在。但是，我们在这里要说的是，在积极关注和推动中国公益慈善事业发展的同时，也要或者说更要关注我国非营利组织的制度安排，尤其是法律制度的建设，因为法律是社会治理的规则，是各项事业发展的根本保障。

随着中国非营利组织和公益事业的不断壮大和发展，中国非营利组织的生存环境也在不断地改善，但是不用讳言，我国现有的非营利组织法律制度存在诸多问题，严重制约着非营利组织的生存和发展。就重新设计非营利组织法律制度，已经达成基本共识。这种共识，既是这个行业发展的需求，也是中国社会发展治理规则的基本趋向。"

这种规则的制定，这种社会的发展趋向，这种社会的需求，既是人们的共同追求，更是从事法学研究人员的一种职责。

问：您到北大是不是意味着您的人生又多了一个新的转身？

答：你问的这个问题，既有一点点道理，也有另外之道。因为我是在退休以后到北大参与非营利组织法的研究，我不是在退休之前的工作调动或叫职业的转换。按照我们国家现行体制来说，退休以后，它就定格在退休这个维度上，按照现在社会的习俗，说好听一点我是在发挥余热。当时，我参与这项工作时，我们的思想也十分明确，我不是学者，我是一个打工者，一定把边鼓敲好，做一点力所能及的工作而已。但是如果从另一层意思来说，也可以说是一种转换，因为退休本身也是一种转换，而且到北大以后，有这样一个平台，又处于学术氛围之中，我的认识、我的思想、我的处事行为也会随着这个平台的发展而有所改变。

问：请您谈谈对知识分子的认识？

答：这个问题太大了，不是我能说清楚的。当然，我到北大以后，我和北大以及相关院校的一些老师共同研究，相处多年，有的成了好朋友，收益颇多。他们作为老师，为人师表，受到党和政府以及社会的赞誉是无过而不及的。他们充满爱国情怀，关心国家大事，关心人民大事，他们是国家政策的智囊团，是宝库；他们有知识、有本领，可以说是国家活的图书馆、博览室；他们勤奋、敬业，顾大局，不计个人得失，他们待人真诚。他们当中的许多论著和文章将是我们国家和民族的宝贵财富和精神食粮，他们是国家和民族的栋梁之材，他们将是社会组织发展和各项慈善事业的积极倡导与推进者。他们必将在中华民族的伟大复兴中骁勇奋斗，发挥他们的聪明才智，贡献他们的一生。这是我和他们相处多年的感受，也是真诚的寄语。

8. 人生感悟

问：您这一路走来，对人生有何感悟？

答：这个问题既是一个深奥的可以做大学问的大问题，也是一个具有普遍意义的问题。人总是会悟的。但为什么悟？悟什么？怎么悟？什么时间悟？能悟到什么程度？是随人、随时而异的。我记得佛经上有一句地球人都知道的名言，即"大彻大悟"，如果一个人达到了"大彻大悟"，即达到了一个空前的境界。我想，我这个人一辈子也不到"大彻大悟"的境界。只是跟着党走，党叫干什么就干什么。

我的经历比较简单，我这一生进过三所学校，即小学、中学、大学；工作过三个机关，即全国人大常委会、中国社科院法学所和民政部，我这一生可以说："我是生在旧社会，长在红旗下，没有共产党，就没有我的今天"，这是我们这一类人群发自肺腑的感恩语言。

问：您工作过的机关和您从事过的工作，对您的一生会有很大影响吧？

答：对。我参加工作以后，第一个机关就是全国人大常委会，到全国人大常委会不久，就亲眼见到我们敬爱的周恩来总理到全国人大机关职工食堂同工作人员同桌用餐，感受那种和谐可敬、亲如一家的氛围，也耳闻目睹了当年全国人大常委会机关顶层设计方案，在"文化大革命"前前后后的波澜和曲折，这对我一生的思想脉搏的跳动都产生了积极的影响。"文化大革命"以后，全国人大精简机构，我被分配到社科院法学所工作，我到社科院时间很短，正值清闲时光，我和我的同事们都感到了整个科研部门无所事事的冷落时光。1978年，民政部恢复，因工作需要，我又被调到民政部工作。我到民政部正是壮年未已，我在民政部转了三个岗位，即民政司、政策研究室和社团管理司，参加过扶贫团到井冈山挂职一年。在民政部参加过《村民委员会组织法》《选举法》的起草和修订，参与《结社法》和《社会团体登记管理条例》等法律法规的起草工作。

从我的一生经历中可以看出，我从念书开始，到退休以前的工作全都是组织安排的。我的发展和我所走过的道路全部是党给铺就的。因此，如果现在让我说感悟，我的第一个感悟就是感恩。

我的第二个感悟，就是对工作尽心尽责，这是我们这类人员的心声和境界。当我们回眸时，才会感到人的一辈子非常短促，一辈子干不了几件事，更谈不上为国家，为社会做什么贡献。但对我们这类人群来说，虽然我们在退休以前，是一个具体工作人员，但我这一生所从事的各项工作，如果从行业来说，也算是这个行业的顶层设计。因此怀着对党和国家的忠诚，对人民负责的情怀，做好本职工作，完成党和国家交办的各项任务，不求有功，但求无过，心安理得，乐在其中，是我们的本分。

问： 从您的上述的感悟中可以看出，您对我们的党和国家是独有情怀？

答： 是的，这就是我的第三个感悟，我们同国家是同一命运体，祖国富强，我们更幸福。我们走过来，才懂得，我们的命运是和国家的兴衰连在一起的，国家强大，我们会更美好，这是一个基本的常理，也是我这一辈子的亲身体验。像我们这一类人是同我们国家一起走过来的，我们和我们的国家同过风雨，共过患难，改革开放带来的阳光，带来的恩泽都是融合在一个载体里的。

问： 最后再请您讲一讲，从您与《结社法》结缘到目前为止，还有什么感触？

答： 感触当然很多，但是在社会转型时期，只有法治、德治一起抓，才能保障中国非营利组织和公益慈善事业健康、有序发展。我一生多次参与有关法律、法规草案的修订和草拟工作，对非营利组织法制建设情有独钟，但我也强烈感到非营利组织法制建设问题很多，难题很多。因此，我在退休以后，回到北大也是积极推行这项工作，最近我和我们中心的同人合作编著的《中国非营利组织法专家建设稿》就是我们十年磨一剑的例证。当然我们的这种意向，也只是一种倡导，中国公益慈善事业最近出现的种种问题，让我们明白了一个基本道理，法律不是万能的，仅靠法治是不能融通中国非营利组织和中国公益慈善事业中展现的种种问题的。一个民族，一个国家的道德水准和精神状况是实施法治的重要基础和依托，离开了德治，法治也是不可能实现的。因此，我们在积极推行法制建设的同时，一定要积极弘扬精神文明建设，不断提高人民的道德文化水平。只有在这种理性的维度里，中国非营利组织和公益慈善事业才能健康、有序地不断向前发展。

我感到，我们有幸介入这项工作，是我们的福分。因为中国非营利组织和公益慈善事业，是一项伟大的、崇高的事业，是国家和谐，民族复兴不可须臾的重要组成部分，但也是默默无闻的良心工程，是回报社会的志愿心声。目前我们国家正在实现中华民族的伟大复兴，社会组织也方兴未艾。我认为在一个强大的国度里，一定会有一个强大的非营利组织群体，非营利组织研究队伍的发展壮大、兴旺发达，也一定会翕然而至，为中华民族的伟大复兴贡献我们的力量。

访谈印象

陈老师与我亦师亦友，他是我的老师，因他早于我思考并研究 NGO 问题，更是中国社团管理的老领导，非营利立法的老前辈；他是我的朋友，因我们从不见外，彼此关照，意气相投，我们还因镇江同乡而平添一层亲情。

陈老师是我所知甚少的一位成功转型的学者型官员。他曾是中国政府主管 NGO 的最高官员，负责 NGO 的"议礼、制度、考文"。在他的参与和推动下，中国政府开始正面接受 NGO 的相关理念，认真研讨 NGO 的相关政策和立法问题，并将包括结社法在内的 NGO 相关法规纳入立法起草进程，初步建立了社会组织登记管理体制。他在参与和推动这一过程中，动员和依靠大批学者，也不断丰富和充实自己的学术功底，同时搜集整理和积累了一批重要的历史资料及学术思考，为后来的学术研究打下了基础。退出官场后，他加盟北京大学法学院，创办和领导了中国第一个专门致力于 NGO 立法研究的机构——北京大学非营利组织法研究中心。十多年来，他以学者的身份积极推动和参与相关立法实践，成功转型为一位 NGO 立法研究的学术领袖，继续不断地推动中国 NGO 的"议礼、制度、考文"。

《中庸》论及王治之道强调"三重"。今日中国的 NGO 之治也离不开议礼、制度、考文。议礼者，改革创新社会组织管理体制；制度者，建立健全包括结社法在内的法律法规等制度体系；考文者，学习借鉴人类历史上相关的优秀文化传统并形成中国公民社会发展的理论和模式。当此三重者，需要"动而世为天下道、行而世为天下法、言而世为天下则"。在我的心目中，陈老师堪称具备这种"知天、知人"素质和能力的真君子。

结　语

终于到了书稿付梓的时节，这个句号画得太久，太沉重！

原定去年出版的这本书，种种理由拖延到今天，以致其中竟有两位作者与我们天人永隔，令我悔恨不已！

我要深深感谢参与本书访谈的每一位作者！卫宁大哥的热情，旭平书平夫妇的执着，玲丽大姐的认真，吴青老师的坦诚，登明老师的坚守，宝珍女士的负责，开宁教授的包容，金罗老师的远见与智识，都给我们留下了极其深刻的印象。能够聆听这么多智者谈论人生是人生一大幸事，也是接受了一堂精彩的人生史课。从中，我们感悟良多，受益匪浅。

我也要感谢参与本书访谈和整理的每一位我的同事和学生，他们是：李勇、丁晶晶、胡英姿、李长文、侯豫新、蓝煜昕、李健、王春婷、王喜雪、汪伟楠、洪治等。两年多来，我们并肩作战，奔波在大江南北，且共同面对浩如烟海的文献和录音资料，与作者再三联系并征询意见，再三统稿，再三修改。文稿之成，诸位功不可没。

此时，沐着初升的阳光，健走在青城山上，体会在当下，感悟生命之愉悦。

这个暑假，我们逃离炎热的京城，来到清凉宜人的青城，借居在泰安古镇一处叫"丽景湾"的农院。期盼已久的这个统稿的日子，有好多本书要完成。尽管多数时间我们或伏案疾书，或热烈讨论，在忙碌中度过紧张的日子；但每日晨练不变，在破晓时分登上远山足以令我们鼓足干劲，偶尔倚靠在发呆茶座读一下闲书，也能让身心放松不少。

感谢方君和子君，用心为我们寻得这一处僻静雅居，躲避了酷暑和世事，终于完成久欠的"书债"，同时温暖亲情，也激发了不少灵感。

2014 年 7 月 15 日

于四川青城山丽景湾

图书在版编目（CIP）数据

中国 NGO 口述史. 第 2 辑 / 王名主编 . —北京：社会科学
文献出版社，2014.10
ISBN 978 - 7 - 5097 - 6485 - 5

Ⅰ.①中…　Ⅱ.①王…　Ⅲ.①非政府组织 - 名人 - 访问记 -
中国　Ⅳ.①K825.1

中国版本图书馆 CIP 数据核字（2014）第 216856 号

中国 NGO 口述史（第二辑）

主　　编／王　名

出 版 人／谢寿光
项目统筹／刘骁军
责任编辑／李娟娟　关晶焱

出　　版／社会科学文献出版社·社会政法分社（010）59367156
　　　　　地址：北京市北三环中路甲 29 号院华龙大厦　邮编：100029
　　　　　网址：www.ssap.com.cn
发　　行／市场营销中心（010）59367081　59367090
　　　　　读者服务中心（010）59367028
印　　装／北京季蜂印刷有限公司

规　　格／开　本：787mm × 1092mm　1/16
　　　　　印　张：21.75　字　数：378 千字
版　　次／2014 年 10 月第 1 版　2014 年 10 月第 1 次印刷
书　　号／ISBN 978 - 7 - 5097 - 6485 - 5
定　　价／68.00 元